U0929964

整合与超越

——广州大都市圈发展研究

刘江华　杨代友
张　强　陈来卿　著

商　务　印　书　馆
2010年·北京

图书在版编目(CIP)数据

整合与超越:广州大都市圈发展研究/刘江华等著.
—北京:商务印书馆,2010.10
ISBN 978-7-100-07337-0

Ⅰ.①整… Ⅱ.①刘… Ⅲ.①城市经济—经济发展—研究—广州 Ⅳ.①F299.276.51

中国版本图书馆 CIP 数据核字(2010)第 162791 号

整合与超越
——广州大都市圈发展研究
刘江华 杨代友 张 强 陈来卿 著

商 务 印 书 馆 出 版
(北京王府井大街 36 号 邮政编码 100710)
商 务 印 书 馆 发 行
广 西 民 族 印 刷 厂 印 刷
ISBN 978-7-100-07337-0

2010 年 12 月第 1 版　　开本 787×1092 1/16
2010 年 12 月广西第 1 次印刷　　印张 24¾
定价:46.00 元

目　　录

导言:迈向大都市圈时代的广州 …… 1
一、 建设大都市圈是中国城市化的大战略 …… 3
二、 广州大都市圈产生的历史必然性 …… 11
三、 广州大都市圈的历史使命与发展途径 …… 17

第一章　都市圈发展的有关理论问题 …… 37
一、 都市圈的概念和内涵 …… 37
二、 都市圈的形成和发展 …… 50
三、 都市圈经济发展的优势 …… 60
四、 都市圈竞争力及其影响因素分析 …… 68
五、 本章小结 …… 74

第二章　国内外都市圈发展比较 …… 76
一、 世界五大都市圈的比较 …… 76
二、 国内主要都市圈的比较 …… 96
三、 国内外都市圈发展经验及对广州大都市圈的启示 …… 117
四、 本章小结 …… 123

第三章　广州大都市圈空间范围界定 …… 125
一、 国内外学者对都市圈空间范围界定的一般研究综述 …… 125

二、 广州大都市圈空间范围界定 …… 137
三、 本章小结 …… 151

第四章 广州大都市圈发展评价 …… 153
一、 都市圈发展评价相关理论 …… 153
二、 广州大都市圈空间结构演化 …… 163
三、 广州大都市圈发展综合评价 …… 176
四、 本章小结 …… 187

第五章 广州大都市圈的产业体系 …… 189
一、 产业发展与都市圈的形成 …… 189
二、 广州大都市圈产业发展现状与特点分析 …… 199
三、 提升广州大都市圈产业竞争力的前景与对策思路 …… 220
四、 本章小结 …… 240

第六章 广州大都市圈的生态环境 …… 242
一、 都市圈生态环境及其特征 …… 242
二、 生态环境保护与都市圈的发展 …… 250
三、 广州大都市圈生态环境的现状分析 …… 261
四、 改善广州大都市圈生态环境的基本措施 …… 267
五、 本章小结 …… 276

第七章 广州大都市圈的文化纽带 …… 278
一、 文化建设与都市圈的发展 …… 279
二、 广州大都市圈的文化特征 …… 286
三、 广州大都市圈文化发展存在的问题与不足 …… 298
四、 提升广州大都市圈文化发展水平的思路和对策 …… 302
五、 本章小结 …… 308

第八章 广州与周边主要城市和地区的合作 …… 310
一、 都市圈空间结构整合与城市合作发展 …… 311

二、 同城化趋势下的广佛城市共同体 …………………………… 321
三、 区域经济一体化背景下的广州与深圳双核互动 ………………… 337
四、 中心与外围的广州与东莞合作 …………………………… 344
五、 CEPA 推动下广州与香港的合作 …………………………… 351
六、 拓展经济腹地下的广州与泛珠三角合作 …………………… 359
七、 中国—东盟合作框架下的广州与东盟的国际化合作 …………… 370
八、 本章小结 ……………………………………………… 378

参考文献 ……………………………………………… 380

导言:迈向大都市圈时代的广州

2008年年底,国务院批准《珠江三角洲地区改革发展规划纲要(2008—2020)》,广州正式定位为国家中心城市、综合性门户城市和区域文化教育中心,目标是要将广州建设成为广东宜居城乡的首善之区,以及面向世界、服务全国的国际大都市。这种具有历史转折意义的发展定位,是国家对广州这个华南最大的中心城市在国家发展中地位的肯定,特别是对改革开放30年来广州所取得的成就的肯定,但同时也给了广州一种前所未有的压力——广州如何才能不负重望,真正发展成为国家级的中心城市,成为面向世界、服务全国的国际大都市。

2009年4月,广东省出台了《中共广东省委、广东省人民政府关于贯彻落实〈珠江三角洲地区改革发展规划纲要(2008－2020年)〉的决定》,这一决定围绕把珠江三角洲地区建设成为探索科学发展模式试验区、深化改革先行区、扩大开放的重要国际门户、世界先进制造业和现代服务业基地、全国重要的经济中心的战略定位,提出了"一年开好局,四年大发展,十年大跨越"的具体战略目标。同时也提出要以广州、佛山同城化为示范,积极推动广佛肇(广州、佛山、肇庆)、深莞惠(深圳、东莞、惠州)、珠中江(珠海、中山、江门)三个经济圈建设,加快区域经济社会一体化进程。

在取得了一年良好开局之后,2010年10月广东又正式印发《实施〈珠江三角洲地区改革发展规划纲要〉 实现"四年大发展"工作方案》,方案提出了调整经济结构、区域协调发展、统筹城乡发展、推进文化强省建设、加快体制机制创新、切实改善和保障民生、全面提升经济国际化水平等七方面重点工作，也提出了未来几年将举全省之力，在珠三角部署实施包括珠三角轨道和绿道建设、产业结构优化升级、重点创新发展平台、宜居城乡建设、珠三角基础设施现代化、文化强省建设、粤港澳紧密合作拓展、珠三角生态体系建设、基本公共服务均等化及人才引进培养等“十大工程”建设，以此推动全省迅速形成“突出重点、带动一般、形成突破”的推进落实机制，推动珠三角在关键时期取得跨越发展。

在《珠江三角洲地区改革发展规划纲要（2008—2020）》的蓝图下，在广东省委省政府的有力领导下，在全省各地的积极推动下，广州深深意识到，广州改革发展的责任已经不仅仅是广州自身的事情。从区域的层面看，是广州能不能成为珠江三角洲地区发展的带头大哥，能不能成为广东的首善之区，能不能成为泛珠三角地区的重要携领者的问题；从国家的层面看，是广州有没有实力作为国家级中心城市面向世界、服务全国，有没有实力代表国家参与国际竞争的问题。

广州人再次像革命先驱孙中山一样——“睁开眼睛看世界”。在当今世界，代表国家和地区竞争力的载体，既不是单个跨国公司，也不是单个城市，而是由一个或若干个中心城市为核心组成的城市组合体——大都市圈。正是这一个个大都市圈，如纽约、伦敦、东京、巴黎、上海等，集合了周边一大批大中小城市，通过资源整合，超越了单个城市与区域而形成了利益共同体，实现了区域一体化发展，最后形成了整体的竞争力和影响力，引领世界经济潮流，叱咤国际市场风云。当今中国所挑起的世界第三次城市化浪潮，其主流形式就是我国大都市圈或者城市群的形成过程。

从世界各国城市化的过程看，城市化最终要走向大都市圈化，至少在一个大国中是一种带有普遍意义的规律。广州要成为国家级中心城市、国际大都市，也必然要走与珠三角一体化发展的道路，走大都市圈的发展道路。尽管用国际眼光看，珠江三角洲的区域一体化发展还是处于低级水平，但自1980年代以来，广州及珠江三角洲在30年的工业化和城市化快速发展过程中，在一定程度上已经逐渐形成了区域一体化发展的基础，这种基础不仅体现在区域基础设施统筹规划建设上，更体现在区域内电子信息、石油化工、汽车制造等产业链的日益形成上。国家批准实施珠江三角洲改革发展规划纲要,正是基于这种区域一体化发展的基础。因此,可以说,广州和周边城市与区域,正在走向整合、走向超越。广州正在走向大都市圈时代。

一、建设大都市圈是中国城市化的大战略

(一)大都市圈的内涵

大都市圈首先是一个空间概念,是工业化和城市化发展的一种必然结果。当在一个区域内聚集了大量的人口、大量的产业,进而形成了众多的大中小城市,且相互之间产生了紧密的、相互依赖的联系,并在国内外有了举足轻重的影响力后,就可以认为一个都市圈已经形成。最早关注、研究都市圈现象的有美国、日本等国家,这些国家之所以关注与研究,是出于区域规划、城市规划、产业发展、经济统计等需要。虽然不同的学者对都市圈有不同的定义,但本质上并无太大区别,都是指一个区域内有紧密联系的城市群体。因此,我们认为都市圈就是指在一定地域范围内,以发达的道路交通网络为纽带,围绕中心城市形成的包含若干个大中小城市和镇村组成的具有紧密经济联系的功能性区域。

大都市圈也是一个制度性概念。中国改革开放取得巨大成功的关键原因就在于制度上的解放与创新,在于通过制度的解放与创新降低了制度成本,而释放了巨大的发展能量(周其仁,2008)。当一个区域内的各个城市之间由于各种制度性原因,如行政区划,或者由于利益的冲突而形成的人为性制度障碍等,而形成事实上的区域性分割时,各个城市之间就不仅不会形成合力、整体竞争力,而且还会形成区域性内耗。比如在我国的区域发展、城市发展过程中,由于制度设计与安排上的不合理,由于区域之间的利益在不合理的制度安排下无法产生“共振”和“双赢”,就曾经并现在仍然存在严重的行政分割现象。在区域发展规划制度设计和安排不合理的状况下,各个区域、各个城市尽管地缘相接,但在发展规划上互不衔接,表现为基础设施重复建设,且互不对接,产业结构严重雷同化。这严重地破坏了区域之间进行资源配置的市场规则,产生了区域性内耗,降低了区域的整体竞争力。只有通过

制度创新，消除区域之间的制度性摩擦，走一体化发展的道路，才能提升区域的整体竞争力。

世界上一些注重区域一体化发展的国家，如美国、日本、德国等，就进行过一些成功的区域发展规划和城市发展规划。美国是一个高度都市圈化的国家。虽然美国都市圈的形成的动力主要是来自市场机制，但政府在交通规划引导、产业布局引导方面的作用是非常明显的。比如高速公路的发展，导致了像纽约等城市的大规模郊区化和都市圈的扩展。高新产业区的建设，导致了像硅谷之类新城市的产生。还有就是老城市的转型发展，政府和民间的规划作用就更加明显，芝加哥是美国的第三大城市，号称是美国的心脏，也是北美五大湖都市圈的核心城市，一直以来是一个以钢铁生产著称的重工业城市，然而随着产业结构老化，污染的日益严重，到了上个世纪八九十年代，大工业时代的繁华不再，剩下的只是老旧的城市建筑和让人窒息的污浊空气。从那时起，经济转型、产业升级和环境重建，就是这个老牌都市圈的发展主题。在政府的推动下，芝加哥从传统的制造业基地转变为以服务业为支柱的多元化经济，只用了 25 年时间。现在，芝加哥已经成为了美国中西部的最佳投资地区，许多著名企业将总部设在这里，其中世界 500 强中就有 15 家，包括波音、美国联合航空、摩托罗拉、英国石油公司等。芝加哥现在也是世界著名的旅游会展中心。规模宏大的麦考米克会展中心每年要承办 2000 多场专业展览与会议，接待的参观者超过两百万人次。据芝加哥会展与旅游局统计：2006 年，芝加哥接待的海内外游客超过 4523 万人次，他们为芝加哥带来了 109 亿美元的收入和将近 13 万个工作岗位。同时，芝加哥也是国际一流的期货交易中心和全球最大金融衍生产品交易中心。①

与美国相比，日本的都市圈发展更带有政府主导色彩。战后的日本政府在工业化和城市化过程中，先后制定和实施了五次全国综合开发规划，通过交通基础设施建设、工业布局、金融支持、出口导向战略等多种手段，促使产业和人口向沿海城市集中，特别是向东京及周围地区集中，最终形成了由东京都市圈控制其他区域的局面(李廉水等，2006)。

① 东方电视台：《世界五大都市圈探访录》，引自 http://news.sina.com.cn/z/sjwdqtfl/。

相反,如果制度设计不合理,就可能会在城市化或者都市圈化的过程中产生一系列经济社会问题,比较典型的就是拉美的“过度城市化”。所谓过度城市化(over-urbanization),是指城市化速度超过工业化,城市化水平与经济发展水平严重脱节的城市化模式。据世界银行的数据,2007 年,拉美地区城市人口就达到很高的比例,如委内瑞拉 93%,阿根廷 91.8%,巴西 85.1%,墨西哥 76.9%。[①] 在拉美城市化过程中,普遍出现了城市人口高度集中在一个(通常是首都)或少数几个城市的现象。例如秘鲁首都利马集中了全国人口的 1/3,布宜诺斯艾利斯集中全国人口的 45%,墨西哥城集中全国人口的 32%。联合国 1995 年发表的一份报告认为,在全球 25 个超大城市中,拉美占五个,其中圣保罗人口 1640 万,居世界第二,墨西哥城人口 1560 万,居世界第四,布宜诺斯艾利斯人口 1100 万,居世界第十二,里约热内卢人口 990 万,居世界第十六,利马人口 750 万,居世界第二十五(袁振东,2005)。这种城市化的典型特征就是由于城市人口的增长严重脱离工农业生产的发展,因而城市不能为进城农民提供必要的就业机会和生活条件,从而导致一系列严重的城市病,并最终危害经济和社会的健康发展。拉美国家是过度城市化的典型代表,因而也被称为“拉美陷阱”。

我国 2007 年开始密集地批准了一系列区域发展规划,目的就是希望通过制度性创新,推进我国一些关键性区域的一体化发展。因此,从这个意义上讲,大都市圈也是一个制度性概念。无论这些制度是正式性制度,还是非正式性制度,包括经济的、政治的、文化的等各个方面的制度,都会对区域内各个城市之间的协调发展,或者一体化发展,形成影响。从这种意义上看,都市圈的建设就是一种制度建设,一种区域性制度安排。

大都市圈也是一个历史的和动态的概念。之所以这样说,是因为都市圈的范围在很大程度上是取决于交通方式的演进而演进。假如将都市圈的范围定在“两小时经济圈”,那么,在步行时代,“两小时经济圈”就是半径 10 公里左右的范围。在马车时代,“两小时经济圈”就是半径 20 公里左右的范围。在低等级公路时代,“两小时经济圈”就是半径 100 公里左右的范围。在高速

① 数据来源:中华人民共和国国家统计局网站。

公路时代,“两小时经济圈”就是半径200公里左右的范围。进入高速铁路时代,“两小时经济圈”就可能达到半径500公里的范围。有学者对城市发展的范围与交通方式的变化做了研究,发现历史上一个普遍规律就是不论交通工具如何变化,大城市的半径等于人们在一个小时内所能达到的距离。例如,在古罗马,人口达到100万,以步行为主要出行方式,其城市半径为4公里;19世纪的伦敦,出行主要靠公共马车和有轨马车,城市半径就达到8公里;到20世纪,当人们利用市郊铁路、地铁和公共汽车出行时,城市半径就达到25公里;当代发达国家的汽车普遍使用时,城市半径就达到50公里。因此,都市圈的核心范围除了区域内功能互补程度等条件外,交通方式是至关重要的因素(潘海啸,2002:10)。

对于区域内形成的聚集城市体,还有一些其他的概念,如“城市群”、“城市带”等。我们的理解是,无论是“都市圈”、“城市群”,还是“城市带”,都是若干个城市在空间上的组织形态。如果是单个城市,在空间上就是一个“点”;如果是众多城市成团聚集,在空间上就是一个“块”;如果是众多城市非成团而连续衔接,在空间上就是一个“带”。城市群是指一定空间范围内众多城市成团聚集,其空间形状是块状。城市带则是指在空间上城市的分布成为带状,如果不考虑城市在空间分布上的形状,那么,城市群和城市带并无区别。而都市圈不仅是指城市在空间上的聚集,而且蕴含了两种意思:一是在城市体中,有一个以上起主导作用的核心城市,这个核心城市的运行深刻地影响周边其他城市的运行,其他城市围绕这个核心城市而开展城市的经济、社会、文化等活动;二是强调了这些聚集在一起的城市,其城市活动,包括经济、社会、文化等活动,是紧密相连、相互依赖、相互支撑的。如果撇开城市之间的紧密联系与否,那么,城市群和都市圈也没有什么区别。如果有人定义城市群内各个城市之间也存在紧密的联系,那么,城市群就等于都市圈。在现实中,我们可以找出两个城市虽然在空间上相邻,但在城市运行上并不存在紧密的联系的例子。比如,在过去很长时间内,邻近的北京与天津这两个特大城市,无论是基础设施,还是产业发展,并没有显示出相互间的紧密联系。又比如广州与东莞、深圳,在自1980年代以来的30年间,相互之间也没有特别的依赖。

大都市圈为什么能够成为国家和地区实力的载体与代表?理论的分析和实践的历史都表明,关键在于大都市圈具有像刘易斯·芒福德所说的城市所具有容器、磁体和文化功能。大都市圈依靠其磁体功能,产生了强大的对要素集聚和扩散能力。当各种要素集聚后,大都市圈作为一个"容器",就会产生"面盆效应",各种要素,包括资本、人才、技术、物资等,在大都市圈内"发酵",然后产生新的物质,产生增殖功能(刘易斯·芒福德,2005)。具体来说,主要体现在两个方面:第一,在各个大都市圈内聚集了以千万级为计算单位的人口。人口的高度聚集,带来了两大效应:一是人才效应——人口的集聚必然带来大量的人才聚集,必然催生科技创新和制度创新,催生各种时尚,从而使大都市圈地区始终在科技和制度上,甚至生活方式上保持世界领先地位;二是市场效应——大量的人口集聚,势必产生巨大的需求市场,这种需求不仅是物质上的,也包括精神和文化的需求。这种容量巨大的需求市场,也必然产生消费新潮流,产生消费新时尚与新观念。第二,在各个大都市圈内形成了具有全球竞争力的产业体系,形成了在全球具有强大市场开拓与占领能力的跨国公司。这些具有全球竞争力的产业体系和跨国公司之所以在都市圈内而不是在都市圈外形成,是因为在都市圈内具备和形成了一系列优越的产业发展条件,如地理区位、基础设施、产业配套、人才储备、创新环境、文化环境,以及生活条件等。而大量的产业集聚,又形成了集聚效应、规模效应,使产业发展成本大大降低,从而在客观上增强了产业的竞争力。

(二)大都市圈的发展及其趋势

在当今世界上,已经形成了一系列的都市圈,如通常所说的世界五大都市圈:纽约都市圈、北美五大湖都市圈、东京都市圈、伦敦都市圈、巴黎都市圈。这些大都市圈都是本国经济文化实力的代表,在国际上则引领经济、科技、文化潮流。在这些大都市圈内,集中了本国相当比例的人口和经济活动量。世界五大都市圈之首的大纽约都市圈,北起缅因州,南至弗吉尼亚州,跨越了10个州,其中包括波士顿、纽约、费城、巴尔的摩和华盛顿五个大城市,以及40个10万人以上的中小城市。在这个区域中,人口达到6500万,占美国总人口的20%,城市化水平达到90%以上。纽约都市圈的制造业产值占全美的30%以上,被视为美国经济的中心。

以伦敦到利物浦为轴线，包括伦敦、伯明翰、谢菲尔德、曼彻斯特、利物浦等数个大城市和众多中小城镇组成的大伦敦都市圈，总面积约4.5万平方公里，人口3650万，占英国总人口的60%。伦敦都市圈是产业革命后英国主要的生产基地和经济核心区。

大巴黎都市圈以巴黎为中心，沿塞纳河、莱茵河延伸，覆盖了法国巴黎，荷兰阿姆斯特丹、鹿特丹，比利时安特卫普、布鲁塞尔和德国的科隆，包括了四个国家的40个10万人口以上的城市。其中由七个省组成，有"法兰西岛"之称的大巴黎地区是这个都市圈的核心。整个大区面积仅为法国国土面积的2%，但人口却占到了19%，是欧洲人口最密集的都市地区。①

大东京都市圈主要指日本东海岸太平洋沿岸城市带，包括东京、千叶、横滨、静冈、名古屋、大阪、神户和长崎，总面积约10万平方公里，占日本总面积的26.5%，人口近7000万，占日本总人口的61%，全日本11个人口在100万以上的大城市中有10个在该大都市圈内。在大东京都市圈内，又包括东京、大阪、名古屋三个子都市圈。东京子都市圈作为三大子都市圈之首，是日本政治、经济、文化中心，也是世界上人口最多、经济实力最强的城市聚集体之一。大东京都市圈的综合性城市功能十分强大。作为金融中心，全日本30%以上的银行总部、50%销售额超过100亿日元的大公司总部都设在东京；作为交通中心，区域内拥有日本最大的港口群体和航空网络，时速达200公里的新干线和地铁几乎能到达所有重要地区。铁路、公路、航空和海运组成了一个四通八达的交通网，通向日本全国及世界各地（章昌裕，2007）。更重要的是，这些大都市圈集聚了当今世界相当大比例的人才、科技、资金等的高端发展要素，占据了几乎所有的高端产业，如尖端制造业、金融业、国际贸易业、科技文化产业等，这些高端产业是一个国家和地区竞争力的核心要素。因此，大都市圈成为了国家和地区竞争力的载体。在一定意义上，国际间的竞争成为了大都市圈的竞争。

从世界各国的城市发展趋势看，大都市圈呈现加速发展的态势。联合国2010年发表的"世界城市状况"报告称，超级都市正在不断扩张，将是未来50

---

① 东方电视台：《世界五大都市圈探访录》，引自 http://news.sina.com.cn/z/sjwdqtfl/。

年影响世界的最关键的要素之一。1975 年,全球仅有纽约、东京和墨西哥城三个人口超千万的超级都市,而现在已经有 21 个。根据联合国的预测,到 2050 年,世界城市人口比例将达到 75%,超级大都市将成倍增长。联合国称,超级大都市爆炸性增长未必完全是坏事,因为未来全球最大的 40 个超级都市区可以容纳全球 18%的人口,参与全球 66%的经济活动和 85%的科技创新,而这些大都市区仅仅占用很少的土地。就目前情况看,全球排位前 25 名的大城市承载了全球一半财富的创造。英国城市问题专家欧文·哈里特的看法是:英国从 19 世纪就开始了"大伦敦"、"大曼彻斯特"、"大格拉斯哥"的建设。从英国现状看,大型城市化的好处非常明显。由于人口密集,能实现规模经济,突破经济增长瓶颈,创造众多就业岗位,推动整个国家发展。另外,大城市发达的公共交通替代了大量的私人交通,比一些小城镇更加环保,也节约了大量资金(蒋丰等,2010)。

全球的城市化进程已经历了三次大的浪潮:第一次城市化浪潮是欧洲的城市化,1750 年自英国开始,历时近 200 年的时间,完成了英国和欧洲大多数国家的城市化;第二次城市化浪潮是美国的城市化,由于世界工业中心的逐渐转移和欧洲移民的进入,美国城市化仅用 100 年左右的时间就完成了基本进程;第三次是拉丁美洲国家的城市化和正在进行中的中国城市化(仇保兴,2007)。

美国诺贝尔经济学奖获得者约瑟夫·斯蒂格利兹曾经这样说过:"影响 21 世纪人类发展有两件大事,一件是中国的城市化,一件是美国的高科技。中国的城市化将是区域经济增长的火车头,并产生最重要的经济利益。"(转引自饶会林等,2008:序言)2009 年 11 月 22 日在北京举行的第三届中国城市化国际峰会的专家认为,中国正在掀起世界第三次城市化的浪潮。有数据表明,目前西方所有的发达国家总的劳动力不超过 4 亿,但中国的农村剩余劳动力就在 4 亿以上,并且以每年 2000 万的速度增加。中国有超过 1 亿的人虽身在城市,但由于户籍的限制,在身份认同、社会保障等方面还游离在城市之外。截至 2008 年年底,我国建制城市 655 座,其中百万人以上特大城市 118 座,超大城市 39 座,千万人以上的超大城市四座。过去的 20 年里,城市是中国 GDP 增长的主要驱动力量,未来这一情况将变得更为显著。根据目前的趋势作出预测，未来的20年，剩余劳动力中80%以上要从农村转移到城市，中国城市GDP占全国GDP的比例将会由现在的75%增加到2025年的95%。因此，当前我国已经进入城市化的快速发展时期。①

随着我国工业化、城市化进程的加快，我国的都市圈也在加速形成之中。都市圈的快速形成，表现为人口和经济发展要素加速向大都市地区集聚。以上海为核心的上海大都市圈、以京津为核心的京津唐大都市圈、以广州为核心的广州大都市圈②，已经公认为代表我国经济文化实力，代表我国发展先进水平的地区。这三大都市圈以占全国3%左右的土地面积，集聚了占全国15%的人口（按户籍人口计算），产生了占全国40%以上的国内生产总值。③此外，以青岛为核心的山东半岛都市圈、以沈阳、大连为核心的辽东半岛都市圈、西安都市圈、南京都市圈、武汉都市圈、成渝都市圈、长湘潭都市圈等一系列都市圈正在快速形成。这些都市圈的发展壮大成为了带动我国经济社会发展的火车头。我国区域板块之间的竞争，演变成了都市圈之间的竞争。

理论和实践都证明，人口和产业向大都市地区集聚、大都市圈的加速发展，是一种城市化发展的规律。一个地区和国家提高自身的竞争力的有效途径，就是要强化都市圈的建设，强化都市圈内的一体化发展，包括都市圈的空间规划、基础设施建设、产业协调发展、区域创新体系建设、区域文化发展、区域生态环境建设等。关于中国的城市化道路，有"中小城市优先论"，有"大城市优先论"，也有"限制大城市，优先发展中小城市论"，还有综合性的"大中小城市并举论"，但无论在学术上怎样争论，无论在政策制定者那里如何企图通过政策引导，但是在市场经济规律的驱动下，城市发展的主旋律最终会按照自己的发展规律来进行，这就是大都市圈发展的道路。决定这条道路的因素是大都市圈道路本身带有不可抗拒的低成本优势，一种通过集聚经济效应、规模经济效应和范围经济效应来实现的优势，一种可以集约化使用城市土

① 《中国正掀起世界第三次城市化浪潮》，《光明日报》2009年11月23日。

② 目前，国内有称我国三大城市集中区域为长三角都市圈、京津冀都市圈、珠三角都市圈。实际上，国际上也有两种说法，比如"五大湖都市圈"、"日本东海道都市圈"等，但通常都是以城市命名都市圈，如纽约、东京等。如果是这样，我们还是以上海、京津唐、广州称呼我国三大都市圈为好。当然，如何称呼并不是一个实质性问题。

③ 三大都市圈集聚的人口如果按照常住人口计算，应该达到占全国人口比重20%以上。

地、环境容量、城市化资本的优势。认识这种规律,并化为自觉的战略行动,是使中国城市化健康发展,少走弯路的关键。

二、广州大都市圈产生的历史必然性

广州能够定位于国家级中心城市和国际大都市,以广州为核心的大都市圈能够成为我国三大都市圈之一,最具有说服力的解释自然是我国改革开放以来大发展所形成的国家大环境。但是,广州深远的历史渊源、优越的地理区位,以及改革开放以来的超常规发展所形成经济基础和辐射带动能力,应当是内因。同时,"佛山因素"、"珠三角因素"和"港澳因素"也起了不可或缺的作用。

(一)深远的历史渊源

广州是一座千年历史文化名城,已经有两千多年的历史。早在两千多年前,广州便是华南一带的物资集散地。自秦代在岭南设立南海郡,以番禺(今广州)城为郡治后,便逐渐发展成为华南的政治、经济、文化中心。广州也是国际知名的千年商都,历来是中国主要的对外通商口岸。从清乾隆年间到鸦片战争,广州曾经是中国唯一的对外通商口岸。今天,广州依然是中国的对外贸易中心城市,拥有作为中国对外贸易的标志性展会——中国进出口商品交易会。

广州不仅是商业中心城市,也是我国近代工业的发祥地之一。鸦片战争前,广州已经有了比较发达的手工业,且行业齐全,品种繁多,如金属制品、建筑材料、木材加工、丝棉织造、食品加工等。许多传统行业、产品、厂家一直延续至今,如中成药的陈李济药厂,早在17世纪初期就已经创立。鸦片战争后,近现代工业得到了较大发展,其标志就是传统手工业向机械化的转变,至今广州具有传统优势的轻纺工业在这一时期奠定了基础。新中国建立后,广州的工业优势进一步得到强化,尤其是广州的轻纺工业更是得到了长足的发展。总之,广州这种深厚的积淀,是造就广州中心城市的地位的历史因素。

(二)优越的地理区位

广州发展成为大都市,与广州的地理区位是密切相关的。从东京、纽约、伦敦等典型都市圈的发展来看,良好的自然地理条件对于都市圈的形成与发展必不可少,其中地形和水文条件尤为重要。世界上许多大都市圈都位于开阔平坦的平原地区。良好的地形条件有利于都市圈内部城市基础设施的共建共享,这是保证都市圈地域空间的完整性、统一性和连续性的必要条件。因此在地势起伏较大的丘陵、山地地区不利于都市圈的形成与发展。水资源是制约都市圈发展的重要因素。在水资源匮乏的地区城市的规模都不会太大。因此良好的水文条件对于都市圈的形成与发展至关重要(袁家冬等,2005)。

广州地处我国大陆的南方,位居珠江下游,广阔的珠江三角洲是其直接腹地。五岭以南的三大主要河道——东江、北江、西江均在此汇合出海。沿江上溯可达广东东、北、西部及广西全省,南出南海直达太平洋。广州地处亚热带,气候适宜,土地肥沃,物产丰富。广州拥有增城、从化、花都等北部和东北部地区的山地森林生态屏障,拥有穿城而过且水量丰富的我国第三大河流——珠江,拥有处于珠三角几何中心的海港。观察世界城市发展史及其规律,这种地理区位必定会产生世界级的大都市。

上述地理区位优势,在近现代,特别是中国改革开放以来,得到了强化。1936年历经40年建设历程的粤汉铁路开通,使阻隔南粤与内地的南岭成为通途。20世纪90年代以来的高速公路网的建设,铁路网的完善,国际性港口和国际性枢纽型机场的建成,特别是已经开通的武广高铁和即将开通的贵(贵阳)广(广州)高铁、南(南宁)广(广州)高铁、穗深港高铁等,拉近了广州与周边城市与地区的距离。如今,广州由公路、铁路、海港、空港构成的立体化对外交通通道,已达到了国际一流水平。这种交通基础设施的建设,进一步优化了广州的地理区位,大大拓展了广州大都市的腹地,强化了广州在国家城市体系中的地位。

(三)改革开放以来的跨越式发展

广州成为我国三大都市圈之一,与广州改革开放30年来城市发展的巨大成就是分不开的。这里举出几个公众所能清楚看到的几个方面来说明:第一,从城市建成区面积看,1980年代初才100多平方公里,到目前已接近1000平方公里。包括增城、从化两个县级市在内的城市总面积也达到了7000多平方公里。第二,从城市空间布局看,广州已经基本摆脱“摊大饼”式蔓延型发展,形成了“山、城、田、海”的生态型组团式布局。广州现在拥有市桥、荔城、街口、新华等多个城市副中心,拥有已粗具规模的新塘、狮岭、太平、大岗等17个卫星城(中心镇)。这些城市副中心和卫星城将容纳500万以上的人口和大量的产业集群。第三,从基础设施建设看,广州已经形成了国际大都市所必须具备的枢纽型国际空港、世界级的大型海港、枢纽型铁路网络和高速公路网络、国际一流的会议展览中心、现代化的文化体育设施等。城市轨道交通建设也走在全国前列。这些基础设施成为了将广州的城市综合服务功能辐射到华南、全国,甚至全世界的基本桥梁和纽带。广州的白云国际机场是我国规划建设的三大枢纽型国际机场之一,其直接覆盖面已经超出了珠江三角洲而辐射到华南地区。广州新建设的火车南站是我国规划建设的四大枢纽型火车站之一,其覆盖面也通过城际轨道和高速公路等交通系统,延伸到了珠江三角洲的大部分地区。正在建设的珠江三角洲轨道交通网,将把珠江三角洲的大部分区域纳入到以广州为核心的“一小时生活圈”。第四,从城市人口看,1980年代初,广州常住人口500万左右,现在已经成为1000万人口级的特大型城市。千万数量级的人口集聚,为国际大都市的形成聚集了“人气”,为城市发展形成了巨大的需求市场,提供了人才及创新的基础。第五,从经济总量看,广州的GDP从1980年代初的几十亿增加到2009年的9000多亿。自1989年以来,一直位居全国大城市的第三位。第六,从城市的产业体系看,广州在坚持大力发展先进制造业的同时,确立了以发展现代服务业为主导,建设现代产业体系的战略。目前,广州以汽车、电子信息、石油化工、造船、机械装备等为代表的现代重化工业体系基本成型;以商贸、物流、金融、会议展览等为代表的现代服务业,正在高速发展。总之,广州改革开放以来所取得的巨大成就,为广州建设国家级中心城市、国际大都市奠定坚实的基础。

(四)佛山因素

“佛山因素”也是广州能够发展成为国家级中心城市和走向国际大都市的一个绝对不能不提及的重要因素。与广州地理相连、文化相通的佛山,历史上是中国的四大名镇,也是工商业发达的城市、岭南文化的主要代表地之一，历来与广州不仅有密切的地缘关系，也有密切的经济文化往来。“广佛”不仅是历史的，也是现实的。今天，由广州和佛山共同组成的广佛经济圈已经成为广州大都市圈核心。佛山是广东的第三大城市，如果仅就经济总量而言，广州与佛山加在一起，就可以和中国第一大经济中心城市上海比高低了。2009年，广州与佛山两市实现GDP13926亿元，仅与同年上海的14900亿元相差1000亿元，且上海2009年的增长率是8.5%，广州则是11.5%，佛山是13.5%。广州与佛山在地理上紧密相连，加之两个城市的产业互补明显，所以在客观上是以一个整体的形象对国内国际市场产生影响。佛山制造业发达，从2008年开始，佛山的工业总产值已经超越广州，这种超越同珠三角的其他城市的发展一起，给广州发展服务业带来了历史性的机遇。“佛山制造，珠三角制造，广州服务”，应该是一种符合规律的发展思路。

（五）“珠三角”因素

广州能够发展成为国家级中心城市和走向国际大都市，更是与改革开放30年来珠江三角洲的发展分不开。没有30年来珠江三角洲的工业化、城市化飞速发展，广州就不可能上升为国家中心城市的战略层面。众所周知，30年前，珠江三角洲地区是一个典型的农业区域。除了佛山外，周边地区几乎没有像样的城市。而今天，这个地区已经成为世界知名的制造业中心，成为一个拥有几千万常住人口的城市连绵区域。作为中国第一经济大省，广东的绝大部分基础设施和产业，以及经济总量，高度集聚在这一地区。2009年，这个地区集聚了4000多万常住人口，产生了32000多亿生产总值，占广东生产总值的82%，占全国国内生产总值的9.6%。2009年，这个地区外贸出口总额达到3414亿美元，占全国外贸出口总额的28%以上。除广州和深圳外，这个地区还拥有多个具有国际知名度的明星城市和区域——东莞、中山、珠海、惠州、南海、顺德等，也拥有一批具有较高国内外知名度的城镇——狮岭、新塘、虎门、长安、厚街、古镇、小榄、西樵、盐步等。这些城镇不仅聚集了相当规模的人口，更为重要的是都是知名度很高的专业镇，如顺德家电、南海铝材、石湾陶瓷、古镇灯饰、龙江家具、虎门服装、狮岭皮具、盐步内衣等等。正是这些星罗棋布地分布在珠江三角洲的城市和城镇，众星拱月般地催生了广州这个国家级中心城市，形成了广州大都市圈的基础。

(六)港澳因素

广州能够发展成为国家级中心城市和走向国际大都市,与"港澳因素"是密不可分的。香港与澳门,由于特殊原因,在战后短短的几十年间,一跃成为国际大都市和国际性城市。当我国改革开放的大政方针确定后,依托港澳来推进我国的改革开放,毫无疑问是一条稳妥可靠、风险最低的路径。作为珠江三角洲的中心城市广州,自然"近水楼台先得月",从对港澳开放中得到了一份丰厚的先发利益。第一,广州引入的外商直接投资,特别是早期的引资,港澳资本的比例一直占有绝对的优势。港澳资本的引入,对于广州在经济起飞过程中,充分利用本土的廉价劳动力和其他资源,充分利用国际市场的资本、技术、管理,充分利用港澳走向国际市场,充分利用港澳作为学习模仿市场经济运作的样板,起了不可替代的关键性作用。第二,即使在后来所引进的美日欧的先进制造业和服务业中,也离不开港澳的中介、跳板作用。没有港澳国际市场的金融、航运、专业服务等,这些跨国公司也不会如此顺利在珠江三角洲、广州落户。

(七)为什么是"广州大都市圈"?

还有一个很多人关心的问题需要提出来加以特别说明,那就是为什么我们将以珠江三角洲城市群为主体形成的都市圈的主要核心城市认定为广州,并称之为大广州都市圈,而对大珠三角内的香港、深圳这两个特大城市作为这个大都市圈的次一级核心城市。上面我们所阐述的其实就是我们的理由。为了能够尽量说明白一些,我们这里进一步强调几点:

第一,广州是具有强大凝聚力的精神家园。广州是岭南文化的主要发源地和代表地,这种具有典型地方特色的文化传统,是广州能够作为一个千年不衰的商都的重要原因,也将是广州能够凝聚人心的重要根据。这种传统的历史文化优势,是广州所独有的。乔尔·科特金(Joel Kotkin)所说的城市永续发展的三个因素,其中首要的就是一个城市的精神力量,而广州正是具有了这种"精神家园"的魅力。

第二,广州是广东乃至华南地区的政治、经济、军事、文化等方面的调控指挥中心。目前全省党、政、军机构和中央在地方设置的分支机构,以及一些重要的区域性经济机构,主要布局在广州。这种布局赋予了广州在政治、经济、军事、文化等方面的调控指挥功能。

第三，广州具有强大的对外交通组织能力。广州是珠江三角洲的交通枢纽。国家在广州布局建设了重要的陆海空交通枢纽，这对广州的资源集聚与扩散功能的形成，起了不可替代的强化作用。都市圈核心城市的交通枢纽功能强弱十分关键。交通枢纽意味着有大量的人流、物流，从而信息流、资金流在这个城市集散，这就是所谓的流量经济。根据卡斯特尔的观点，流量经济决定一个城市的辐射力和竞争力。历史上的城市，大都因交通而生，也因交通而衰。例如，当航海技术还很落后的时候，就不会产生沿海型大都市，大都市一般都产生在陆路交通要道，如我国古代丝绸之路上的城市，曾经十分繁华。一旦海路代替陆路，这些陆地要冲城市就逐渐衰落。当我国的铁路网初步形成时，就产生了株洲、郑州、鹰潭这样的铁路枢纽城市。广州在珠三角的交通枢纽地位，是十分突出且难以动摇的。这种地位决定了广州在珠三角的流量经济中心地位。

第四，广州具有强大的综合服务功能。广州是一个具有典型的综合性产业结构特征的城市，其产业门类齐全，能够提供其他城市难以提供的综合性服务功能。广州不仅拥有门类齐全的传统工业和传统服务业，也有蓬勃发展的高新技术产业和现代服务业。传统的"广货"——轻工产品制造业至今仍然充满活力，产品远销国内外市场。能够代表广州城市传统特色的商贸业和餐饮业，更是千年不衰。近年发展起来的新兴产业——汽车制造业，更是在周边地区形成了产业链，成为带动周边地区产业发展的龙头产业。广州的科技、教育、文化、医疗等知识密集型产业，无论是基础设施、机构设置，还是人才队伍，应该是华南地区首屈一指的。正是这种综合性的产业结构，形成了其领头作用的区域性中心城市所必须具备的综合性服务功能。相反，如果产业比较单一、专业性太强，尽管一段时期内效率很高，但一旦产业老化，城市也就辉煌不再，像英国的曼彻斯特、美国的底特律，都有过类似的经历。

如何认识香港和深圳在大都市圈中的地位？如前所述，香港是一个比较成熟的国际化大都市，是世界著名的国际贸易、国际航运、国际金融和国际旅游中心。广州过去的发展有深厚的香港因素，今后的发展也需要香港的支持和合作。但是，香港毕竟同内地政治经济制度不同，香港同珠三角以及内地的交流在客观上受到了一定局限。其次,香港的营商成本、服务成本比较高,在某些方面的竞争力不够。再次,香港经济已经全面服务化,对珠三角的制造业的支撑和带动就不能如上海之长三角、广州之珠三角那样能够形成完整的产业链。还有就是香港同内地市场的联系,无论在制度设置上,还是广泛性方面,不如广州那样直接、紧密。

深圳市一个新兴的城市,由于没有历史性的包袱,由于有国家的政策支持,深圳充满了制度性的活力,在许多方面,比如高新技术产业的发展水平,自主创新的水平,金融、物流等现代服务业的发展水平等,都优于广州。但是深圳有自己的缺陷,一是深圳的产业比较单一,难以形成综合性的服务功能;二是深圳市一个典型的"大进大出,两头在外"的外向型城市,因此深圳经济的发展同内地经济发展不紧密,对珠三角以及内地的带动性不明显;三是深圳所处的地理位置不如广州那样与珠三角融为一体;最后就是深圳在教育、文化、科技方面,无论是机构设置、人才保有方面,与广州的差距还是比较大。

其实,穗深港三大城市,在距离上就是100多公里,在高速铁路时代,就是"半小时经济圈"范围,而且相互之间已经是连片城市化,如果抛开行政区划因素,我们可以将三个城市看做一个城市。我们相信随着市场经济的深化,行政色彩的淡化,三个城市会越来越趋向同城化。

总之,广州发展成为国家第三大中心城市,成为珠江三角洲和泛珠江三角洲的核心城市,成为快速成长中的国际大都市,有深远的历史渊源,有优越的地理区位,更有广州改革开放以来城市实力的超常规增长,同时,与佛山,以及珠江三角洲其他城市的飞速发展所形成的烘托和支持,港澳作为国际性大都市和国际性城市的引领,都是密不可分的。

三、广州大都市圈的历史使命与发展途径

(一)中心城市以综合服务论输赢

国家对广州的发展定位实质上就是国家赋予广州的历史使命。根据对国际大都市圈成长过程和功能演变的观察,以及对我国、珠江三角洲和广州经济发展阶段与发展趋势的判断和分析,我们认为,广州要不辱国家使命,成

为名副其实的国家中心城市，成为国际性大都市，与周边城市与区域紧密融合成为在世界上有影响力的大都市圈，就必须大力提升中心城市的综合服务功能。国际上著名的大都市都是依靠其强大的综合服务功能，引领整个区域的发展。综合服务功能强大，其辐射力、影响力就强大。在这个意义上说，中心城市是“以综合服务功能论地位、论输赢”。

我们所理解的综合服务功能，主要指一个城市所具有的为本辐射区域各类经济活动和各类要素的自由流动提供全面、高效、便捷服务的能力。综合服务功能既包括通常意义上的服务功能，如交通运输、商业贸易、金融保险等，也包括产品制造方面的服务功能。综合服务功能具有以下特性：一是对外服务性——综合服务功能主要体现为城市的基本经济活动，即主要为城市以外地区，而不是为本城市区域提供生产和服务的活动；二是空间集聚性——综合服务功能大多通过关联产业和机构在特定载体或区域的空间集聚来体现，如金融中心、商业中心、文化中心、科技园、产业园等；三是动态演变性——综合服务功能具有历史性演变的特征，时代条件发生变化，综合服务功能的主要表现形态也发生变化，如由统治中心依次向生产基地、交通物流中心、高端要素集聚与服务中心梯次演进；四是辐射带动性——综合服务功能与服务业不同，更注重通过产业、要素、设施、制度的优化组合，有机互动而形成强大功能，这种功能能够与周边区域形成功能互补，形成良好的耦合，以高端的能量辐射带动周边区域的发展。中心城市只有具备了强大的综合服务功能，才能对周边城市与区域形成向心力和辐射力，才能与周边城市与区域形成一体化发展格局，才能形成大都市圈效应。

广州虽然有优越的历史文化条件、得天独厚的地理区位条件，而且自1980年代以来城市的建设与发展取得了巨大的成就，但是，客观地说，广州大都市圈的发展在经济全球化和国内众多城市飞速发展的背景下，面临被超越的挑战。另一方面，广州中心城市的发展也存在许多薄弱环节和瓶颈。

全球化是一种趋势。不可否认，在改革开放方针的指引下，广州过去分得了丰厚的全球化红利，正是因为广州借助改革开放的春风，赢得了连续30年的超常规发展。今后的岁月里，广州还能否继续从全球化的深化中获利，继续保持高速发展，取决于广州的国际化战略安排。国际城市之间的竞争本质上就是对国际市场资源的竞争,特别高端资源的竞争。谁能够争取到更多的资源特别是高端资源,谁就是赢家。全球化的深化,必然加剧资源在全球城市之间的流动。在经营成本上升、环境容量急剧缩小、资源供应紧张、贸易摩擦增加的背景下,广州能否保持对国际市场资源的吸引力,直接关系到国家中心城市的建设。

从国内城市之间,特别是重量级的中心城市的发展态势看,城际竞争也日趋激烈。区域竞争与城际竞争是国家发挥地方的能动性、积极性,促进整体经济社会快速发展的秘诀所在。当今中国,各个城市、各个区域的发展与竞争日趋激烈。省内的深圳借助经济特区的制度优势和已经形成的高新技术产业、金融产业等产业优势,大有超越广州之势。有些指标,如进出口贸易、工业总产值、地方一般预算财政收入等,已经超越广州而处于领先地位,经济总量也紧紧追赶于后。国内的一些特大型城市发展迅速,也给广州的发展形成了压力。上海在区位优势、发展基础和国家战略扶持下,已经在国家级城市发展的主要方面,如尖端制造业、金融产业、航运、科技文教事业等方面,远远走在前面。天津近年来以滨海新区为龙头,在大飞机、大石化等大项目的支撑下迅速发展,也大有全面赶超广州之势。

如果说京津沪是直辖市,且有国家战略性规划和政策的倾斜而不可比的话,那么,在广州的后边,也有一系列的城市在追赶,如杭州、苏州等。在武汉被国家认定为中部中心城市后,借助地处高速铁路网的最大枢纽,和地处我国东部与西部连接的枢纽,以及长江流域的核心地区的优势,武汉可能也会有一个飞跃性发展。这些城市的大发展,其影响力和辐射力的提升,从区域影响范围看,就表现为城市腹地的争夺。虽然一个城市腹地的扩大,不能简单地对应为另一个城市腹地的缩小,但是不言而喻的结果就是,一个城市在国家发展中的重要性和地位会发生变化。

因此,广州是不是国家中心城市,能否作为一个领头城市带动珠江三角洲,乃至带动泛珠江三角洲地区的一体化发展,能否最终成为代表国家参与国际竞争的国际大都市,是需要靠广州的又好又快发展,同时大力增强和提升广州中心城市的综合服务功能来证明的。如果广州在未来不能做到这一点,国家中心城市的桂冠就会掉落,广州大都市圈在国内国际上的地位就会大打折扣。

根据上述理解，广州要增强综合服务功能，除了要进行制度创新外，至少需要在四个方面下足功夫：第一是要具备强大的产业辐射带动功能，也即要加速建立现代产业体系；第二是具备强大的区域空间的整合能力，也即要拓展中心城市发展空间；第三是要具备充足的环境承载能力，也即要形成良好的生态环境；第四是要具备强大城市精神凝聚力，也即要建设强大的大都市圈文化体系。

(二)建设现代产业体系

广州要着力建设现代产业体系，有两个方面的理由：第一是因为在任何时候，产业都是城市发展的根本动力。全球公认的世界经济和社会问题权威、“新美国基金会”资深专家乔尔·科特金(Joel Kotkin)认为：“有三个因素决定了这些城市的全面健康发展，即：地点的神圣；提供安全和规划的能力；商业的激励作用。在这些因素共同存在的地方，城市文化就兴盛；反之，在这些因素式微的地方，城市就会淡出，最后被历史所抛弃。”(乔尔·科特金，2006)根据科特金的城市持续发展的三因素论，城市除了是精神的家园、安全的居住地外，就是需要经济的繁荣，而经济的繁荣是需要产业的持续兴盛。产业一旦衰落，城市离萎缩的日子就不会太远。第二，现代产业体系的建设是广州建设国家中心城市的根本。广州之所以上升为国家中心城市，是因为广州要面向世界、服务全国，要成为大都市圈的核心城市，要对周边城市与区域，特别是珠三角、泛珠三角地区以强大的辐射力和带动力，而这种辐射力和带动力主要依靠现代产业体系来实现。

所谓现代产业体系，是指顺应经济全球化、知识化和消费需求升级的趋势与要求，以新技术、新业态、新创意、新经营方式的创新应用为特征，制造业与服务业相配套，工业化与信息化相融合，具有高科技含量、高附加值、低物耗、低污染特征的有机产业系统。所谓现代，是一个相对的概念，它需要结合一个城市、地区和国家的产业发展水平与需求水平来确定。广州建设现代产业体系大体上包含三个主要方面的内容：一是发展高端制造业，二是发展现代服务业，三是培育战略性新兴产业。

广州虽然提出了要建设以现代服务业为主导的现代产业体系，但在今后一个相当长的时期内,仍然要大力发展制造业,实现制造业与服务业的“双轮驱动”。其理由在于:第一,中国还处于工业化的阶段,珠江三角洲已经成为世界性的制造业中心,广州发展制造业还有广阔的空间;第二,在周边城市和区域的工业发展水平及其对服务业的需求,还不足以对广州发展现代服务业形成强有力支撑的前提下,广州还必须要大力发展制造业作为支撑服务业发展的基础。

当然,广州已经走过了制造业发展的低级阶段,今后需要发展高端制造业。高端制造业主要包括三个方面的内容,即装备制造业、植入了高科技因素的传统制造业和制造业的高端环节。装备制造业是反映一个国家制造业水平的标志,广州的制造业要由过去以日用消费品制造、原材料生产为主向装备制造业为主转型。广州目前已经形成了汽车制造、船舶制造、数控机床制造、电气设备制造等装备制造业的基础,但广州的这些装备制造业存在产业链不完善、自主创新能力不强、规模不够等薄弱环节,在今后的发展中,需要有针对性地进行强化。广州的传统制造业具有一定的优势,但是在产品竞争已经国际化的今天,广州的许多产品在外观设计、产品功能等方面,还无法与美欧日韩等国家的产品相媲美。今后的关键是要在传统的制造业中植入高科技的因素,包括花色品种的更新换代与产品质量的提高。所谓只有落后的技术和产品,没有落后的产业就是这个含义。改革开放以来形成广州的工业体系和珠江三角洲一样,大部分处于产业链的加工制造等低端环节,附加值不高,今后广州的工业要向高端生产链环节转型,即要加大研究开发,加大品牌培育、市场开拓的力度。只有占据了高端产业链,才能对周边区域与城市起辐射带动作用。

现代服务业是大都市圈核心城市的核心产业,同样也是综合服务功能中的核心功能。综观国内外大都市圈的中心城市,都是依靠金融、贸易、航运、商务、专业服务、科技文化等现代服务业对周边城市与区域起引领、带动作用的。广州发展现代服务业有自己的优势,这些优势首先就是广州是一个特大型城市,是一个延续了上千年的著名商都,这里的物流、人流、信息流所产生的商机是周边城市难以比拟的;其次就是广州工业基础强大,近年来工业的重型化和高新技术化,本身就带来了巨大的服务业发展的需求和机遇;再就是广州改革开放以来形成的现代城市基础设施，如国际海港、国际空港、会议展览中心、城际轨道交通网络、大学城、科学城、中央商务区等，为广州发展金融、物流、会议展览、科技教育，以及总部经济等现代服务业提供了硬件基础；还有值得一提的是广州周边城市和地区，特别是佛山的制造业已经有了强大的基础，为广州服务业提供了广阔的需求市场。

但广州发展现代服务业也有制约瓶颈，第一，广州的产业科技创新能力不强，直接导致新产品的研发能力薄弱、研发规模偏小，科技创意产业不发达。现代服务业的一个很重要方面，就是从工业生产链分化产生的研究开发、创意设计、市场营销等行业。第二，珠三角的工业化的外生性特征导致广州发展服务业的区域需求市场不足。广州周边地区与城市的工业化，除佛山外，带有鲜明的外生特征，也即主要是依赖境外资本与技术，依赖加工贸易发展起来的，这种工业生产所需要的服务，如金融、物流、专业服务等，主要依赖港澳市场及国际市场提供，周边城市与地区与广州之间并没有形成紧密的产业分工，离散程度比较高。如东莞是国内外著名的制造业城市，但是其所需要的工业服务，并没有依赖广州提供。因此，广州生产性服务业发展的区域需求市场不足，这也是广州金融、物流等发展不足的重要原因。第三，广州的服务业发展缺乏引导性的功能区规划，导致集聚效应差，影响力不大。如广州至今没有形成一个上规模的金融集聚区，现有的总部经济点也呈分散状态。因此，广州必须要清楚认清薄弱环节，对症下药，从完善工业产业链，提高产业研究开发能力，开拓区域需求市场，加强功能区规划等环节，促进现代服务业的大发展。

现代产业体系建设的另一个重要方面是规划发展战略性新兴产业。所谓战略性新兴产业，就是具有技术先导性、具有高产业关联度、具有广阔市场前景的新型产业，也就是能够增强中心城市产业的可持续发展能力的产业。广州选择战略性新兴产业，既要紧跟国际经济技术新潮流，又要结合广州的资源优势和发展基础。既要发展制造业领域里的战略性新兴产业，又要发展服务业领域里的新兴产业。

从制造业看，广州应高度关注新能源汽车产业、生物工程技术产业、新材料产业的发展。尽管新能源汽车的技术方向有待实践检验，但却是世界汽车产业发展的一大趋势。新能源汽车的开发可以容纳包括电子信息、新材料、新能源等多种高新技术,产业关联度非常强,因此,新能源汽车是广州汽车产业发展的必然选择。从目前新能源汽车的发展看,美、日汽车行业多年前就已经投入大量资金进行研究开发,国内的深圳、上海也在紧锣密鼓地进行。因此,广州要在汽车产业方面不被淘汰,需要十分关注新能源汽车的研发。

生物工程技术产业是21世纪最重要的领军产业之一,其发展有可能同电子信息产业一样,可能改变整个人类的生存方式。广州的医药产业比较发达,且有广州科学城生物医药产业园、广州国际生物岛、中国科学院广州生物医药与健康研究院等开发研究与生产基地,因此,生物工程技术产业应该成为广州的战略新新兴产业。我们认为,广州的生物工程技术产业大发展的关键,还是要像发展汽车产业一样提高对外开放水平,要充分引进利用国际生物工程技术产业巨头的先进技术,争取在不太长的时间内,有一个飞跃性发展。

材料工业历来是代表一个国家和地区工业水平的标志性产业。低碳经济战略的强化更加要求研究开发新型材料工业。中国工业水平与发达国家的差距,一个很重要的方面就是材料工业水平低。为了适应广州汽车工业、机械装备工业等产业的发展,也为了提升改造传统工业,广州应该大力发展新型材料工业。

从国家层面看,新型战略产业都定位于高端制造业范围。但广州作为一个城市经济体,除了制造业外,还应该选择若干服务业作为战略性新兴产业来规划发展。考虑到产业的关联性、技术性、新兴性和广州的基础,我们认为应该选择现代物流业、现代商贸业和现代会展业作为广州服务业中的战略性新兴产业来规划发展。

现代物流业是以现代运输业为重点,以信息技术为支撑,以现代制造业和商业为基础,集系统化、信息化、仓储现代化为一体的综合性产业。美国城市社会学家卡斯特尔(Castells)曾说:“城市不是依靠它所拥有的东西而是通过流经它的东西来获得知识和积累财富、控制和权力。”(转引自谢守红,2008)现代物流是流通方式的革命,物流是典型的流量经济,其发展对优化产业结构、降低企业经营成本、提高经济运行质量起到巨大的促进作用。我们以为，广州应该将发展现代物流业作为现代服务业发展的突破口。广州发展物流业有多方面的优势，比如广州具有区域交通优势，以广州为中心的两小时经济生活圈内，有五大港口、五大机场。公路、铁路非常发达；又比如广州具有需求市场优势，珠三角地区是全世界范围内产业门类最齐全的地区之一，也是国际知名的制造业中心，每天都有大量的物资流进出这个地区；广州还有文化优势，广州是千年商都，重商观念深入人心。由于现代物流业的产业带动性强，因此，发展现代物流业可以带动商贸、会展、金融、信息、制造、商务服务等一大批行业的发展，从而可以大大促进广州综合实力的提升。特别要指出的是，从经济发展的逻辑看，必须先有大量的物流，才能有大量的资金流，广州要发展金融业，必须要以发展物流业作为前提。

同发达国家和地区相比，广州的物流业还处于发展的初级阶段。广州要充分认识到发展物流业的战略重要性。香港 1980 年代经济开始腾飞，正是因为当时中国的进出口产品都要经过香港，香港起到了一个转口城市的作用。由于香港产生了大量物流，所以带动了航运业、金融业、贸易业等行业的大发展，给香港带来了丰厚的经济利益。同时，广州也要落实物流业的规划，减少物流业发展的平台，包括园区平台、信息平台、法规平台和政策平台，要大力扶持物流企业的发展，要进一步积极引进国内国际物流巨头落户广州。

现代商贸业是世界上任何一个大都市都十分发达的产业。所谓现代商贸业就是用包括电子信息设备在内的现代商贸设备装备起来的，并采用现代商贸业态的商贸产业。发达的现代商贸业不仅可以促进区域的金融、物流、旅游等产业的繁荣，也可以引领区域制造业的发展。广州地处珠三角的核心，对外交通体系发达，是一个千万人口级的大都市，具有发展商贸业的天然优势。同时，广州具有“千年商都”的传统优势，也是当今中国的外贸中心城市，因此，发展现代商贸业是必然的选择。目前，广州的商贸业在区域集聚、信息化建设等方面比较先进，但是在提高商贸企业的规模与实力，提高在国内外市场上的竞争力，推进新的商业业态的发展等方面，还有很大的空间。

会议展览业起源于欧美，现在已经发展成为一个全球性的新兴产业。由于会展产业关联度高，对商贸、旅游、餐饮、广告等带动性强，各个发达国家和城市都十分注重会展业的发展。广州会展场馆设施先进，有“中国第一展”之称的中国进出口商品交易会会址就设在广州,是国内公认的三大会展城市之一,因此,广州应该将会展业作为战略性新兴产业进行培育。根据国际经验,广州会展业的发展要走市场化、国际化、品牌化的道路。市场化就是要淡化行政色彩,按照市场规则,进行专业化组织,讲求经济效益,使会展业能够带动商贸、旅游、餐饮、酒店、广告等行业发展。国际化就是会展业要按照国际惯例运作,要同国际知名会展机构合作,不仅要积极引进国际性会展,也要走出去开办我国自己的会展。品牌化就是要精心策划组织会展,提高会展质量,保证会展信誉,形成自己的品牌。

(三)拓展城市发展空间

增强中心城市综合服务功能的第二条主要途径,是拓展城市的发展空间。发展空间是中心城市的生命线。大都市圈的本义就是区域内的一体化发展,就是区域的空间整合,或者说就是区域内资源的优化配置与整合。根据广州大都市圈的实际情况,这种空间的整合与拓展,主要包括中心城市本身行政区域空间的整合与建设,包括大都市圈内核心圈层的一体化或者同城化发展,也包括中心城市辐射区域,也即中心城市腹地的拓展等。具体而言,在当前和今后一个时期内,广州中心城市周边卫星城市建设,珠三角的一体化发展,或者同城化发展,广州与周边区域的合作发展,包括广州与港澳、泛珠三角、东盟的合作等,是广州大都市圈需要着重解决的问题。

广州中心城市空间拓展的首要问题就是周边卫星城市建设,或者是新城建设。纵观世界各个大都市的发展,都可以发现这些大都市为了增强城市实力,为了解决城市扩张过程中中心城区面积过度膨胀、交通拥挤、环境恶化的问题,十分注重新城建设,即在中心城区周边地区规划和建设若干个新城(卫星城),以缓解大都市地区的交通、环境、就业等问题。上海"十五"期间规划的"一城九镇",即松江新城和安亭、罗店、朱家角、枫泾、浦江、高桥、周浦、奉城、堡镇九个镇,并提出"繁荣看市区,实力看郊区"的战略设想。广州在2002年至2007年间,逐步确立了17个中心镇(卫星城)的建设目标,即江高镇、钟落潭镇、太和镇、狮岭镇、花山镇、炭步镇、石楼镇、大岗镇、沙湾镇、新塘镇、石滩镇、中新镇、太平镇、鳌头镇、良口镇、九龙镇、万顷沙镇。这些卫星城都用快速交通系统与中心城区连接并相互连接,形成一个卫星城群。按照规划,每个卫星城建成区 20 平方公里以上，容纳人口 20 万以上，卫星城群就可以形成300 多平方公里的建成区面积，集聚 300 多万城市人口，这对增强广州的综合实力非常关键。目前增城的新塘镇、花都的狮岭镇、从化的太平镇、番禺的大岗镇等，无论是城市建设规模，还是产业集聚，都达到了可观的水平。如花都的狮岭镇，是国际知名的皮具之都，集聚人口达 30 万，地区生产总值达40 亿以上。增城的新塘镇，是中国的牛仔服名镇，常住人口达 70 多万人，工业产值近千亿元。如果撇开行政区划关系，而根据实际的地缘经济联系，周边的佛山、东莞等城市的一些大城镇，如东莞的虎门镇及南海的黄岐镇、大沥镇等，实际上也是广州的卫星城。所以，广州周边的卫星城对广州中心城市实力的提升，是非常可观的。

推进卫星城建设首要的工作是精心做好规划。建设一座新城，其影响力可以延续千年。规划好了是一千年，规划错了也是一千年。因此规划是头等大事。卫星城的规划要有长远眼光，要有地方文化特色，避免千城一面。其次是要有计划地将产业项目，包括房地产开发项目与卫星城的建设结合起来。现在产业园区的安排、房地产项目的安排与卫星城建设存在脱节的现象。再次就是要加快中心城区与各卫星城，及各卫星城之间快速交通系统的建设进程。最后，卫星城建设需要大量的资金，上级财政要加大投入力度，要给卫星城行政管理机构配置在建设和管理方面的适当权力，以此充分调动其积极性。

广州中心城市空间拓展的第二个方面，就是推进珠三角的一体化发展。珠三角是广州大都市圈的紧密联系层，也是广州中心城市的直接腹地，其一体化发展，对广州国家中心城市的形成至关重要。一体化发展的目的是要提高区域内部存量资源的配置效率。从目前状况看，珠三角一体化分为两个层次，第一层次是广州与佛山，由于广佛两市历史与现实的紧密联系，广佛都市区已经是广州大都市圈的核心圈层，广佛一体化已经达到同城化发展的阶段，这是一体化发展的高级阶段。而广州与周边其他城市的联系程度相比较而次之，但是随着一体化的推进，同城化的范围会越来越广。区域一体化发展主要体现在三个方面，即基础设施、产业发展与制度安排的一体化。三个一体化互相关联，互相促进。

基础设施一体化主要是交通设施一体化,也包括水、电、气、环保、文化体育等。基础设施的一体化是区域一体化的先导。没有基础设施的一体化,就无从谈产业一体化,也没有必要谈制度安排的一体化,从根本上说,也无法形成都市圈。目前,珠江三角洲基础设施的一体化在硬件建设方面正在快速、顺利推进,如珠三角轨道交通建设、高速公路网建设、珠江水系的综合治理,还有电网、气网建设等。但是在基础设施共享共用上进行协作方面,比如机场、港口、会议展览场馆等的分工协作和战略联盟方面,还有很大的空间,也是今后珠三角基础设施一体化的重点内容。采取各种形式的分工协作,比如组建港口集团、机场集团等,可以最大程度地发挥基础设施的作用,避免恶性竞争。

产业发展一体化是区域一体化发展的基础,也是区域一体化发展的标志,无论是基础设施一体化,还是制度安排的一体化,最终都要体现到产业一体化发展上来。产业一体化发展的水平,是衡量区域一体化发展水平的标志。产业一体化就是指区域内的各个主体依据自身的优势条件,在产业上进行紧密分工协作。由于珠三角的工业化、城市化主要是在外生因素推动下发生的,因此,珠三角的区域分工基本是水平的,各个城市之间的离散度比较高,产业之间没有形成紧密分工。中心城市对周边城市的带动不明显。需要特别说明的是,产业一体化发展,政府可以规划、引导、扶持,但是,政府在这方面的运作空间有限。政府可以建设若干个大型骨干项目,但是产业一体化与建设大型骨干项目是不同的。产业一体化发展主要是市场运行的结果。因此,珠三角的产业分工协作,不能操之过急,不能期望三两年就能够完成产业一体化的过程。珠三角的产业一体化有待于整个区域的产业转型和升级,即由外源型经济为主向内外源相结合型经济转变,由产业水平型分工向垂直型分工转变,由低端产业链向高端产业链转变。

制度安排一体化,就是区域内各城市在各种制度设置上,协商一致,最大限度消除制度摩擦,以形成区域统一大市场,目的就是为了最大幅度降低区域内的交易成本。这是区域一体化发展的保障。

广州中心城市空间拓展的第三个方面,就是如何加强与港澳的合作。港澳虽然从地缘上属于珠三角的范围,但由于制度上的原因,在区域发展的各种安排上，是有所区别的，我们还无法完全将其与珠三角的其他城市等同看待。但是“港澳因素”无论是过去、现在还是将来，都是广州大都市圈发展和广州成为国家中心城市的重要因素。曾经有人认为，既然有了香港这个国际大都市，广州就不可能成为国际大都市。这是一种错误的判断。事实上，珠三角地区已经成为在国际上很有影响的世界级经济区，这个经济区随着中国的强大，将来对世界的影响力会越来越大。在这样一个世界性的超级大经济区内，产生若干个国际性的国际大都市，是完全有可能的。就像上海大都市圈可以有上海、南京、杭州这样的大都市，也像京津冀大都市圈可以有北京、天津这样的大都市一样。实际上，国际上的一些大都市圈，也包含有若干个功能不同而互补的大都市。因此，我们认为，广州与港澳之间的关系，其最终发展目标，就是成为一个复合型的国际性大都市区。在这个大都市区内，至于哪个城市更为重要，就要看国际条件的变化和城市自身的发展（刘江华，2004）。

在改革开放之初，由于广州与港澳之间经济社会发展的落差巨大，其合作形式基本是“前店后厂”式的，港澳提供资金、技术、市场，以及先进的航运、贸易等条件，广州则提供相对廉价的土地、厂房、人力等资源。经过多年的发展，广州与港澳的发展落差在缩小，各种外部条件也发生了变化，因此，广州与港澳的合作也发展到了一个新阶段，即进入一体化发展的阶段。这种一体化就是将广州与港澳当作一个巨型经济体来优化其资源配置，达到提高各自的资源配置效率的目的，也达到提升区域整体竞争力的目的。我们认为，广州与港澳今后的合作要着重从以下方面实行转型升级：一是在目前国家政治法律框架的范围内，加强两地的一体化发展，拆除阻碍三方一体化发展的制度性障碍，促进双方更加方便快捷地进行经济、社会、文化方面的交往；二是加大政府层面的就区域规划、城市建设、产业合作、文化教育发展等方面的协商；三是推进三方基础设施，包括机场、港口、会展场馆等的合作与联盟，实现分工协作、共享共用的目的；四是大力推进三方现代服务业合作。港澳现代服务业发达，广州正在全力推进以现代服务业为主导的现代产业体系建设，加强三方合作，不仅可以提升广州服务业的现代化水平，也可以为港澳服务业的发展提供广阔的市场。

广州中心城市空间拓展的第四个方面,就是要加强与泛珠三角地区的合作。建设泛珠三角,是我国区域经济发展史上一个崭新的创举。由内地九个省区和港澳地区共同组成的泛珠三角经济区域,在我国具有举足轻重的地位。这一区域的土地面积占全国的1/5,人口数量占全国的1/3,经济总量占全国的1/3。在这一区域中,有香港这一国际经济中心城市,有澳门这一国际性旅游服务城市,有深圳、珠海、汕头、厦门和海南五个经济特区,有号称"中国第一展"的广州中国进出口商品交易会、中国留学人员广州科技交流会、深圳中国高新技术成果交易会、中国昆明进出口商品交易会、南宁中国—东盟博览会等国家级大型交流会。总之,建设好泛珠三角,对于提升区域经济的整体竞争力,对于增强我国的经济实力,对于加强我国经济与国际经济,特别是与东南亚经济更加紧密的联系,对于我们伟大中华民族的复兴,都具有不可估量的意义。建设泛珠三角的实质,就是要在这一区域内建设一个统一大市场,使区域内的生产要素自由流动,市场无缝对接,资源优化配置,产业协调发展,从而提高区域的整体竞争力,实现区域经济协调发展。

泛珠三角地区的经济文化交往与合作有着悠久的历史。自古以来,珠江水系将广东、广西、云南、贵州、四川等省区联系在一起,本来就是"我住江之头,君住江之尾"的"共饮一江水"的关系。古老的梅岭古道和珠玑古巷,使广东与江西、湖南等内地省份自古以来就是一脉相承。东南沿海通道,使福建与广东在历史上就联系紧密。改革开放以来,随着港澳国际市场对内地经济的强烈辐射,随着珠江三角洲的迅速崛起,随着区域内交通、通信等基础设施的大幅度改善,这种交往与合作就更加密切了。可以这样说,包括广州在内的泛珠三角省会城市的发展成就,与相互之间的密切交往与合作是分不开的。因此,无论从何种意义上看,泛珠三角地区都是广州大都市圈有待进一步拓展的腹地。从一定意义上看,泛珠三角能否真正成为广州大都市圈的腹地,是决定广州大都市圈在国际上地位的关键,也是广州能否成为服务全国、影响世界的国家级中心城市的关键。

当今经济社会发展依赖五大资源:社会资源、产业资源、金融资源、人力资源和自然资源。这五种资源蕴涵了科学发展观中关于"五个统筹"的基本要素,是经济社会发展的基本资源。建设泛珠三角经济圈,就是要优化这五大资源配置,深入开展这五方面的合作,并进行相应的组织和制度创新。一是开展社会资源合作。所谓社会资源就是可以转化为经济资源的社会关系网络,是一种组织性、制度性、文化性的公共资源,是一个区域合作必要的基础和前提。开展社会资源的合作包括建立政府合作机制,形成民间交往网络,形成区域市场的自组织机制,促进政策与法规体系建设,建立区域信息资源共享体系等方面。二是开展产业资源合作。从广义的角度看,产业资源不仅可以包括工业、农业、建筑业、采矿业,也可以包括基础设施产业、流通产业、服务产业等。产业资源合作是区域经济合作、区域经济一体化的主要体现。产业资源合作水平表明区域产业的协调发展和分工合作的水平。从一定的意义上讲,我们建设泛珠三角所进行的方方面面的工作,最终要体现到产业合作上来。没有产业合作就谈不上区域合作、城市合作。所以,我们要花大力气推进泛珠三角地区之间的产业合作。三是开展金融资源合作。金融是现代经济的大动脉,是经济社会发展的最基本的要素。开展区域性的金融资源合作,构建区域性统一金融市场,是推进区域经济合作的基本内容。一般说来,省会城市都是本省区的金融中心。因此,加强泛珠三角省会城市的金融资源合作,是构建区域性统一金融市场的关键。从泛珠三角区域的角度看,我们要从存款的吸收和提取、贷款的发放和收回、国内外汇兑的往来、票据贴现市场的活动、证券市场的活动、产权市场的活动,以及区域性金融机构的相互设置等方面开展金融资源合作。要积极创造条件,推进区域内金融机构的合作与联盟,加速区域内的金融一体化市场建设的进程。四是开展人力资源合作。人力资源也是区域经济社会发展的最基本的要素,而且是可持续发展的基本要素。当今国家与国家、地区与地区、城市与城市、企业与企业之间的竞争,归根结底是人才的竞争。在广阔的泛珠三角,有着丰富的人力资源,包括高层次的科技人才、熟练劳动力和普通劳动力。在各省会城市,集中了区域内的大部分科技人才,也集中了大量的各个层次的教育机构。在成都、长沙、广州等城市,更是云集了一批国内知名的高等学校。最近建成的广州大学城,是具有国际先进水平、国内一流的大学城。它的建成为泛珠三角人才培养方面的合作提供了一个优良的基地。开展泛珠三角人力资源合作,目的就是要形成发达的区域人力资源市场,一方面,要使各类、各层次的人才自由、有序流动,使人力资源得到有效配置;另一方面,要促进人才教育和培训的合作。五是开展自然资源合作。自然资源包括土地、气候、矿藏、森林、河流、海洋等。自然资源是发展生态经济的基础,同时也是我们建设适宜创业、适宜居住的现代化城市的基础。在泛珠三角地区,自然资源十分丰富,既有名山大海、河流湖泊,也有丰富的森林与矿藏、广阔的平原与盆地。这是泛珠三角可持续发展的基础。我们合理开发利用这些丰富的自然资源,不仅可以提供经济社会发展中必不可少的农产品、海洋产品、林产品、矿产品、电力能源产品,可以大力发展旅游业,更为重要的是可以进行生态环境保护,建设一个人与自然协调发展的美好家园。

广州中心城市空间拓展的第五个方面,就是要加强与东盟地区的合作。东盟是东南亚国家联盟(Association of Southeast Asian Nations,简称ASEAN)的简称,有10个成员国,包括文莱、印度尼西亚、马来西亚、菲律宾、新加坡、泰国、柬埔寨、老挝、缅甸和越南。2002年11月,中国与东盟签署了《全面经济合作框架协议》,启动了中国与东盟自由贸易区的建设进程。这是我国一项重要的外交举措,是顺应经济全球化和区域经济一体化发展趋势而采取的重要战略。无论从地缘关系看,从人缘关系看,还是从经济互补性看,广东特别是广州与珠三角,显然是我国顺利实现与东盟地区建设中有贸易区的重要桥头堡和区域性基地。从地缘关系看,广东南临南海,与东南亚地区在地理上接近,交通成本相对低。由于地理上的原因,广东与东南亚地区的文化认同、消费习惯也相对接近。从历史联系看,东盟地区的许多华侨华人,其祖籍大多是广东,如泰国、越南、柬埔寨、老挝的华侨华人,祖籍属于广东的占80%以上,马来西亚、新加坡、印度尼西亚占40%以上。整个广东在海外的华侨大约有2000多万人,其中有近1500万分布在东南亚国家。由华侨华人兴办的成千上万的中小企业,在东南亚经济中起着举足轻重的作用。中国改革开放以后,这些华侨华人与国内,特别是与广东的经济贸易往来日益频繁。从经济互补看,新加坡是发达国家,在许多方面领先于广东,而其他国家,尽管有些在发展程度上落后于广东,也有与广东旗鼓相当,但是,相互之间有许多可以互补的因素,经济贸易前景广阔。从1990年代以来,广东与东南亚的贸易有了飞速的增长。1995—2008年,双方的贸易额从64.68亿美元增长到

626.1亿美元，增长近9倍。在我国与东南亚的贸易总额中，广东所占比例一直在1/4以上，最高时达1/3以上（张振江，2009）。在未来的世界经济格局中，东盟将是我国重要的政治与经济的战略伙伴，也是广州大都市圈重要的经济文化发展伙伴。作为国家中心城市，广州要在国家与东盟合作的政治经济大政策指引下，加强与东盟各国及各城市的合作，加大经济贸易往来的力度，充分利用好东盟这个大市场，将面向世界、服务全国的目标落实在于东盟合作上。首先，要发挥好地理上毗邻东南亚，海上交通便捷的优势。广州要同周边城市共同协商，更好地利用临海优势，完善以广州、深圳、珠海、汕头、湛江五大港口为枢纽港，以佛山、东莞、中山等中小港口为支线或补给港的整体格局，打造广东海上物流中心地位，以最大程度地降低与东南亚经济贸易往来的交通运输成本，提高贸易竞争力。其次，要进一步发挥好人缘优势，开展各种政府层面的、民间层面的经济文化往来，强化广东与东盟各国在经济文化上认同与融合。再次，将广州大都市圈的产业结构大调整同与东盟的合作结合起来。整个广州大都市圈目前已经进入产业结构大调整阶段。在经济全球化的时代，经济结构的调整往往是跨越国界的行动，就像20世纪80年代香港的产业升级同珠江三角洲的发展紧密相连一样，广州大都市圈的此次产业结构调整，也可以从战略上考虑利用某些东盟国家与珠三角地区的经济互补性，进行产业转移。事实上，在进入新世纪以来，许多原来在广州大都市圈的企业已经转移到东盟地区。深圳市已经在越南的第三大城市——海防市建设占地800公顷的“越南—中国（深圳）经济贸易合作区”。

（四）形成优良的生态环境

生态环境是指影响人类与生物生存和发展的一切外界条件的总和，包括生物因素（如植物、动物等）和非生物因素（如光、水分、大气、土壤等）。在现实中，生态环境又是指针对主体而言的自然因素的组合。城市生态环境就是指针对城市发展的自然因素的组合。城市发展是人的活动的结果，这种活动是通过各种产业活动来体现的。在人类开展的各类产业活动中，特别是产业革命以来的各种产业活动中，消耗着大量的自然资源，包括土地、矿产、能源、水等，一方面，这种消耗使地球资源日益减少，甚至枯竭；另一方面，这种消耗也大量地排放各种废弃物，污染着水、空气、土壤、森林等。这些都反过来严重破坏了生态环境的平衡,威胁着人类的赖以生存的自然环境。因此,人类就开始关注和重视生态环境问题。

在大都市圈的形成过程中,各种产业活动高度集中于大都市圈内,各种自然资源的过度消耗、资源消耗过程中所产生的大量废弃物排放,严重地威胁着大都市圈的发展与生存。英国、美国、日本等国,在工业化和城市化的历史上,都曾经发生过严重的生态灾难事件。都市圈生态环境的破坏,导致都市圈环境承载能力大幅度下降,不仅导致居住环境的恶化,而且导致城市竞争力的下降,特别是在经济知识化、高科技化的今天,生态环境已经成为吸引高端发展要素的重要先决条件。因此,生态环境已经与大都市圈的生存与发展息息相关。

改革开放以来,广州大都市圈工业化、城市化实现了跨越式的发展,但是,也付出了惨重的环境代价:一方面,生态用地被大量挤占,原生林、自然次生林遭破坏,一些关键性的生态过渡带、节点和廊道没有得到有效保护,区域自然生态体系破碎化明显,区域生态质量严重下降;另一方面,工业化和城市化的超常规高速发展还导致了严重的环境污染。2006 年发布的《珠江三角洲环境保护规划纲要》指出,在经济高速发展的同时,环境保护与生态建设取得了较大进展,但是包括河流、大气、土壤在内的整体环境被污染的形势依然严峻。因此,广州大都市圈在发展过程中需要正视现实,以贯彻《珠江三角洲地区改革发展规划纲要(2008—2020)》为契机,寻找协调经济发展与资源环境之间的关系。

加强广州大都市圈的生态环境建设,关键是要在体制与机制上有所突破。一是要切实落实中央关于转变经济发展方式的方针,彻底告别过去那种依靠大量消耗土地、环境资源和能源的粗放式的发展方式,将经济发展建立在依靠创新、依靠技术、依靠管理的集约型发展方式上。二是要突破行政区划的分割,大力提升珠江三角洲、泛珠三角的一体化水平。环境问题,无论是水体还是大气,是典型的区域性问题,单纯依靠区域内任何一个城市的努力是不可能解决的。因此,需要加强区域合作,依靠共同的规划和行动来推动区域生态环境建设。三是要在环境保护和治理上引进市场机制。环境保护是公共利益、公共服务问题,政府要起主导作用。但也要在某些领域、环节上引入市场机制，利用市场和社会的力量，推动大都市圈生态环境建设。四是要继续深化大区域范围内的生态环境建设的统一规划，加强城市与城市、区域与区域、城市与乡村等之间的环境治理规划的协调性。五是要要大力推进产业的生态化改造。环境的破坏力量，主要是来自各种产业的扩张，因此，通过产业转型、产品升级、技术升级等，减少生产经营过程中对资源的消耗，减少废弃物的排放，提升产业的生态化水平，就是关键。六是要建立区域内的生态补偿机制。在一定区域内，根据不同功能区规划，会出现生态保护区、水源保护区等，为了调动各个方面保护区域生态环境的积极性，形成区域生态环境保护的长效性，需要在区域范围内建立生态保护补偿机制。

(五)构建大都市圈文化纽带

从广义的角度看，文化是人类社会所创造的物资财富和精神财富的总和。对于都市圈的发展而言，文化主要是软实力，一种具有凝聚力、向心力、号召力、引领力的软实力。这种软实力主要通过价值文化、道德文化、习俗文化等体现出来。如果进一步分析，这种软实力又是通过更为接近生活的语言文化、饮食文化、服装文化、文学艺术等，体现在日常生活之中。

都市圈的形成与发展，除了地缘关系、经济关系等外，还有文化的因素，而且文化是都市圈的灵魂，文化认同是连接都市圈各区域之间的精神纽带。都市圈文化是吸引包括人在内的各种发展要素集聚于都市圈内的内在凝聚力，是都市圈综合竞争力的深层决定性要素。文化引领功能是都市圈各种功能中最深层次的功能，对其他功能具有导引作用。

在经济、文化日益全球化的今天，都市圈的发展态势与竞争优势，越来越体现在文化软实力上。党的十七大报告指出，文化越来越成为民族凝聚力和创造力的重要源泉、越来越成为综合国力竞争的重要因素。《广东省建设文化强省规划纲要(2011—2020年)》富于前瞻性地指出："站在新的历史起点上，面对日益激烈的国际国内文化竞争和文化与经济加速融合发展的新趋势，我们必须充分认识文化建设在凝聚民族精神、提升公民素养、促进社会和谐、推动加快经济发展方式转变中的重要地位和作用，进一步增强紧迫感、责任感和使命感，全面推进文化建设，实现由文化大省向文化强省的跨越。"广州大都市圈作为广东省和泛珠三角的中心区域，作为国家核心城市群，如何充分发挥文化引领作用,如何形成具有辐射力的文化共同体,是广州大都市圈可持续发展的重要命题。

在两千多年的发展中,广州形成了自己独特的城市精神文化。近年来,有关方面将广州文化概括为"四地文化",即海上丝绸之路发祥地、中国民主革命发源地、中国改革开放前沿地、岭南文化中心地。这种将广州的历史发展主线与广州的文化特色结合起来的概括,应该是准确的。但我们还可以从另外的角度来描述广州的城市精神文化,如高度包容的开放文化,不尚空谈的务实文化,不屑守旧的时尚文化,反对迷信的科学文化,反对封建等级的民主文化,追求和睦的和谐文化,等等。这些文化精神,支撑了广州过往的发展,也将在与时俱进中引领广州国家中心城市的建设,将对国家中心城市功能的形成与发挥,起积极的作用。但由于历史上广州主要是一个商业城市,在城市文化的发展过程中,也形成了一些不利的文化元素,比如急功近利、小富即安、缺乏工业精神、实利偏好等等。上述文化精神,虽然是对广州中心城市文化的描述,但由于广州文化是岭南文化的代表,因此,广州文化的特征,也是广州大都市圈文化的特征。

如果从大都市圈文化的辐射、带动、引领等功能来看,广州大都市圈文化还存在以下比较明显的缺陷:一是文化辐射力不强,具有全国性影响力文化品牌、文化名人不多,文化形象也比较模糊。二是文化品位有待提升。广州大都市圈在经济腾飞、GDP 领先全国的同时,文化理念相对滞后,文化品位不高。虽然广州大都市圈的文化市场化程度高,但也产生了重实利而轻人文,重眼前而轻长远,重通俗文化而轻高雅文化的倾向。过于务实与追求实利的精神导致广州大都市圈文化品位不高,高层次文化人才匮乏。三是公共文化设施建设与大都市圈的发展不相适应。与上海、北京相比,公共文化设施数量偏少,且缺乏国际影响力。布局也不合理,现有的文化设施大多存在于城市中心城区,农村地区比较缺乏。现有的公共文化设施在管理上也存在与市民生活相疏离的现象。四是文化产业的竞争力不强。广州大都市圈文化产业的协调性不强,同质竞争现象突出,产业的自主创新能力薄弱。

建设广州大都市圈文化体系,提升广州大都市圈的文化辐射力,将是一项长期的历史任务。我们至少要着重把握好如下几个方面:一是要发挥广州国家中心城市的领头作用，努力将广州建设成为世界文化名城，并把世界文化名城建设作为国家中心城市建设的重要目标；二是要大力发展各种教育事业，建设学习型城市，将提升市民的文明素质作为首要任务；三是要弘扬社会主义核心价值观，弘扬城市的优良文化传统，努力培育能反映广州本质的城市精神；四是要高水平建设好和管理好文化基础设施，将公共文化设施建设与管理作为实现基本公共服务均等化的重要内容；五是要开发和培育一批具有世界影响力的文化品牌；六是要加大文化领域对外开放的深度和广度，广泛吸纳世界优秀文化，提升广州文化的国际化水平。

总之，走向大都市圈时代的广州，在《珠江三角洲地区改革发展规划纲要(2008—2020)》的大背景下，确实面临千载难逢的发展机遇，到了一个发展的历史转折点。这个转折同珠三角发展的历史转折是同步的，同泛珠三角发展的历史转折也是同步的，同中国发展的历史转折也是同步的。因此，广州走向大都市圈时代，是珠三角发展的需要，是泛珠三角发展的需要，是中国发展的需要。

第一章

都市圈发展的有关理论问题

都市圈是由多个城市因地缘关系和紧密经济联系而形成的城市密集区域，因此不能简单地把都市圈理解成其组成城市的简单加总。所以对都市圈经济社会发展和参与国际市场竞争的研究，要比研究单个城市复杂得多。尽管迄今为止国内外对都市圈的研究已有50多年，但是对于都市圈的概念、内涵、功能特征、形成机理等方面，都还存在有待进一步探讨和求证的空间。为了更科学地研究都市圈的发展和竞争力，有必要就这些问题在理论上进行梳理和辨析，以服务后面章节所要展开的讨论。

一、都市圈的概念和内涵

(一)对都市圈概念的认识

对都市圈概念的认识和理解源于对城市化区域的管理、经济统计、城市空间规划、基础设施建设和产业发展等问题的关注，以及在实践中如何解决这些问题。由于世界各国的人口、产业、制度条件和自然条件不同，相应的城市化发展存在差异，加上主体和视角不同，对都市圈的定义及其内涵的界定是不一样的。

首先对都市圈概念进行研究并加以应用的是美国。但在美国并不一定叫"都市圈"，而是根据实际应用需要给予不同的称谓。1910年，美国提出大都市地区(Metropolitan District)的概念。1930年美国人口普查局对大都市地区的定义是"集聚了10万或更多人口,并且其中含有一个或多个具有5万或更多居民的中心城市"的城市单元(urban unit)。显然,这一定义只考虑人口规模因素,缺乏对城市功能和经济联系方面的关注。到1940年,美国人口普查局调整了统计口径,将大都市地区定义为中心城市人口达到50万以上,并由郊区环绕的人口密集区。1950年,基于国情普查的需要,美国又对大都市区作了更加具体的规定,开始关注城市之间的产业联系,在此基础上确定大都市统计区(MSA)①。1959年又提出标准大都市统计区(SMSA)。这些概念基本相似,认为大都市(统计)区是以一个或两个具有一定人口规模的大城市为中心,以及与之有密切通勤来往的多个外围县构成。显然,大都市区不仅是一个高度城市化的地域,同时也是就业市场和劳动市场最为契合的空间范围,具有典型的城市功能分区。这些概念显然将城市功能和经济联系作为大都市区的核心内涵,大都市区的功能地域概念在统计技术层面上体现出来。1957年,法国地理学家戈特曼(Jean Gottmamm)在研究美国东北部大西洋沿岸的城市群后,首次提出大都市圈(Megalopolis,又译为大都市带)概念。认为大都市圈是由许多城镇连成一体,在经济、社会、文化等方面存在密切交互作用的巨大的城市化区域。都市圈具有高密度的人口,城镇之间有网络化的基础设施,中心城市沿轴线分布并形成连绵、密集的城市走廊和城市区域。

欧洲和美国的大都市区在地域功能结构上具有一致的特征,均是由中心城市和周边与之有密切联系的行政单元构成,不同之处仅在概念定义的主体和视角:北美定义的主体是人口普查局,视角是国情普查,然后将其与管治政策挂钩;欧洲定义的主体是中央政府,视角是管治以及空间发展规划,而没有统计的因素。从各种文献来看,欧洲的大都市区很少冠以 metropolitan area 的名字,而是冠以 region 或 metropolitan region,反映出区域管治对于大都市区概念理解的重要性。英国在提出大都市区(conurbation)划分标准时,考虑了经济联系。例如,早期英格兰及威尔士地区对大都市区的发展规划分为三

① 具体来说,一个大都市统计区(MSA)包括中心县(Central County)和外围县(Outlying County)两部分,其中中心县是中心城市所在的县,或是至少有50%以上的人口居住在城市化地区的县;外围县的设定则必须同时满足某些大都市的特征,如非农劳动就业人口的比例和密度等,以及到中心县的通勤要求等两个条件,并且作了相应的门槛规定。

个步骤:首先选出中心城市;然后依据各种功能联系划分出中心城市服务的区域;最后将混合重叠的大都市区划分开来,并对其区域经济功能进行解释。值得注意的是,在欧洲对大都市区域的定义中,一般确定大都市区的中心城市多为在国家、欧洲甚至世界具有控制力的首都城市和大城市(陈睿,2007)。

日本对都市圈概念的理解主要是参照美国的定义,但出发点是基于区域优化发展的需要①。1950年代日本提出都市圈概念,规定都市圈中心城市的人口规模必须在10万以上,周边范围以一日为周期,可以接受中心城市某一方面功能服务。1960年又提出,都市圈的中心城市为中央指定市,或人口规模在100万以上,并且邻近有50万人以上的城市;外围地区到中心城市的通勤率不小于本身人口的15%,大都市圈之间的物资运输量不得超过总运输量的25%。后来又根据人口规模将都市圈分为大都市圈和地方都市圈,其中地方都市圈又分为地方枢纽都市圈、地方核心都市圈和地方中心都市圈。总的看来,虽然日本对都市圈的界定标准经历了多次调整,但与欧美的大都市区概念类似,也属于功能地域范畴,将大都市圈分为中心城市和外围地区,其中中心城市根据人口规模门槛规定,外围地区根据非农化的标准和到中心城市的通勤率界定。

由于中央政府的重视,都市圈理论在日本得到了较为完善的发展,但在研究中更倾向于将其作为一个国土规划结构的概念,原因可能是因为日本国土面积不大,而人口密度大,且地形复杂,土地约束明显,通过大都市圈内各项建设和产业的整体安排,能够在提高区域竞争力的同时保障国土资源的合理发展。可见,区域管治和统计普查应该不是日本大都市圈概念的主要因素。

我国学术界对都市圈概念的认识是在总结分析国外都市圈研究和发展

---

① 日本都市圈定义的主体是中央政府,其视角则从国土规划出发的。大致可以分为三个时期:1950—1960年代,由于城市极化现象严重,规划以抑制大城市的过度发展为目标;1970—1980年代,为适应经济发展,从单纯的大都市抑制转变为培育多核心城市群,促进都市圈的均衡发展;20世纪末期最新一轮的规划是在经济发展受挫甚至负增长的背景下进行的,由于原来经济高速发展所带来的问题均不同程度的显现,提出了调整城市的发展战略和产业结构以适应全球化带来的影响,提高区域竞争力,并且引入了环境安全、共生等理念,以形成多轴型国土构造为目标,意图全面促进国土的均衡发展(许浩,2004)。

实践的同时，结合对我国城市化发展实际的考察的基础上逐渐形成的。由于我国正处于城市化和都市圈发展快速变化时期，因而对都市圈概念和内涵的界定还处于探讨阶段。

这种对都市圈的探讨首先体现为类似的概念很多。从有关文献来看，不完全统计，与都市圈类似的概念有都市区（Metropolitan Area）、大都市区、都市连绵区（Metropolitan Interlocking Region，MIR）、城市群（Urban Agglomerations）、城镇密集区、都市经济圈、城市化区域、大都市带、大都市连绵带等。之所以出现如此多的类似概念，一方面可能是我国学者在翻译国外文献译时产生了差异，另一方面可能是在研究城市化问题时由于分析视角、专业领域等方面的不同而提出不同的概念，如周一星定义了都市区，姚士谋（1992）提出城市群概念，孙一飞（1994）提出城镇密集区概念。繁多的概念显示出都市圈发展已经成为被关注的热点问题。

其次，就都市圈本身来看，我国学术界对其概念也有很多种定义。周起业、杨再兴（1989），高汝熹（1990），涂人猛（1993），邹军、张京祥（2001），宋迎昌（2003），王兴海（2003），张伟（2003），徐寒梅（2005），陈秀山（2005）、施岳群、王何、白庆华（2007），高汝熹、罗守贵（2007），唐晓平（2008）等在研究我国都市圈发展问题时，都从自己的研究视角和专业对都市圈的概念进行了界定。综合他们提出的定义，归纳起来有以几个方面：（1）都市圈是城市群的高级化发展阶段；（2）都市圈有发挥组织和导向作用的中心城市，可以是一个，也可以是多个；（3）都市圈的成员由中心城市及与之有密切联系的周边城市及村镇组成；（4）都市圈的中心城市与周边城市和区域之间有发达的交通和通信网络；（5）都市圈的中心城市与周边城市和区域之间有密切的经济联系和产业分工协作；（6）都市圈因为经济联系突破了行政区划界限。

综合上述国内外对都市圈概念的分析，从发展的视角来看，都市圈在时间轨迹上具有动态的内涵特征，这导致不同时期的学者给出的都市圈定义上的差异。由于不同国家和地区的自然、经济和社会条件的差异，导致了都市圈在空间分布表现出“带”、“圈”、“连绵带”、“连绵区”和“群”的差异，从而影响了对都市圈称谓的不一致。由于各国和地区政府在规划管理都市圈发展都存在明确的政策指向，因而不同都市圈的功能性特征的差异性也是相当明显，如美国注重都市圈的经济统计功能，欧洲国家注重都市圈的区域管治功能，日本注重国土规划功能。

在充分吸收国内外都市圈概念研究的合理性因素的基础上，总结都市圈的基本共性，结合当前我国都市圈发展的基本态势，我们认为，都市圈是指在一定地域范围内，以发达的道路交通网络为纽带，围绕中心城市形成的包含若干个大中小城市和镇村组成的具有紧密经济联系的功能性区域。

(二)都市圈的基本特征

首先要说明的是，都市圈的特征是多方面的，如形成特征、形态特征、空间结构特征、产业特征、功能特征等，而且不同国家和地区的都市圈的各类特征也并不都相同。下面我们要讨论的是指都市圈的基本特征，也就是作为都市圈所具有的共性特征。从研究文献来看，即使是基本特征，如果研究的立场和角度不同，得出的结论也不一样。如黄伟(2006)认为都市圈的基本特征包括区位的独立性、景观的连续性、形态的完整性和功能的统一性。高汝熹和罗守贵(2007)研究总结出都市圈具有三个主要特征：一是有一个中心城市，二是中心城市周围存在一批中小城市，三是中心城市与中小城市的经济联系紧密。施岳群和庄金锋(2007)则认为都市圈一般具有中心性、密集性、协调性、圈层性、趋圆性和国际性六大特征。

由于都市圈是城市化向高级阶段发展的产物，是由有密切经济联系的若干城市在一定区域内密集分布的集合体，因此考察都市圈的基本特征应该是区别于单个大城市的。具体来说，应该是从组成都市圈的各个城市之间的联系性来分析其基本特征。从这个角度，富田和晓认为都市圈应该具有三个方面的特征：一是在空间上连为一体；二是在通勤等日常生活方面联系紧密；三是在经济活动及人口流动等方面关系密切(转引自张召堂，2005)。福田和晓的观点比较具体，但作为共性特征，都市圈的基本特征应该更具有一般性。因此我们认为可从以下三个方面考察都市圈的基本特征：一是都市圈的空间结构形态，二是都市圈的空间联系，三是都市圈的产业结构联系。

1. **都市圈的空间结构形态特征**

从空间形态上看，都市圈表现出明显的以"点—圈—线"为骨架的层级结构。"点"主要是指圈内的中心城市和次中心城市，而在中心城市和次中心城市的周围分布着众多中小城市或城镇，这些城市或城镇依据受中心城市影响的大小和距中心城市的远近分别形成都市区、边缘区和影响区，这些区域呈"圈"式分布在中心城市的周围。同时在中心城市与次中心城市之间通过交通干道联系起来，诸多小城市或城镇、工业区、开发区等呈"线"性分布于这些干道两侧。在都市圈的"点"、"圈"、"线"间点缀着大面积的农业区、度假区、旅游区等诸多区域。

对于都市圈的这种圈层结构形态，木内信藏在20世纪50年代就提出过"三地带学说"，按照这种学说，他将大都市地域结构从内到外划分为中央带（即建成区）、郊外带（即郊区）、大都市圈（即影响圈）。这一学术理念后来对日本都市圈地域结构的认识和划分起到重要的影响。在木内信藏的基础上，小林博(1960)进一步明确了各个圈层的功能涵义，他认为都市圈的三个圈层由内到外分别为：城市化地带(urbanized area)，即圈内大、中、小城市连续扩大的城市地域；大都市区(metropolitan area)，即通过城市人流、物流密集联系的日常生活圈；大都市圈(metropolitan region)，即以经济职能诸关系为主体的特大城市引力圈。富田和晓(2002)也将都市圈的空间结构分为中心城市、内圈、外圈三个层次，其中，中心城市也是在景观上和都市连为一体的城市化区域，即城市建成区域；内圈是在通勤等日常生活方面和都市联系紧密的区域；外圈则是在经济活动以及流入人口等方面和都市关系密切的区域，即都市影响圈。

国内外都市圈在空间形态上基本都表现为圈层结构。如纽约城市圈，北起缅因州，南至弗吉尼亚，跨越了10个州。它的层级结构非常明显：核心城市是纽约，第二层是波士顿、费城、巴尔的摩、华盛顿四大城市，再下面则是围绕在五个核心城市周围的40多个中小城市。我国上海大都市圈也是如此，在这一大圈层体系内，有一个核心圈和四个城市圈。核心圈的中心是"超级城市"上海，也是整个大都市圈的核心城市；四个区域性城市圈是南京、杭州、苏锡常、宁舟等城市圈，其中心城市分别是在规模和能级上处于第二方阵的南京、杭州、苏州、无锡、宁波。常州、扬州、镇江、台州和湖州以及南通、绍兴、泰州、嘉兴和舟山等则分别属于第三、第四方阵，都是各自城市圈内的重要城市。数目众多且十分发达的县级城市，如昆山、江阴、张家港、常熟、吴江等，则构成了各个城市圈内重要的城镇群基础。用一句话来概括都市圈的形态特征就是：围绕中心城市的由大中小城市和镇村组成的层级结构体系。

都市圈的中心城市不一定只有一个，在实际中可能有两个甚至多个中心城市，据此，一般可以分为单中心都市圈和多中心大都市圈。都市圈内中心城市的周边地区和次一级的中心城镇都具有相当的人口规模和人口密度。结构是功能的基础，都市圈空间结构特征直接制约着整体功能的发挥，只有形成协调、互补、有序的空间结构，都市圈才能有效发挥系统整体功能。

2. **都市圈的空间联系特征**

一般来说，都市圈都有发达的道路交通基础设施系统。路网类型有城际铁路、高速公路、高等级公路、快速公交、地铁以及其他等级的道路等，这些道路连接贯通大中小城市和镇村，组合在一起构成都市圈发达便利的交通系统。如纽约、东京、伦敦、巴黎和北美五大湖等五大都市圈都建成了城际轨道交通和四通八达的海、陆、空交通网络，特别是巴黎作为欧洲的交通枢纽，城内交通之便堪称世界之最。从国际大都市圈形成与发展过程看，发达的基础设施与快捷的交通运输成为其不断完善的纽带。最具有代表性的是城际铁路网，与干线铁路相比，城际轨道交通的跨度并不大，一般不超过400公里，具有网络化、公交化特征，是现在国际各大都市圈内合理、有效的交通方式，特点是高密度、编组灵活。客流结构以“一日交流圈”内相对固定的通勤、学生、商务、公务、休闲、旅游客流为主，一般一次出行不超过两小时即可到达目的地。

大都市圈之所以城际交通发达，与都市圈内各城市的功能定位有关。像“大伦敦”、“大巴黎”等成熟发达的都市圈，很多城市居民工作与居住的区域相分离，一般在中心城市上班，而在城郊居住生活，这就要求一个与工作生活均在一个城市所不同的交通系统，一个通勤率和物流率非常高的交通系统。

以日本的东京都市圈为例，地理范围从东京湾的鹿岛开始经千叶、东京、横滨、静冈、名古屋、大阪、神户和长崎，总面积约10万平方公里，占日本总面积的26.5%，人口近7000万，占日本总人口的61%。在东京都市圈内，又包括东京、大阪、名古屋三个城市圈。东京市区内的电车，尤其是JR山手线、JR京滨东北线、JR中央线、各地铁和东京23区内的私铁等，行驶密度极高，只要等5分钟或10分钟即可乘坐。中心城市和周边地区依靠发达的交通系统连接起来，形成一定比例的人们白天到中心城市工作、晚上回到周边地区住宿的生活—工作结构。

都市圈这种建立在发达路网基础上的高流动性特征与其城市化向高端发展过程中产业调整和功能分化有关。城市化进程和产业结构的调整与城际轨道交通网络建设之间形成了互相影响的关系，城市化和产业结构的调整使得人员产生流动，工作地和居住地分离，这就需要城际轨道交通网络的建设。而城际轨道交通网络一旦建成，对于人员和货物等的流动都有推动作用，又加快了城市化和产业结构调整的进程。因此，城际交通网络的建设是都市圈规划发展的核心内容之一，是确保都市圈产业运行效率和经济社会正常发展的基础和保障。

3. 都市圈的产业结构联系特征

一般来说，趋向成熟阶段的都市圈的产业应该是以中心城市为核心的分工明确而又相互依存的产业结构体系。在都市圈的形成和发展过程中，大多数情况下，起初是原来各个城市发展相对独立的产业体系，随着城市化和工业化的推进，由于市场竞争和各个城市比较优势差异的原因，产业分工和相互联系加强在各个城市逐渐形成与深化发展，最后整个都市圈的产业体系向结构和功能互补的集群化、一体化方向发展，其市场竞争力和国际影响力也不断增强。

例如纽约都市圈，是世界上发展最成熟的都市圈之一，也是目前世界上最大的城市经济体，由于圈内完善的产业分工格局，具有强大竞争力的产业集群，使之不仅成为美国经济的中心，而且一直以来对世界经济产生巨大的影响力。再比如巴黎都市圈，这个世界上最大的跨国都市圈，经过多年的发展，把一个城市所具有的多种职能分散到大、中、小城市，形成了一个大中小城市体系健全、城市间实现有机的产业功能分工和协作的都市圈。对于都市圈的产业联系特征，高汝熹、罗守贵(2006)指出，中心城市与周边城市经济联系紧密，具有完善而综合的产业结构，并呈动态发展优化，在产业分工合作中形成互利共赢的格局；而作为一个整体，都市圈是联结国内、国际的枢纽，经济发达而强大，同时参与国际分工，融入国际经济体系。

与国际上发展成熟的都市圈相比，我国的都市圈发展还处于初级和中级阶段，但产业分工伴随着都市圈的形成已经开始，发育阶段不同，产业分工的程度也不同，如上海前几年开始“退二进三”，广州近两年启动“退二进三”产业发展战略，标志着上海都市圈和广州大都市圈的产业分工的进一步深化与扩大，由于行政分割原因，有的都市圈的产业结构分工雷同现象较多，如京津唐都市圈。根据傅晓霞(2008)的研究，京津唐都市圈内部城市各自的产业结构大体上是雷同的。如北京的支柱产业是汽车、电子、建材；天津是机械装备、电子新技术、化工、冶金；河北是医药、汽车、电子、冶金、建材。从具体产品来看，如北京的吉普车、计算机等和天津的微型汽车、数控机床、计算机等又大多相似；同时区域内企业也缺乏整合，以钢铁企业为例，京津冀地区分布着首钢、天钢、唐钢、邯钢等多家大型钢铁集团，这种区域性的产业结构雷同现象严重影响着区域经济的整体发展，可以说，京津唐大都市圈，离真正的大都市圈尚有差距。

对于上海都市圈，施岳群、庄金锋(2007)认为，上海都市圈已经开始向成熟化阶段推进，“退二进三”战略的加快使产业结构日趋合理。在上海都市圈，部分发达城市(次中心城市)从以原材料为重点的工业化早期阶段向以机械电子一体化为重点的工业化后期阶段转变，而核心城市上海则向高技术产业和高附加值工业方向转化，而且开始向国际性经济、金融、贸易中心发展，其金融业的国际化、市场化已经起步。大量集中在上海城市中心的劳动密集型传统产业正在向郊县和周围省市转移。而上海及一些次中心城市如苏州、无锡、常州等的第三产业发展速度快于第二、第一产业，同时外围的小城镇的工业迅速发展，如苏锡常一带乡镇企业向大型集团化、国际化方向发展，与外商合作及利用外资进行技术改造以达到一定规模。

广州大都市圈是仅次于上海都市圈的我国近年发展最快的都市圈，也是市场化、国际化程度较高的都市圈，但由于产业分工还不完善，存在着内部横向经济联系不强，缺少内部协调机制、内耗竞争较严重等问题（新望、刘奇洪，2002）。《珠江三角洲地区改革发展规划纲要（2008—2020）》的颁布实施将会使这些问题得到解决，通过以广州为核心的中心城市产业发展的“退二进三”①，以及广东省实施产业和人口“双转移”②战略，促使圈内产业的分工与合作，最终建立形成功能互补、联系紧密的产业体系，推动广州大都市圈走向成熟。

总而言之，分工合作、紧密联系的产业结构是都市圈的产业发展特征。构建都市圈的目的就在于淡化和突破行政区划的界限，促使圈内产业结构的优化，各城市之间的劳动力自由流动、投资者任意选择投资地点（张敏，2005）。从整个区域角度强化城市间的经济联系，形成经济、市场高度一体化的发展态势；协调城镇之间发展的关系，推进跨区域基础设施共建共享；保护并合理利用各种资源，改善人居环境和投资环境，促进区域经济、社会与环境的整体可持续发展（邹军、王兴海、张伟等，2003）。

（三）都市圈与其他近似概念的比较

1957年，法国地理学家戈特曼在对美国东北部沿海城市化地域进行研究后提出了“Megalopolis”这一概念，当他的研究被介绍到国内来时，“Megalopolis”一词却找不到一个贴切的中文表达，于是出现了“都市圈”、“大都市带”、“都市带/都市连绵带”、“城市群”等多种译法。后来，国内外根据城镇与区域发展的不同特点和理论研究的不同倾向，提出了许多特征较为接近的概念，如美国1950年代的“城市化地区”（Urbanized Area，UA）、1970年代的“标准都市统计区”（Standard Metropolitan Statistic Area，SMSA）、意大利的“城市化区域”（Urbanized Region）、日本1950年代的“都市圈”和1960年代的“大都市圈”（Metropolitan Region）等。我国学者借鉴西方相关城镇群体空间的理论提出了“都市区”（Metropolitan Area）、“都市连绵区”（Metropolitan In-

---

① 广州提出和实施“退二进三”战略，是指通过实施产业结构调整，将达不到环境要求的、造成污染的企业退出老城区，退出一部分不符合环境要求的工业企业后，老城区主要是发展第三产业。

② “双转移”战略是广东创造性地提出的产业转移和劳动力转移的统称。具体是指珠三角劳动密集型产业向东西两翼、粤北山区转移；而东西两翼、粤北山区的劳动力，一方面向当地二、三产业转移，另一方面其中的一些较高素质劳动力，向发达的珠三角地区转移。

terlocking Region, MIR)、"城市群"(Urban Agglomerations)、"城镇密集区"、"都市圈"等概念。

如此繁多的近似概念看起来使人眼花缭乱,且在分析问题时容易发生混乱而难以理解。基于本文侧重以都市圈为研究对象,为了更科学地理解都市圈的内涵,减少与其他相近概念使用上的混乱。下面试图对几个常用的相近概念进行辨析。

1. 与城市群的比较

城市群的英文表述为 urban agglomeration,这显然与都市圈(Metropolitan Region)是不同的,前者从字面上理解是城市扎堆,agglomeration 有杂乱聚集的意思,因此城市群在概念上不反映城市聚集的秩序性,而从前面的分析看出,都市圈强调其范围内组成城市之间的有机联系和协调。

但在已有研究中,对城市群的定义和理解往往与都市圈相混淆而难以区分。如(1)城市群是指在特定的地域范围内具有相当数量的不同性质、类型和等级规模的城市,依托一定的自然环境条件,以一个或两个特大城市作为地区经济的核心,借助于现代化的交通工具和综合交通网络的通达性,以及高度发达的信息网络,发生与发展着城市个体之间的内在联系,共同构成一个相对完整的城市集合体(姚士谋,2001)。(2)城市群是指具有发达的交通条件的特定区域内,由一个或几个大型或特大型中心城市率领的若干不同等级、不同规模的城市构成的城市群体(蒋冬梅,2004)。(3)城市群是指一定地域范围内集聚了若干数目的城市,它们之间在人口规模、等级结构、功能特征、空间布局,以及经济社会发展和生态环境保护等方面紧密联系,并按照特定的发展规律集聚在一起的区域城镇综合体(赵西君、刘科伟、高岩辉,2005)。可以看出,以上的定义都内涵了中心城市、相互联系和协调发展的特征,这显然是都市圈的内涵特征。

但也有的定义更为明晰,如罗肇鸿(1995)等主编的《资本主义大词典》对城市群的定义是指在一定地域范围内集聚若干规模大小不等,职能各异、彼此密切联系而又相对独立,距离上相互分离又有便捷交通网联系的城镇的高度城市化地区,亦称为城镇群。高汝熹、吴晓隽、车春丽(2007)认为城市群是指随着城镇化的不断发展,地理上相近的不同类型、规模的城市连成一片,形成密切联系的城市群体。比较之下，这样的定义可把都市圈与城市群区别开来，关键在于是否强调中心城市的作用。就像郁鸿胜（2007）认为的，“都市圈”表达城市群体暗含了“首位城市”的概念，圈内城市间只能是“主机—终端”的关系，发展结果不可能是各城市平等协调发展；而“城市群”的提法属于城市等级规模体系，其中的城市与城市群总体之间是“网络—结点”关系，各城市的地位平等、功能互补，也最容易促成“共赢”。高汝熹、罗守贵（2007）在比较都市圈和城市群之间的差别时进一步指出，都市圈与城市群在一定的地域空间上可以相互重叠，但城市群更强调其在地域上的相邻关系，而都市圈则更重视一定地域范围内的中心城市与周围城市及乡村之间密切的社会经济联系。需要特别指出的是，城市群并不强调中心城市及其核心作用，而这是都市圈区别于城市群的关键所在。

综合上述分析，可看出，都市圈强调中心城市、有序的相互联系和协调发展，而城市群则强调许多城市在空间分布的临近关系。如果要考虑他们之间的联系性，则可把都市圈看着是以中心城市为核心的有序分布、紧密联系、相互依存的城市群。

2. 与都市带的比较

顾名思义，都市带是许多城市在空间上成带状分布的都市化区域。都市带的英文表述为 metropolitan belt，强调的是大都市区域的带状形态。有的学者把 Megalopolis 译为大都市带，但在英语里，Megalopolis 意指巨大都市、人口稠密地带、都会区，并没有强调城市的空间分布形态。宁越敏教授认为，都市带的形成是靠大都市带动的，整个区域由核心城市扩散、连接而成，例如波士顿和纽约这两个城市的界限就是彼此交融相当模糊的，这两个城市都是大都市（Megalopolis），但他们组合在一起在空间上体现为大都市带，显然，都市带是若干大都市沿带状分布而形成的城市化区域。

考虑到都市带的空间联系，都市带的特征主要体现为：（1）以某一交通干线为轴线，呈带状形态；（2）城市沿交通干线分布，地域相近，联系密切；（3）经济活动以城市为中心沿轴线两侧集聚，形成产业密集带。综合起来，就是以交通干线为轴线、以城市为结点，形成一个有机联系的城市群体在空间上呈带形扩展，其经济活动的空间集聚与空间扩散也主要沿交通干线展开，形成产业带(杨勇,2009)。进一步地,当沿线的大中城市进一步发展,城市空间地域沿交通干线不断扩张,相邻城市实体空间地域相互连接时,城市带就发展为高级形态的城市连绵带或都市连绵带。

相比较而言,都市圈与都市带在一定的空间地域上可以相互重叠,并且很大程度上依赖交通干线实现彼此的经济联系。但都市带更强调在一定地域范围内不同城市因交通、某种社会经济联系而构成的城市集合体;都市圈则更重视一定地域范围内的中心城市与周围城市因相互依存的经济联系。此外,与城市群一样,都市带也不强调中心城市及其核心作用,而这恰恰是都市圈的关键特征。总之,都市圈与都市带的最大不同之处在于,都市带强调的是城市的空间分布形态,而都市圈更强调以中心城市为核心的城市之间的经济联系及相互影响。

3. 与大都市(连绵)区的比较

大都市区的英语表达为 metropolitan area,“area”是地区、区域的意思。关于都市区的概念,国内外学者都有研究并作出了各自的解释。美国对大都市区的定义为以一个或若干个有一定规模的中心城市和若干相邻城镇组成的区域,且在不同的历史时期有不同的称谓(表 1—1)。戈特曼(1957)认为大都市区是指在地域上集中分布的若干大城市和特大城市集聚而成的多核心、多层次的城市群。顾朝林(1999)认为,大都市区是指以大城市为核心,与周边地区保持密切社会经济联系的城市化地区,使中心城市与周边地区共同构成内部相互关联、有一定空间层次、地域分工和景观特征的巨型地域综合体。杨重光(2004)认为大都市区是指以一个人口聚集达到一定规模的城市为核心,并与周边有密切联系的中小城市、城镇和农村组合而成的地理区域单元、城市空间形态和经济组织形式。

表 1—1　美国都市区在不同时期的不同称谓

提出年份	都市圈的别称
1910	大都市地区(Metropolitan District)
1950	大都市统计区(Metropolitan Statistic Area)
1959	标准大都市统计区(Standard Metropolitan Statistic Area)
1980	基本大都市统计区(PMSA) 联合大都市统计区(CMSA)

综合来看，上面的定义也过于宽泛，与都市圈、都市带、城市群均有重复之处，不过结合英文的表述来看，大都市区就是连片城市化区域的一般表达形式。如果城市之间非常临近，就是城市群；如果城市与城市呈带状分布，就是大都市带；如果中心城市发达，且产业联系紧密、相互依存，就成为都市圈。

此外，除了都市区，还有都市连绵区概念。周一星较早提出这一概念，英语的表达为 Metropolitan Interlocking Region，是指若干个都市区沿综合交通走廊连绵分布而形成的巨型城乡一体化区域（周一星，1995）。如果都市连绵区成为带状分布，可称为都市连绵带。一般认为，都市连绵区是城市群的一种具体形态，概念上强调以都市区为基本单元，指以若干个数十万以至百万人口以上的大城市为核心，与周围地区保持强烈交互作用和密切社会经济联系，沿一条或多条交通干线大小城镇连续分布的巨型城市一体化地区。

对于都市圈与大都市区的区别，陈睿（2007）从经济绩效的角度给予了解释，他认为，大都市区外部空间的主要功能为中心城市的劳动市场区，大都市区的结构反映了劳动市场的可达性，因此决定了经济绩效。而都市圈在空间功能上具有"基于大都市的区域"的结构内涵，即包括了大都市区和非都市区两个部分，外部空间的主要功能应是城乡社会经济的密切联系区域，不仅包括了都市区，还包括了一定的非都市区范围，城乡共融才能反映整个社会的经济绩效。显然，大都市区强调为中心城市服务，而都市圈则强调区域一体化发展。

二、都市圈的形成和发展

（一）都市圈形成的原因

都市圈是在城市化发展的基础上形成的，这一观点已毋庸置疑。如高汝熹和罗守贵（2006）在综合国内外都市圈发展实践后提出，都市圈是大城市发展到一定阶段所出现的一种空间现象，是城市地域空间形态演化的高级形式。唐晓平(2008)在分析都市圈的特征时也认为,“都市圈是城市化发展到一定阶段的产物”。显然,都市圈是在城市的基础上形成的,城市是都市圈形成的起点,那么,城市如何发展和演化成都市圈的呢?

综合相关文献,一些代表性的观点如下:

一是都市圈是在大城市发展主导下多因素作用形成的。如高汝熹、罗明义(1998)认为,影响城市圈经济形成和发展的因素有很多,既有自然地理环境因素,又有社会历史发展基础因素,还有民族文化差异等。但他们指出,都市圈的形成有三个关键因素:一是区位条件,具体来说就是中心城市具有良好的区位优势,能起到对国内和国外双向吸引与辐射的作用;二是基础设施,发达的基础设施是都市圈经济有效运行的前提;三是创新能力,是都市圈经济形成和发展的重要条件。后来,高汝熹等发展了他们的观点,在坚持认为都市圈的形成是多种因素综合作用的结果的基础上,提出都市圈形成的必备要素有五个方面:一是区位要素,包括区位条件、基础设施、交通条件;二是资源禀赋,包括自然条件、人口因素、人文因素,而人文因素又包括受制于生态环境的传统耕作与人口,以及影响商业贸易的技术人才及其创造力、科教机构与领先学科、新技术、管理经验与外国资本等;三是城市化水平,包括城市数量、城市规模;四是区域经济发展水平;五是制度建设,即政府要有所作为(高汝熹、罗守贵,2006)。可看出,经过多年研究,高汝熹等在认识都市圈形成原因时,更加全面细致,而且更加关注主观因素和人文因素的作用。

二是都市圈是政府规划导向发展形成的。如王成新、姚士谋(2003)在研究改革开放以来我国城市群发展认为,经济机制、政策机制和社会化机制的创新是城市群形成的重要因素。在新时期,城市群发展的动力是多元的,包括环境动力(自然条件、优惠政策和灵活机制等)、外在动力(枢纽经济的作用)、内部动力(区域内各城市的竞争与合作)。多种动力因素相互作用,促使形成了多层次等级结构明显的城市圈域系统。李晶、王跃(2003)认为影响都市圈形成的因素有产业结构的转型、中心城市的集聚和扩散作用、道路交通建设、政策制度等。黄伟(2006)则更明确地指出,我国城市发展很大部分取决于政府,可以说政府出台的一系列政策法规很大程度上决定了一个城市发展的形态、速度和方向。我国各地方政府相继提出并实施了都市圈发展战略。这种自上而下的发展动力因素是我国特有的，它有利于迅速执行都市圈发展战略，有利于一些具备发展都市圈条件的地区能更好地整合城市的功能，高效合理地发展经济。可见，除了基本的自然因素和客观条件，政府规划和政策导向对于我国都市圈的形成是很关键的因素。

三是都市圈是中心城市和周边地区相互作用多因素影响下形成的。如张京祥等(2001)、薛俊菲、顾朝林和孙加凤(2006)都认为都市圈的形成是中心城市与周围地区双向流动的结果，是客观形成与主观规划推动双向作用的产物，并强调这是中国都市圈的形成与空间成长最明显的特征。在都市圈的空间成长过程中政府通过政策调控、发展战略及规划方案的制订，平衡各方面的利益，使都市圈空间发展更趋于合理。

四是都市圈是城市发展蔓延的自然结果。支持这一观点的主要是国外学者。如奥利弗·吉勒姆(Oliver Gillham，2002)认为都市圈是城市蔓延的结果。他在其《无边的城市》一书中这样描述："蔓延是一种城市化形式……蔓延能够占据成百上千平方英里的土地，包括大都市区域形成之前所产生的那些不同的行政区，从而形成我们国家具有支配地位的中心。这样，不同的城市、镇和县可能把他们的利益置于整个区域利益之上(此时，他们仅是更大区域的一个组成部分)……最后，我们的大都市区日益膨胀，一个大都市区域正在与另外一个大都市区域衔接起来，形成横跨数千平方英里的城市化区域。"显然，作者认为都市圈是其核心城市不断扩张和分化形成的。实际上，早在1915年，帕特里克·格迪斯①(Sir Patrick Geddes)就预测到美国东北部的城市将最终蔓延到整个东北部地区。显然，他的预测被证明是科学的，并且成就了后来戈特曼"大都市圈"观点的提出。

五是都市圈是多种因素共同作用下形成的。这一解释没有强调哪一方面的因素最重要，而是综合考虑各种因素。如章昌裕(2006)在研究世界大

① 帕特里克·格迪斯(Sir Patrick Geddes，1854—1932)，苏格兰社会学家、城市规划和区域规划理论先驱之一，著《城市发展》、《演变中的城市》、《性的演进》等。

都市发展问题时指出，都市圈的形成有共同特点：一是都市圈易在地理位置优越与自然条件良好的区域形成。二是发达的基础设施与快捷的交通运输是都市圈完善的纽带。三是围绕经济中心城市发展是都市圈形成的基本特点。四是尊重客观规律制定发展规划是都市圈建设的共同点。高汝熹等近年来的观点也趋向于此。如他们指出，都市圈的形成要素分析必须从都市圈形成的基础、动力、政府角色和利益协调四个方面入手。其中，资源禀赋和区位条件是都市圈形成的基本条件，市场机制是都市圈形成发展的根本动力，政府应在都市圈的制度建设方面有所作为，竞争与合作是都市圈内部利益协调机制的基本内容（高汝熹、杨勇，2006）。这一观点意味着都市圈形成是由地理区位、自然条件、基础设施建设、中心城市的影响力、发展规划共同作用形成的，自然条件是基础，人为因素促进了都市圈的形成。

除上述观点之外，还有一些解释都市圈形成原因的论述，如章昌裕（2006）在研究纽约、东京、伦敦、巴黎都市圈的形成后指出，都市圈首先由中心城市产生聚集效应，然后由聚集效应发挥扩散效应，聚集是先导，扩散是结果，集聚为了扩散，而扩散则进一步增强集聚能力，使大都市圈最终形成。施岳群、庄金锋（2007）认为都市圈（Metropolitan Coordination Region）源于都市区（Metropolitan District），是城市化由聚集阶段发展到聚集与扩散相结合阶段的产物。陈江生（2009）认为，城市间分工协作使都市圈的整体效率最大化是都市圈形成的决定性因素。他分析指出，经济发展的过程，实际上也就是效率高者存在和发展，效率低下者不断被淘汰出局的过程。而合理的分工协作则是提高经济效率的重要基础。都市圈的形成与发展固然受制于地理区位，但城市间的分工协作带来的都市圈效率最大化同样是一个都市圈形成和发展的决定性因素。

综上所述，都市圈无疑是在城市化发展的基础上由多因素共同作用下形成的。但在不同的国家和地区，基于自然条件、经济发展、社会因素、一定范围内的城市化阶段以及外部环境等因素的差异性，都市圈的发展会显示出不同的特征，加上不同学者的研究视角、关注重点以及所处的时期不同，就出现了如上所述从各种角度去解释都市圈形成原因的观点。

(二)都市圈形成的模式

都市圈的形成模式是指都市圈形成的基本规律,也就是说在哪些因素的作用下一定区域范围内相互临近的不同规模的城市围绕大城市如何联系在一起形成了都市圈。模式体现了都市圈形成的一般规律。总结都市圈的形成模式,有助于更全面地认识都市圈。

从上面对都市圈形成原因的讨论,我们可以看出,都市圈的形成有两种基本模式,第一种模式是,先有中心城市,然后由中心城市发展扩张,通过集聚和扩散作用而形成都市圈。第二种模式是,若干城镇先各自发展,然后通过互相吸引和辐射联系形成都市圈。在都市圈形成过程中,实际上两种基本模式可能都起了重要作用,也就是说大城市扩张和城市群整合这两种力同时促进了都市圈的形成,这是一种复合模式,可称为扩张—整合模式。

1. 大城市发展扩张模式

对于都市圈是由大城市发展扩张而来的,我国多数学者如周起业和刘再兴(1989)、高汝熹(1990、1998、2006)、涂人猛(1993)、沈立人(1993)、罗明义(1998)、章昌裕(2006)、罗守贵(2006)等都持赞同态度。综合他们的分析和论述,可以得出,他们都认为都市圈的形成首先是从大城市开始的,随着产业和人口集聚,城市空间向外扩张,在大城市的辐射下,中小城市逐步发展起来,然后,大中小城市间相互连接形成城市化区域,最终发展成为都市圈。这一观点在欧美学者关于城市化扩张的研究中得到印证,英国地理学家迪肯森(R. E. Dickinson)在对众多欧洲城市进行考察后认为,以一个大城市为中心,以郊区市镇为延伸的城市化扩张是一个普遍现象,在此基础上他于1947年提出了城市地域结构的“三地带”学说,即一个城市由中央地带、中间地带和外缘地带组成。在美国,城市化发展在空间形态演化上也是类似,美国学者奥利弗·吉勒姆在其论著《无边的城市》(2007)中这样描述大城市的扩张:“美国的大都市发展如此迅速,他们的蔓延如此没有边界,以致美国的大都市已经超越了行政边界,横跨了城市、城镇、县甚至州的边界。”可见,都市圈形成的大城市发展扩张模式已得到国内外学者的广泛认同。

2. 城镇群发展整合模式

城镇群发展整合是指在一定区域范围内，大、中、小不同规模的城镇首先发展起来，其中也有规模相对大、实力较强的大城市，但大城市与区域内其他城镇之间的联系在起初并不紧密，各城市处于单独离散发展状态，然后随着交通基础设施的完善、产业结构调整和区域市场化机制的建立，区域内各个城镇联系加强。在这过程中，大城市以其相对强大的优势发挥了主导作用，并通过产业结构调整、专业化分工和相互依存、各城镇功能的优化互补，最终发展形成都市圈。

都市圈形成的这一模式主要发生在发展中国家。麦吉(T. C. McGee)研究了印度尼西亚、泰国和中国内地的城市空间结构后认为，亚洲国家的城市化道路与欧美的人口和产业向城市集中的城市化道路有不同的特点。他用“城乡一体化”来解释这种都市圈的形成机制。与大城市发展带动的“中心—外围”模式不同，城镇群先发展再整合模式是一种“分散—集中”式或者说自下而上的都市圈化过程。当都市圈形成后，一般覆盖着一个很大的相互联系的地域范围，可从核心区向外延伸50公里，有时候甚至包括大小不等的几个城市中心区(唐晓平，2008)。实际上，我国城市地理学家周一星在研究我国城市化发展趋势也发现了这一规律，他指出，城市化“总的变化趋势是从行政城市向功能城市方向变化，从单一城市向城镇复合体的方向变化(周一星，1995)”。例如广州大都市圈，目前正处于成长期，离成熟期还有相当长的距离，但它的形成和发展已经可以看出城镇整合的轨迹。在以广州为中心城市的一小时经济圈内，分布着10个地级市，以及围绕这些城市的若干个中小城镇。而改革开放以来很长一段时间，在“摸着石头过河”的发展方针导向下，由于临近香港的地缘优势和倾斜政策，珠江三角洲的大中小城镇在很大程度上都是各自独立的发展。随着珠三角地区基础设施，尤其是道路交通建设的日益完善，现代信息技术的发展，以及市场化机制的建立，区域内人流、物流、信息流、资本流的规模不断加大、周转速度不断提高，促使城镇间的联系加强，由于省会城市的先天优势，通过较强的集聚和辐射作用，广州自然就成为珠三角都市圈形成中的中心城市。但总体来看，广州大都市圈是在香港带动下的工业化、城市化,形成了一批中坚城市,强化了广州中心城市的功能,同时也强化了中心城市与周边城市不断整合,逐渐走向一体化发展的。

3. 扩张—整合模式

在前面分析的基础上,结合我们对都市圈发展的观察,我们认为"扩张—整合"可能更切合都市圈的形成和发展实际。扩张—整合模式是大城市发展扩张与城镇群发展整合两种模式的综合,但不是两者的简单叠加。我们认为,在大城市扩张过程中存在整合,即大城市内部的产业调整和功能分化。大城市扩张在空间形态上表现为建成区扩大、郊区化和农村城镇化,同时也伴随着产业结构调整和空间布局的优化;而在区域大中小城市的功能整合过程中,不同规模的城镇仍然没有停止扩张。比如广州大都市圈的发展,圈内一体化进程越来越快,广州作为中心城市,综合服务功能越来越强,在与其他城镇整合发展中,广州自身通过发展卫星城、中心镇也在继续扩张。这一规律在发达国家也得到体现,奥利弗·吉勒姆(2002)在描述美国大都市扩张时指出,"美国的大都市区域正在超出它们的边界而与另一个大都市区域连接起来,也许在未来会形成一个更大的单元。"显然,其中内涵了扩张和整合的作用。可见,从结构简单的小城镇聚落到以中心城市为核心的城市化地区,再到以城市化地区为核心的大都市区,进而到许多都市区连接而成的都市圈(唐晓平,2008),这种在整合中扩张、在扩张中整合的模式,是都市圈形成发展的一般规律。

(三)都市圈发展的阶段性

学者们之所以热衷于把都市圈的形成和发展划分为若干阶段,可能是因为都市圈的成长始终是动态的、变化的,从都市圈开始形成,不断发展,以及到最终走向何处,都需要通过观察研究来认识。在城市化加快发展的今天,都市圈的存在方式对我们生活的影响越来越大。发达国家的都市圈已经发展得比较成熟,但最终会向何处去仍没有确定答案,我国都市圈发展才刚刚开始,分析比较已有的研究有助于我们更进一步的认识与我们息息相关的都市圈。

1. 国外的研究

与我国相比，发达国家的城市化水平较高，都市圈发展也更为成熟，因此国外学者在都市圈成长阶段划分上的研究有充分的实践基础。从发达国家的城市化发展过程来看，可以认为经过了三个不同的阶段，第一阶段为城市化阶段，表现为首位城市的扩张，并在其影响下培育出一些小的城市节点，初步形成城市体系；第二阶段为郊区化阶段，表现为中等城市的扩张，城市体系的子系统得到重点发展，局部集聚和全区域内扩散并存；第三阶段为逆城市化阶段，表现为小城市的扩张，出现人口由大中城市向小城市的净迁出（Geyer，Kontuly，1993）。

由于发达国家的城市大多都经历了城市化、郊区化和逆城市化的集聚与分散发展的阶段，因此，虽然至今还没有一个完全被公认、统一的大都市圈空间结构演变的一般模式，且各自采取的指标也不尽相同，但有关都市圈的阶段划分均是在城市化、郊区化、逆城市化等的基础上进行总结的，体现了中心城市与外围地区之间的消长关系。比如富田和晓（1975）在将大都市圈分为核心城市、内圈和外圈三个部分的基础上，采用各圈层占大都市圈总人口比例的变化将都市圈的演化过程分为五个阶段，其中第一阶段（集心型）、第二阶段（集心扩大型）属于城市化过程，第三阶段（初期离心型）、第四阶段（离心型）属于郊区化过程，第五阶段（离心扩大型）属于逆城市化过程。后来 Peter Hall（1984）对大都市圈发展阶段的划分也基本延续这种方法，但 P. Hall 考察的是各圈层人口绝对量的增减，而且不仅考虑了单独的中心城市内部的人口分布变化，还考虑了中心城市与周边其他中小都市区的空间结构特征与经济绩效，以及与郊区农村之间的人口迁移关系。Peter Hall 同样将大都市区的演化过程分为五个阶段，除了指标略有差异之外，Hall 的模式与富田模式最核心的区别在于对逆城市化阶段的解释，富田认为，当大都市圈发展到离心扩大阶段时，核心城市和内圈的人口比重都将下降，而外圈的人口比重将保持增长。而 Peter Hall 认为，当大都市区发展到第五阶段时，大都市区的人口总数将会减少，减少的人口向非大都市地区迁移。

专栏 1—1　纽约都市圈形成和发展的四个阶段

纽约都市圈形成与演化经历过四个阶段。第一阶段是 1870 年以前的各城市孤立分散阶段，这一阶段人口和经济活动不断向城市集中，城市规模不断扩大，但各城市均独立发展，城市之间联系相对薄弱，众多小城市呈松散分布状态，地域空间结构十分松散。第二阶段是 1870—1920 年的区域性城市体系形成阶段，这一阶段随着美国产业结构的变化，城市规模急剧扩大，数量显著增加，以纽约、费城两个特大城市为核心的区域城市发展轴线形成，区域城市化水平提高。第三阶段是 1920—1950 年的大都市带雏形阶段，这一阶段美国社会经济发展进入工业化后期，城市建成区基本成型，中心城市规模继续扩大，在单个城市中的人口和经济活动向心集聚达到顶点的同时，城市发展超越了建成区的地域界线，向周边郊区扩展，逐渐形成大都市区。第四阶段是 1950 年以后的大都市带成熟阶段，这一阶段科技迅猛发展，交通和通信发生革命，城市的产业结构不断升级换代，城市郊区化的出现，导致都市区空间范围扩大，并沿着发展轴紧密相连，大都市带自身的形态演化和枢纽功能逐渐走向成熟，波士顿、纽约、费城和华盛顿四大都市群横向蔓延，相互连接，最后发展为跨越数州的大都市圈。

摘编于饶及人、黄立敏：《美国波士华城市群发展对中国的启示》，2009.8.16

资料来源：中央电视台城市频道理论观察（网络版）

M. 耶兹（M. Yeates，1990）研究了北美大都市圈的形成与演变后，也把都市圈发展划分为 5 个阶段：(1)重商主义城市时期（Mercantile City）；(2)传统工业城市时期（Classic Industrial City）；(3)大城市时期（Metrepolitan Era）；(4)郊区化成长时期（Suburban Growth）；(5)银河状大城市时期（Galactic City）。而在较早的 20 世纪 60 年代，戈特曼认为大都市圈的发展从地域空间结构看，要经历四个阶段：第一是城市离散阶段，即除个别中心城市的经济职能外向化迅速发展外，其余城市各自独立发展，彼此联系十分薄弱，城市的市区逐渐扩大，形成向心环带的地域结构；第二是城市体系形成阶段，即随着城市逐渐膨胀、外缘的向心内聚倾向减弱，卫星城市逐级出现，区域城市化水平迅速提高；第三是城市向心体系阶段（都市区阶段），即随着中心城市规模的不断扩大以及交通、通信等条件的迅速改进，市区沿交通线蔓延，中心城市的向心作用继续发挥并促使其达到相当规模；第四是大都市圈发展阶段，即都市区的郊区化及沿交通线的轴向延伸，形成多核心的巨大的大都市圈。相比之下，可看出，戈特曼和 M. 耶兹的划分并不矛盾，因为 M. 耶兹的重商主义城市时期和传统工业城市时期合在一起大致等同于戈特曼的城市离散阶段。总之，国外对都市圈发展阶段的划分是与其城市化发展路径相符合的，这有助于对我国都市圈发展阶段的认识。

2. 我国学者的研究

我国学者对都市圈发展阶段的研究，是在借鉴国外研究成果基础上进行的。首先是对国外都市圈发展阶段的研究。如章昌裕(2006)在研究纽约、东京、伦敦、巴黎都市圈后指出，这些都市圈都是伴随着城市化而出现的，发展历程各具特色，但在其形成和演进过程中，都经历了核心城市壮大、单核心都市圈建成、多核心都市圈域合作发展、大都市圈协调发展等四个阶段，显示了由小到大，由中心到外围的一致性，这种一致性成为都市圈发展的一般规律。高汝熹、罗守贵(2006)对此也持一致观点，认为都市圈的形成和演进一般经历四个阶段：第一阶段是孤立城市发展阶段，第二阶段是单中心城市都市圈形成阶段，第三阶段是多中心都市圈形成阶段，第四阶段是大都市圈发展并成熟阶段。

在研究国内都市圈发展阶段时，我国多数学者都省略了都市圈形成前的城市单独发展时期，即没有把城市单独离散发展放在都市圈发展阶段的范畴考虑。如陈小卉(2003)在研究江苏都市圈时提出了雏形期都市圈、成长期都市圈和成熟期都市圈的发展阶段观点。于亚滨(2006)也认为都市圈发展分为雏形期、成长期和成熟期三个阶段，但进一步指出，随着全球一体化的发展和经济的高度发展，都市圈到成熟期的后期有可能出现衰退或更大范围进一步的融合。杨勇、罗守贵和高汝熹(2007)根据我国都市圈发育过程中首位城市的地位、首位城市与成员城市的关系、都市圈内部结构的变化等特征，将都市圈的形成演化划分为四个阶段：结核期、整体集聚期、次中心形成期和成熟期。如把其中整体集聚期和次中心形成期合二为一，则对应陈小卉和于亚滨的三分法的成长期。按照这种思路重新考察国外都市圈，薛俊菲(2006)等在研究发达国家都市圈发展情况的基础上，将都市圈空间成长过程划分为雏形期、成长期、发育期和成熟期四个阶段，其内涵与戈特曼四个阶段内容相似并基本对应。

对于我国学者不把城市离散发展纳入都市圈发展阶段看待，王何和白庆华(2007)有很好的解释，他们认为，都市圈作为城市发展形态的一种，是在城市群的基础上形成的。作为一区域经济体，城市群在经济发展和城市化水平上要高于非城市群经济区域。但与都市圈相比，城市群内城市间的联系仅限于物理上的空间关系，而功能上远未实现整合，同时区域内中心城市还未形成，城市间的能级差还不明显。由此看来，只有当城市群开始进行功能上的整合，才算是进入都市圈形成和发展时期。

三、都市圈经济发展的优势

(一)都市圈:区域的制度创新

为什么城市化发展最终要趋向都市圈呢？唯一的可能解释就是都市圈比城市离散发展有更大的优势。从这个意义上说，与单个城市离散发展相比，都市圈模式是一种更具有效率的制度安排，如果不这样，城市化发展将有可能会失去活力。从制度经济学角度解释，都市圈的形成和发展是区域经济的制度创新过程。

制度是什么？制度是人类活动的规则。一般来说，如果人们想超越规则行动就会受到惩罚，因此制度能够使人们的行为符合多数人追求的价值观，增进社会秩序，并由此促进区域发展和财富创造。那么制度为什么需要创新呢？这可以从两个方面来解释：一是情况发生变化，旧的规则已经不适应新的发展需要，因而需要建立新的制度；二是因为预见性的价值追求，需要设计更好的制度促进发展，实现目标。

显然，从城市离散发展转向整合的都市圈，需要建立新的规则来适应和推动，其中一些规则是内生的，如在市场机制下，产业的梯度转移和结构优化促使都市圈内资源流动形成了规律，区域内资源只有按照这种规律流动才更有效率。另外一些规则是外生的，如城市政府在协商的基础上制定的促进都市圈发展的规划和政策等。一般来说，外在制度的有效性在很大程度上取决于它们是否与内在演变出来的制度互补(柯武刚、史漫飞,2002)。因此,在都市圈的区域制度创新中,外在制度的安排至关重要。

从世界大都市圈形成过程看,政府都在制度安排上发挥了作用(表1—2),例如:(1)成立跨城市的管制服务组织,如20世纪50年代成立的多伦多大都市政府、1965年成立的大伦敦政府、70年代中期欧洲普遍成立的大都市区行政管理机构等。如今一些都市圈仍然建立有合作组织,如洛杉矶的南海岸大气质量管理区(在联邦政府和州政府支持下负责管理区域大气质量规划)、南加州政府联合会(由区域内地方政府自愿组成的促进区域协调发展的政府合作组织)、五大湖都市圈环境保护委员会等。(2)跨行政区的建设规划,如巴黎都市圈的跨行政区规划。1932年,法国第一次通过法律提出打破行政区域壁垒,对以巴黎为中心的城市化发展实行统一的区域规划;1956年制定《巴黎地区国土开发计划》;1960年通过《巴黎地区整治规划管理纲要》,1989年对《巴黎地区整治规划管理纲要》进行修订,并于1994年获得议会批准,改称为《巴黎大区总体规划》。通过历次规划,有效促进了巴黎都市圈的发展。(3)行政区划调整。如1950年代后期,美国基于强化大都市区政府的权威,出现了大量地方政府的重组和合并,这样做的原因是合并的倡导者认为减少政府数量、合并管辖范围,实现大都市区管制可以按照规模经济的要求更有效地提供服务,从而减少财政赤字,促进经济发展(宋迎昌,2003)。

表1—2　都市圈的空间制度设计

制度安排	绩效目的	制度设计
都市圈管治	降低信息成本和协调成本	建立统一协调机构和议会、监督制度,在正式和非正式机制的共同作用下,由政府、非政府组织、企业、市民等多主体共同参与区域公共事务决策。
都市圈规划	降低协调成本和信息成本	以都市圈为区域尺度编制空间规划,安排各项基础设施和资源利用布局,并通过法律手段保障实施,作为各政府、非政府主体决策的指导依据。
政府事权安排	降低策略成本	明晰界定都市圈内各级政府在区域性公共事务中的权利和责任,完善分税制和政府绩效考核指标,保障各级政府行为的积极、明确和高效。
资源管制	避免资源掠夺	确定必须控制开发建设或必须保护的资源范围,实行强制性管理和监督;对于可开发的公共资源范围,明晰界定政府和企业占用时的产权安排。

引自:陈睿,2007。

对于都市圈的外在制度创新，陈睿(2007)认为，开展区域协调管治和统一规划、明晰事权安排、实施区域资源管制并逐项法定化是区域发展制度创新的突破口，而这些新制度的实施需要建立在一个稳定的地域空间上，即所谓的制度性地域，而都市圈的形成和发展能够承担这样的职能，是为弥补市场和政府缺陷的一项制度创新。因此，空间制度安排是都市圈空间结构的基础，并对于都市圈的经济绩效起着更为深刻的决定作用，事实上，任何都市圈空间结构要素对经济绩效的促进，均是基于空间制度安排而激励的。换句话说，都市圈经济发展的好处是由城市化不断发展所逐渐形成的一种新的制度安排上的优势促使的，都市圈的经济联系是区域制度创新的结果。

总结上述分析，我们认为，都市圈具有制度创新的主要特征：

(1)作为人类相互交往的规则，都市圈的形成和发展重新建立了城市之间、城市和乡村之间的人们经济活动规则，各种要素按照一定规律流动在一程度上“规定”了人们的生产和生活活动。

(2)柯武刚、史漫飞(2002)认为，制度的关键功能是增进秩序。显然，都市圈的形成和发展促进了城市群的功能分化和资源的有序流动，减少了混乱导致的各种可能成本和浪费，提高了经济发展的效率。

(3)制度还减少着协调人类活动的成本。政府在都市圈发展中的空间制度设计，正是为了解决不同城市之间的利益矛盾，以及都市圈整体效益的追求与单个城市的利益之间的矛盾。减少圈内城市从各自局部利益和短期利益出发而造成的整体混乱，形成凝聚力，有助于都市圈发展赢得时间节约和经济持续增长的效益。

(二)都市圈的集聚效应及其优势

上述都市圈制度创新所带来成本的降低和效益的提高都可归结为城市发展由离散转向集聚的结果。显然，与城市离散发展相比，都市圈集聚发展模式具有更多的好处。这一现象在经济地理学上称为集聚经济(agglomeration economy)或者集聚效应。

集聚效应是一种常见的经济现象，产业集聚如美国硅谷，聚集了几十家IT巨头和数不清的中小型高科技公司；我国的例子也不少，如浙江的小家电、制鞋、制衣、打火机等，珠江三角洲地区的家具、五金、纺织、皮革、电子等，都各自聚集在特定的地区，形成一种地区集中化的制造业布局。类似的效应也出现在其他领域，如大城市一般都具有多种集聚效应，包括经济、文化、人才、交通、信息等等。作为若干城市相互联系聚集在一定区域范围的都市圈，在经济发展上具有典型的集聚效应。在集聚发展过程中，共赢策略和协同运作是都市圈内城市间相互博弈的结局，因此都市圈内城市间资源分配、产业布局等诸多方面都能够实现圈内全局规划，并通过区域组织和规则保障都市圈的整体运行，都市圈内城市的功能实现了很大程度的集成，充分发挥出区域整体效应（王何、白庆华，2007）。

对于这一点，魏后凯（2008）明确指出："大都市圈的形成其实是一种集聚经济效益的体现，过去是单一的城市，现在由于交通的发展，使得很多产业和人口集中在一起。这样不但市场需求比较多，也能够提供更多的就业机会，还可以在各个城市之间进行明确的产业分工。哪些城市适合发展工业，哪些城市可以作为生态功能区，这些都会让城市的定位和未来的发展方向更加明确。"

森川洋（1993）在研究发达国家都市圈进一步扩张时发现，集聚效应仍然发挥作用，许多地方都市圈之间通过交通和人口移动等密切相连，形成功能互补并且人口规模达到一定程度以上的联合都市圈，因其沿交通轴线分布，称之为地域轴。地域轴通过扩大市场圈而达到规模经济，通过都市圈功能互补达到范围经济，通过吸引新兴产业牵引区域经济增长而达到增长极的作用（矢田，1996）。在世界级都市圈中，最著名的五大都市圈有纽约大都市圈、五大湖都市圈、东京大都市圈、伦敦大都市圈和巴黎大都市圈，还有一些都市圈如荷兰的阿姆斯特丹、韩国的首尔、德国的鲁尔等，这些地区都已经发展成为一国的重要经济增长极，成为国家的物质支柱甚至精神支撑。如以纽约、芝加哥（或称五大湖）和洛杉矶为中心的三大都市圈是美国人口和经济重心。根据美国普查局公布的数字（2001），三大都市圈合计，人口占全美国约 1/6，经济总量占全国 1/6 强（何伟文，2004）。

我国的三大都市圈（以广州为中心的珠三角、以上海为中心的长三角和以北京为中心的京津冀)的 GDP 目前占全国的份额约 40%。但由于我国都市圈还处于成长阶段,随着经济增长,城市化进程加快,未来城市化发展必定更进一步向大都市圈和复合都市圈经济带延伸,使之成为国家新一轮财富聚集的战略平台。

显然,都市圈集聚效应的经济优势是明显的,包括经济集聚的规模、城市功能优化、产业分工和专业化、资源的优化配置、产业带动、扩大的市场、协同发展等。因此,都市圈的集聚经济不是区域经济活动的简单聚集,而是区域产业发展过程中相互融合、相互促进的结果。产业优化和都市圈成长是相辅相成的,区域产业结构优化推动着都市圈成长,而都市圈成长中的制度创新进一步促使产业优化和效益提升。Smith and Florida(1994)归纳了集聚效应的优势指出,经济活动和相关生产设施的区域集中而形成集聚效应的优势包括经济活动的正外部性、规模经济和范围经济。都市圈集聚效应同样具有这三个方面的经济优势。

1. **都市圈经济的正外部性**

外部性指的是一个人或一群人的行动和决策对另一个人或一群人造成的不受市场机制作用的影响。经济外部性是经济主体(包括个人、企业和区域)的经济活动对他人和社会造成的非市场化的影响。萨缪尔森认为,外部经济效果是一个经济主体的行为对另一个经济主体的福利所产生的效果,而这种效果并没有从货币或市场交易中反映出来。一般分为正外部性和负外部性。正外部性是某经济行为主体的活动使他人或社会受益,而受益者无须花费代价,负外部性是某经济行为主体的活动使他人或社会受损,而造成外部经济的主体却没有为此承担成本。都市圈经济具有正外部性,其内涵是指圈内某城市的经济活动对其他城市的发展具有促进作用,而其他城市并不需要为此付出额外的成本。

比如在都市圈发展中,中心城市某产业非常发达,不仅规模大、实力强,而且通过产业链对相关产业产生强大需求,周边地区在进行产业选择时就受到中心城市产业发展的外部性影响,导致产业选择成本的节约,这种中心城市的产业发展对周边地区的相关产业发展的带动作用就是中心城市的正外部效应。反之亦然,在都市圈发展中,周边城市产业的专业化和集聚化发展对生产性服务业的发展产生需求，而且随着专业化分工的深化和集聚水平的提高，对生产性服务业的需求越大，在这样的情势下，专业化程度较高的中小城市难以提供功能完善的生产性服务，而中心城市由于在都市圈具有相对较强的集聚和辐射力，在发展生产性服务业上就有了足够的动力，这种周边地区产业发展对中心城市产业发展的带动作用就是周边地区的正外部效应。

这只是一个方面，都市圈的正外部效应有多种表现形式，如信息流动和共享、技术外溢、统一的劳动力市场、市场规模扩大提高中间投入品的规模效益、形成相对稳固的产业链结构使抗波动能力增强等。与城市群离散发展相比，都市圈信息流动更具有开放性和共享性，这从区域发展来看，有利于降低交易成本，优化资源配置；圈内相对完善的市场机制和劳动力自由流动能够使劳动力的才能得到充分发挥，从而最大程度地提高都市圈的劳动生产率。此外，大量的实证研究表明集聚经济对外商直接投资区位选择有着重要的影响，由于都市圈产业分工明确，协同性好，对于投资商来说，在选择投资方向上几乎不会遇到信息搜寻成本。

综上所述，都市圈经济发展的正外部性是通过城市之间的分工与协作、交流与沟通引起成本上的节约。需要说明的是，这种成本节约也体现在规模经济和范围经济上，下面我们予以分析。

2. 都市圈的规模经济优势

规模经济(Economies of scale)是指扩大生产规模引起经济效益增加的现象，其函数表达式为 $f(tx_1, tx_2) > tf(x_1, x_2)$，含义为要素投入扩大 t 倍，产出的增加大于 t 倍。规模经济受边际效益递减规律的制约，因此，其生产规模扩大是有限度的扩大。确切地说，规模经济是在一定产业规模范围内存在。我们可以反过来理解规模经济，即在一定的产出范围内，随着产出规模的增加，平均投入成本不断降低。因为在一定的产量范围内，固定成本可以认为变化不大，那么新增的产出就可以分担更多的固定成本，从而使总成本下降。成本下降就是效益增加。

规模经济的好处很多，一般来说包括能够实现产品规格的统一和标准化、通过大量购入原材料，而使单位购入成本下降、有利于管理人员和工程技术人员的专业化和精简、有利于新产品开发、具有较强的竞争力等。充分利用规模经济，对于提高区域经济的效益，具有重大意义。

都市圈经济是典型的区域经济，在都市圈经济活动中，规模经济反映的是生产要素的集聚水平与经济效益之间的关系。由于都市圈的固定投入变化较慢，生产要素的集聚主要体现在可变投入要素，如人力资源、资金、信息和中间投入品等方面。显然，可变投入要素的增加使区域产出增加，而相对固定的投入通过平均作用变得少了。

例如，都市圈的基础设施如道路、港口、环境卫生、电力等设施的建设投入，如果每个城市都各自独立规划建设，则不仅城市之间很难做到协调，增加运营管理成本，还有可能成为城市经济活动互动的障碍，尤其在城市之间道路规划建设衔接不上的时候。而如果从都市圈整体的角度进行规划建设，则不仅可能会降低投资，还由于共享各项基础设施而提高效率。比如，五个相邻的 20 万人口的城市各自投资建设供水设施，需要投入的人均资金比五个城市联合起来共同投资为 100 万人供水要高得多。这就是都市圈的规模经济优势。

都市圈的规模经济优势通过中心城市的集聚和辐射作用得以放大，从而带动整个区域的发展。例如，许多大都市都是一些多功能的经济中心，比中小城市有较高的集聚经济效益，能够更好地实现规模经济和社会分工协作，促进人才、资金、信息和物质的快速流动与科学技术的传播，能够以更经济的方式为社会生产提供必不可少的金融、贸易和其他配套服务，并为其周围的中小城市及辐射区域提供多功能的服务，提高中小城市及相应区域的经济效益（杨忠伟、范凌云，2006）。

可见，通过都市圈发展，能够推进一定区域的社会分工和规模经济，实现更好的总体经济效益，并进而带动整个都市圈经济的发展。

3. 都市圈的范围经济优势

范围经济的概念是此同时 1980 年代初由美国学者 Teece（1980）、Panzar & Willing（1981）以及 Chandler（1990）等人首先使用，其内涵是指同时生产多种产品的费用低于分别生产每种产品时形成的优势。与规模经济的投入要素增加导致平均成本降低同时产出增加不同，范围经济强调一定投入资源集约化使用的基础上进行多样化生产，从而导致各项活动费用的降低和经济效益的提高。从企业的角度来说，指通过扩大经营范围，增加产品种类，生产两种或两种以上的产品而引起的单位成本的降低。从区域经济层面看，范围经济是指由于一个地区集中了产业发展所需的人力资源、金融、分销、研究与开发、咨询、财务等相关服务的供应者，从而使这一地区能够同时生产多种产品。显然，多功能城市比单一功能城市具有更大的范围经济优势。

都市圈的范围经济是指都市圈范围内，中心城市所集中的资源的集约化使用促使周边其他城市的产业发展专业化，次中心城市集中的资源的集约化使用促使其外围城镇和乡村的产业分工和专业化发展，通过资源集约化使用的层级传递，组成区域一体化生产体系而带来的区域经济发展优势。

如果城市群是离散发展的，那么每个城市发展某种产业都需要寻找相关投入品，或者自己生产，都市圈发展模式弥补了这一缺陷，通过中心城市集聚和辐射作用，使各个城市在共享资源的同时能够发展不同的产业。

都市圈的范围经济优势主要体现在以下几个方面：

一是有利于降低成本，提高效率。如周边城镇利用中心城市集聚的市场、信息、金融等优势降低采购、融资成本；中心城市通过辐射功能，如通过提供高效设备、转让技术等方法，帮助周边地区扩大生产规模、提高资源利用率等，带动了区域城镇的经济社会发展（肖林、王方华，2008）。

二是范围经济有利于技术创新。首先，对范围经济的理解和受益，使各个城镇对专业化分工、集群发展和品牌形象建立更加重视；其次，范围经济利益的驱动可以导致科技创新的良性循环，持续的创新活动将使各个城镇在专业化基础上应用新材料、采用新工艺、注重市场调研、采用新的经营模式等等方面获得突破，这样每个成员城镇都将形成各自的核心竞争优势，从而最终使整个都市圈的国际竞争力和影响力不断增强。

三是有利于形成区域发展的差异化优势。由于地理和传统文化的接近，受相同政策和环境的作用，都市圈内的各个城镇相互影响和借鉴，形成与其他都市圈不同的区域文化与价值观，从而形成区域范围经济的差异化优势，使都市圈内城镇获得了单个离散城镇难以拥有的组织生产、区域品牌等方面的优势(陈章武,2003)。

四是有利于抵御经济波动,增强持续发展的能力。范围经济在成本、差异化、技术创新等方面获得竞争优势,实际上是增加了区域经济持续发展的能力。从微观上看,当市场发生竞争激烈时,都市圈聚集区内的企业集群能共同分担由此带来的各种风险。比如,当市场上产品价格下滑时,由于都市圈产业化分工和协作,处于产业价值链不同环节的企业能分别承担相应的价格压力,有助于化解全部降价压力由单个企业承担的风险。从宏观看,由于都市圈拥有相对稳定的市场供求体系以及相对完善的产业链,当国际经济动荡时,内部的相互协调性有助于都市圈产业发展的稳定。

总之,一定区域范围内若干个大中小城镇通过专业化分工生产多种相关产品而给各个城镇带来的好处,即形成都市圈的范围经济。范围经济对于提高都市圈的竞争力和促进都市圈区域的持续稳定发展具有积极作用。

四、都市圈竞争力及其影响因素分析

(一)都市圈竞争力的概念

在我国,对都市圈竞争力的研究是近年才热起来的,王平、杜娜、毕华(2007)在研究哈尔滨都市圈竞争力时认为,构筑都市圈,有利于突破行政区划的限制,使得中心城区集聚更多的生产要素,不断拓展市场和产业的发展空间,寻求区域内部共同发展,提高都市圈整体竞争力水平,使都市圈在更为激烈的竞争中立于不败之地。他们虽然没有直接对都市圈竞争力进行定义,但已经指出了都市圈竞争力的一些内涵。明确提出都市圈竞争力定义,并建立模型进行分析是上海交通大学中国都市圈发展与管理研究中心的高汝熹、罗守贵(2006)等学者。他们从2005年开始对中国发育中的18个都市圈①进行有关综合竞争力的全面评估和跟踪研究。他们认为都市圈竞争力是个相对概念,主要是指特定都市圈在竞争和发展过程中与其他都市圈相比较具有

① 这18个都市圈是:首都圈、上海圈、广州圈、杭州圈、南京圈、沈阳圈、济南圈、大连圈、青岛圈、武汉圈、汕头圈、长春圈、重庆圈、成都圈、哈尔滨圈、石家庄圈、太原圈、西安圈。

的创造财富收益的能力。他们研究了影响都市圈竞争力的因素，据此提出了都市圈竞争力的函数表达式，即：

都市圈综合竞争力＝f(都市圈发育水平、都市圈实力水平、都市圈绩效水平)，其中：

都市圈发育水平＝f(交通联系强度、经济落差、圈内城市体系、中心城市地位)；

都市圈实力水平＝f(总体规模、次区域发展强度、投入和消费能力)；

都市圈绩效水平＝f(发展水平与财富、产出能力与效益)。

显然，对都市圈竞争力概念的分析都是围绕区域和城市发展问题进行的。之所以这样，我们认为，一方面是因为都市圈是由若干城市通过人口流动、产业联系融合而成的，另一方面是因为由若干城市组成的都市圈在空间上表现为占有一定面积的区域。可见，都市圈综合了城市和区域两个概念的内涵，而都市圈竞争力概念也可以综合城市竞争力(urban competitiveness)和区域竞争力(regional competitiveness)两个方面的合理内涵来理解。

关于区域竞争力的定义较多，综合相关文献，具有代表性的描述主要有：为区域创造财富的能力；在世界市场上较其竞争对手获得更多财富的能力(瑞士洛桑国际管理开发学院)；在区域市场中占据的市场份额，地区比较优势和竞争优势(阳国新，1995)；相对于其他经济区域的资源优化配置能力(赵淑玲，2004)；一个地区参与全国乃至世界市场的分工与竞争的能力(杨林、韩全芳，2005)；通过要素协同为区域的整体绩效带来实质性效应的竞争优势(周群艳、田澎，2005)等。其中芦岩、陈柳钦(2006)对区域竞争力做了文献综述研究，他们归纳的区域竞争力的内涵主要包括财富创造能力、经济持续发展能力、资源吸引和有效配置能力、多种形式的综合能力等四个方面。

城市竞争力定义也类似，主要的代表性描述有：城市能够提供满足区域、国内和国际市场需求的产品和服务的能力；城市对外来资源(包括人口、资本、技术和资金)的吸引力(汪明峰，2002)；城市持续创造财富的能力(中国社会科学院《中国城市竞争力报告》，2003)；与其他城市相比所具有的吸引、转化资源争夺、控制市场以提供产品和服务提高居民的收入和福利推动地区乃至国家发展的能力(董姝娜，2003)；城市集聚、利用和优化组合各种生产要素的能力(王立平,2004);与其他城市相比所具有的自身创造财富和推动地区、国家创造更多社会财富的能力(阎卫阳,2004);创造国民财富并持续增长和发展的系统能力(郭巧云,2005),等等。刘江华、张强、张赛飞和杨代友(2006)在归纳了已有文献中典型的城市竞争力定义后指出,关于城市竞争力竞争比较的对象包括获取资源、配置资源、生产更好的产品、创造就业岗位、创造财富、推动区域发展、占领市场、扩大影响、提高人民生活等等。在此基础上,他们结合对当前世界城市发展和国际竞争的新特点、新趋势的考察,提出了城市竞争力的定义,即认为城市竞争力是指一个城市与其他城市相比较所具有的集聚资源、创造财富,并对外部地区产生辐射作用,以实现城市持续发展的能力。

综上所述,我们认为,(1)在当今全球化的和开放的市场经济中,都市圈的竞争对象与单个城市相比较并没有什么不同,不同的只是竞争主体的差异,即一个城市与若干城市构成的一个整体的差异,就像一个企业与一个由若干独立核算企业组成的集团公司一样,它们在市场上竞争的对象是一样的;(2)从空间上看,与单个城市比较,都市圈同样表现为一定范围的区域,因此都市圈作为竞争主体具有典型的区域性,只是作为都市圈的区域比单个城市的面积更大,层次更多,结构更复杂;(3)都市圈内各组成城市之间是合作与竞争关系,合作是为了降低发展成本,竞争是为了提高效率,这种"竞争—合作"关系使它们作为一个整体在国际市场上所表现出来的竞争优势比它们各自单独参与市场竞争的优势之和还要大。基于这种认识,我们认为都市圈竞争力可以这样来表述:都市圈作为一个整体与其他都市圈相比较所具有的集聚资源、创造财富、通过对外部地区产生辐射作用,实现都市圈可持续发展的能力。

(二)都市圈发展与城市竞争力

随着经济全球化发展,国家之间、区域之间的竞争逐渐转变体现为城市之间的竞争。作为城市化发展在空间拓展上的产物,都市圈也就成为经济竞争的主体。由于都市圈是解决大城市成长中出现的问题而在空间上发展起来的一种有效率的空间经济模式,因此与单个城市比较,都市圈更具有竞争力。都市圈的强大竞争力来源于更有效地在城市群之间实现资源的优化配置。通过组织各种资源的有序流动,激励都市圈内各城市协调发展,在行动上趋于一致,形成区域合力,降低交易成本,减少城市之间的耗散,解决各种区域层次的空间矛盾,进而提高区域经济竞争力。

在都市圈内,城市之间的关系是竞争与合作关系。这种竞争合作关系既发生在中心城市与成员城市之间,也出现在成员城市之间。都市圈内的城市之间在不同时间、不同领域选择合作还是竞争,取决于他们之间的力量对比和市场结构特点,最终都会达到一种均衡,这种均衡符合都市圈整体效益最大化原则,达到都市圈所有城市的共赢格局(高汝熹、罗守贵,2007)。

对世界经济发展的考察,我们可以发现,在世界各国尤其是大城市地区均面临全球化的外部竞争压力和地方政府分权的内部整合要求下,都市圈以及都市圈内城市联合管治成为世界城市体系在国际竞争的主要特征。而在我国的政治经济制度背景和低水平高速度的城市化发展现状下,为了解决一些在单个城市的框架下难以解决的问题,许多省市纷纷提出概念,并进行了规划编制工作的"都市圈",就是这样一个制度性地域的最佳空间尺度,即是对区域内涉及的所有地方政府、非政府组织、相关企业和公民产生普遍约束和激励的空间安排,是在跨行政区和多利益主体博弈下达成区域共同行动、提高区域整体绩效和竞争力的机制(陈睿,2007)。

都市圈经济形式对圈内城市的竞争力的影响,主要体现在两个方面:

一是都市圈的发展对中心城市的竞争力来说,无疑是最具有促进作用的。中心城市在与成员城市的经济联系中,通过集聚和辐射效应,逐渐占据产业链的高端,最具有竞争力、可持续发展能力的产业体系最先在中心城市建立,然后通过产业分工和产业链延伸辐射到成员城市。都市圈的发展能够获得集聚效益、定域化外部经济,使都市圈的每一个城市获益,对于城市竞争力来说是相互增强,但中心城市在都市圈的发展中获益更多。

以大城市为核心的都市圈已经成为一种具有全球意义的"城市一区域"发展模式和空间组合形式。构建都市圈的目的之一,就是要以首位城市为中心实现区域分工和合作,最大限度地发挥都市圈整体优势。都市圈城市直接的密切合作有利于形成集聚规模经济,并且增加区域劳动分工水平和区域内地区之间的横向联系,从而提高经济绩效。在都市圈中,中心城市的竞争力最强，中心城市应该发挥组织和引导整个都市圈产业发展方向，在都市圈产业集群建设中发挥主导作用。

二是都市圈发展提升成员城市的竞争力。城市与其周边城市通过产业链连接起来成为一个整体与其他区域竞争，能够更大程度地提高城市群体中单个城市的竞争能力，这就是都市圈之所以存在的必然要求。成员城市通过共享资源和发达的交通网络而获得竞争力的增强。从道路交通条件看，以首位城市为中心的放射性交通轴线越多、都市圈周边的环状交通轴线越密集、交通网络密度越大，则各成员城市之间的交易成本和联系中的不确定性就越低，分工合作的格局就越倾向于形成，都市圈的整体经济效益也就越好。交通网络对于都市圈经济发展的推动不仅在于为都市圈内各地区之间的经济联系和分工合作提供了沟通和运输途径；而且交通网络也是塑造都市圈社会经济空间结构的重要支撑，沿交通走廊通常会形成城市或产业密集带，城市和产业密集带是都市圈社会经济结构的主要框架。因此，交通网络轴线越丰富，密度越大，则意味着都市圈的社会经济活动也越密集，空间交易活动也就越频繁，各成员城市间分工与合作的机会也就越大，经济就越繁荣（陈睿，2007）。

从资源共享的角度看，如果都市圈内存在较大面域的区域共享资源要素，那么从有效开发利用资源以发挥最大经济效益、合理保护资源以促进资源的可持续利用两方面考虑，都市圈内各利益主体的协调与合作将有利于区域共同利益的最大化。从一般意义上说，城市空间集聚密度越大，资源的集聚效益就越能够发挥；同时，都市圈规模密度越大，意味着都市圈内经济活动愈加密集，各城市之间交流互动的机会也就越多，这就容易促成都市圈内的分工与合作，从而行业优势和专业化生产的竞争力的增强。

（三）都市圈竞争力的影响因素

从文献来看，目前对都市圈竞争力影响因素的研究并不多，相关研究在涉及分析都市圈竞争力时，都是在借鉴分析城市竞争力影响因素的基础上展开的。如王平、杜娜、毕华（2007）在研究哈尔滨都市圈竞争力时提出的竞争力要素包括综合经济实力、产业结构水平、资金实力、基础设施水平、人才教育水平、政府管理水平、开放程度和生态环境水平八个方面。显然，这也同样适用于分析城市竞争力。康绍大、陈金香(2007)认为都市圈竞争力的影响因素众多,以其表现方式的不同可概括成硬件因素和软件因素两类。硬件因素主要包括经济实力、城市居民素质、金融、基础设施等,由于这些方面侧重于从城市本身所拥有的物的形式来考虑,又可称为竞争资本要素。软件因素包括:管理、开放程度等各方面,由于这些侧重于竞争环境,又可称为竞争环境要素。其影响机理为,硬件因素是都市圈竞争力的物质基础,软件因素影响硬件因素发挥作用的效率,软硬件因素的相互作用决定了都市圈竞争力。但是,他们对都市圈竞争力影响因素的分析也是与城市竞争力联系在一起的。他们认为这些因素在各自影响都市圈竞争力的同时,又共同集成,影响着城市竞争力。

高汝熹、罗守贵(2007)系统地分析了都市圈竞争力的影响因素。他们是通过建立模型,构建都市圈竞争力评价指标体系的方法来展示其影响因素的。他们的评价指标体系显示,都市圈综合竞争力取决于都市圈的发育状况、经济规模和运行效率。其中发育状况受到交通联系的便捷程度、圈内城市的经济联系情况、圈内城市体系、中心城市地位等因素的制约;经济规模受到总体发展规模、次区域发展强度、投入与消费能力的影响;运行效率则体现在发展水平与财富、产出能力与效益等方面。

通过比较可以看出,高汝熹和罗守贵提出的都市圈竞争力影响因素比其他学者更为有说服力:(一)他们是从圈的概念出发来展开影响因素分析的,这样就避免了与城市竞争力影响因素分析发生混淆不清的不足;(二)他们强调圈内城市的联系性,包括交通、产业、城市结构等方面,这一点非常重要,因为与单个城市相比,都市圈竞争力体现为相互依存的许多城市的共同作用;(三)强调核心城市的作用。都市圈是以大城市为核心增长极的产业联系紧密的城市集合体。核心城市通过吸引和辐射作用增进圈内发展要素流动的秩序,减少摩擦成本和重复浪费成本,促进都市圈内城市共同发展。因此,他们所提出的影响因素,以及在此基础上对都市圈竞争力进行评价,就更为科学合理,可信度也更高。

但是,不能说高汝熹和罗守贵的都市圈竞争力影响因素分析已经完美了,也不能说其他学者提出的影响因素不正确。从更宽泛的角度说,有关文献中提出的都市圈竞争力影响因素都没有错，这些因素都在不同程度上影响都市圈的发展。因为都市圈是城市化发展的结果，影响城市发展的因素必然也影响都市圈。因此，影响城市竞争力的因素也都是都市圈竞争力的影响因素。不同的是，我们认为，既然分析都市圈竞争力，就应该与分析单个城市的问题有所不同。都市圈是相互联系的城市的集合体，与单个城市相比，就恰如企业集团公司与单个企业一样，企业集团考虑的市场竞争因素显然要比单个企业复杂得多，除了要考虑与单个企业影响因素一样的情况，还要考虑集体内部的联系性、协调性和整体性。同样，都市圈作为一个若干城市组成的有机整体，其竞争力的大小不仅受到与单个城市竞争同样因素的影响，还受到圈内各城市为增强竞争力，创造更多财富而相互联系产生的新的因素的影响，这些新的因素如都市圈的管治制度体系、以中心城市为核心的城市体系、都市圈范围内的市场机制完善程度、圈内的产业融合程度、圈内资源配置效率以及城市之间的竞争合作关系等，都不同程度地可以解释都市圈竞争力的大小。例如，有效的管治制度体系，可以减少圈内城市之间的矛盾，降低运作成本，提高决策效率。再比如高度的产业融合，意味着减少重复建设和无序竞争，并可以获得集聚效应，从而提高竞争能力。

都市圈竞争力涵盖的内容广泛，结构复杂，相应地影响因素也很多，并且因素之间的相互关系也相当复杂，要详细地一一列出是非常困难的。而且从学术研究角度看，不同的出发点、不同的学科背景、不同的研究目的，对研究分析都市圈竞争力影响因素有不同的考虑。因此，总体来说，对都市圈竞争力的影响因素的研究仍处于不断完善中，有待进一步的研究和探索。

五、本章小结

综合国内外有关研究，我们认为都市圈是指在一定地域范围内，以发达的道路交通网络为纽带，围绕中心城市形成的包含若干个大中小城市和镇村组成的具有紧密经济联系的功能性区域。然后从空间结构形态、组成城市的道路交通联系和产业结构联系三个方面考察了都市圈的基本特征。同时，我们比较了都市圈与城市群、都市带、大都市（连绵）区等几个常见概念，这样有助于深入理解都市圈的内涵特征。

在理解概念的基础上，我们对都市圈的形成和发展进行了理论评析。分析显示，都市圈是在城市化发展的基础上由多因素共同作用下形成的，但在不同的国家和地区，基于自然条件、经济发展、社会因素、一定范围内的城市化阶段以及外部环境等因素的差异性，都市圈的发展会显示出不同的特征。从形成模式上看，都市圈的形成主要有两种基本模式，即大城市发展扩张模式和城镇群发展整合模式。但在具体过程中，实际上两种基本模式可能都起了重要作用，也就是说大城市扩张和城市群整合这两种力同时促进了都市圈的形成。从形成发展阶段看，有三阶段论、四阶段论和五阶段论等多种观点，这为我们更好地认识都市圈提供了多种视角。

我们还讨论了都市圈的经济优势。从制度经济学看，都市圈的形成和发展是区域经济的制度创新过程。政府在制度安排上发挥了重要作用，新的制度安排重新建立了城市之间、城市和乡村之间的人们经济活动规则，促进了城市群的功能分化和资源的有序流动，提高了区域经济发展的效率。都市圈制度创新所带来的这种好处可归结为集聚效应。都市圈集聚效应主要包括经济正外部性、规模经济优势和范围经济优势三个方面。

最后，我们讨论了都市圈的竞争力及其影响因素。都市圈竞争力是指作为一个整体与其他都市圈相比较所具有的集聚资源、创造财富、通过对外部地区产生辐射作用，实现都市圈可持续发展的能力。都市圈经济模式无论是对中心城市，还是城市群体中单个城市来说，都能够更大程度地提高竞争力。

影响城市竞争力的因素也都是都市圈竞争力的影响因素，但都市圈作为一个若干城市组成的有机整体，其竞争力的大小不仅受到与单个城市竞争因素的影响，还受到圈内各城市为增强竞争力，创造更多财富而相互联系产生的新的因素的影响，这些新的因素如都市圈的管治制度体系、以中心城市为核心的城市体系、都市圈范围内的市场机制完善程度、圈内的产业融合程度、圈内资源配置效率以及城市之间的竞争合作关系等，都不同程度地可以解释都市圈竞争力的大小。

第 二 章

国内外都市圈发展比较

广州要成为成熟的大都市圈，国内外一些先行都市圈的发展经验和模式是值得借鉴的。尽管各都市圈都有其内在个性和不同特色，但隐藏在它们成长和成功背后的共性与一般规律也是显而易见的，它们曾经发生的失误、存在的问题及有效的应对策略也是后起的都市圈应高度关注并积极借鉴的，这对我们少走弯路具有重要的意义。为此，本章将主要致力于经验分析，分别从国际、国内两个层面，探讨世界五大都市圈的发展特点和成功经验，阐述国内五大都市圈的现状特点、优势及面临的主要挑战，在此基础上，总结大都市圈发育成长的一般规律和阶段演进，进一步分析国内大都市圈建设存在的一些典型问题，最后，研究提出对广州大都市圈发展的若干重要启示。

一、世界五大都市圈的比较

目前，分别以纽约、伦敦、东京、巴黎、芝加哥、上海为核心，世界上已形成国际公认的六大都市圈，这些都市圈人口规模大、地域广、经济和要素集聚度高、国际交往能力强，汇聚了当今世界最大财富和最先进生产力，成为世界经济发展的重要“引擎”，在城市经济和全球经济竞争中扮演着越来越重要的角色。比较和探讨已趋向成熟的世界五大都市圈的发展特点与经验，有助于我们认清都市圈发育的一般规律和国内大都市圈所处发展阶段和存在不足，从而为广州大都市圈的培育发展提供有效范例和借鉴(表2—1)。

表2—1　六大都市圈的比较

都市圈＼指标	人口总数（万人）	区域面积（万 km^2）	城市构成
纽约都市圈	6500（20%）	13.8（1.5%）	纽约、华盛顿、波士顿、费城、普罗维登斯、哈特福德、纽黑文、巴尔的摩等共40个10万人以上城市
北美五大湖都市圈	5000	—	芝加哥、底特律、克利夫兰、匹兹堡,及加拿大的多伦多和蒙特利尔等20多个100万人以上城市
伦敦都市圈	3650（60%）	4.5（18%）	大伦敦地区、伯明翰、谢菲尔德、利物浦、曼彻斯特
巴黎都市圈	4600	14.5	巴黎、阿姆斯特丹、鹿特丹、海牙、安特卫普、布鲁塞尔、科隆等40个10万人以上的城市
东京都市圈	7000（61%）	10（17%）	东京、横滨、静冈、名古屋、京都、大阪、神户
上海都市圈	7240（6%）	10（1%）	上海、南京、杭州等15个地级市或10个50万人以上的城市

数据来源:《世界六大城市群》,"中国长三角"网站(www.chinard.com)。注:数据下方括号内数据为该指标占所在国家相应指标的比重。

(一)纽约都市圈

1. 概况及特点

纽约都市圈位于美国经济最发达的东海岸,北起缅因州,南至弗吉尼亚州,跨越了10个州,包括纽约、波士顿、华盛顿、费城、巴尔的摩等五个大城市,以及40个10万人以上的中小城市,总面积13.8万平方公里,总人口达到6500万,占美国总人口的20%,城市化水平达到90%以上。

纽约都市圈以曼哈顿岛为核心,然后逐渐向外蔓延和扩散,在空间结构上形成了四个圈层:一是核心圈,主要包括曼哈顿地区,面积58平方公里,是典型的中央商务区(CBD),是纽约的城市商务活动中心和高档功能集聚区域,也是整个纽约都市圈的核心部分和美国经济的"心脏";二是纽约市(城区),主要包括纽约市辖的曼哈顿、皇后、斯塔腾岛、布朗克斯、布鲁克林等五个自治区,总面积约830平方公里;三是纽约大都市区,是指由纽约市区及其周边若干郊区相连接、经济联系紧密的区域所组成,其中的郊区不属于城市当局管辖,但与城市经济高度联系,是主要的通勤区域,属于纽约大都市圈的内圈，总面积为10202平方公里；四是纽约大都市圈，即上述所界定的“跨越10个州、包括五大中心城市”的空间范围，包括纽约大都市区加上纽约大都市圈的外圈，总面积为13.8万平方公里。

纽约都市圈是美国经济的核心地带，也是世界上经济最发达、功能最完善的大都市圈。纽约都市圈以占美国1.5%的国土面积和20%的人口，创造了占全国24%的经济产值①。纽约都市圈最突出的特色是圈内各中心城市之间形成了功能互补、错位发展的格局。其中，纽约作为首屈一指的国际金融中心，不仅是美国经济的“神经中枢”，也是全球经济的“心脏”，发达的总部经济和种类齐全的高级专业服务部门，使纽约成为控制国内、影响世界的经济管理与服务中心，从这次源于华尔街的金融危机可以看出，纽约的一举一动都左右着世界的金融、证券和外汇市场。同时，借助纽约的资本优势，都市圈内的其他核心城市也根据自身特点，寻找与纽约的错位发展之路，分别形成了各自的产业亮点，如波士顿的高科技产业、费城的国防及航空工业、巴尔的摩的矿产冶炼工业以及作为首都的华盛顿政治中心及其发达的旅游业，而这些城市各自的发展始终离不开纽约金融中心的辐射作用。孤立地看，每座城市的主导产业都是单一的，但放眼整个都市圈，多样化、综合性的整体功能远远大于单个城市功能的简单叠加，圈内产业分布呈现出多元互补的格局。

纽约都市圈产业结构已呈现高度服务化，2004年圈内三次产业就业结构为0.2∶13.2∶86.6，服务业领域的就业比重高达86.6%，而其中作为核心城市的纽约市服务业产值比重更高达90%以上。从产业的空间分布看，纽约大都市圈的三个圈层存在明显的产业集聚与转移梯度差异：在以纽约市为主的核心层高度集聚的产业大多是高附加值、高技术含量、知识密集型的现代服务业，如金融业、房地产业、信息业、艺术娱乐业、科技服务业等；在内圈高度集聚的产业主要是经由核心层产业升级后转移出来的产业，如制造业（占整个都市圈的75%以上），以及满足当地居住人口需要的零售业、医疗及社会救助业等；而外圈则主要承载农业及部分服务于本地居民的零售、医疗服务业，除此之外几乎无产业可言，表明外圈整体上还属于未开发的区域，后续发展

① 《世界六大城市群》，“中国长三角”网站（www.chinayrd.com）。

的潜力较大(表2—2、表2—3)。值得说明的是,作为首位城市,纽约市以占都市圈不到2%的国土面积,承载了都市圈38%的就业人口和34%的经济总量,而曼哈顿地区又占到纽约市就业人口的61%和经济总量的71%(高汝熹、吴晓隽、车春鹂,2008)。可以说,纽约大都市圈的经济在纽约市高度集聚,而纽约市的经济又在曼哈顿高度集聚。

纵观整个纽约城市圈,其层级结构犹如一座大金字塔:塔尖是纽约,第二层是波士顿、费城、巴尔的摩、华盛顿四大城市,再下面则是围绕在五个核心城市周围的40多个中小城市。五大核心城市各具特色,错位发展,相互补充,纽约与周围城市合理的地域分工格局和产业链的深度融合,形成了世界上产业分工布局最完善、城市功能分异最明显、城市竞合运行最有序的大都市圈。

表2—2　2004年纽约都市圈三个圈层各行业从业人数

行　业	核心层		内圈		外圈	
	人数	占都市圈比重(%)	人数	占都市圈比重(%)	人数	占都市圈比重(%)
农林渔矿	2040	17	4994	41	5029	42
建筑业	187642	43	166497	38	82704	19
制造业	199880	37	236773	44	98316	18
批发贸易业	114047	44	121370	47	25339	10
零售贸易业	307456	41	323025	43	119999	16
运输、仓储业	218370	50	170957	39	43967	10
信息业	164357	53	117887	38	29707	10
金融和房地产、租赁业	391980	51	304403	40	65079	9
专业、科技和行政管理等	429903	49	346999	40	93215	11
教育和医疗、社会救助业	873711	52	624364	37	196298	12
艺术、娱乐和住宿餐饮业	343446	56	215365	35	56541	9
其他服务(除公共管理外)	199718	54	138424	37	34795	9
公共管理	134094	44	123401	40	48617	16
合计	3566644	48	2894459	39	899606	12

资料来源:美国经济调查局网站。

表2—3　2002年纽约都市圈三个圈层各行业产值占都市圈的比重(%)

行业	核心层	内圈	外圈
制造业	16.5	75.5	8.5
批发贸易业	34.4	62.5	1.8

（续表）

零售贸易业	25.5	65.5	10.0
信息业	—	—	—
房地产及房屋租赁业	59.4	38.8	2.0
专业、科学和技术服务	58.3	41.0	0.0
行政管理等	35.7	60.2	4.4
教育服务	59.0	41.0	0.0
医疗与社会救助	41.1	53.1	6.5
艺术与娱乐	56.6	38.2	5.7
住宿与食品服务	45.6	48.3	7.3
其他服务(除公共管理)	52.9	43.0	4.6
合计	34.9	60.2	4.8

资料来源：美国经济调查局网站。

2. 成功经验及启示

纽约大都市圈被国际公认为世界上发育最成熟、产业分工布局最完善、中心城市发展最有序的大都市圈，其成功经验和启示主要有以下几点：

一是积极有效的城市规划和功能调控。纽约的都市规划在实际操作上主要由非官方、非营利性组织“纽约区域规划协会(RPA)”负责编制，他们在实施纽约大都市区规划的基本指导思想是致力于“中心城市—周边区域”良性互动的可持续发展，即围绕将纽约定位和打造为全美最卓越城市地区和世界一流城市的战略目标，努力寻求和依托周边三个州在大都市区规划上的协力支撑，对空间资源的优化利用作出综合安排。1996 年，美国正式实施东北部沿岸城市带规划，确立了建设纽约都市圈的全新理念。这一理念的核心是在经济全球化进程中扩大地区竞争力的视野，使纽约与新泽西州、康涅狄格州等实现共同繁荣，以及促进“再连接、再中心化”的思路。这次规划的结果是，区域经济得以整体、协调发展，中心城市——纽约以其科技、资本和产业优势，在产业结构调整中发挥了先导和创新作用，最终使中心城市的实力和地位得到增强，而周围地区也获得了良好的发展契机。

此外，纽约市政府还在城市内部功能优化及有效引导产业集群发展方面起到关键性的调控作用。例如，在曼哈顿金融服务业集群发展过程中，为解决曼哈顿因产业不平衡而产生的矛盾，纽约市政府对格林威治街和第五大街采取了一些调控手段，改善投资环境，加强纽约商务贸易中心功能，增强吸引力。在西部建了许多办公楼、住宅楼、展览中心等，修建了穿过市中心区的地铁。随后，政府又颁布了曼哈顿南部规划，在岛南端建成了宽阔的环型高速公路、世界贸易中心、1.5 万套公寓及办公楼。到 20 世纪 70 年代中期，改造后的曼哈顿区焕发出勃勃生机，为国际金融机构及商务服务业集群发展创造了适宜的环境。

二是促使各中心城市功能与主导产业的错位发展。这是纽约都市圈始终充满活力及可持续发展能力的又一重要保障。首先在城市功能定位上，各次级中心城市努力与纽约形成各具特色的发展格局：纽约作为国际金融中心，金融、贸易功能独占鳌头，拥有最为发达而齐全的生产性服务业，为整个都市圈和全球经济活动提供多种重要的高端专业化服务；波士顿是全美最富盛名的高科技产业基地和高等教育名城，沿波士顿 128 号公路形成了与"硅谷"齐名的"高科技走廊"，微电子工业比较突出；费城主要是重化工业发达，特别是国防及航空工业比较发达，并由此成为圈内重要的交通枢纽和港口城市；巴尔的摩则是有色金属和冶炼工业地位十分重要；此外，华盛顿的首都功能为整个大都市带抹上了浓重的政治中心色彩，作为全美最高决策中心，其总部经济优势明显，集聚了一批全球性金融机构，如世界银行、国际货币基金组织和美洲发展银行等的总部。这种主要城市间的产业与功能互补，增强了都市圈内在结构与发展的稳定性。

与此同时，纽约都市圈在一些细分产业发展中也呈现有序分工、错位发展的格局。如在港口发展上，都市圈内目前就有纽约、费城、波士顿、巴尔的摩等多个重要港口，其中纽约港作为美国东部最大港口，主要发展比较高端的远洋集装箱运输，费城港主要从事近海货运，巴尔的摩港一般定位于矿石、煤炭、谷物等重要大宗原材料商品的转运港，而波士顿则是以转运地方特色产品为主的商港。这种功能上的有序分工，构成了一个分工合理、运营灵活、极具效率的美国东海岸港口集群。

(二)北美五大湖都市圈

1. 概况及特点

北美五大湖都市圈分布于五大湖沿岸，从芝加哥向东，经过底特律、克利夫兰、匹兹堡，一直延伸到加拿大的多伦多和蒙特利尔，包括了 20 多个百万人口以上的大城市。它与美国东北部大西洋沿岸都市圈共同构成北美发达的制造业带，是北美工业化和城市化水平最高的区域。

五大湖都市圈在空间上显得阔大而松散。与纽约都市圈相比，五大湖都市圈整体发育尚处于较初级水平。圈内不仅核心城市的国际影响力有限，而且由于地跨两国及五大湖区导致主要城市之间的联系比较松散，缺乏统一的区域规划，在城市功能和主导产业上也远未形成错位发展、各具特色的格局，仅仅在空间上结成了都市密集区，所以，这一都市圈更准确地应称之为“城市群”，属都市圈发育较初级阶段的空间结构。

作为世界上著名的制造业带，五大湖都市圈经济结构在过去 30 年经历了艰难的转型，目前已成功趋向经济结构多元化。无论芝加哥，还是底特律、匹兹堡等，过去都曾是盛极一时的制造业名城，然而，随着产业结构老化、环保不力、污染严重等问题凸显，尤其是 20 世纪 70 年代相继爆发世界性石油危机后，这些以制造业为主导的城市相继衰落，一度陷入巨大困境之中。然而，跟随美国经济在 90 年代的复苏与重振，在信息技术革命、再城市化运动和环境风暴的有力推动下，这些陷入困境的城市相继完成转型，成功实现经济服务化、多元化而再度崛起。因此，从 20 世纪八九十年代至今，经济转型、产业升级和环境保护与重建，一直是这个新兴都市圈的“主旋律”。不过，尽管五大湖都市圈已实现经济多元化，但在产业结构还是遗留了比较浓厚的制造业色彩。

芝加哥是五大湖都市圈的核心城市。自 20 世纪 80 年代初开始，随着产业结构的快速转型和城市人口郊区化和工作分散化趋势的出现，芝加哥经历了惊人的地理扩张，伴随着高速公路和铁路沿线越来越多的卫星城的大量出现，加入芝加哥的行政县、就业中心和边缘城市不断增加，从而形成了以芝加哥为中心的都市圈。

与纽约、伦敦等老牌全球城相比，芝加哥产业结构高级化进程略晚一些。1970 年，芝加哥第二产业就业所占比重还高达 35%，其中制造业就业比重仍超过服务业①达10个百分点以上，到1980年服务业比重开始超过制造业，到2000年，服务业就业比重已占总就业人口的1/3，远远超过了制造业的1/8(李廉水、Stough等，2006)。目前，芝加哥经济结构已充分多元化，这为芝加哥创造了巨大的经济活力，过去十多年，芝加哥经历了强劲的经济增长，在圈内处于无可动摇的核心地位。

当前，芝加哥最突出的产业优势和功能集中体现在会展业和期货业。规模宏大的麦考米克会展中心每年要承办2000多场专业展览与会议，接待参观者超过200万人次，芝加哥旅游会展业的迅猛发展可见一斑。据芝加哥会展与旅游局统计，2006年，芝加哥共接待海内外游客超过4523万人次，他们为芝加哥带来了109亿美元的收入和将近13万个工作岗位。此外，芝加哥的金融服务功能也不容忽视。纽约无疑是美国全方位的第一金融中心和全球最重要的国际金融中心，但作为美国第三大城市，芝加哥通过实施错位发展战略，在全球金融衍生产品交易领域取得了统治地位。20世纪90年代后期，芝加哥抓住了电子交易时代对金融衍生产品交易巨大需求这一良机，通过一系列资源整合与制度创新，交易量连续超越纽约和伦敦，成为全球最大的金融衍生产品交易市场(表2—4)，从美国财政部的票据到大豆油，再到黄金，期

表2—4　2005年全球十大金融衍生产品交易市场排名(按交易量排名)

排名	城市	交易量总额(千亿美元)
1	芝加哥	22.4
2	法兰克福/苏黎世	12.5
3	纽约	8.9
4	伦敦	5.4
5	圣保罗	4.7
6	巴黎	2.4
7	费城	1.6
8	旧金山	1.4
9	孟买	1.3
10	阿姆斯特丹	1.2

资料来源：上海科学技术情报研究所编《世界服务业重点行业发展动态(2007—2008)》，上海科学技术出版社2009年版，第459页。

① 指“小服务业”口径，即除交通运输、批发零售、金融保险、房地产、公用事业之外的服务行业。

货品种之多,交易之活跃,堪称世界之最。借助这一发展优势,芝加哥一跃成为仅次于纽约的美国第二大金融中心,与纽约在股票和能源期货交易领域独占鳌头相比,芝加哥却在期货和期权领域,成为了全球最大金融衍生产品交易中心。到 2005 年,芝加哥占全美期货和期权交易总量的 64%,而纽约仅占 25%(上海科学技术情报研究所,2007)。会展业和期货业领域的强势崛起,使芝加哥实现了向服务经济的成功转型。

比较而言,同样处于大湖地区,汽车城底特律和钢铁城匹兹堡的经济转型要艰难得多。随着汽车、钢铁制造厂商的不断迁出,两个城市尤其是底特律经历了近 40 年的经济衰退,付出了沉重代价,这两个案例也充分表明单一经济结构的制造业中心城市所潜藏的巨大风险。自 20 世纪 90 年代之后,借助美国信息化浪潮和“新经济”的兴起,这两个城市也先后完成了向“服务经济”的转型,成为五大湖地区新的富有特色的生产性服务中心。

2. 成功做法及经验

近几十年来,芝加哥和底特律一直在探索经济转型和提升城市可持续发展能力的方式和路径。从以制造业为主到以服务业为主,从污染环境到保护环境,经济转型、产业升级和环境重建,一直以来构成了五大湖都市圈的发展主题。总结五大湖都市圈崛起的成功之路,以下三点值得一书:

(1)构建多层次、跨区域的社会协调机制。这种协调机制主要体现在两个层面上,首先是在都市圈范围内,2003 年,大湖地区的 51 个城市一同成立了一个区域协调委员会,各市市长或其他负责人定期碰头,商讨通过采取统一行动解决一些跨区域的公共问题,如减少这一地区的污染等;其次是在核心城市内部,芝加哥率先建立起了政府和市场、社会的多边协作机制,其最突出的标志就是在一系列重大决策事务上邀请民间组织的有效参与,例如,该市很多发展规划、建议和新技术的应用都是先由民间组织提出方案,再经由政府决策推动实施。民间组织的高度专业化,使得他们提出的建议、制定的标准既切合实际,又能引领产业发展的方向,在芝加哥,类似招商引资的工作主要是由民间组织来完成,因为它们对企业的商业需求及市场触觉更加敏锐。

(2)积极推动城市经济结构的转型与多元化。作为一个完整的都市圈,在长期的功能演变、市场选择和产业升级中，圈内主要中心城市必然面临着工业经济的衰落及适时向服务经济的转型难题，特别是对过去一些以制造业为主导的专业性城市而言，由于经济结构相对单一，这种转型往往更显艰难而漫长。近几十年来，芝加哥和底特律一直在探索经济转型和提升城市可持续发展能力的方式和路径。芝加哥一度有美国的心脏之称，然而随着产业结构老化及污染严重，到20世纪七八十年代，大工业时代的繁华不再。为迅速摆脱经济衰退，芝加哥加大技术设施的投资，积极促进风险投资和技术转移，依托周边地区制造业优势，大力发展会展业、期货业和以服装、礼品、家居为代表的展贸一体化市场，提高中心城市对外辐射力，同时，积极推动公共服务私营化，对过去属于政府功能的事业如办公产品采购、轮胎回收、废弃车辆处理、交通信号设计、戒毒、航线、信息技术设施、学校管理等，实施私营化或由私营团体承建，以拓展服务业发展空间。为实现城市经济的全面复苏，底特律主要在两个方面作出了持续不断的努力：一是促进传统汽车制造向汽车研发转型。悠久的汽车制造业传统，使底特律在机械、工程等领域的技术一直处于领先。从制造转向研发和技术服务，是底特律经济转型的重要一步，在此基础上以新动力汽车研发为核心，同时开发更多的信息、咨询等高端服务，拉长产业链，成为底特律经济可持续发展的后续动力。二是引导产业链高端化、国际化。在政府一系列转型鼓励政策的支持下，许多公司努力往产业链的高端发展，积极占领研发、设计、管理、咨询、测试、检验等服务“高地”，而更多的小公司则把眼光瞄准了国际市场。

(3)强化环境保护措施，构筑有效的环保体系。完成产业升级，促进昔日制造业中心向研发基地和服务中心转型，少不了人才和资金的支持。如何吸引高级人才和大公司在这里落户扎根，是芝加哥、底特律等这些老工业基地面临的最大挑战。为此，治理污染，构筑有效的环保体系，重塑优美的生活和居住环境，就成了当地政府的首要任务。同时，城市政府不但注重在政策上引导全社会保护环境、节约能源，进行积极的资金和项目支持，在绿色环保技术和模式上也同样作出示范。例如，每个星期二是芝加哥市居民把自己家中的废弃危险品送到指定地点的日子，不少人一大早就开着车，把家里用完的杀虫剂、喷雾油漆、融冰剂等空瓶送到家庭化学品与电子物品循环中心。此外，在控制污染之外，减少传统能源的消耗，多推广使用替代能源、绿色能源和清洁能源，也是保护环境的一个重要环节。

(三)巴黎都市圈

1. 概况及特点

巴黎都市圈主要由大巴黎城市群、莱茵—鲁尔城市群、荷兰—比利时城市群所构成，覆盖了法国巴黎，荷兰阿姆斯特丹、鹿特丹，比利时安特卫普、布鲁塞尔和德国的科隆等大城市，包括了四个国家的40个10万人口以上的城市，总面积14.5万平方公里，总人口4600万人。其中，由七个省组成、素有“法兰西岛”之称的大巴黎都市区是这个都市圈的核心。整个大巴黎都市区面积仅为法国国土面积的2%，但人口却占到了全国的19%，是欧洲人口最密集的都市地区。

以巴黎市为中心，沿塞纳河、莱茵河延伸，巴黎大都市圈在空间上分为三个圈层：第一圈层是巴黎市，包括巴黎市辖20个区，总面积105平方公里，虽不足巴黎大都市区的1%，但却集聚了巴黎大都市区19%的人口(213万人，2000年)和36%的GDP(1445亿欧元，2000年)；第二圈层是巴黎大都市区，简称巴黎大区，包括巴黎市区、近郊三个省和远郊四个省，辖区总面积12012平方公里，总人口1113万人，2005年GDP为4808亿欧元，占整个法国GDP的28.6%，是欧洲集聚度最高和最有竞争力的地区；第三圈层是巴黎大都市圈，即上面所述以巴黎为核心、跨越四国、涵盖三大城市群的巨型城市化区域(陈劲松，2006)。由于地处欧洲南北轴线的中间，巴黎都市圈占据着欧洲市场的中心位置。

作为都市圈的核心，巴黎大区具有举足轻重的实力和地位。巴黎大区是经济和城市化高度发达的都市区，也是欧洲最富有的地区。巴黎大区产业结构高度服务化，第三产业就业比重超过80%，远高于全国70%的平均水平，旅游、文化、教育和生活艺术业高度集聚，为世界著名的文化艺术之都。尽管工业不再是巴黎经济的主要支柱，但巴黎仍是法国乃至欧洲最重要的工业基地，工业产值占全国工业总产值的1/4，飞机、汽车、服装、化妆品、医学、电子等工业在欧洲乃至全世界都具有重要地位。巴黎大区是欧洲的第一研发中心，拥有欧洲最优越的人力资源，集聚了全国45%的研发人员、40%的大学生和42%的私人企业工程师，其从业人员中高达26.6%为高级管理人员和高级知识分子，远高于法国其他地区11.7%的平均水平。巴黎大区也是欧洲最重要的总部基地和拥有国际组织最多的地区，集聚了法国96%的银行总部、70%的保险公司总部和400多家的国际组织，在法国注册超过500人以上的大公司中，有67%的公司将总部设在巴黎大区，此外，2005年巴黎还取代伦敦，成为欧洲吸引外资最多的城市（高汝熹、吴晓隽、车春鹂，2008）。总体上看，巴黎大区以占全国2%的国土面积和18%的人口，创造了全国28%的经济产值，并承载了如此众多的高端功能和经济活动，无愧于世界大都市之一。

从产业结构与布局情况看，通过自20世纪60年代实施的工业分散化政策，巴黎大区产业结构日趋高级化，2003年巴黎大区三次产业就业比例为0.3∶11.9∶82.9，第三产业已占据绝对优势。从产业的分布特征看，在核心区——巴黎市高度集聚的是金融保险业及都市型产业（如服装制造、出版印刷等），在内圈高度集聚的是制造业，而在外圈高度集聚的是第一产业及汽车制造业，从不同产业在不同圈层中的集聚特征可以看出，巴黎大都市圈产业结构呈现由巴黎市的高端服务业、都市型产业到内圈的制造业，再到外圈的农林渔业、重化工业的产业梯度变化与层次差距（表2—4）。从工业分布情况看，留住市区的主要是那些生产时尚、易变产品和工业部门和手工业，如时装、食品、室内装饰等，而传统的资本、劳动密集型工业部门向郊区转移，如汽车、印刷、电力、电子等。此外，值得注意的是，从商业分布情况看，巴黎大区的商业中心却不在巴黎核心区，而位于北面的近郊和远郊，这也从一个侧面说明了巴黎市的就业功能大于居住功能。上述布局特点是与自20世纪60年代开始的巴黎地区产业布局调整目标相吻合的。

2. 成功做法及经验

（1）在城市规划上注重传统文化艺术与现代化的完美结合。奥斯曼计划是首个应用于巴黎的城市规划，是巴黎走向现代城市的“里程碑”。1853年，巴黎地区行政长官奥斯曼开始以功能化的标准规划与改造这一城市，规划者从布局上构建了一个更加宽广的街道体系，在市中心辟出一条条林荫大道，并把原来散乱的道路贯穿起来，织成了一张连通东西南北的道路网，而在网格里，则布满了新建的公园和绿化带；同时，显著改善了供水、排污系统，并使之扩展到郊区，使巴黎市面积扩大了一倍以上；为了保持城市外观的统一协调，还严格限定了建筑的高度、样式，甚至屋顶和外墙的颜色；此外，奥斯曼还努力统一城市行政管理体制并使之高效化。这一史无前例的城市改造，使巴黎成为最早步入“现代城市”行列的几个世界城市之一，直到今天，现代巴黎依然在享受着这次城市规划的成果。此后，直到 20 世纪 60 年代，巴黎才开始推行新的城市发展规划。与此同时，巴黎的历任施政者还高度重视传统文化的传承和历史古建筑的修缮，并以立法形式加以强制性保护。1913 年，法国最早的历史建筑保护法颁布，历史建筑从此带上了“文化遗产”的帽子。此后的 50 年里，法国又三次立法，景观地、历史建筑的周围 500 米区域被列入保护范围。其中，1962 年颁布的《马尔罗法》更是对历史保护区内建筑的改造和重建作出了严格规定。由于这些努力，整个巴黎市俨然是一座巨大的历史博物馆，卢浮宫、凯旋门、巴黎圣母院、塞纳河、凡尔赛宫、枫丹白露等一颗颗璀璨的文化瑰宝，点缀着巴黎，成就了巴黎世界文化艺术之都的魅力。总之，能在保留历史文化名城这张名片的同时，建设一座现代化的都市，巴黎称得上是国际大都市的成功典范。

(2)成功的产业布局战略性调整。由于具有优越的条件，战后巴黎大区的工业得以迅速发展，并迅速成为欧洲工业中心之一。工业和人口的高度集中，使巴黎大区的地价不断上涨，工业产品成本大幅上升，工业开始由中心城区向郊区扩散。同时，城市环境污染日趋严重，地区间的不平衡也在加剧。为改变这种局面，从 20 世纪 60 年代开始，法国政府开始对巴黎大区进行整体规划，积极调整工业布局，实施工业分散化政策，闲置中心区工业的继续集聚，并迫使工业企业向周边地区扩散，结果是部分都市型工业留在了中心城区，而传统的资本、劳动密集型工业迁移到了郊区。在工业向外扩散的同时，留出的空间容量进一步向服务业倾斜，使得中心城区的高端专业性及生产性服务功能得以不断强化，同时，污染性工业的外迁，也极大地改善了城市形象与环境，反过来又为金融、文化、艺术、科研、创意、旅游、会展等环境依托型产业创造了良好的条件，使巴黎成为吸引总部经济和国际人口最成功的世界大都市之一。

(四)伦敦都市圈

1. 概况及特点

伦敦都市圈形成于20世纪70年代,以伦敦—利物浦为轴线,包括伦敦、伯明翰、谢菲尔德、曼彻斯特、利物浦等数个大城市和众多中小城镇。这一地区总面积约4.5万平方公里,占全国总面积的18.4%,人口3650万,是产业革命后英国主要的生产基地和经济核心区,其经济总量约占英国的80%左右(陈劲松,2006)。

伦敦都市圈在空间结构上包括四个圈层:一是内伦敦,包括伦敦金融城及内城区的12个区,是都市圈的核心区,面积310平方公里;二是伦敦市或大伦敦地区,包括内伦敦和外伦敦的20个市辖区,构成标准的伦敦市统计区,总面积1580平方公里;三是伦敦大都市区,包括伦敦市及附近郊区的11个郡,属于伦敦都市圈的内圈,总面积11427平方公里;四是伦敦都市圈,即包括上述邻近大城市在内的大都市圈,属于伦敦都市圈的外圈。

在都市圈内,伦敦是大都市圈的核心城市,也是英国政治、经济、文化中心和交通枢纽。伦敦以其悠久的历史文脉、优越的区位条件、完善的基础设施和发达的服务经济,成长为世界首屈一指的历史文化名城、国际金融中心和国际组织总部集聚地,在世界城市体系中与纽约、东京一道处于最顶端位置。与此同时,都市圈还拥有伯明翰、曼彻斯特、利物浦等一批次级中心城市,这些城市与伦敦在地域上形成了一定的功能分工,如伯明翰,作为英国第二大城市,一度见证了工业革命和世界工厂的辉煌岁月,如今虽然其经济已高度服务化,服务业占经济总量比重高达79%,但至今它仍然是英国最重要的工业城市,工业总产值占全国1/5以上(谷永芬等,2008);利物浦则发展为著名的港口城市和全国第二大港,成为伦敦国际物流枢纽功能的重要补充。

与其他成熟的大都市圈一样,伦敦都市圈在经济结构上高度服务化,其中,伦敦市2002年三大产业产出比例为0∶12∶88,服务业就业人数占该市就业总量的90.2%,与此同时,作为圈内次级中心城市,伯明翰、谢菲尔德、曼彻斯特、利物浦等也已形成以服务经济为主的产业结构,即使作为全国最大的工业城市,伯明翰服务业所占比重也接近80%。作为核心城市,伦敦的产业结构中,金融服务业和商务服务业占据绝对主导地位,二者合计产值占经济总产值的40%以上，而从就业结构看，商务服务业成为容纳就业人口最多的产业，占23.6%，其次是批发零售配送及维修业，占15.3%（表2—5）（上海科学技术情报研究所，2007）。

表2—5 2002年伦敦产业内部结构的比较

行 业	就业结构（%）	产值结构（%）
金融服务	8.4	14.0
商务服务	23.6	31.2
其他服务活动	7.0	7.5
交通、仓储与通信	7.8	9.1
旅馆与公共饮食业	7.4	3.8
公众服务、管理与行政	12.2	7.2
批发与零售配送、维修	15.3	10.3
健康与社会工作	8.6	4.9
建筑业	3.4	4.0
制造业	6.0	7.8
电、气、水的供应	0.2	0.5
采矿	0.1	—
农、林、渔业	0.1	0.1

资料来源：Growing together—London and the UK economy，2005.1。

作为整个都市圈的龙头，伦敦在都市圈形成和英国经济振兴过程中发挥了创新引领的关键性作用。众所周知，由于传统产业竞争力趋弱和成本优势的逐步丧失，英国经济在战后几次世界性产业结构调整中面临边缘化的危险，但每次都由于伦敦在新兴战略性产业上的先导贡献和引领作用，而重新将英国带回世界经济的核心舞台，并使面积最小的英国在世界六大都市圈中仍拥有一席之地。在雾都时代，伦敦曾经是一个工业中心，直接引爆了早期的工业革命，之后在20世纪二三十年代又相继建立了电气机械、汽车、飞机等一系列新兴工业部门，成为当时资本主义世界中工业规模最大的一个城市，并于20世纪五六十年代达到顶峰。其后，伦敦制造业开始衰退，但具有战略意义的金融业逐步崛起，从20世纪60年代开辟欧洲美元市场，70年代推进金融自由化、国际化，到80年代层出不穷的金融产品创新，伦敦金融业有了惊人的发展，到80年代末期，伦敦金融业就业人员达到85万人左右，超过法兰克福的全市总人口，也远远超过了纽约、东京金融业三四十万从业人员的规模（蔡来兴，1995），这不仅使金融业成为伦敦最大的经济部门，而且使伦敦成为全球最大的国际金融中心。然而，伦敦产业创新的脚步并没有就此停下，在过去的10多年中，随着金融业发展趋缓，文化与创意产业开始为伦敦注入了新的发展动力，以广告、设计、软件、表演艺术、电视广播等为代表的创意产业开始在大伦敦地区异军突起，其发展速度超过了其他所有产业。到目前为止，文化创意产业每年实现约300亿英镑左右的经济产出，从业人员达到52.5万人，已成为仅次于金融服务业的伦敦第二大支柱产业和解决就业的第三大产业（上海科学技术情报研究所，2007），伦敦再次戴上了“世界创意之都”的桂冠。

从工业基地到国际金融中心，再到世界创意之都，伦敦始终站在世界经济转型和新兴产业发展的最前沿，这种引领产业潮流和自主创新的能力，为伦敦带来了巨大的发展活力，使之不仅成为首屈一指的世界大都市，而且有效辐射带动了周边中小城市的产业升级与现代化进程，从而促进了伦敦都市圈的形成与发展。

2. 成功做法及经验

（1）持续推动与实施适于不同发展阶段的城市规划。英国政府在伦敦大都市圈形成过程中扮演了重要角色，重要体现就是20世纪40年代成立的旨在编制区域及城市发展规划的“巴罗委员会”，该委员会先后根据城市在不同阶段的特点、问题和需求，相继开展和制定了具有鲜明历史特色和轨迹的伦敦市（郡）规划。如40年代实施的“四个同心圈”规划，50年代末实施的八个卫星城规划，60年代中期实施的旨在改变同心圆封闭布局模式的三条快速主干道发展长廊与三座“反磁力吸引中心”城市规划，70年代开始注重实施旧城改建与保护计划。其后，伦敦城市规划越来越向“世界城市”目标和区域一体化规划演变，更加具有战略规划的性质，如1994年，新的战略规划明确指出伦敦市与东南部地方规划圈之间的关系和发展战略，力图以区域发展的视野构建“新伦敦都市区”。进入新世纪之后，伦敦城市规划更加注重空间规划与产业、功能规划相协调，2004年出台的《伦敦规划》成为指导伦敦未来数十年发展的最重要的一个城市规划文件，该规划重点是研究提出了伦敦的五大分区和五大现代服务业功能区，而且在整个规划框架中，进一步将某些具体区域界定为机遇区域、强化区域和重建区域。需要强调说明的是，在城市规划实施过程中，政府在运用法律手段予以支持起到了重要作用，如《绿带法》《新城法》等，不仅保障了伦敦规划的方向，而且促进了大都市圈的形成。

(2)确保核心城市的先导创新力，系统推动创意产业的发展。伦敦始终站在世界产业转型潮头的领导力和此起彼伏的创新活动，支撑了都市圈发展的巨大活力。继20世纪七八十年代通过不断创新确立世界金融之都的霸主地位之外，20世纪90年代，英国率先认识到文化和创意的价值，不仅仅是作为城市软环境的构成部分，而是日益成长为一个庞大、独立而具有财富创造力的新兴产业，为此，英国政府专门成立了一个文化、媒体和体育部，来分管创意产业。在这一背景下，伦敦成为全球创意产业发展的当然龙头，市政府决定把创意产业作为自己的核心产业来经营，“创意伦敦”的概念应运而生。在实际工作推进中，伦敦市长办公室和伦敦发展署把握着伦敦创意产业的发展方向，前者主要负责制定方针和规划，后者落实细节提供协助。在伦敦发展署之下，建立“创意伦敦”工作组和伦敦创意产业评估委员会，解决创意产业发展面临的投融资、用地和人才等问题，还进一步成立文化产业发展推介中心，为有志于该领域创业的个人和机构提供产业咨询、战略规划、融资指导等专业化服务。由此，伦敦成为世界上第一个提出创意理念，又第一个用政策来系统推动创意产业发展的世界都市。

(3)不断改善城市管理体制及政策创新。伦敦是世界上最大和最复杂的城市之一，也是当今世界上管理与运行最有序的城市之一，这主要得益于大伦敦地区在城市管理上的一系列有效的举措和创新。首先，适时推动政府组织的演变与创新，伦敦先后经历了市与区对抗、大伦敦议会的统一管理、多头分散管理、重新整合建立大伦敦市政府四个阶段，经过不断探索与尝试，逐步形成与大都市发展相协调的政府管理组织；其次，实施“公交优先”策略，着力改善公共交通，形成居民出行以公共交通为主的格局，特别是下决心改善中心城区的交通状况，实施“拥挤收费”和“交通警戒线”计划，在中心城区划定“拥挤收费区域”，有效减少城区污染并大大提高了通行效率；最后，重视都市门户区域的功能再造，例如，伦敦共拥有五个国际机场，围绕构建长期竞争力的发展目标，着力推动机场区域的综合性发展，形成多元经济结构支撑的机场带动区。

(4)积极促进制造业高端化与服务化。近年来，出于增强城市活力、促进城市经济多元化以及扩大就业的需要，伦敦等老牌大都市仍高度强调制造业的升级与发展，甚至提出了“制造业回归”的口号。伦敦发展局提出了伦敦制造业的发展目标是：把伦敦建成世界上最具吸引力的制造业地区之一，开展高附加值、知识密集型、具有创新性和设计主导的制造业活动。2000 年，伦敦制造业对 GDP 增长的贡献率为 11%，成为继金融服务业、旅游业之后的第三大产业(李廉水、Stough 等，2006)。在此基础上，伦敦制造业进一步向生产性服务业延伸发展，创意设计产业的迅速崛起一定程度昭示了制造业高端化、服务化的大趋势。此外，作为都市圈的重要次级中心城市，伯明翰更是一个举足轻重的老工业城市。近年来，在金融化和信息化两股力量的支撑下，伯明翰工业经济迅速实现了向现代服务业的成功转型，其主要经验包括四个方面：一是加大对传统制造业进行技术革新；二是在高端制造业的基础上进行产业的重新布局，加大物流、会展、创意产业等的投入和研发；三是积极引导传统制造业将一般加工环节有序转移出去，促进制造业高端发展；四是借助制造业及其产业配套发展的需求，延伸产业链，大力发展与之相关联的现代生产性服务业，如工业设计、企业管理咨询、展贸中心、大宗原材料采购交易中心等。

(五)东京都市圈

1. 概况及特点

东京都市圈主要指日本东海岸太平洋沿岸城市带，包括千叶、东京、横滨、静冈、名古屋、大阪、神户到北九州的长崎，总面积约 10 万平方公里左右，占日本国土总面积的 26.5%，人口近 7000 万，占日本总人口的 61%，其城市化水平达到 80%以上(谷永芬等，2008)。与我国的上海都市圈一样，东京都市圈又可进一步细分为三个次级小都市圈，即狭义的东京都市圈、大阪都市圈和名古屋都市圈。

东京都市圈在空间结构上划分为四个层次：一是东京都内城区，包括东京都心三个商业中心区和其余所辖 20 个区，面积约 600 平方公里，居住人口 820 万人；二是东京都地区，包括东京都多摩地区和内城区，面积约 2100 平方公里，居住人口近 1200 万人；三是东京大都市区，包括东京都和郊区的七个县，面积约11200平方公里，居住人口约2000万人；四是东京都市圈，即包括上述横滨、静冈、名古屋、大阪、神户在内的庞大城市群区域，面积约10万平方公里(陈劲松，2006)。

在东京都市圈中，东京是日本全国的政治中心、文化中心和经济中心，也是当今与纽约、伦敦鼎足而立的三大世界城市和国际金融中心，在都市圈内的首位度和经济集聚度很高，2007年东京经济规模接近8000亿美元，大约为圈内排名第二位的中心城市大阪的四倍左右，也明显高于世界城市纽约和伦敦，东京集纳了全国信息发布的1/3、媒体从业人员的45%、网络服务的80%、大型文化设施的33%、科学研究人员的46%和外资法人企业的90%。东京总部经济功能十分突出，东京集聚了50%以上的全国销售额超过100亿日元的大公司、100多家银行总部和86%的证券交易，拥有13家国际组织，拥有世界500强和最大跨国公司数量甚至超过了纽约和伦敦。同时，东京都市圈还拥有一批与东京错位发展、适度分工的次级中心城市，如大阪、名古屋等，这些城市虽已先后进入服务经济阶段，但其作为制造业中心城市的特征依然明显，如大阪位于著名的阪神工业区，其工业规模仅次于的东京，而第二产业比重2003年仍高达21.3%，产业特色具有"轻薄短小"的发展特征，目前主要致力于开发生物工程、半导体、信息产业等新兴产业，是日本最知名的高科技制造业城市。相形之下，名古屋属典型的传统重化工业城市，汽车、机械、钢铁、石化是其主要支柱，依托这些重化产业群，形成了许多专业化的产业新城，如丰田汽车城、徽户化工城等(谷永芬等，2008)。

作为都市圈的核心城市，东京的城市功能是高度综合性的，它既有纽约的金融功能，又有伦敦的政治功能，也有波士顿的教育与创新功能，还有比它们强大得多的工业中心功能，是一个集"纽约＋伦敦＋波士顿＋伯明翰"多种功能于一身的世界级城市。由此，虽然与纽约、伦敦等同为世界级大都市，但东京在产业结构上带有更浓厚的制造业色彩。20世纪90年代初期，东京第三产业比重大致在72%—76%之间，明显低于纽约、伦敦、巴黎等同级别大都市约10个百分点以上，近年来，东京服务业比重进一步上升，1997年达82.6%，2007年上升为85%，与世界城市的差距显著缩小。从主要大都市横向比较看，2007年东京第二产业的规模远远高于其他国际大都市(图2—1)。

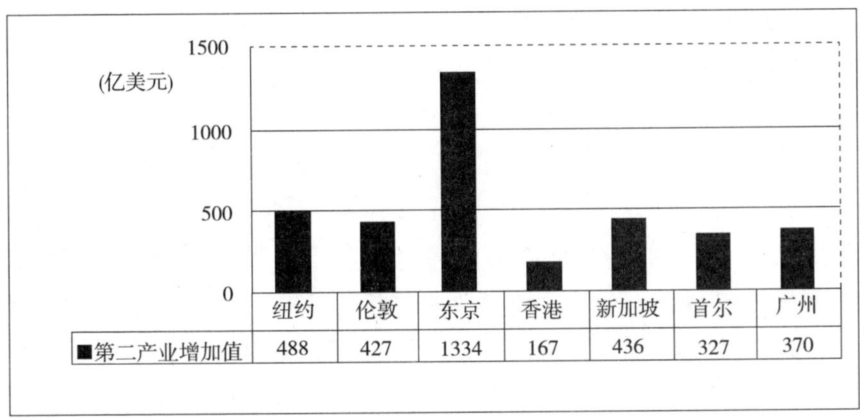

图 2—1　主要国际大都市第二产业规模的比较

资料来源：刘江华、张强等《广州与国际先进城市竞争力比较研究》，2008 年。

2. 成功做法及经验

(1)具有前瞻性的大都市圈规划。与西方主要大都市相比，东京是以政府为主导积极推动都市圈规划建设并取得成功的典型。以东京为核心的首都都市圈规划大约每十年修订一次，现已进行了五次大规模的规划。首都圈规划每次均根据国际背景变化、国内战略要求和东京承担的历史使命的变迁，作出适应性调整和完善。如第一次规划，为有效控制工业用地向外无序扩散，加速城市中心区的功能转变，城市规划重点是在建成区周围设置环形绿化带，并在其外围布局卫星城；第四次规划是 80 年代东京转向以服务业为主的产业结构和国际化迅猛推进的背景下发布的，其规划重点是提出发展城市"副都心"，即新的产业核心和地区综合服务中心，同时提出进一步强化中心区的国际金融功能和高层次中枢管理职能；第五次规划的主要背景是 90 年代后期日益凸显的全球化趋势与冲击，其规划重点是致力于将"一极一轴型"都市圈结构转变为"多核多轴型"的网络化结构，抑制东京都职能的过度集中，推进核心城市与周边中枢据点城市(或业务核心城市)的职能分工与协作，积极构建一个居住和工作相平衡的都市地域结构。同时，明确提出构建广域国际交流圈和广域性物流系统的战略构想。

(2)以轨道交通为主导的现代交通网建设。都市圈区域一体化功能及各中心城市的高效协作，离不开发达的城际交通网。目前，东京都市圈是一种以轨道交通为中心的交通发展模式，每一次都市规划也都遵循“优先公共交通”的原则。东京都市圈绝大部分的客运依赖轨道交通，根据东京都都市整备局的数据，东京都市圈每天上班上学的人中，轨道交通的乘客占到86%，在高峰时段，这一比例甚至高达91%，居全球首位。城市电气列车、新干线、轻轨、高架电车等各种轨道交通路线，构成了东京与各个据点城市、业务城市的重要纽带，全世界最密集的轨道交通网有效支撑了整个东京都市圈。目前，在东京都市圈内，超过30家公司经营着总长约2000公里的轨道交通线路。

(3)构筑不同层次和各具特色的服务功能区（副都心）。与其他国际大都市相比，东京在城市功能空间结构上呈现出更突出的多元性和多样性，在东京都的不同区域穿梭旅行，可以明显感受到不同的区域特色。东京是推进大都市服务功能区建设的实践先驱，早在1958年，东京便在《首都整备法》指导下，先后规划形成池袋（文化性的综合性商业中心）、新宿（商务办公和文化娱乐为主的中心）、涩谷（信息服务和时装设计中心）、大崎（尖端科技和情报交流为主的中心）、上野·浅草（具有浓厚传统文化特色的中心）、龟户（文化产业中心）、临海副都心（国际化展示中心）等七个副功能新区（龙固新，2005）。进入80年代，东京功能区规划进一步向郊区扩展，先后规划建设了筑波科学城、八王子大学城等18个功能性卫星城（蔡来兴，1995）。总体上看，经过半个世纪的努力，为缓解中心城区压力及促进产业集群化发展，东京在其中心城区及外围区域合理布局和建设了一批以新城体系建设为支撑的现代服务功能区，这些功能区包括CBD（如银座、新宿等）、特色功能型新城（如筑波科学城、八王子大学城等）、地区综合服务中心（即城市副中心新城）以及公共交通导向型居住新城（即TOD新城）等多种类型，逐步形成支撑东京作为国际化大都市的战略性空间框架。可以说，正是致力于各具特色、性质各异的服务业功能区建设，才迅速成就了东京这样一个新的具有文化魅力的世界级大都市的形成。

二、国内主要都市圈的比较

(一)上海都市圈

1. 概况

上海都市圈又名长三角都市圈，以上海为核心，包括江苏的南京、镇江、扬州、泰州、南通、苏州、无锡、常州及浙江的杭州、嘉兴、湖州、宁波、绍兴、舟山、台州等16个地级以上城市，土地总面积10万平方公里，占全国总面积的1%，人口总数约7600万，占全国总人口的近6%。作为都市圈的核心，上海是我国经济总量规模最大的城市，其次是圈内两个省会型特大中心城市南京、杭州，它们分别是上海都市圈的两个子圈——南京都市圈和杭州都市圈的核心。此外，其他次级中心城市也显示出强大的经济实力，虽然不属于省会型中心城市，苏州、无锡、宁波等处于中间层次的二线中心城市的经济总量近年来急剧扩大，整体经济实力迅速上升，其中苏州甚至超过了多年来的老牌中心城市——南京和杭州(表2—6)。

表2—6　2008年上海都市圈主要城市基本情况

城市	土地面积(公里)	人口(万人)	生产总值(亿元)	产业结构			人均生产总值(万元)
				一产	二产	三产	
上海	6341	1888	13698	0.8	45.5	53.7	7.26
南京	6588	759	3775	2.5	47.5	50.0	5.03
镇江	3847	369	1408	3.6	59.9	36.5	4.65
无锡	4788	611	4420	—	57.6	41.0	7.31
常州	5475	441	2202	3.1	58.9	38.0	5.03
苏州	8488	753	6701	1.6	62.0	36.4	8.89
南通	8001	763	2510	7.9	57.0	35.1	3.50
扬州	6634	460	1573	7.5	57.1	35.4	3.42
泰州	5791	464	1394	7.8	58.0	34.2	3.03
杭州	16796	797	4781	3.7	50.0	46.3	6.04
宁波	9365	568	3964	4.2	55.4	40.4	6.99
嘉兴	3915	421	1815	5.8	59.8	34.4	4.31
湖州	5817	281	1035	8.0	57.3	34.7	3.68
绍兴	8256	437	2223	5.2	59.8	35.0	5.09
舟山	1440	104	490	10.0	46.2	43.8	4.69
台州	9411	574	1965	6.8	52.8	40.4	3.42
合计	100000	9690	53954	—	—	—	5.57

数据来源：长三角各市2008年国民经济和社会发展统计公报。

长三角历史上城市化水平较高，经济及工业基础良好，城镇等级体系完备。改革开放以来，长三角地区经济快速发展，人民生活水平不断提高，经济实力显著增强，城市化不断深化。目前，上海都市圈内已有许多城市的郊区事实上已经连成一片，形成所谓的大都市连绵带，被戈特曼称之为世界第六大都市带之一。20世纪90年代以来，以上海浦东开发为契机，长三角地区开始了气势磅礴、突飞猛进的现代化进程，经济连续15年以国内领先的两位数持续高速增长，经济总量占全国比重不断增加，人均经济水平逐步拉开与全国的距离，经济发展速度明显高于国内其他区域，成为近十年中国经济巨轮的“领航者”和“发动机”。1995年，上海都市圈GDP总量达到9216亿元，人均GDP为11665元，分别是同期全国的15.76％和240.3％，而到2008年，上海都市圈GDP总量达到53956亿元，人均GDP为55700万元，已分别上升为同期全国的19％和293.6％，有效地巩固了上海都市圈作为国内经济“领头雁”的角色和地位。

与不断增强的经济实力相适应，上海都市圈产业结构实现了历史性跃迁。30年来，都市圈第一产业所占比重不断下降，从80年代初期的16％下降到目前的不足4％；第二产业所占比重稳中趋降，从80年代初期的64％下降为2008年的54％，减少了约10个百分点；而第三产业比重则呈现明显的上升趋势，从80年代初期的不足20％，上升到2008年的43％。总体来看，第二产业仍处于主体地位，表明上海都市圈整体还处于工业经济为主的发展阶段上。其中，作为核心城市，上海2008年三次产业结构为3.3∶53.5∶43.2，第三产业稳步超越第二产业居主体地位；作为老牌区域中心，南京2008年第三产业比重也首次超过50％，表明处于顶端的两个老牌中心城市产业结构开始呈现“三、二、一”的发展格局，而其他次级中心城市第三产业所占比重均不足50％，还处于明显的工业经济主导时期。

2. 优势与特点

考察和比较国内都市圈，上海都市圈主要具有以下一些突出优势与特点：一是规模最大，实力最强。目前，国内最具规模和成熟度较高的主要是上海、首都、广州等三大都市圈，而其中又以上海都市圈一枝独秀，综合实力远远高于其他两个都市圈。2008年，上海都市圈GDP总量达到5.4万亿元，超过广州都市圈和首都都市圈GDP之总和。此外，上海都市圈规模庞大，构成城市数量众多，尤其是次级中心城市较多且经济发达，这都是其他都市圈难以比拟的，这种空间规模和城市群数量，即使与当今世界大都市圈相比也毫不逊色。二是城市层级体系最完善。与产业体系的发展需要大、中、小企业的协作配套一样，大、中、小城市在特定区域内的错位发展、分工合作也是都市圈竞争力的重要源泉之一，是都市圈走向成熟的重要标志。上海都市圈发育相对成熟，与其圈内已形成相对完整的城市层级体系密切相关，目前，上海都市圈包括两个超大城市(上海和南京)，一个特大城市(杭州)，四个大城市(无锡、苏州、常州和宁波)，14 个中等城市以及 33 个小城市，呈现类似纽约都市圈那样的结构比较合理的“金字塔”型城市体系特征。三是市场化程度高，民营经济最发达。由于历史基础雄厚，相对于国内其他都市圈而言，本区域内要素市场和中介组织活跃，民间资本和乡镇企业发育较早，企业运作市场化水平较高，现代化的市场体系较早形成。得益于适宜的环境，江浙地区民营经济十分发达，在整个地区经济格局中占据着主体地位，一些城市如温州、宁波等民营经济在经济产出中的比重甚至达到了 90％以上，成为上海都市圈经济发展的一大特色。四是产业结构层次高，产业集群优势最明显。与珠三角相比，长三角地区起步稍晚，但发展起点较高，在引进外资的同时，更注重消化吸收，特别是“十一五”以来，许多地区已不再是处于价值链的最低端，低技术含量、低产品附加值、高能耗、高污染的粗放增长模式已有所改观，特别是以同类产业集聚为特征的产业集群的崛起，充分体现了注重自主创新和向现代产业链两端延伸的雄心。以上海为中心的长三角地区是我国产业集群发育最早也最为发达的地区之一，据统计，全国 60％以上的区块经济或专业城镇集中在长三角地区特别是浙江一带，上海的汽车、金融产业集群，南京的化工、电子产业集群，杭州的软件、动漫产业集群及大大小小的专业城镇，无不驰名中外，铸就了新兴产业的核心竞争力。五是龙头城市地位最突出，引导域内城市主动围绕上海自觉定位。相对于其他都市圈，上海都市圈中心城市首位度高，在圈内具有很强的号召力，圈内城市，尤其是次级中心城市大多都能根据自身条件，以上海为中心自觉定位，在战略上注意“接轨上海”，如南京提出“呼应上海，辐射周边”，杭州提出“接轨上海，错位发展”，宁波提出“依托上海，发展宁波”等，以实现与上海的错位发展，争取在区域一体化的资源配置与专业分工中占有一席之地。“谁能主动接轨上海，谁就先一步获得商机并快速发展”已成为都市圈的共识。近期，关于长三角地区协调发展的一系列政策文件的出台，便是这种一体化发展的有力明证。

3. 问题与挑战

上海都市圈虽已成为我国最发达、成熟和最具竞争力的都市圈，但也存在一些日益突出的问题和隐忧：(1)产业结构趋同化仍较严重。虽然近期长三角各市在战略上确立了以上海为中心并“接轨上海、错位发展”的行动计划，但过去数十年形成的产业同质化特征在一时之间仍难以消除。由于长江三角洲地区内部自然禀赋比较相似，因而本区产业结构趋同问题历来十分严重。据调查，长三角15个城市产业结构相互间的相似系数都在0.95以上，而且城市间距离越近，相似系数越高，有的甚至达到了0.998。以苏锡常三市为例，三城市的主导产业基本都是“机纺化冶食”，各行业的比重也十分接近。我们再以两省一市为统计口径，根据联合国工业发展组织国际工业研究中心提出的公式，1999年上海与浙江的相似系数为0.76，与江苏的产业相似系数为0.82，而江苏与浙江的相似系数竟高达0.97(季思，2010)，由此可见上海都市圈内产业趋同之一般。(2)粗放型增长导致环境危机日益加重。长三角地区人口密度高，土地承载压力本来就很大。近年来，由于工业化和城市化的迅猛发展，工业污水和生活污水的排放量急剧增加，生态环境急剧恶化。新世纪之初，“太湖污染事件”一度轰动全国，太湖流域面积仅占全国的0.38%，2001年各种污水排放量却高达32亿吨/年，为全国的10%(陈立杰，2004)，水乡泽国出现了普遍的“水质性缺水”。杭州以“人间天堂”著称于世，是我国著名的风景名胜区和历史文化名城，然而，“十一五”以来，杭州环境质量明显下降，在国内15个副省级城市综合竞争力的比较中，杭州生态环境质量综合指数仅优于哈尔滨，而位居副省级城市倒数第二位(刘江华等，2009)，其主要原因就是城市工业废水排放和环境空气质量出现历史少有的严重恶化趋势。

(二)首都都市圈

1. 概况

以北京、天津“双核”为主轴，以唐山、保定为两翼，包括了北京、天津及河北的石家庄、唐山、保定、廊坊等两个直辖市、五个地级市、八个县级市及数百个小城镇，面积近7万平方公里，总人口7000多万。从都市圈结构层级看，北京、天津两个巨型城市是都市圈的龙头与核心，无论城市规模还是经济规模和水平均遥遥领先于其他城市。处于中间层次的是唐山和石家庄，虽属特大城市，但其经济欠发达，经济总量和人均水平不高，不仅与核心城市差距明显，而且与上海都市圈的次级中心城市南京、杭州、苏州等也不可同日而语。廊坊、承德等其他中小城市为第三层级，多属以工业或旅游业为主的专业型中小城市，经济普遍欠发达，不仅经济规模小，而且产业结构层次低，人均经济产值也处于较低水平，与核心城市有较大差距（表2—7）。

表2—7　2008年首都都市圈主要城市情况

指标 城市	土地面积（平方公里）	人口（万人）	生产总值（亿元）	产业结构			人均生产总值（万元）
				一产	二产	三产	
北京	16808	1695	10488	1.1	25.7	73.2	6.3
天津	11920	1176	6354	1.9	60.1	38.0	5.5
石家庄	15848	955	2393	13.7	47.9	38.4	2.5
廊坊	6429	408	1052	12.3	56.6	31.1	2.2
保定	22113	1088	1200	17.2	48.9	33.7	1.1
唐山	13206	729	3561	9.5	59.4	31.1	4.8
秦皇岛	7812	286	809	11.3	40.5	48.3	2.8
张家口	36829	460	720	16.5	44.0	39.5	1.7
承德	39519	369	715	15.0	60.2	24.8	1.9
沧州	13419	710	1716	12.0	51.0	37.0	2.4
合计	216023	7876	29008	6.0	44.8	49.3	3.7

资料来源：根据各市2008年国民经济与社会发展统计公报整理。注：北京、天津、石家庄为常住人口，其他为户籍人口。

2. 优势与特点

尽管在整体发展水平上还不够成熟，但首都都市圈却具有其他都市圈所羡慕的五大突出优势：一是政治中心优势。因圈内有两个直辖市，且北京是我国的首都，因此，首都都市圈在发展上具有其他都市圈所不具备的政治资源优势。凭借这一优势，首都都市圈获得了全国其他任何地区所不能获得的大量经济资源和政策资源，特别是独享贴近国家政策制定中心带来的种种便利。此外，“近水楼台先得月”，庞大的中央各部委机关的存在也为当地经济带来了巨大的市场需求和订单，这使都市圈必然优先分享很多中央财政开支和政府采购合同。二是自然资源与区位条件优势。京津冀都市圈云集了发展现代化工业所需的能源、黑色金属、有色金属、化工原料、建筑材料等矿产资源，拥有滨海新区1200多平方公里的可开发土地资源和河北省3000多平方公里的后备土地资源，拥有渤海湾丰富的海洋资源和天津港、曹妃甸港等天然优良港口。此外，现代化的空港、海港，衔接南北、贯穿东西的公路网和铁路网让京津冀都市圈成为了全国重要的交通枢纽。三是总部经济优势。受惠于多方面的环境因素，作为都市圈的核心城市，北京在总部经济发展上表现出了绝对优势。据《中国总部经济蓝皮书》报告，截至2006年年底，在北京市落户的各类跨国公司地区总部已达到42家，其中经商务部认定的有19家，高居全国城市首位，具有跨国公司地区总部性质的投资性公司数量达到了146家，占全国的60%以上，世界500强中的绝大多数在中国内地开办了代表处、研发中心等，其中北京293家，占总数的58%。此外，北京日益成为世界500强企业的主要集聚地之一，到2008年，入驻北京的世界500强企业已达18家，这一数字不仅在国内遥遥领先，而且也日益接近纽约、伦敦、巴黎等国际大都市的水平。四是重化工业发展优势。新中国成立之后的20世纪50～70年代，中央政府把北京、天津的重化工业建设放到了突出地位，钢铁、石化、机械、精细化工成为了京津地区的重要支柱产业。此外，唐山也因拥有较丰富的矿产资源和较为方便的交通条件，成为我国北方重要的工矿业城市。雄厚的重化工业优势为首都都市圈的二次工业化奠定了坚实基础。五是科技与人力资源优势。首都都市圈是我国智力资源最密集的地区，北京、天津作为两个核心城市，拥有中国最强的科技创新能力，目前，京津两市拥有高校近百所，其中重点高校占全国的1/4，进入国家211工程的重点院校高达20所，博士生培养规模占全国的1/3，拥有两院院士超过全国总量的一半。同时，首都都市圈还拥有许多国家级的知名高科技园区，其中，国内最有活力的经济增长点——“中关村科技园区”集聚了大量的优秀人才和科研力量，成为我国高科技产业发展的重要标志，不断积聚的科技人才资源为都市圈的发展奠定了良好的基础。

3. 问题与挑战

作为首都性质的都市圈，尽管拥有一些其他都市圈无可比拟的独特性优势，但由于京津冀经济圈一体化发展启动较晚，经济联系较为松散，使核心城市发达的经济能量无法迅速有效地扩散、辐射到周边地区。因此，在国内最具规模的三大都市圈当中，首都都市圈在发育程度和结构层次上相对较低。具体来说，首都都市圈主要面临以下几大问题和挑战：

一是圈内二元经济特征明显。2008 年，北京、天津市人均 GDP 均达到五六万元，而河北省的主要城市人均 GDP 只有 2 万多元，核心城市北京、天津人均生产总值大约为河北省主要城市的两三倍，其中最高的北京与最低的保定竟相差近六倍之多，过大的差距凸显了二元经济特征，表明首都圈在中心城市——外围中小城市之间存在着异常突出的两极分化现象和较大的发展水平梯度，这是国内外其他都市圈少见的。特别需要指出的是，京津强烈的“空吸”作用和较差的辐射带动力，可能会导致没有经济腹地的“孤岛型”现代化的出现，而作为经济腹地的河北省形成中心城市周边的“塌陷地带”，这必然会制约来自中心城市的要素和能量辐射，无法分享中心城市的发展成果，并削弱自身的产业承接能力，从而对都市圈的良性可持续发展形成隐患。

二是行政区划与经济区划的差异。行政区划和经济区划的不重合，是我国都市圈发展的最大障碍，京津冀都市圈在发展过程中也深受影响。由于区划的不同，没有统一规划，再加上“分灶吃饭”的财税体制，各地市都只根据自身的需求寻找合作，无法形成资源信息共享、优势互补、协调发展的合作模式。与长三角和珠三角都市圈不同的是，京津冀都市圈中行政关系还具有多重性：北京与河北之间既是中央与地方的一般关系，又是并列的同级关系；天津与河北既是同级关系又是直辖市与地方的关系，这种重叠、复杂的行政关系，进一步影响到都市圈内经济合作与一体化进程。

三是缺乏龙头城市的有效带动。北京和天津是首都圈内经济能级等量齐观的龙头城市，这种“双龙头”现象进一步加剧圈内的行政区划掣肘和利益博弈，北京和天津同为直辖市，产业结构类似，竞争动机强烈，这些年京津之间围绕机场、港口等基础设施之争，汽车、重化工等制造业之争，北方产权交易中心等平台选择之争，生态环境、水资源之争，不仅造成了资源、效率的巨大浪费，而且强化了京津与相对弱势的河北省之间经济社会二元结构。近期，北京市城市规划提出未来15年的发展核心是建设“国家首都，国际城市，文化名城，宜居城市”，不再提“经济中心”，其实质就在于与天津错位发展，今后将注重发展现代服务业和高新技术产业等高端经济，这一战略在一定程度上缓解了龙头城市之间的无谓内耗和同构竞争。

四是民营经济发展相对落后。改革开放30年来，尽管首都圈经济结构多元化有了积极进展，但受传统体制和经济基础的惯性束缚，以京津为核心的首都圈仍然是我国国有经济最强势发展的区域之一，在这样的背景下，以集体、私营、个体经济为主体的民营经济发展空间相对有限。目前，北京的经济总量中国有经济仍占据40%左右，比重明显偏高，而民营经济与长三角、珠三角地区普遍处于主体的状况相比则弱得多，这将在相当长一段时期内抑制区域经济的潜力与活力，成为首都圈发展的重大障碍。

五是区域性基础设施和生态环境系统比较脆弱。与发达的长三角和珠三角相比，京津唐地区区域性基础设施网络远未形成，特别是港口、机场、高速公路和城际快速通道还在大规模建设中，许多基础设施建设还缺乏区域的统筹和协调。此外，京津唐地区靠近北方沙漠地带，自然生态条件总体较差，水资源相对缺乏，沙尘暴时常袭扰，生态环境比较脆弱。目前，首都都市圈人均水资源仅为长三角的1/2，不足珠三角的1/5，远低于国际公认的警戒线。这成为首都都市圈发展的重大隐忧。

（三）武汉都市圈

1. 概况

武汉城市圈，是指武汉及其周边100公里范围内的黄石、鄂州、黄冈、孝感、咸宁、仙桃、潜江、天门八市。这一地区城市密集度较高，经济基础较好，环境及自然条件优越，是湖北省乃至长江中游最大的都市圈。该圈土地面积约5.78万平方公里，占湖北省土地总面积的31.2%；人口3167万，占湖北省的50.2%、全国的2.5%。中心城市武汉市土地总面积0.85万平方公里，人口 891 万，在武汉城市圈中所占比重分别为 14.7% 和 28.2%。2008 年，武汉城市圈九个城市共实现地区生产总值 6095 亿元，占湖北省的 53.8%。第一产业所占比重从 2003 年的 16%下降到目前的不足 4%；第二产业所占比重稳中趋降，从 64%下降为 2008 年的 54%，减少了约 10 个百分点；而第三产业比重则呈现明显的上升趋势，从不足 20%，上升到 2008 年的 44%。

进入 21 世纪，随着区域经济发展步伐的加快，都市圈建设成为提升区域综合竞争力的强劲动力和有效方式。2002 年湖北提出了建设武汉城市圈，以武汉市为龙头，通过城市经济圈建设拉动全省经济快速发展，开启了武汉都市圈城市规模结构合理化和区域经济一体化建设的进程。2007 年，国家批准武汉城市圈为全国“两型”社会（即资源节约型和环境友好型社会）建设综合配套改革试验区，以探索在资源环境压力日益加大的趋势下区域经济发展的新模式，重点通过推进产业布局、基础设施、市场体系、城乡发展、生态环境“五个一体化”，为带动中部经济的崛起起到战略支点作用。这一国家战略为武汉都市圈一体化建设提供了新的发展动力。近年来，武汉都市圈渐成轮廓，总量规模持续扩大，经济实力不断增强，所占比重稳步上升。2004 年，武汉都市圈 GDP 总量达到 3180.27 亿元，人均 GDP 为 12413 元，分别是同期全国的 2.0% 和 95.6%。到 2008 年，武汉都市圈共实现生产总值 6095 亿元，同比增长 14.8%，人均 GDP 超过 1.9 万元，已分别上升为同期全国的 2.3% 和 99.3%，是湖北乃至长江中游经济实力最强的经济区。

虽然成长迅速，综合实力明显提升，但与全国其他都市圈相比，武汉都市圈综合经济实力总体仍然较弱，产业结构层次较低，经济发展水平不高，第二产业仍处于绝对主体地位，表明整个都市圈还处于典型的工业经济为主的发展阶段。其中，核心城市武汉拥有较为雄厚的二、三产业经济基础，第三产业所占比重已达到 50%以上，产业结构开始呈现“三二一”的雏形特征，而其余八市均以第二产业为主体，第三产业比重尚无一个城市达到 40%，其中还有四个城市的第一产业比重高于 20%，呈现“二三一”的产业结构特征，产业结构低端化明显（表 2—8）。

表 2—8 2008 年武汉都市圈主要城市情况

指标 / 城市	土地面积（平方公里）	人口（万人）	生产总值（亿元）	产业结构（%）			人均生产总值（万元）
				一产	二产	三产	
武汉	8500	891	3180	3.7	46.1	50.2	3.6
黄石	4576	262	467	7.4	53.5	39.1	1.8
鄂州	1504	104	270	15.4	54.9	29.7	2.6
黄冈	17446	668	601	32.1	34.0	33.9	0.9
孝感	8690	513	593	22.2	41.1	36.7	1.1
咸宁	9861	291	360	22.8	43.2	34.0	1.3
仙桃	2538	150	224	19.2	46.5	34.3	1.5
潜江	2004	106	212	16.5	53.2	29.9	2.0
天门	2622	182	188	25.0	39.5	35.5	1.0
合计	57793	3167	6095	11.1	45.9	43.0	1.9

资料来源：根据各城市 2008 年国民经济与社会发展统计公报整理。

2. 优势与特点

考察和比较国内都市圈，武汉都市圈主要具有以下一些突出优势与特点：一是龙头城市地位比较突出。武汉是一个历史基础雄厚，区位优势突出，首位度特高的龙头城市，号称“九省通衢”，东西有长江黄金水道，南北有京广铁路，近期又开通了国际水准的武广高铁，城市对外辐射影响力很强，无论是城市规模还是经济总体实力及行业发展前景，龙头地位都十分明显。2009 年，武汉市实现生产总值 3960.08 亿元，占都市圈比重高达 56.8%。二是科教资源丰富，产业基础良好。长江中游城市群是我国工业战略布局的重点地区，历史上就形成了良好的产业基础。同时，武汉是我国重要的科教名城，高校林立，科研机构密布，尖端人才众多，科研成果层出不穷，位于武昌的东湖高新区是武汉高科技实力的象征，这种产业基础和智力资源将对我国“中部崛起”战略的实施和武汉都市圈的发展形成强大支撑。三是初步形成相对完整的都市圈圈层结构框架。武汉都市圈形成了以核心城市为中心的放射状点轴城市发展格局，其城市网络框架基本形成了以京广铁路（107 国道、京珠高速公路）和武九铁路（318 国道、沪蓉高速公路）为十字型的主轴，以麻武、汉丹等交通线为副轴的放射状的分布格局。同时，以武汉为中心逐步形成都市圈框架：以武汉市江岸区、武昌区、江汉区、口区、汉阳区、青山区、洪山区等城区为核心，以武汉市东西湖区、汉南区、蔡甸区、江夏区、黄陂区、新洲区等外围城区为内圈层，以黄石、鄂州、孝感、黄冈、咸宁、仙桃、潜江、天门等城市及其他县级城市为外圈层。

3. 问题与挑战

作为中部和长江中游最重要的都市圈，尽管拥有独一无二的地理中枢优势，但由于区域化发展启动较晚，自身经济实力不足，都市圈一体化发展进展较慢。武汉作为超级核心城市缺乏清晰的定位，城市发展梯队也没有形成，导致整个都市圈经济辐射能力与其重要的战略地位不符。具体来说，武汉都市圈主要面临以下问题和挑战：

一是周边次级中心城市实力弱小。目前，武汉都市圈拥有一个特大城市、一个大城市、七个中等城市以及若干县级小城市和建制镇，呈现出“两头大、中间小”的等级特征，武汉是毫无争议的龙头城市，而其他八市城市化水平低，农业人口占有相当比重，第三产业发展明显落后。总体上看，武汉都市圈城市发展梯队远未形成，无法产生整体联动发展效应。历史证明，中心城市的突破与带动都市圈成长过程中至为关键。虽然武汉是首位度毫无争议的龙头城市，但它在本质上缺乏不同于圈内其他城市的功能内核或核心竞争力，如城市经济的国际化引领、信息化带动以及内陆区域金融中心、创新中心的打造等，没有形成强大的聚集与辐射能力，以带动周边地区的发展。武汉要成为中部崛起的战略支点，就要进一步夯实和拓展自身的内核，增强中心城市对周边城市的综合服务功能。另一方面，周边各市也要自觉以武汉为中心进行战略定位和产业布局，进一步增强经济实力和锻造核心竞争力，从而形成能够有序承接中心城市能量辐射的城市梯队。

二是各城市发展定位不清晰，功能与产业趋同化严重。目前都市圈内的产业布局客观存在着分工不明确、结构趋同、功能层次没有拉开等问题，如各城市几乎都提出了大力发展高新技术产业，多数城市提出了建设加工制造业基地的产业定位，使得都市圈内中心城市和周边城市的发展定位及功能分工不清晰，产业趋同化严重。

三是缺乏前瞻性的整体生态环境规划。良好的生态环境是大武汉都市圈长期健康发展的基本前提，特别是以长江、汉江和众多湖泊为主体的水资源，是大武汉都市圈建设发展的重要优势。然而，近年来由于人口密度高，工业化和城市化迅猛发展，工业污水和生活污水的排放量急剧增加，生态环境恶化，生态环境承载能力减弱。因此，从长期可持续发展的需要看，武汉都市圈需要做好统一的区域性整体生态规划，实现区域互动、整体协调，以提高都市圈的生态承载力。

四是市场化程度偏低，区域合作受到限制。与上海、广州等大都市圈相比，武汉都市圈市场化进程滞后，对区域合作与一体化发展产生负面影响，主要表现在：一是区域合作受到各种形式的行政壁垒、地方保护主义的干预；二是民营经济发展缓慢，非公有制经济成分受到诸多制度因素的限制，民间资本难以突破层层壁垒发挥其应有的创业作用；三是要素市场发育相对滞后，区域统一的要素市场远未建立起来，某些新兴要素市场还是空白。今后，武汉城市圈的建设一方面要注重市场本身对经济圈建设的导向，同时也要在一定程度上保持各城市的经济协调性，使圈内城市真正以市场为导向，利益为纽带，逐步实现一体化发展，并以此为载体，充分利用国内外两个市场和两种资源，形成区域竞争之合力。

(四)成都都市圈

1. 概况

成都都市圈以成都为核心，包括绵阳、江油、南充、内江、自贡、宜宾、雅安、峨眉山、乐山、眉山、简阳、资阳、遂宁、德阳等14个城市，土地总面积10万平方公里，占全国总面积的1%，人口总数约5046万，占全国总人口的近4.1%。从城市等级体系来看，除了成都为特大城市以外，内江、德阳、自贡、绵阳、南充为中等城市，其他城市均为小城市。整个都市圈分成三层：(1)核心层为城市的实体空间地域，相当一段时间内将相对稳定在以三环路为边界的区域内。(2)紧密层以成都城心地域为中心、半径30～50公里的地域，其空间范围包括新都区、温江区、龙泉驿区、青白江区、金堂县、双流县、郫县、大邑县、蒲江县、新津县、都江堰市、彭州市、邛崃市、崇州市等地域。这一圈层与成都的距离在30分钟车程内，将是受成都辐射影响最大的区域。在都市圈的未来发展中，这一圈层与核心地域全方位的融合，达到较高程度的一体化，成为人口、产业、城镇高度集聚的区域。(3)松散层以成都城心地域为中心,以半径 50～200 公里范围内的中小城市为节点,构成都市圈的松散层。松散层中的 14 个中小城市包括绵阳、江油、南充、内江、自贡、宜宾、雅安、峨眉山、乐山、眉山、简阳、资阳、遂宁、德阳。这些中小城市通过铁路、高速公路、高等级公路与成都相接,车程距离在一个半小时以内,与核心城市形成一定的分工协作关系。

以成都为中心的成都平原是四川城镇与产业最为集中的地区,也是四川最具经济活力的地区。近期,成都与重庆一道被国务院批准为国家城乡统筹综合配套改革实验区,这为成都都市圈发展注入了强大的制度性驱动力。目前,成都都市圈有 15 个城市,除了成都这一超大城市外,其他 14 个城市都是中小城市,形成了明显的断层。在主要城市中,成都城市影响力范围最大,半径为 150 公里,但从辐射功能看,成都因集聚效应所形成的强大经济能量却未能成规模、有序地向周边地区扩散,整个都市圈尚处于扩张初始阶段。2008 年,成都都市圈 GDP 总量达到 9180 亿元,人均 GDP 为 18200 元,分别是同期全国的 3.1% 和 81.7%。从三次产业结构看,第一产业所占比重不断下降,从 80 年代初期的 30%下降到目前的 13.1%;第二产业所占比重稳中有升,从 80 年代初期的 40%上升为 2008 年的 47.1%,上升了约 7 个百分点,而第三产业比重则呈现明显的上升趋势,从 80 年代初期的 30%,上升为 2008 年的 39.8%。总体来看,第二产业仍处于主体地位,表明成都都市圈整体上还处于工业化高峰期。其中,作为核心城市,成都 2008 年三次产业结构为 6.9∶46.6∶46.5,而绵阳等五个市的第一产业比重均高于 20%,这表明整个都市圈产业结构还处于较低的层次上(表 2—9)。

表 2—9 2008 年成都都市圈主要城市情况

指标 城市	土地面积(平方公里)	人口(万人)	生产总值(亿元)	产业结构			人均生产总值(万元)
				一产	二产	三产	
成都	12132	1123	3901	6.9	46.6	46.5	3.5
绵阳	20249	529	743	21.6	44.6	33.8	1.4
自贡	4373	317	487	16.9	50.9	32.2	1.5
南充	12479	725	602	28.4	42.6	29	0.83
内江	5386	420	488	20	53.7	26.3	1.2
资阳	7962	487	468	28.4	45.9	25.7	0.97

（续表）

宜宾	3283	518	646	19.3	55.2	25.5	1.3
德阳	5818	381	695	18.6	55.2	26.2	1.9
乐山	12826	348	563	3.4	72	24.6	1.6
遂宁	5326	377	373	27.6	46.1	26.3	1
雅安	15354	154	214	21.7	48.1	30.2	1.5
合计	105188	5046	9180	13.1	47.1	39.8	1.9

资料来源：各市2008年国民经济与社会发展统计公报。

2. 优势与特点

尽管在总体发展水平上还不成熟，但成都都市圈在资源和发展方面具有如下优势：一是经济发展优势。成都的经济发展水平较高，已发展成为西部综合实力最强的核心城市，是我国西部地区的经济中心、金融中心、商贸中心、交通枢纽和信息枢纽，在区位、交通、科教、金融、人才、商贸等方面享有综合优势。成都市作为中国西南地区最重要的中心城市和资源聚集地，正在中国经济和西部经济发展中扮演着越来越重要的角色。二是基本要素优势。与东部沿海地区相比，成都都市圈基本要素比较优势显著，并直接为产业发展带来了成本优势和市场优势。圈内及周边具有丰富而且价格低廉的自然资源、土地资源、能源、劳动力等生产要素，有利于企业降低生产成本和商务成本；成都平原地区地理位置优越，交通便捷，不仅是各种生产资料的集散中心，也是各种消费品进入西部地区市场的重要通道，从而使成都具有整合西部地区资源和辐射带动西部地区市场的市场优势；四川历来具有西部较高素质的人力资源，也是外出务工的大省，随着四川经济的发展，很大一部分外出务工的管理人员和技术工人回流，增强了成都都市圈内的人才优势。三是产业基础优势。四川是我国20世纪六七十年代国家重点建设的三线工业基地，成都周边的德阳拥有二重、东电、东汽等国家重点大型装备企业，以三家企业为龙头，形成了较大规模的重型装备产业集群，而成都市的高新技术产业园、西部鞋都工业园，以及周边绵阳、乐山、资阳等地，形成了以电子信息、高新技术、石油化工、装备制造、建材家具、轻纺工业、农产品加工等产业集群和产业集聚区。尤为引人注目的是，国际高新技术产业和现代服务业从国外及东部发达地区向以成都为核心的都市圈转移的速度在加快，近五年已有超过128家世界500强跨国企业落户成都地区，逐步形成以成都为核心的西部地区领先的成都都市圈经济发展区。四是政策支持的优势。近期，成都被批准为全国统筹城乡综合配套改革试验区，这将在下一步改革和发展方面得到更多的国家政策支持，从有助于成都在破解长期以来形成的城乡二元体制矛盾和"三农"问题顽症，推动发展方式根本转变，促进生态环保、现代高端产业、城市先进功能有机融合等方面，走出一条科学建设世界级特大城市的新路。五是具有国内一流的人文生态环境。来自中外知名咨询研究机构的调查表明，在中国宜居城市评比中，成都一直名列国内宜居型城市前列，具有良好的城市美誉度，这为成都都市圈的长期可持续发展提供了良好的社会人文环境和生态保障。

3. 问题与挑战

成都都市圈是国内较晚发展起来的都市圈，虽然具有以上比较优势，同时也面临一些突出的问题和挑战，具体来说，成都都市圈主要面临以下几大问题和挑战：

一是圈内城市体系结构不合理，缺乏梯队式发展布局。目前，该圈中心城市社会经济发展强劲，但是对周边的辐射带动作用有限。都市圈内虽然具有像成都这样的具有良好发展潜力的特大城市，但是缺乏中间层次的大城市，甚至周边中等城市因为历史行政问题与成都也缺乏产业链协同，造成了都市圈内目前较为松散的经济联系度。

二是区位条件相对闭塞，经济外向度低。成都都市圈在地理位置上深居大陆腹地，明显受限于相对落后的交通基础设施水平和区位劣势，落后的物流业难以满足未来飞速发展的经济发展要求，特别限制了国内外先进产业的引进，导致整个区域经济结构层次及外向度仍然偏低。未来需要继续完善城市之间的交通体系建设，加大核心城市的辐射效应，使城市群的一体化程度进一步提高。截至2008年，成都都市圈外贸进出口总额为204.8亿美元，经济外向度仅14.6%，远远落后于全国平均水平59.5%，同时，产业结构层次偏低，三大产业比例为13.1∶48.1∶38.8，而全国为11.3∶48.6∶40.1，第一产业比例过高而第三产业比例过低。

三是市场化程度低，国有经济比重较高，外资企业比重仍然较低。最为关键的民营经济不发达,缺乏有较强竞争力的民营企业。同时,对外开放时间较晚,地方政府行政指导意识比较强,政府对经济的干预程度还比较高,市场对资源的一体化配置效率较低。

(五)沈阳都市圈

1. 概况

沈阳都市圈以沈阳为中心,以辽宁中部七城市抚顺、辽阳、鞍山、营口、本溪、铁岭、阜新为基础构建。该区土地总面积约7.5万平方公里,人口总数约2350万人。在高速公路相继建成、铁路全面提速的今天,辽中七城已经形成以沈阳为中心的快速到达交通圈,带动了城际人口、物资等生产要素的频繁交流,区域一体化的步伐大大加快。都市圈核心沈阳是东北和内蒙古东部的经济、交通和信息中心,全国最大的综合性重工业基地。抚顺、鞍山、本溪、阜新等则是资源型产业在城市经济中占主导地位,由于受资源、结构、体制、市场等方面的约束,目前普遍面临着迫切的经济转型问题。

沈阳都市圈城市高度密集,是东北重工业城市最集中的城市圈,是东北老工业基地改造的最关键区域。国家实施振兴东北老工业基地的战略以来,沈阳圈GDP总量、固定资产投资、利用外资等均有大幅提高。2008年,沈阳都市圈GDP总量达到8802亿元,人均GDP为3.7万元,有效带动了东北老工业区的振兴。在产业结构方面,作为传统的重化工业基地,尽管近年来第三产业对区域经济发展的贡献率有所提高,但工业发展始终是域内经济发展的重头戏。2008年,沈阳都市圈一、二、三产业结构为9.0∶54.4∶36.6。其中,沈阳4.8∶50.1∶45.1,域内各城市三大产业的比重普遍存在二产比重偏高、三产偏低的现象,第二产业处于绝对主体地位(表2—10)。

表2—10　2008年沈阳都市圈主要城市情况

指标/城市	土地面积(平方公里)	人口(万人)	生产总值(亿元)	产业结构			人均生产总值(万元)
				一产	二产	三产	
沈阳	12942	702	3861	4.8	50.1	45.1	5.5
抚顺	11271	232	663	6.7	56.8	36.5	2.9
辽阳	4741	181	585	6.0	62.1	31.9	3.2
鞍山	9252	352	1608	8.9	52.0	39.1	4.5

（续表）

营口	4970	230	704	8.8	57.4	33.8	3.1
本溪	8435	155	611	5.7	63.4	30.9	3.9
铁岭	12985	305	536	21.5	51.4	27.1	1.8
阜新	10445	193	234	22.3	40.0	37.7	1.2
合计	75041	2350	8802	9.0	54.4	36.6	3.7

资料来源：各市2008年国民经济与社会发展统计公报。

2. 优势与特点

尽管在总体发展水平上还不成熟，但沈阳都市圈具有的四大突出优势：一是具有综合工业体系。以沈阳为首的辽宁中部七城市是新中国最早建立的老工业基地，产业种类齐全，技术力量雄厚，在辽宁经济发展中具有举足轻重的地位，同时也是全国城市化水平最高的地区之一。二是自然资源较为丰富。区域内具有丰富的土地资源、水利资源、矿产资源、林业资源和旅游资源，从而为都市圈发展提供有利的资源条件。三是科教优势明显。域内有占全省50%以上的高等院校和各类中等院校、职业学校，可以培养各种类型的高等人才和技术实用人才。可以利用人力资源的比较优势和较好的产业基础，选择内涵式扩大再生产的集约型增长方式，以存量资源带动增量发展，增强整体竞争力。四是得天独厚的对东北亚开放的区位优势。借助东北的地缘优势和市场辐射功能强的特点，实现跨省区和跨国境的区域经济合作。

3. 问题与挑战

一是产业结构趋同，内耗竞争严重，缺乏分工与整合，区域协作能力亟待提高。由于联合观念的缺乏、行政地位的对峙以及由此形成的区域壁垒和特定时期形成的财政、投资、金融体制等方面的制度障碍，各城市出现了以钢铁、机械、化工、建材为主的传统主导工业趋同现象，在建设东北经济中心和现代重化工业基地的城市发展规划中仍然存在雷同和相互制约的情况。

二是市场化程度较低，国有经济比重偏高。由于历史的原因和发展的惯性，沈阳都市圈主要以国有经济为支柱，有较强竞争力的民营企业过少，外资企业不多。同时，由于行政区划意识比较强，政府对经济的干预程度还比较高，经济一体化进程较慢，经济圈内存在一定程度的贸易壁垒和资源争夺，以及各种形式或花样翻新的地方保护。这在很大程度上阻碍了区域内生产要素市场的一体化进程,不利于区域经济的协调发展,也难以形成具有层次结构的产业聚集。这一状况直接导致了资源难以在该区域范围内的合理流动,限制了市场机制下产业集群化发展和跨区域产业链形成。

三是生态承载力趋于极限,经济结构转型缓慢。域内城市各自为政,城市发展目标相似,产业结构雷同,生态环境系统缺乏引导、控制,导致整个区域资源使用浪费和发展水平落后。作为中国传统的老工业基地,"三高"产业(高消耗、高能耗、高污染)聚集,资源开发利用粗放,资源浪费损失严重,结构性矛盾本已突出。在进入重化工业阶段后,沈阳都市圈更进入一个资源、能源的高消耗期,由于该圈人均土地占有量少,环境承载能力低,经济快速增长对资源和环境的压力不断加大,面临的经济发展与环境保护之间的矛盾比其他地区更加突出。因此,东北振兴的关键是结构转型,从传统工业化模式转向新型工业化模式,从资源、资本驱动的工业化转向技术、知识驱动的工业化,也包括利用劳动力优势驱动的劳动密集型服务业,而这一过程从实践看仍显得较为漫长。

(六)国内大都市圈发展存在的主要问题

1. 国内都市圈所处发展阶段、水平及特征

结合欧、美、日等地区和我国城市化的实践看,大都市圈的形成一般会经历如下三个基本发展阶段:

一是以"集聚—强核"为特征的发育期。在这一时期,都市圈发展一般处于工业化时期,主要以发挥极化效应为主,都市圈建设的重点是中心城市的崛起,通过行政和市场化的力量,引导周边地区的经济发展资源和要素向中心城市集聚,促使中心城市由小变大、由弱变强,完成城市能级提升和向区域核心城市跃迁的过程。这一时期,都市圈发展的主要动力是工业化和城市化,主要任务是通过规划手段加强对载体资源的开发和建设,以提高城市的吸聚能力,集聚更多的战略资源和高级要素。

二是以"外溢—布网"为特征的成长期。这一时期,中心城市的空间扩张达到饱和,并开始导致一系列所谓"大城市病":交通拥挤、地价飞涨、环境污染、功能紊乱、城区素质下降等等,在这种情况下,中心城市逐步产生"离心"

的力量，在政府的规划引导下，城市交通网络和快速交通体系不断外延，在郊区地带沿着主要交通干道开始形成一系列新的“反磁力中心”，如卫星城、城市副中心、功能新城等，以有序转移中心城区过于密集的人口、交通和产业，减少交通流量的“回波”效应，并有效改善中心城区和远郊区的素质。同时，通过交通网络的构造与外延，中心城市也逐步强化了对周边城市的辐射和带动，尤其是加强与圈内次级中心城市的经济联系。这一阶段，都市圈发展的主要动力是产业结构升级和城市郊区化（牛凤瑞、盛广耀，2006），主要任务是构建大都市圈基础设施网络。

三是以“整合—联盟”为特征的成熟期。这一时期，都市圈开始进入工业化后期或后工业化社会的阶段，都市圈的次级中心城市逐步崛起，开始与中心城市之间产生较大程度的功能同构和低水平竞争，圈内城市之间的行政壁垒和区划体制也日益阻碍要素的自由流动和资源的跨区优化配置，各自为政的城市管理体制也对整体竞争力的提升和可持续发展提出了挑战，在这种情况下，都市圈开始进入“协商、联盟与整合”时代，一方面，中心城市逐步以发挥扩散效应为主，在都市圈中重点培育和突出交通枢纽、信息中心、金融控制、总部经济等功能；另一方面，圈内各城市之间开始进行资源、产业、功能、空间、管理等各方面的大整合，以缓解内耗式竞争，促进城市间的分工协作和错位发展。

通过比照以上分析框架，可以看出，当今世界六大都市圈，除上海外其他都市圈都已进入都市圈发展的高级阶段和成熟期，形成了以服务经济为主的产业结构和圈内城市错位发展、有序竞争的格局。我国城市发展历史悠久，但以龙头城市为核心的都市圈发育大多还处于“集聚—强核”的发展阶段，产业结构整体上仍以第二产业为主导，中心城市的能量积聚和功能完善是现阶段的主要任务，同时，周边中小城市也亟待进一步壮大实力和规模。进入新世纪以来，上海、广州、首都三大都市圈相继进入“外溢—布网”的发展阶段，轨道交通加速延伸，功能外拓紧锣密鼓，新城开发如火如荼，都市圈骨架日渐显现。近期，以《关于进一步推进长江三角洲地区改革开放和经济社会发展的指导意见》《珠三角改革与发展规划纲要》《广佛都市圈一体化合作框架协议》等一系列文件出台为标志，上海、广州、首都三大都市圈率先步入“整合—联盟”的初期阶段，开始面临区域“整合”的艰巨任务，着力突破阻碍区域一体化发展的体制机制瓶颈。

2. 国内都市圈发展存在的主要问题

(1)地方政府规划管制中不以都市圈整体考虑。“城市本位论”是指由于中央与地方财政分灶吃饭，财权和事权分离，各城市盲目追求短期经济利益，造成产业结构雷同、专业分工不合理和城市集群经济效应低下的城市发展和管理理念。在都市圈发展过程中各城市政府受行政区划分和地方利益的影响，只是立足于本地利益，缺乏整体宏观协调，无法形成一体化，使得城市之间的协调具有众多障碍，阻碍了区域及资源的自由流动和有机融合。

(2)产业结构趋同较为普遍。产业结构趋同主要是指各地区工业结构变化中存在的趋同现象，即二次产业内部各部门构成形式、比例的相似性。因为区域整体协调不力以及区域资源的类似，都市圈内各城市的功能并不明确，产业的整体布局并不规范。产业趋同必然会导致都市圈内的资源浪费和无谓的竞争，影响都市圈整体经济的发展。

(3)中心城市辐射力总体不强。中心城市是指都市圈中具有“中心”地位的核心城市。但是我国三大都市圈中中心城市的带动作用还不明显，领导力明显不够，没有形成适应区域性经济整体发展的核心辐射源，在某些层面上甚至加重了区域内部的协调发展的矛盾。与全球性城市相比，三大都市圈中心城市在经济总量和产业结构上都还存在着很大的差距。

(4)都市圈发展中全球化观念不足。现今的社会早已不再是封闭的世界，经济的高度全球化已成为不可逆转的趋势。然而在全球化步伐下的中国三大都市圈中仍然存在着不协调的种种障碍。除了核心城市与全球城市标准尚有差距以外，作为全球化必要条件的枢纽港口的统筹建设也不够全面。所以如何统筹和利用三大都市圈深水岸线资源，如何摆脱行政区建设航空枢纽的思维，已经成为了三大都市圈发展中最严峻的挑战。

(5)传统行政区划体制阻碍都市圈一体化发展。当前，国内都市圈内的生产要素流动具有明显的行政导向性，在不断推进的经济一体化进程中，囿于既有利益割据的城市管理体制基本未被触动，圈内各城市普遍存在“肥水不流外人田”的浓厚意识，从而阻碍了区域统一市场的形成和区内资源配置效率的提高。

三、国内外都市圈发展经验及对广州大都市圈的启示

（一）明确核心城市的功能定位

当今发育较成熟的世界大都市圈通常都拥有一个或多个龙头带动型的核心城市。核心城市凭借其强大的经济实力和组织功能，不仅在都市圈的形成和发展中发挥着辐射带动作用，同时对周边城市的发展提供了强大的动力引擎。纽约作为大都市圈的中心城市，是国际金融和世界贸易中心，国际性的商务办公设施极其发达，是国际大都市中心区向外辐射带动发展的典型模式。伦敦从工业基地到国际金融中心，再到世界创意之都，始终站在世界经济转型和新兴产业发展的最前沿，不仅成为首屈一指的世界大都市，而且有效辐射带动了周边中小城市的产业升级与现代化进程。而在国内方面，长三角的龙头城市上海，自 20 世纪 90 年代明确定位于国际化大都市并取得突破性发展后，对于整个长三角城市群的一体化发展具有十分重要的意义。

就广州都市圈而言，中心城市的突破与发展至关重要。当前，广州都市圈存在着事实上的“双核”格局。然而，从国际性都市圈的经验看，最成熟的模式还是以广州为中心，如果保留双核模式，那么深圳与广州的“龙头”之争还是会存在，各自为政的“诸侯经济”仍将严重制约珠三角的竞争力；同时各主要城市都想成为龙头，这种意识将使珠三角各司其政，始终缺乏一种大华南经济圈的思维。因此，广州都市圈急需“龙头”城市的统筹兼顾与引领发展。从各方面条件和标准看，广州历史上就是广东省省会和华南中心城市，近期又被中央确定为五大国家中心城市之一，是大都市圈无可争议的核心城市，是区域经济发展的龙头，代表着整个都市圈的国际形象，广州应当仁不让地确立其在都市圈中的龙头地位，携领整个都市圈的发展。

同时，广州还需进一步明确其核心功能和产业定位，培育其城市特色与核心竞争力，从而对周边地区形成强大的引领辐射作用。从全国范围看，北京定位于首都和国家政治文化中心，上海是国际金融中心和国际航运中心，

天津是我国北方的海运中心和现代重化工业基地，城市的核心功能均十分清晰明确，那么，广州城市在核心功能定位上应作何选择与取向？我们认为，上述城市虽同为国家中心城市和区域经济龙头，并被寄望“服务全国”的能力，但由于行政权限、政策资源及产业基础等方面的原因，广州不可能像北京一样成为全国的金融中心和文化创意、创新中心，也不可能像上海一样树立国际金融中心的雄伟目标，但广州流通经济一向发达，素有“千年商都”之美誉，拥有“广州服务”、“广交会”、“广州价格”等国际知名品牌，是全国最著名的商贸商务活动活跃地，因此，广州城市的核心功能应着眼于“国际商贸中心”或“国际商贸大都市”等这样的发展定位，“商”应成为广州城市功能的灵魂与核心。与此同时，金融贸易、物流交通、商务会展、信息软件、教育培训、科技创新等多元产业和功能围绕“国际商贸中心”这一核心功能进行配置与拓展。同时，以流通经济和“国际商贸大都市”有效支撑制造业高端化，着力发展高新技术产业和重化装备制造业，由此使广州始终站在区域产业结构调整和产业链的高端，加快形成高度综合性的国际化大都市。

（二）促进圈内城市职能分工和错位竞争

都市圈是由数量不等、功能各异、产业结构各具特色、发展水平不均的不同城市构成的。从国际经验看，世界成熟的都市圈在圈内各城市间都存在不同程度的产业分工和功能特色差异，这种区域产业的协调有序发展，有利于都市圈产业专业化和整体经济效率的提高。纽约都市圈被誉为世界上产业分工布局最完善、最有序的大都市圈，这与圈内主要城市自觉围绕纽约实行错位发展是分不开的。如波士顿为了维护纽约的金融中心地位，自动寻求产业转变，如今，曾经极为兴盛的金融业只占到波士顿经济结构的8%，而高科技研发、教育、文化、商贸等产业则占据了半壁江山。与波士顿相类似，纽约都市圈内其他核心城市也都根据自身的特点，寻找与纽约的错位发展之路。如经过产业配置及多年发展，费城国防、航空、电子产业执北美之牛耳，巴尔的摩的矿产业和航运业独具特色，使得区域内的产业分布呈现出多元和互补的格局，而这些城市各自的发展始终离不开纽约金融中心的辐射作用。从国内看，最为成熟的上海都市圈也逐步形成了大、中、小城市以区块经济为特色的专业化发展，它们在特定区域内的分工及产业链协作，形成了相对完整的城市层级体系,成为都市圈竞争力的重要源泉之一。

从国内外成熟都市圈的发展来看,广州都市圈必须在分工协作基础上推动各主要城市间的良性合作与错位竞争,通过合理调整区域内产业结构,协调推进城市间的职能分工。目前,珠三角城市间产业与功能竞争显得紊乱无序,如广州要打造“南方金融中心”,深圳也抓紧规划“区域性金融城”,此外,深圳、珠海、东莞的高科技产业之争,广州、深圳的港口老大和文化产业之争,广州、深圳、珠海、东莞的会展之争等,也是日趋激烈,互不相让,从而制约了都市圈的协作效应。今后,广州都市圈主要城市之间必须走良性合作与错位竞争之路。作为大都市圈的核心,广州应以服务经济为主导构建现代产业体系,作为另一中心城市,深圳应重点发展高新技术产业和高端服务业。佛山、东莞、中山、珠海等四个地级市经济发展水平相对较高,应发挥其卫星城市的功能和作用,推动卫星城市与中心城市之间的产业联动与互补,并带动周边小城镇的发展。惠州、江门、肇庆三个地级市,在广州大都市圈的经济发展中相对缓慢,应积极融入广州都市圈中,接受核心城市的能量辐射,根据自身的优势发展圈内的特色产业。此外,即使在同一领域,各城市之间也应根据自身既有条件实行适度分工,如同样是创意产业,香港、深圳、广州、佛山应该各有特点,互有侧重,在高新技术产业发展上,东莞也要避免与深圳、广州形成同构竞争,最好是致力于满足本地产业升级转型的新技术。

(三)强化都市圈的内在经济联系

区域内城市之间的经济联系是都市圈形成的重要基础,也是都市圈效应的主要体现。从国内外成熟都市圈的经验看,以要素市场、产业链和总部经济发展为重点,加快构筑区域共同市场、跨区域产业链和总部经济基地,是强化都市圈内聚力和向心力的重要途径。纽约的资本市场、芝加哥的商品期货市场、伦敦的创意经济产业链、东京以技术研发为特色的生产服务产业链,不仅有效带动周边地区,而且辐射全球市场。在国内,上海的金融中心功能和以汽车为代表的重化工产业链也是有效辐射长三角地区甚至全国的,进驻上海的许多企业总部在业务上与长三角其他地区都紧密相连。

因此,广州大都市圈必须从多个方面强化跨区域的经济联系。首先,以科学发展观统筹区域经济发展总体规划,构建广州大都市圈产业发展和布局的整体框架。打破区域行政壁垒，建立一体化的共同市场，共建区域性的商品、物流、产权交易、科技成果、人力资源、旅游文化等共同市场，构建区域一体化的要素市场联合体。优化企业组织结构，提高区域产业集中度，促进区域产业专业化。大力推动跨地区的企业兼并、联合、重组，培育具有核心竞争能力的大企业、大集团，同时，广州与圈内其他城市间还应实行深层次的产业链协作，大力推动跨区域支柱产业的发展，依托中心城市的某些辐射面广、带动力强的支柱产业或主导产业，开展圈内各地区间的产业链分工，着力构建跨区域产业链，以提高圈内城市间的经济联系和协作效应。

(四)提高都市圈内外的可通达性

世界大都市圈的发展都是以构建完善的综合性交通网络为前提和基础条件的。世界各大都市圈都建有完善的高速公路网、铁路网、港口群、国际机场、管道运输网和通信网络，从而大大提升了整个都市圈的运作效率，加快了都市圈内经济一体化进程，促进了都市圈国际交流效率与水平。东京拥有全世界最密集的轨道交通网络，轨道交通公司之间紧密合作，政府发挥调控作用，对轨道交通进行沿线开发，建设新城，带动起整个东京都市圈的发展。巴黎的公共交通网络非常完善，确立了先发展东西、南北向的直线地铁，再根据城市扩张速度发展环形地铁的规划，形成蜘蛛网形状的地铁网络结构。纽约都市圈内拥有多个港口，通过有序分工，构成了一个以纽约港为中心枢纽的分工合理、运营灵活的美国东海岸国际化港口群。

广州拥有多个大型港口、华南地区最大的国际航空枢纽、四通八达的铁路网络、高速公路网络、遍布城乡的公交网络和贯通东西南北的地铁线路，形成了海、陆、空、地下多元化的交通系统。但都市圈内多个港口间容易形成无序竞争和重复建设，必须合理协调港口间的分工。广州港是中国第三大港口，是珠江三角洲以及华南地区的主要物资集散地和最大的国际贸易中枢港，应作为这一港口群的核心港，黄埔新港和新沙港均为华南地区最大的集装箱码头，应重点发展集装箱运输，莲花山港、南沙港、广州开发区穗港码头和增城新塘港则在核心港的辐射下根据各自优势发展客、货运。广州现有京广复线、广茂线、广梅汕线、广深线、广九准高速铁路，但部分铁路难以应付客流高峰，且都市圈内仍有铁路未覆盖到的城市，一定程度上妨碍了区域经济一体化的进程，必须加快建设中的广珠澳铁路、武广客运专线，进一步规划建设连接都市圈城际间的铁路网络。广州地铁的建设大大缓解了地上交通的压力，但尚未形成四通八达的线路网络，应加快地铁的建设进程。此外，借鉴发达国家的经验，还应前瞻性地推进都市圈内城际间轻铁（轨）网的规划与建设，尽快将整个都市圈紧密地融为一体，努力建成“一小时都市圈”，实现广州都市圈交通网络的“同城化”。

（五）注重提升都市圈开放度和国际化功能

世界大都市圈一般具有很高的城市开放度，集中了较多的跨国公司、国际金融机构和国际经济组织，具有国际金融、国际商务、全球化专业服务、总部经济、跨境文化传播及旅游等国际化功能。纽约大都市圈中纽约拥有外国银行 219 家，联合国总部、财富 500 强企业中的 55 家和世界最大的十家证券公司中的六家均将总部均设在纽约，大大增强了纽约都市圈的国际竞争力和影响力。此外，一半以上的英国百强公司和 100 多个欧洲 500 强企业均在伦敦设有总部，伦敦的外国银行数达 479 家，证券公司 130 家、保险公司 120 家，无愧于世界最大的国际金融中心。此外，东京、巴黎、芝加哥等都市圈的外国银行数也都超过百家以上（单国铭、梅广清，2004）。

改革开放以来，广州大都市圈得益于国家政策优惠和地缘优势，大力发展外向型经济，在对外贸易和吸引外资方面取得了较大成效。然而，由于相关政策和地方保护主义等多种因素的影响，开放度还比较有限，特别在金融、证券、电信、运输等服务行业，对外资的准入限制还较多；此外，在国际化功能构建方面更是处于起步阶段，迄今没有一家国际组织入驻，国际知名度和影响力均不大。今后，广州大都市圈应进一步深化推进对外开放，制定优惠措施及改善投资环境，吸引有实力的跨国公司、国际金融机构和国际组织落户都市圈，尤其是要积极抓住 CEPA 补充协议的有利契机，利用广东作为试点的优势，加强与港澳在旅游、银行、证券、会展、法律、运输、创意产业等领域的联系，实现与港澳之间经济要素的自由流动和产业融合。

（六）强调都市圈的文化特色

巴黎作为世界著名的文化艺术之都，在城市规划上注重传统文化艺术与现代化的完美结合，堪称独一无二。纽约著名的百老汇、华尔街、帝国大厦、格林威治村、中央公园、联合国总部、大都会艺术博物馆、大都会歌剧院等名胜每年吸引着数以万计的外国游客。伦敦是历史文化名城，也是全球最著名的四大时尚城市之一，是一座独具魅力驰名世界的文化旅游城市。

广州拥有两千多年的历史，是一座集文化遗迹、娱乐、购物、饮食于一体的历史文化名城和文化旅游城市：拥有南越王墓、光孝寺等历史文化古迹，也有长隆欢乐世界、长隆水上乐园等具有国际领先水平的现代游乐场所；融汇中外文化之精华，形成了独特的岭南文化，岭南建筑、岭南园林、粤剧等均体现了岭南文化的风格；有北京路、上下九路和天河等多个大型商业区，集大型购物商场、大型货仓式批发零售自选商场、灯光夜市、集贸市场等多元化的市场网络；饮食文化源远流长，闻名全国，素有“吃在广州”之美誉。此外，广州大都市圈内其他城市在文化上也各有特色，如深圳的创业文化和创新精神，佛山的武术文化，中山的名人文化，江门的侨乡文化等，也都源远流长。依托这些文化底蕴，广州大都市圈应在各市文化与旅游合作的基础上进一步进行文化元素梳理、开发、整合与创新，无论在城市规划、建筑特色、园林设计、旅游开发等硬件建设，还是文化工程建设、企业活动、节庆活动、体育赛事、市民精神培育等软件方面，都要力争凸显岭南文化风韵，继承和发扬广府文化精髓，注重城市特色建设，将广州大都市圈打造为既有岭南文化特色又彰显现代都市文明的世界级都市圈。

（七）构建都市圈统筹管理与协商机制

都市圈是由多个地域相连的城市组成，其发展规划往往突破了行政区的界限，是典型的跨行政区区域规划，存在很多跨区域的协调任务，靠各行政主体主动严格执行规划是不现实的，由上级政府强制推行则会缺乏灵活性和积极性。日本将都市圈的规划上升为地方法律，强化了规划的权威性和实施力度。欧美则涌现出大量的区域协调机构与组织，有政府支持的，也有民间成立的，积极倡导区域规划和区域协调合作，在区域规划和区域发展协调机制形成方面发挥了重要作用。最为典型的是五大湖都市圈的所谓“五湖联盟”，它们之所以团结起来原因很多：恶性同质竞争、现代工业污染和气候变化对水资源带来威胁、来自世界范围内城市竞争等。2002 年，芝加哥市长戴利牵头成立了“五湖联盟”（即大湖及圣劳伦斯河计划），号召各区市长共同参与，互换信息推动合作，并让美、加两国政府听到来自大湖区地方政府更强的声音，从而将自身利益最大化。经过近七年发展，"五湖联盟"已经成长为一个跨国界城市组织，成为美国和加拿大举足轻重的经济重镇。

目前，广州大都市圈尚处于初级发育的阶段上，尽管随着广佛"同城化"和深港一体化的不断推进，珠三角跨区域协调管理机制有所突破，但从总体上看，都市圈仍深受行政区划和本位利益的束缚，缺乏跨区域的管理部门和监督部门，特别是缺乏民间性质的区域协调机构，制约了跨区域规划的有效实施。为确保跨区域规划的有效实施，广州大都市圈必须加快构建跨区域的统筹管理与协商机制，加快成立专门的跨区域协调权力机构，负责统筹管理和协调跨区域的规划建设和产业布局；成立监督审查组织和发挥以公众为基础的舆论平台，确保跨区域规划的实施；允许成立一些民间性质的区域协调组织。此外，还可以将一些重大的规划上升为地方法律，用法律的权威性来保证跨区域规划的有效执行。

四、本章小结

本章从经验分析的视角，主要就世界五大都市圈和国内五大潜在都市圈进行了比较研究，从而为广州大都市圈建设提供规律认识与经验借鉴。

在世界大都市圈比较研究部分，总结了都市圈发展的成功经验，主要包括积极有效而具有前瞻性的都市圈规划、推动各城市功能与主导产业的错位发展、构建多层次、跨区域的社会协调机制、构筑有效的可持续发展体系、注重传统文化艺术与现代化的完美结合、适时的产业布局的战略性调整、确保核心城市的先导创新力、以轨道交通为主导的现代交通网建设等。

而在国内都市圈比较研究部分，报告分述了五个都市圈发展的优势、特色以及相对独特的路径，重点探讨了国内都市圈建设中存在的典型问题：传统行政区划体制阻碍都市圈一体化发展、都市圈发展中全球化观念不足、中心城市辐射力总体不强、产业结构趋同较为普遍、地方政府规划管制中不以都市圈整体考虑。

在国内外都市圈比较研究的基础上，报告认为，一个成熟都市圈一般会经历三个必要阶段，即以“集聚—强核”为特征的发育期、以“外溢—布网”为特征的成长期和以“整合—联盟”为特征的成熟期，参照这一阶段界定，我国大多数都市圈发育还处在“集聚—强核”的发展阶段，产业结构整体上仍以第二产业为主导，中心城市的能量积聚和功能完善是现阶段的主要任务；进入新世纪以来，上海、广州、首都三大都市圈相继进入“外溢—布网”的发展阶段，轨道交通加速延伸，功能外拓紧锣密鼓，新城开发如火如荼，都市圈骨架日渐显现。近期，随着一系列区域经济一体化规划文件的相继出台或上升为国家战略，上海、广州、首都三大都市圈率先步入“整合—联盟”的初期阶段，开始面临区域“整合”的艰巨任务。

最后，在国内外比较研究和规律总结的基础上，提出了对广州大都市圈的七大启示，即注重核心城市的培育，明确核心城市的功能定位；合理进行区域内产业结构调整，协调城市间的职能分工；注重跨区域统一市场和产业链联结，不断强化都市圈内在的经济联系；高度重视跨区域现代化交通网络建设，着力提高都市圈内外的可通达性；大力吸引国际化机构和跨国公司，着力提高都市圈开放度和国际化功能；高度重视文化遗存保护和文化旅游业发展，以核心城市为主导凸显都市圈的文化特色；打破传统行政区划的限制，积极构建跨区域的统筹管理与协商机制。

第三章

广州大都市圈空间范围界定

20世纪80年代以来，伴随着工业化在全球范围的延伸，后工业化经济组织关系的巨大变革，信息技术的快速发展，交通运输方式的现代化，产业组织的全球化，城市之间联系日益紧密，城镇发展日益区域化，区域发展日益城镇化，带动了众多城镇群区域加速发展，许多城市尤其是大城市，空间实体范围或影响范围已经出现了中心城市与周边地区相互影响，密切交融，总体上表现出一种圈层式结构的地域空间类型——都市圈。目前世界公认的有六个都市圈——从波士顿经纽约、费城、巴尔的摩到华盛顿的美国东北部都市圈，从芝加哥到底特律、克利夫兰到匹兹堡的大湖都市圈，从东京、横滨经名古屋、大阪到神户的日本太平洋沿岸都市圈，从伦敦经伯明翰到曼彻斯特、利物浦的英格兰都市圈，从阿姆斯特丹到鲁尔和法国北部的工业聚集体的西北欧都市圈和以上海为中心的城市密集地区。都市圈已经成为城市化的独特形式和具有全球意义的城市与区域空间发展模式与空间组合形式（朱英明，2001）。

一、国内外学者对都市圈空间范围界定的一般研究综述

（一）国外学者对都市圈空间范围界定研究综述

都市圈的研究最早是从欧美学者开始的，关于都市圈空间范围界定的相关理论与方法，首先是从都市圈的概念着手。对于都市圈的定义，一般是指

都市及与都市密切联系(在空间上连为一体、在职能上分工协作)的周边地区所组成的城市空间组织。此外,都市圈是由中心城市和与其联系紧密的外围地区组成的一体化区域,这种一体化方面要求中心城市必须要有强大的控制力和辐射力,而外围地区有能力接受辐射,中心城市与外围地区在经济、社会、文化、空间形态等方面联系紧密,彼此之间有高强度的人流、物流、资金流、信息流等。

关于都市圈地域范围的界定,欧美学者正是按照上述都市圈的概念标准来展开的。在他们来看,都市圈地域范围界定标准主要包括:中心城市的标准、外围地区的标准、中心城市与外围地区之间联系的标准。美国是最早对都市圈地域空间范围设定标准的国家。1910 年,美国提出都市圈地域空间范围界定标准,中心城市人口不低于 20 万人,外围地区(中心城市外围 10 公里范围内的最小行政单元)人口密度为 150—200 人/平方英里。但由于美国各州行政单位标准不统一,需要设定能为各州通用的行政单位独立统计区域。1950 年和 1960 年美国对都市圈概念相继修正为 Standard Metropolitan Area (SMA,标准大都市区)、Standard Metropolitan Statistical Areas(SMSA ,标准大都市统计区),此后美国又对都市圈概念做了调整,1983 年将 SMSA 改为 MSA。但美国都市圈界定的标准仍与 1960 年的 SMSA 相一致。美国关于都市圈具体界定标准是指有明确的中心城市,并且在经济、社会上具有一体化特征的区域,其具体标准为:中心城市人口在 5 万人以上;外围地区与中心城市在空间相连接,其非农业劳动力占劳动力人口比重在 75%以上,人口密度 58 人/平方公里,非农业劳动力就业量和居住量占中心城市比重都在 10%以上;外围地区居住的劳动力至少有 15%在中心城市就业,在外围地区就业的劳动力至少有 25%居住在中心城市。此外,社会销售品、报纸的发送量、公务通信次数,也经常被作为以上标准的补充。

美国都市圈的标准界定对欧美其他国家影响比较大,比较有影响力或代表性的有英国和加拿大。其中英国提出的标准大都市劳动圈(Standard Metropolitan Labour Area,SMLA)、大都市经济劳动圈(Metropolitan Economic Labour Area,MELA)和加拿大国情调查大都市圈(Census Metropolitan Area，CMA）。从空间上看，SMLA具有大城市的特性，由中心城市（劳动力中心）及外围地区构成，其界定标准为：中心城市就业密度大于5人/英亩，外围地区15%以上的劳动力在中心城市就业。而MELA则给出了区域整体人口规模标准——不低于7万人。此外，由于MELA在SMLA的外侧，因此MELA还包括哪些区外来该区域就业的人数的区域。加拿大的CMA规定中心城市人口在10万人以上，外围地区向中心城市的通勤率在40%以上，并对CMA的人口增长率及非农产业劳动力比重也作了相应规定。

日本都市圈空间范围界定的标准与欧美国家的区别比较大。日本都市圈理论是现代工业化、城市化的产物。日本对大都市圈的研究始于20世纪50年代大城市的迅速发展时期，研究主要围绕大城市郊区化和卫星城建设的问题；城市区域圈层结构理论，在日本发展为大城市经济圈构造理论，又转化为大区域经济圈模式，成为日本经济空间组织最典型和产生积极作用的理论模式。20世纪50年代，日本就以"标准都市圈"来衡量城市及其功能范围，提出以一日为周期，中心城市某一方面的功能服务的地域范围，并规定其中心城市人口必须超过10万人。60年代，日本重新对大都市圈空间范围作了系统的规定：中心城市或指定城市人口在100万以上，并且邻近有50万人以上的城市，外围地区到中心城市的通勤率在15%以上。1975年，日本对都市圈界定标准作了新的规定：中心城市人口超过100万人的政令指定城市，外围地区向中心城市通勤率不低于1.5%。此外，日本在进行统计调查时对大都市圈作了以下界定：中心城市为政令指定城市或人口在50万人以上的城市，且中心城市情况彼此相近时，将这一区域联合起来组成一个大都市圈。周围市町村要同中心城市连接在一起，通勤率、通学率在1.5%以上（三菱综合研究所株式会社，1981）。

此外，日本及海外学者对都市圈空间范围界定作了大量的相关研究，并提出了许多不同的界定标准。1975年，富田和晓将都市圈空间范围界定为：中心城市人口超过30万人且白天人口大于夜间人口，外围地区向中心城市通勤率在10%以上。1976年，Glickman在研究日本城市系统提出了地域经济组团(Regional Economic Cluster,REC)的概念,其包括中心城市及与之构成通勤圈的外围地区,其界定标准为:中心城市人口在10万人以上,昼夜人口比例大于1,非农住户比例不低于75%;外围市町村必须在中心城市的通勤圈内,且到中心城市的通勤率大于5%;75%以上的家庭为非农业户或专业农户(Glickman,1976)。1978年,川岛达彦提出了功能性都市圈(Functional Urban Region,FUR)的概念。FUR由功能性中心城市及为中心城市提供劳动力的周边地区和保证FUR之间人流、物流、资金流、信息流的腹地构成,并制定相应标准:中心城市为县厅所在地,人口(1970年)在10万人以上,昼夜人口比例大于1,非农业户比例在75%以上的其他城市。周边市町村道中心城市的通勤人数超过500人且通勤率大于5%,75%以上为非农业户或非专业户。此外,FUR与其所在腹地之间的人流、物流、资金流、信息流情况以及政治影响范围、地理因素作为FUR的补充标准(Tastuhiko,1978)。1981年,日本三菱综合研究所株式会社也给出了都市圈界定标准:中心城市人口在5万人以上,昼夜人口比大于1,非农就业人口比例在75%以上;外围地区与中心城市相连接,且到中心城市的通勤率在3%以上(三菱综合研究株式会社,1981)。1983年,山田浩之、德冈一幸对都市圈空间范围界定:中心城市人口在5万人以上,昼夜人口比例大于1;外围地区到中心城市的通勤率不低于10%,而且非农业人口在75%以上。

日本都市圈理论是现代工业化、城市化的产物。日本对大都市圈的研究始于20世纪50年代大城市的迅速发展时期,当时主要关注大城市郊区化和卫星城建设的问题;城市区域圈层结构理论,在日本发展为大城市经济圈构造理论,又转化为大区域经济圈模式,成为日本经济空间组织最典型和产生积极作用的理论模式。20世纪50年代日本提出“都市圈”概念,日本行政管理厅将其定义为:以一日为周期,可以接受城市某一方面功能服务的地域范围,中心城市的人口规模需在10万以上;60年代由于经济高速增长,公务性行业在大城市地区高度集中,开始从商业行政管理的角度来研究大都市圈;1960年日本又提出“大都市圈”概念,规定:中心城市为中央指定市,或人口规模在100万人以上,并且邻近有50万人以上的城市，外围地区到中心城市的通勤率不小于本身人口的15%，大都市圈之间的物资运输量不得超过总运输量的25%。据此日本全国被划分为首都圈、近畿圈等八大都市圈（朱英明，2001）；70年代开始探讨大城市圈结构和空间增长过程。1975年日本总理府统计局对于都市圈的界定标准为人口100万以上的政令指定城市，外围区域向中心城市通勤率不低于15%，富田和晓（1975）、Glickman（1976）对都市圈的界定标准以中心城市人口分别为30万、10万、5万以上及分别为10%、5%、10%的外围地区到中心城市的通勤率等为基本条件。日本政府在关于都市圈空间范围研究基础上，1956年提出了《首都圈建设法》，并对首都都市圈的地域范围制定了明确界定：首都圈是指一东京火车站为中心，半径约100公里地域范围，包括一都三县（东京都、崎玉县、千叶县、神奈川县）全域以及茨城（80%）、枥木（47%）、群马、山梨四县的一部分（东京都，1994）。

综观国外关于都市圈空间范围界定的标准讨论来看，都市圈空间范围主要取决于中心城市以及外围地区和中心城市联系紧密程度的界定标准。就中心城市界定的标准而言，人口规模从5万人到100万不等，外围地区的通勤率从1.5%到40%（表3—1）。可见，中心城市规模越小，通勤率越高，都市圈空间范围越小；相反，中心城市规模越大，通勤率越低，则所圈定的空间范围尺度就越大。中心城市人口规模大小，与各国人口总量或密度及城市化发展水平密切相关的。但是，对于指定中心城市人口规模标准，显然有点作茧自缚，如美国指定中心城市人口规模在5万，英国则是整个圈域人口大于7万。这些中心城市是否能够起到都市圈中心城市支撑作用，对外围地区的影响力和辐射力到底有多大，用人口规模大小来定有失偏颇，也被许多学者所怀疑。总的来说，作为一个具有较大辐射力的都市圈的中心城市人口，就现在城市发展水平来说，人口规模应该为数十万到上百万（富田和晓，1988）。就中心城市与外围地区的联系而言，一般认为外围地区向中心城市的通勤率应该在5%—10%之间，这和当前国外都市圈的地理景观、经济联系的现状相符。

表 3—1 国外关于大都市圈空间范围界定标准的比较

时间	研究者	研究对象	定性指标	定量指标
1957 年	戈特曼	metropolis	(1)有密集城市；(2)有密切联系；(3)交通联系方便	(1)不少于 2500 万人；(2)不少于 250 人/km²
1950—1977 年	美国	UA. SCA. SMSA	中心城市所属县的其他地区属于 SMSA	(1)中心城市 5 万人以上；(2)非农业劳动力比例＞75％(3)通勤率≥20％
20 世纪 50—60 年代	日本	都市圈	有一个或几个大城市为中心城市	(1)直径距离 200—300 公里(2)人口≥3000 万；(3)中心城市的 GDP 站圈内的 1/3 以上；(4)中心城市在 200 万左右；(5)都市圈之间货物运输量占总运输量的 25％
20 世纪 70 年代	苏联	城市密集区	(1)中心城市至少有相邻两个城镇；(2)与中心城市同一行政区	(1)中心城市 10 万人口以上；(2)城镇距离中心城市≤2 小时交通
20 世纪 70 年代	帕佩约、阿鲁勒曼	大都市带	至少有两个基本单元和一个二级单元集聚体	(1)不少于 193 人/km²；(2)二级集聚体人口 10—100 万人；(3)三级集聚体人口 1—10 万人
1985 年	麦古	Desa-Kosa 区	(1)有两个或以上在一起的核心城市；(2)城市外围当天可通勤；(3)非农产业增长迅速；(4)人口流动性较强；(5)妇女对非农产业的参与增多；(6)传统产业的密集人口与周围地区交通方便	

综合来看，欧美各国的都市圈标准与日本的标准之间存在以下几个方面的差异：第一，在中心城市的规模标准方面，欧美要低于日本，如美国的 SMSA 为 5 万人以上，日本一般在 10 万人以上，有的甚至要求达到 100 万人以上；第二，在外围地区向中心城市的通勤率标准方面，欧美各国普遍高于日本，美国的 SMSA 和英国的 SMLA 都为 15％以上；第三，日本规定了存在两个以上的中心城市的判断标准，而欧美各国未作规定；第四，欧美各国对中心城市的非农比例都作了相应的规定，日本对这一规定几乎没有形成。从目前关于都市圈空间范围界定来看，中心城市规模及中心城市与外围地区的通勤率是国外学者关注的

焦点。但时代的变迁，城市化快速发展，城市区域化和规模化发展呈现扩大的趋势，以往关于都市圈中心城市的选择标准及衡量外围地区联系紧密程度已经发生了很大的变化。从考虑都市圈中心城市的规模标准而言，人口总量只是一个单一的要素，而经济总量，包含地区生产总量、工业总产量等相关的经济要素也逐渐进入综合考虑的范围，尤其是都市圈中心城市的功能性质已经日益受到关注，中心城市的辐射集聚功能是决定其影响都市圈空间范围的最重要的一个因素，因此都市圈中心城市选择标准就不能用单一的人口规模来确定。另一方面，由于现代科学技术的高速发展，信息化水平的提高，传统意义的通勤比率逐渐由信息联系比率所替代，即使就传统的通勤比率来看，由于交通运输技术发展，以往的一日通勤范围发展到现在也只需一小时或两小时。互联网的高速发展，中心城市与外围地区信息交流量也呈井喷式的增长。此外，跨国公司的出现，产业组织方式的变革，产业链的延伸，使中心城市与外围地区之间依托产业链的链接关系，经济联系紧密程度也逐渐加大。因而，对于当前都市圈空间范围界定而言，经济联系的紧密程度要超过以往用通勤比率大小来确定都市圈空间范围的权重要大得多。

(二)国内学者对都市圈空间范围界定的研究综述

国内有关都市圈的研究起步比较晚。关于都市圈的相关理论研究也主要是体现在都市圈的定义、都市圈的划分标准等两个方面。20 世纪 80 年代末，周起业、刘再兴等人在国内较早提出了大城市经济圈的概念(陈秀山、张可云，2003)。高汝熹、罗明义等人结合城市经济和区域经济相关理论，在国内较早提出了都市圈理论。关于都市圈定义的研究也与国外学者一样，经历过众多的诸如大都市区、都市带、都市圈、都市群等概念的争论和辨析。在此基础上，国内学者也重点对都市圈的空间范围界定进行了一系列深入研究。

国内学者研究都市圈空间范围界定主要是通过综合研究都市圈的内涵为主导。1995 年，周一星、史育龙(1995)提出了“中国城市统计区”和“城镇统计区”的实体地域标准：城市统计区是指人口在 6 万人以上的城市型建成区，其人口密度在 1500 人/平方公里以上，非农化水平在 75%以上，或人口密度在 3000 人/平方公里以上，非农水平不低于 65%；城镇统计区是指人口在 0.2—6 万人的城镇型建成区，其人口密度不低于 100 人/平方公里，非农化水平不低于 65%。崔功豪(2006)提出的标准为：大城市圈由连片聚居 50 万以上人口的中心城市为核心，包括周围与之有密切联系的一批郊区城镇组成，一般以市中心或副中心向外约 1 小时左右的通勤交通距离为大城市圈的外缘边界；大都市圈可以认为是大城市郊区比较适宜的范围；我国百万人口以上的特大城市都有明显的都市圈。胡序威等提出的中国都市区的概念与界定标准如下：(1)都市区是由中心市和外围非农化水平较高、与中心市存在着密切社会经济联系的邻接县(市)两部分组成；(2)凡城市实体地域内非农业人口在 20 万人以上的地级市可视为中心市，有资格设立都市区；(3)都市区的外围地域以县级区域为基本单元，外围地区原则上需同时满足以下条件：①全县(或县级市)的 GDP 中非农产业的部分占 75%以上；②全县社会劳动力总量中从事非农业经济活动的占 60%以上；③与中心市直接毗邻或与已划入都市区的县(市)相毗邻；④当中心市为小郊区城市时，中心市的非农化水平能满足非农化水平指标，当中心市为大郊区城市时(一般为“撤县设市”的市)，整个市区还需满足非农化水平指标；⑤如果一县(市)能同时划入两个都市区则确定其归属的主要依据是行政原则(视其行政归属而定)，在行政原则存在明显不合理现象时(如舍近求远)，采用联系强度原则(即依据到各个中心市的客流量取最大者而定)(胡序威、周一星、顾朝林，2000)。1998 年，王建等提出了我国都市圈空间范围划分原则：GNP 在 1000 亿美元上下，有明显的中心城市，且中心城市制造业比较发达，主要城市之间的距离在 300 公里以内(王建主编，1998)。此外，高汝熹等在划分中国都市圈时，遵循以中心城市为核心、以城市体系为依托、以交通通达条件为纽带以及兼顾城市行政区划和经济区划相对一致的基本原则，根据交通条件修正城市间的经济距离，并通过计算中心城市的经济势能，按照一定的标准确定相应的圈域半径(r)范围(高汝熹主编，2006)；杨开忠等人提出了一种界定首都圈空间范围的定量方法。他们应用引力模型和场强模型，选取地区城市市区人口、地区城市市区 GDP、城市间的时间距离、北京政治文化可达性系数、接受程度修正系数等指标对中国首都圈的空间范围做出了界定(杨开忠、李国平，2000)。孙娟采用了空间要素、时间要素、流量要素及引力要素通过对各种“流”的研究，界定出四个空间范围，将四个空间范围进行叠加得出都市圈的圈层范围(孙娟，2003)。孙胤社以人流、交通通勤范围作为反映北京对外联系的指标，以月客流比例在 50%以上的县域范围定义为北京的大都市圈(孙胤社，1992)。我国学者在研究相关的都市圈空间范围划分标准的基础上，也对全国都市圈进行划分。1995 年，杨建荣提出在全国建设以上海为中心的上海都市圈、以广州、香港为中心的珠江三角洲都市圈、以北京、天津为中心的环渤海都市圈等八大都市圈（杨建荣，1995）；1998 年，王建等根据日本经验，提出在全国范围内建成京津冀、沈大、珠三角、长三角等九大都市圈（王建主编，1998）。

国内学者关于都市圈空间范围的界定主要是结合国内城市化发展的实际情况，从中心城市规模及非农比例都比国外学者提出的标准要高，其中有所进步的是也考虑经济因素等指标，与国外关于都市圈空间范围界定的相关理论大同小异。而一些现代化因素指标，如科技创新能力、信息化指数、产业之间联系等方面，在国内学者关于都市圈空间范围界定研究中并未体现出来（表 3—2）。我国都市圈界定标准，根据当前我国学者对都市圈空间范围的研究，其界定的基本原则主要在以下几个方面：①都市圈更强调中心城市发达的城镇密集区域，都市圈圈层结构基本形成，副都心圈发育，快速交通系统形

表 3—2　国内关于都市圈标准比较

时间	研究者	研究对象	定性指标	定量指标
1987 年	周一星	城市经济统计区	临近区域以县为单元	(1)中心市非农业人口≥20 万；(2)县 GDP 非农产业≥75%；(3)县非农劳动力≥60%
1992 年	姚士谋	城市群	(1)总人口 1500—3000 万；(2)特大城市多于 2 个；(3)城市人口≥35%；(4)城镇人口≥40%	
1997 年	王　建	都市圈	(1)有明显中心城市；(2)中心城市制造业发达	(1)GNP＝100 亿美元；(2)中心城市 GDP 中心度≥45%；(3)通勤率≥15%
1998 年	周一星	都市连绵区	(1)两个以上大城市；(2)有对外口岸；(3)城市与口岸交通便利；(4)交通走廊两侧有中小城市；(5)城乡经济联系密切	大城市人口≥100 万
2001 年	张　伟	南京都市圈	(1)中心城市具有一定人口规模；(2)中心城市经济集中度较高；(3)中心城市跨省界城市功能；(4)外围城市与中心城市具有一定联系度；(5)人文地理特征：区域经济特征（人均 GDP 超过 2000 美元，工业化程度较高）区域城市化特征（城市化水平接近 50%）区域基础设施特征（高度发达的基础设施通道已基本形成）	

注：根据相关资料整理

成，社会经济联系密切；②从我国人口基数较大的基本国情出发，都市圈中心城市的人口不宜太小；③对于我国国情和新时代发展的特征予以充分考虑，如西部开发更需要以中心城市区域来支撑区域发展。从以上三个原则及结合国内学者的相关研究，我国大都市圈界定标准的要素包括：第一，中心城市人口规模与等级，我国100万以上人口的城市及人口不到100万的省会城市均形成了明显的都市圈，是核心条件。第二，都市圈外围地区的标准：目的在于确定"日常都市圈"的边界，国外主要以通勤率为主要条件，主要建立在发达的私人交通基础上；我国私人交通不发达，通勤率本身不高，也没有统计数据基础，研究表明，在我国目前交通水平上"一小时左右时距"范围基本为"日常都市圈"范围，但考虑我国的自然环境，大城市受自然地理影响，"日常都市圈"时距略大于"一小时时距"，而东部沿海特大城市地区的交通条件发展迅速，通行速度在不断提高，"日常都市圈"的时距范围也在扩大，故一般以周边城镇到中心城市"1.5小时左右时距"作为都市圈外围地区进入都市圈的条件。第三，外围地区划入以县为基本单元，有利于利用统计单位进行研究和管理，都市圈的划定目的主要在于经济、社会、环境一体化管理。在综合参考国内外都市圈标准的基础上，当前可以基本确定我国都市圈空间范围标准：拥有一个人口规模在100万以上中心城市或省会城市，且临近150公里左右半径的范围内至少1个中等城市规模以上的城市和多个小城市的城市区域。

（三）对都市圈空间范围界定的再认识

分析综合国内外都市圈空间范围界定的标准及实践可以看出，都市圈空间范围实质上是一个动态变化的过程，随着中心城市及外围地区的发展，空间范围也在不断的扩大。对都市圈空间范围界定我们需要从以下几个方面进一步分析和认识。

1. 都市圈空间范围的本质

从本质上来看，都市圈实际上一种较为松散的城市空间组织，其空间范围的界定也具有狭义和广义之分。狭义的都市圈范围主要指都市日常生活圈，如日本总务厅在1995年的国势调查中将都市圈的基准确定为：都市周围市町村15岁以上常住人口的15%以上到该都市通勤或通学，且和该都市在地域上相连。广义的都市圈范围用于泛指任意时空尺度的城市影响地域，包括劳动力流入圈、商业批发圈和物流圈、电信交流圈等。因此，都市圈空间范围实质上是一个弹性很大的空间，是一个超越城市行政地域、景观地域的功能地域概念。作为区域经济发展的一种组织形式，都市圈是大城市郊区化、辐射扩散及相邻城市之间相互作用的结果，其形成机制是大城市的部分职能向周边中小城市扩展与广大农村人口向中小城市集聚的双向互动，是大城市地区良性发展的一种趋势，也需要科学合理的引导。

2. 都市圈空间空间范围与发展模式

大城市，或者说中心城市的发展模式是影响都市圈空间范围的核心所在。大城市明显的郊区化和辐射扩散是都市圈形成的标志特征；而都市圈集聚效应与集约化发展，是都市圈发展为重要发展模式的关键。从联合国人居署的《全球人类居住报告1996：城市化的世界》(*Global Reporton Human Settlements 1996：An Urbanizing World*)中的结论可以看到，城市及城市系统在经济发展中占居重要地位，世界多数最大的城市处在世界最强的经济体中，既证实了经济强大与城市规模之间的密切联系，也是决定都市圈空间范围大小的一个主要因素。仇保兴(2003)认为，大中小城市城镇的协调发展是城镇化健康发展的标志，是都市圈形成的一个重要发展模式。大城市具有天然的集聚和规模经济效益，不同规模的城市(镇)往往组成一个有机的、整体的集群结构链，具有明显的等级、共生、互补、高效和严格生态位的耗散系统，耗散系统的大小也就决定都市圈空间范围大小。我国高速城镇化进程中，围绕中心城市周边的中小城镇超越经济规模快速成长，是我国都市圈形成和发展一个重要的条件。

3. 都市圈空间范围与都市圈成长

都市圈空间范围随着中心城市壮大及城镇体系完善逐渐扩大，是一个动态的过程，也是都市圈自身不断发展的过程。北美大都市圈的形成与演变划分了商业城市时期、传统工业时期、大城市时期、郊区化成长时期及银河状大城市时期五个阶段，每个阶段中心城市及外围地区之间的联系紧密程度都有所不同。商业城市时期，城镇群体在地域空间范围上表现为沿海城市以港口为核心、内陆城市以农业或资源地为核心的紧凑状分布形态，城市间交通联系较少，形成的城市圈状空间范围比较小；传统工业城市时期，工业成为城市与区域社会经济组织的主体，也构成了城镇群体空间结构演化的主要推动力量，出现了按工业生产要素接近原则所形成的城镇组合，开始形成都市圈；大城市时期，中心城市快速发展，城镇体系在大工业大生产组织的作用下重构，大城市逐步形成并占据了主导地位，大容量交通系统为城市由向心集中转向放射状的向外扩展提供了可能，中心城市与外围地区的经济联系日趋紧密；郊区化成长时期，城市人口规模迅速增加，城市与郊区各自的比较优势被认识，郊区的生态价值以及经济价值被重新认识，伴随着居住与就业岗位的向郊区分散与转移，推进了原有城镇群体空间的一体化联系，都市圈结构表现形式非常明显，其空间范围郊区扩散型得到发展；银河状大城市时期，城镇群体空间在区域层面的大分散趋势继续成为主流，传统中心城市的作用被一种多中心的模式所取代，形成城乡交融、地域连绵的“星云状”大都市群体空间，都市圈的空间地域范围被无限放大。国内学者也提出了一些关于都市圈空间成长的阶段性观点，如陈小卉在研究江苏都市圈时提出了雏形期都市圈、成长期都市圈和成熟期都市圈的发展阶段观点。她认为，徐州都市圈是雏形期都市圈，核心城市辐射功能较弱，城市间联系较少，经济发展水平低，都市圈空间处于放射状空间结构过渡的阶段，空间地域范围相对较小。南京都市圈是成长期都市圈，南京的核心地位已经为周边城市认同，但都市圈内以交通为重点的基础设施缺乏统一规划建设，沿江岸线资源利用、都市圈旅游资源缺乏统一规划，产业亟待进一步合作，外围地区联系不紧密。苏锡常都市圈是成熟期都市圈，区域城镇建设、经济水平很高，空间逐步走向均衡发展，但城市之间竞争多于联合(陈小卉，2003)。我们认为都市圈发展阶段可以划分为雏形期、成长期、发育期与提升期。在不同的发展阶段，都市圈空间范围划分的要素是不同的，雏形期主要是以工业成为城市区域社会经济组织的主体，出现了按工业生产要素接近原则所形成的城镇组合；成长期则是以核心城市占据主导地位，放射性快速交通系统形成，出现郊外区域性中心标志副都心圈诞生；发育期则是以大城市空间发展的扩散作用为主导，郊区化导向明显，都市圈地域空间全面扩大；提升期体现为都市圈与都市圈的联合以及更高层次的提升发展。

4. 都市圈的空间结构与空间范围

要形成一定范围的都市圈,需要较有组织性的城镇圈域结构体系。大城市的圈层扩散与结构是大都市圈的空间发展的基本规律,是都市圈空间范围发展变化的研究理论的基础。圈层状结构是都市圈空间结构的基础。各个城镇有各自的圈层,圈层的大小与城市规模、城市对外交通的便利程度(易达性)、城市对外辐射强度成正比例。城市的圈层从内到外最少可以分为三个层圈;内圈层为中心城区、城市核心区,是城市核心建成区;中间圈层为城市边缘区,是中心城区向乡村的过渡地带,是城市用地轮廓线向外扩展的前缘;外圈层可称为城市影响区,土地利用以农业为主,外圈在许多地方是城市的水源等自然环境保护区等,外圈也会产生城市工业区,一般在远郊区都有卫星镇或农村集镇或中小城市。多核心都市圈由各自城市的圈层结构组成新的空间模式,具体形式与交通系统、地貌格局、功能分工等方面关系密切。都市圈的空间结构由于发展的阶段性而呈现动态性和发展性。以进入发育期比较成熟的都市圈而言,副都心圈的出现,都市圈呈现出核心、过渡和副都市心三圈层的空间结构。都市圈的结构与立地资源环境条件也关系密切。不同区域和不同发展阶段的都市圈呈现不同的空间结构,也具有多样性。如果把生态防护系统等结构要素加入,也会出现更加丰富的景观。大都市圈和超大都市圈的结构更加复杂,其空间范围的划分也就难以用一些相关要素来进行界定,尤其是环境保护因素,如河流水系等流域连接而成的都市圈,城市之间生态环境保护是密切联系在一起的。

二、广州大都市圈空间范围界定

(一)界定方法述评

都市圈研究首先要解决的一个问题就是要对都市圈的空间范围做出界定,而都市圈空间范围作出界定必须要有科学的划分方法。截至目前,国内外学者关于都市圈空间范围的界定仍然以定性分析为主,定量分析比较少。国外学者关于都市圈空间范围界定主要是根据空间距离衰减规律及万有引力原理来进行定量分析。

1. **距离衰减规律理论**

距离衰减规律理论的最初创立者是冯·杜能。杜能以区位地租解释不同农业部门的环状分布时，实际上用的就是土地纯收入随其与城市距离加大而衰减的理想模式。随着科技、通信、交通日益发达，虽然就工业和服务业而言，距离已经不是经济联系减弱的直接原因，但在某一具体的区域空间范围内，地域上的近邻效应使中心城市与周围城镇、城镇之间存在诸多方面的经济联系，且这种联系强度及频度一般大于与区域外部城市（镇）间的联系，因此距离衰减规律对都市圈建设依然有实际意义（图 3—1）。这一理论是建设都市（经济）圈的重要依据，是都市圈范围界定的根源之一。从中心城市与其他城市之间交流强度变化曲线看，距中心城市较近的范围内由于城市之间存在很多方面的经济联系，保持了较高的交流强度；而且随着与中心城市距离增大，交流强度逐渐减弱，联系密切程度逐渐下降。根据其他城市之间交流强度变化曲线看，经济实力薄弱，各种"流量"相对较少，彼此交流强度较之与中心城市弱，且随距离增加联系更趋松散。因此，拥有确定的中心城市且其周围较近范围内有一批不同规模的其他城市，是都市圈建设的必备条件。

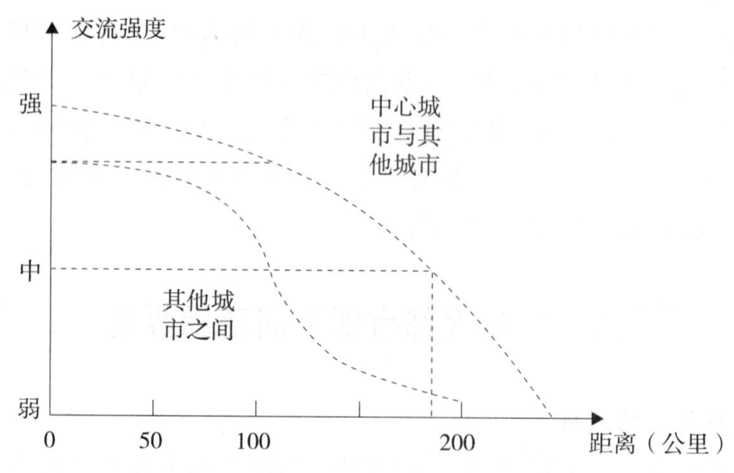

图 3—1　城市间交流强度变化示意图

2. 空间引力方法

衡量城市之间的相互作用的强度，西方学者利用万有引力的原理做了具体阐述。他们认为城市空间的相互作用的强度，除了受距离法则的影响外，还与地理事物的集聚规模直接有关，借用万有引力公式，来表征两地之间的相互作用。公式表达为：$I_{ij}=K_j\frac{M_i^{ai}M_i^{aj}}{D_{ij}^b}$(1)，式中 I_{ij} 表示两地之间的引力（相互作用），M_i/M_j 分别表示两个地方的规模（如人口数量、国民生产总值等），ai/aj 为指数，实际上反映了空间流的可流动性差异，D_{ij} 表示两个地理位置之间的距离，b 为距离摩擦系数，K_{ij} 为比例系数。式(1)就是地理区位论和区域科学中使用的基本引力模式，表示处于不同位置上的两个城市之间的信息流、业务流、货流、人流等的强度。根据以上所述，区域存在着一个和多个中心引力及其周围吸引腹地。区域是一个引力场，在区域内的不同位置上，场强分布存在着差异。中心城市是具有一定规模的综合经济中心，具有五个方面的功能：①交通中心；②流通中心；③生产中心；④金融中心；⑤科学、技术、教育、管理和信息中心。各级中心城市与其影响区域内的次一级城市、乡村之间的作用，表现为点与点、点与面之间的关系。城市规模愈大，经济愈发达，引力场的范围和强度也就愈大。距某城市距离为 d 处的城市"场强"与该城市的规模（通常以人口衡量）和经济发达程度（通常以工业总产值或地区生产总值衡量）乘积的平方根成正比，而与距离 d 的平方成反比：$s=\frac{\sqrt{p.v}}{d^2}$(2)，式中 s 为场强，p 为人口数，v 为工业总产值或地区生产总值，d 为距离，此即距城市任意一点的城市"场强"计算公式。"场强"的计算对于以城市为中心的经济区的划分是有参考意义的。

对于一个区域来说，可能同时受到两个或两个以上城市的吸引和影响，这种界定与划分是要在中心城市作用力的"力场"中寻找作用力迅速减少的位置。在分析区域城市间经济上相互作用的空间结构时，可首先根据经济区规划的目标、内容，确定城市经济区域的"边际场强"；然后根据式(2)计算出各城市相应的经济作用力的"力场半径"和"力场图"。"力场图"即反映了这一区域城市间经济上相互作用的空间结构，并可以此为依据（参考）划分出以大中城市为中心的经济区域的范围。

3. 引力模型引入都市圈空间界定

我国经济学界及地理学界在研究城市之间的相互作用问题，把引力模型引入到都市圈研究中，并进行了大量的定性与定量分析，建立一些符合我国城市发展特点的理论模型。在这些分析研究中，利用引力模型和场强模型进行都市圈空间范围界定的有杨开忠、张召堂等人。其中杨开忠应用引力模型和场强模型，选取地区城市市区人口、市区GDP、城市间的时间距离、北京政治文化可达性系数、接受程度修正系数等指标对中国首都圈的空间范围做出了界定。主要是利用$\sqrt{p.v}$组合替代城市质量，两城市间的作用力公式转变为：$I_{ij}=\frac{\sqrt{p_iv_ip_jv_j}}{d^2}$(3)，式中表示$i$与$j$两城市间的引力；$p$是$i$与$j$两城市的人口数，$v$是$i$与$j$两城市间的地区生产总值，$d$为两城市间的距离($d$仍然是空间距离)，是影响都市圈范围的重要因素。但是空间距离是一个绝对概念，但在都市圈经济联系发展中，空间距离包含更多的非空间因素，在市场经济条件下，距离已经异化为一个货币成本和时间成本的组合概念。相距多少公里，只是空间上的绝对距离，而对于城市来说，更重要的是一种时间和货币上的相对距离。选用经济距离这一概念。周边城市与核心城市的经济距离的计算，我们采用高汝熹的方法，公式为：$E=\alpha.\beta.D$……(4)，式中：E为经济距离；D为空间距离；α、β为修正权数，α为第一次修正权数(通勤距离修正权数)，其取值由城市间的交通运输状况决定；β为第二次修正权数(经济落差修正权数)，其取值由周边城市与核心城市的人均GDP值之比决定(表3—3)。

表3—3 经济距离修正权数α、β的赋值

<table>
<tr><td colspan="8">通勤距离修正权数α</td></tr>
<tr><td>交通工具组合</td><td>铁路</td><td>公路</td><td>水路</td><td>铁路与水运</td><td>公路与水运</td><td>公路与铁路</td><td>公路、铁路与水运</td></tr>
<tr><td>权数α</td><td>1</td><td>1.2</td><td>1.5</td><td>0.8</td><td>1.1</td><td>0.7</td><td>0.5</td></tr>
<tr><td colspan="8">经济落差修正权数</td></tr>
<tr><td colspan="4">服务周边城市人均GDP/核心城市人均GDP</td><td>>70%</td><td colspan="2">70%≥比值≥45%</td><td><45%</td></tr>
<tr><td colspan="4">权数β</td><td>0.8</td><td colspan="2">1.0</td><td>1.2</td></tr>
</table>

在确定经济距离后，引力模型和场强模型，公式为：

$I_k=\frac{\sqrt{p_iv_i\cdot p_cv_c}}{E_k^2}$(5)……$S_k=\frac{\sqrt{p_cv_c}}{E_k^2}$(6)，式中：I为城市间的引力；$S$为核心城市的场强；$p$为城市人口；$v$为城市GDP；$i$为周边城市；$c$为核心城市。

经过以上计算，可以得到各城市的判断向量（E'，I'，S'）。判断标准为：若 E'，I'，S' 中有两个以上值为 4，则不将相应的城市划入该都市圈，反之都划入都市圈。

圈域内城市之间的相互作用是都市圈范围界定过程中必须重点研究考察的内容。一方面，中心城市对周边城市的影响是城市间相互作用的主要表现形式，因此某都市圈的划分要遵循以中心城市为核心的原则。另一方面，在都市圈中，中心城市与周边城市之间的作用是相互的、双向的，这种相互作用力的大小主要由两个因素决定，一是中心城市周边各自城市的规模状况（表现为城市人口和 GDP 两个城市因子），二是中心城市与周边城市之间的距离。

（二）界定原则

1. 定性与定量相结合

定性分析与定量分析各有优势。都市圈空间范围界定在方法上必须要坚持定性与定量相结合。定量分析要尽可能准确，但可选取的指标毕竟有限，并不能代表全面性；而定性分析能够弥补指标选取的局限性，使分析趋近合理。因而，根据数据特点，适合进行定量研究的，如城市间地理上的相互依存性和经济联系的紧密程度，就采用定量研究方法比较好；而不适合进行定量研究的，如社会文化的相近性、组织协调的难易程度，则适合采用定性的研究方法。

2. 以城镇体系为依托

由于城市之间的联系是区域内部联系的主要内容，而且城市统计资料比较容易获取，可比性较好，而且城市空间距离因为城市的高聚集度功能便于计算和处理。因此，我们以选取城市空间直线距离来进行粗略的划分都市圈空间范围界线，同时以城镇发展体系为依托的原则，相关计算过程均以城市为对象。

3. 以中心城市为核心

都市圈空间范围界定最基本的原则是以中心城市为圆心，再以其通勤率和经济联系紧密程度来进行划分的。在城市体系中，中心城市对周边城市的影响是是城市间相互作用表现的主要形式。广州作为中心城市，对圈内城市影响力尤其明显。对于广州大都市圈而言,香港及深圳的综合经济实力也是其大都市圈的另外一个中心。在研究过程中,由于香港与内地体制不同,我们在考虑大都市圈空间范围时剔除其发展的影响。而对于深圳市,也以遵循中心城市为核心的原则,在定量研究方面,着重考察周边城市与广州、深圳两市地理依存性和经济联系的紧密程度的高低;在定性研究方面,重点考察周边城市与广州、深圳两市在社会文化上的相近性和组织协调的难易程度。

(三)界定依据

1. 定量依据

在定量方面,国外都市圈的划分重点是以通勤率为依据的,但是在国内,由于通勤率并不能准确反映我国各区域间联系的紧密程度;同时,由于通勤率统计资料比较欠缺,因此,我们主要是采用经济联系的紧密程度和地理空间上的相互依存性作为主要定量分析的依据。一方面,要考察地理空间上的邻近性。空间相互作用往往是以地理衰减规律表现出来,即相互作用力随着距离增加而减小,表现为城市之间的人流、物流、信息流、资金流和技术流的在量上的衰减性。因此,空间距离的界限需要重点考虑。另一方面,要考察经济联系的紧密程度。由于经济联系是城市间相互联系的主要方面,是一个定量分析的重要依据。而城市之间的经济联系的紧密程度主要体现为城市间的引力,这种引力主要又两个因素决定,一是各城市的经济状况,如人口总量与 GDP 两个主要因子,二是城市间的距离。空间距离是绝对的,还要考虑城市间的“经济距离”。

2. 定性依据

在定性方面,第一,社会文化的相近是都市圈划分的一个重要依据。珠三角地区的各城市,在社会文化上都是非常相近的。广州大都市圈划分要考察与周边各城市之间交流的历史沿革和现状,以及由此决定的社会文化上的相近性,要根据社会文化上的相近性并结合其他依据做出科学、合理的界定。第二,组织协调难易程度也是一个重要依据。都市圈空间范围是在城市空间结构体系基础上进行划分,政府在经济发展中作用巨大,因此,广州大都市圈范围划分要充分考虑组织协调的难易程度,使经济区与行政区划相对一致,以降低行政协调的难度。日本在都市圈划分的经验和教训可以显见,保持经济区划与行政区划的相对一致是都市圈划分中应该遵循的原则之一。

(四)模型设计

根据上述原则和依据，我们按照大都市圈空间距离标准(100 公里、150 公里、200 公里、300 公里、400 公里)的选择范围，考虑广州城市经济区范围为广东及邻近湖南、江西等部分县市，选取广东 21 个城市，江西赣州，福建漳州和龙岩，湖南郴州，广西梧州等共 26 座城市地域单元，借鉴相关研究方法，将广州大都市圈空间范围界定模型设计如下：

1. 基础模块

以广州为中心，计算其余城市与中心城市的经济距离，公式为 $E=\beta\cdot\alpha\cdot D$，式中：$E$ 为经济距离，D 为空间距离，α、β 为修正权数(表 3—1、3—3)，修正系数主要是根据其余各市到广州中心城市的交通组合模式及人均 GDP 之比进行修正。

2. 核心模块

以广州为中心，计算广州与周边城市之间的经济联系强度。公式为：$R=\sqrt{P_iV_i}\sqrt{PV}/D_i^2$……………………①，式中，$P$、$V$ 分别为广州市区总人口(万人)、工业总产值(亿元)，P_i、V_i 分别为城市 i 市区总人口(万人)、工业总产值(亿元)，D_i 为城市 i 距广州市中心的距离，公路里程由广东省公路里程地图册，获得表征城市间绝对经济联系量，反映广州市对外经济联系范围。

3. 分析模块

界定经济联系隶属度(=城市经济联系量/圈域经济联系总量)，作为划分标准和依据，公式为：$L_R=R_i/\sum_{i=l}^{n}R_i$②，式中，$R_i$ 为广州市与城市 i 间的经济联系量，以此为标准划分广州市经济联系腹地层次。引入变异系数：$\sigma=\frac{\sqrt{\sum_{i=i}^{n}(R_i-\bar{R})^2/n}}{\bar{R}}$③，式中，$\bar{R}$ 为经济联系量 R_i 算数平均值，计算分析广州对外经济联系量变化的区域离散程度。根据以上公式，结合中国城市统计年鉴，整理广州对外经济联系强度变化历程。

(五)范围界定

1. 计算经济距离

将相关数据代入基础模块,计算各市与广州中心城市的经济距离(表3—4)。

表3—4 各市与广州之间的经济距离

周边城市	空间距离(公里)	交通条件	第一次加权	与广州市人均GDP比例	第二次加权	经济距离
东莞市	120	铁路、公路、航运	0.5	65.6%	1.0	60.0
中山市	102	公路	1	70.5%	0.8	81.6
江门市	72	公路、航运	1.1	53.8%	1.0	79.2
阳江市	190	公路、铁路、航运	0.5	24.0%	1.2	114.0
湛江市	366	公路、铁路、航运	0.5	49.9%	1.0	183.0
茂名市	300	公路、铁路	0.7	25.4%	1.2	252.0
肇庆市	78	公路、铁路	0.7	50.9%	1.0	54.6
清远市	60	公路、铁路	0.7	48.1%	1.0	42.0
潮州市	360	公路	1.2	32.6%	1.2	518.4
揭阳市	330	公路	1.2	27.4%	1.2	475.2
云浮市	126	公路	1.2	17.6%	1.2	181.4
深圳市	108	公路、铁路、航运	0.5	113.5%	0.8	43.2
珠海市	114	公路、铁路、航运	0.5	87.9%	0.8	45.6
汕头市	360	公路、航运	1.1	24.2%	1.2	475.2
佛山市	24	公路、铁路	0.7	87.2%	0.8	13.4
韶关市	192	公路、铁路	0.7	41.0%	1.2	161.3
河源市	180	公路、铁路	0.7	40.1%	1.2	151.2
梅州市	318	公路、铁路	0.7	40.9%	1.2	267.1
惠州市	132	公路、铁路	0.7	58.5%	1.0	92.4
汕尾市	240	公路、航运	1.1	24.5%	1.2	316.8
郴州市	300	公路、铁路	0.7	21.1%	1.2	252.0
梧州市	210	公路、航运	1.1	15.4%	1.2	277.2
漳州市	480	公路、铁路	0.7	26.0%	1.2	403.2
龙岩市	450	公路	1.2	28.8%	1.2	648.0
赣州市	372	公路、铁路	0.7	11.4%	1.2	312.5

注:空间距离是指直线距离,按照行政区划图比例尺进行量算。

2. 经济联系强度

分析选取1985、1990、1995、2000、2005、2007几个主要年份的统计数据,代入计算模型，运算得出其余各市与广州之间的经济联系程度变化(表3—5)，并计算各城市与广州中心城市之间经济联系强度变化速度(表3—6)。

表3—5　以广州为中心的经济联系强度变化

城市	韶关	深圳	珠海	汕头	佛山	江门	湛江	茂名	肇庆	惠州	梅州	汕尾	河源
1985	0.13	0.44	0.13	0.05	10.35	0.69	0.04	0.06	0.29	0.07	0.03	0.00	0.00
1990	0.41	2.50	1.08	0.20	34.29	2.42	0.17	0.19	1.49	0.45	0.19	0.05	0.15
1995	0.37	19.53	5.17	0.70	126.50	9.29	0.67	0.66	6.65	3.00	0.16	0.19	0.26
2000	2.63	64.96	20.50	1.39	253.49	23.01	1.60	1.98	14.33	9.19	0.26	0.58	0.81
2005	8.02	208.30	53.14	8.624	162.01	123.88	3.79	5.37	24.29	39.51	0.77	1.86	2.42
2007	11.59	333.82	83.02	12.716	875.72	192.46	5.61	8.32	47.87	62.70	1.11	3.16	4.77
城市	河源	阳江	清远	东莞	中山	潮州	揭阳	云浮	郴州	龙岩	梧州	赣州	漳州
1985	0.00	0.00	0.00	0.52	0.83	0.05	0.00	0.00	0.02	0.01	0.07	0.02	0.01
1990	0.15	0.32	2.99	2.61	3.29	0.18	0.00	0.00	0.07	0.04	0.24	0.06	0.04
1995	0.26	0.72	6.35	10.94	13.48	0.23	0.33	2.26	0.35	0.15	0.56	0.18	0.13
2000	0.81	1.28	12.17	33.01	34.69	0.31	0.44	1.52	0.71	0.35	0.93	0.31	0.26
2005	2.42	3.90	45.15	205.66	99.00	0.78	1.46	3.75	1.85	0.86	2.32	0.89	0.77
2007	4.77	5.63	106.13	157.93	150.74	1.08	2.38	5.55	3.03	1.39	2.85	1.59	1.23

注:《中国城市统计年鉴》(1986、1991、1996、2001、2006、2008)

表3—6　广州与周边城市经济联系量年均增长系数

城市	韶关	深圳	珠海	汕头	佛山	江门	湛江	茂名	肇庆	惠州	梅州	汕尾	河源
年均增长系数	0.035	1.032	0.256	0.039	21.242	0.593	0.017	0.026	0.147	0.194	0.003	0.010	0.015
城市	河源	阳江	清远	东莞	中山	潮州	揭阳	云浮	郴州	龙岩	梧州	赣州	漳州
年均增长系数	0.017	0.328	0.487	0.464	0.003	0.007	0.017	0.009	0.004	0.009	0.005	0.004	0.017

注:经济联系系数表示广州与城市i经济联系量的增长值和所有城市间经济联系量平均增长值的比值，表示各城市与广州经济联系量的增长变化程度。

3. 结论

(1)广州大都市圈空间范围变动地域差异显著。从表3—4和表3—5分析可知，广州中心城市经济联系腹地空间变动特征为：第一，广州市与邻近周边城市间经济联系量明显加大，对外经济联系作用明显加强，但增长幅度与速度存在一定地域差异。1985—2007年间，广州市对外经济联系强度均值由1985年的2.30迅速增加到2007年的323.29，平均每年增加20.9%。与此同时，广州市与不同城市间的经济联系强度增长变化存在差异，表现出一定的空间分异，具体表现为：广州市与邻近省内周边城市(距广州市150公里以内)增长幅度与速度很快,与省内中部城市、邻近省份城市(150—250公里范围内)以及邻近省的副省级大城市(350—500公里)的经济联系强度增长幅度与速度也较快,而与省内粤西部、粤东部城市(350—500公里)和较小城市(250—350公里)间的经济联系强度值增长缓慢。广州与距其150公里范围内的佛山、深圳、中山、东莞、惠州、肇庆、清远、珠海、江门等九市的经济联系作用明显加强,经济联系强度值增长幅度与速度大大高于与其他外围城市,尤其是邻近省份城市,一定程度上表现出距离、行政区划对城市空间经济联系的制约作用。第二,广州市对外经济联系存在主要联系方向,并且表现出较强的时间惯性,与邻近城市经济联系程度日益紧密;对外经济联系范围呈现先分散后集中的发展趋势。22年间,与广州市经济联系量较大值城市保持明显的历史沿革性,主要集中在邻近100公里范围内的佛山、深圳、东莞、江门、中山、清远等市,与上述六市经济联系量和大大超过与其他城市经济联系量之和,占到对外经济联系总量的80%—90%,形成内部经济联系较密切的穗—佛—莞—深城市群。1985—1996年间广州对外经济联系首位方向均为佛山;1990年开始,中山成为次经济联系方向。1985年、1990年、1995年、2005年、2007年变异系数分别为1.84、1.57、1.68、2.21和2.32,经济联系量数据标准差大于均值,广州对外经济联系地域分布不均衡,呈现高度集中化空间特征。1985—2007年间经济联系量变异系数先减小后增大,广州对外经济联系地域分布呈现先均衡分散,后集中的发展趋势,到2007年广州对外直接经济联系范围逐步高度集中在近域范围,与周边城市经济联系程度日趋紧密。第三,广州与周边城市的经济联系强度表现出明显的等级性,地域空间分布上受距离衰减律作用呈现圈层结构分异,以广州为中心,形成三个等级圈层:佛山、深圳、东莞、惠州、珠海、江门、中山、肇庆、清远九市经济联系量较大,为广州的直接影响圈;韶关、云浮、湛江、阳江、茂名、河源等六市经济联系量较小,为广州的间接影响圈;而外围的揭阳、郴州、漳州、龙岩、汕尾、潮州、梧州、赣州等经济联系量很小,为广州潜在影响圈。

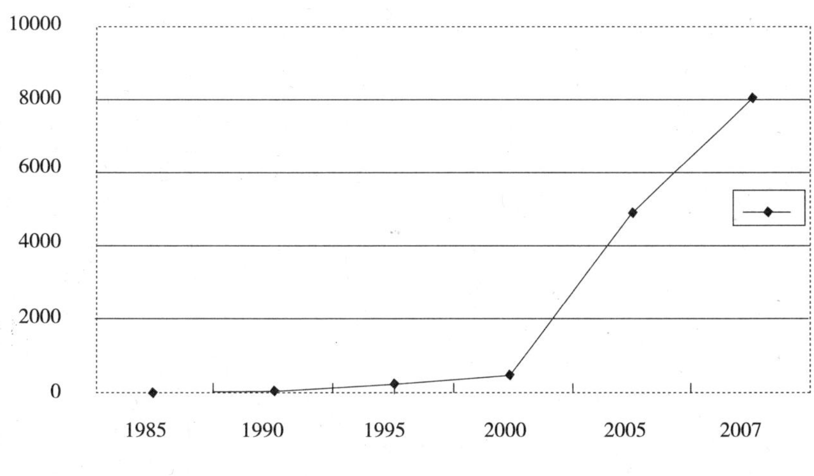

图 3—2 广州对外经济联系量的时序变化

(2)经济联系腹地范围空间层次明显。分析表 3—5 和 3—6 的经济联系量的空间变化可知,首先,广州市对外经济联系腹地分布不平衡性先增大后减小,呈现集中—分散化趋势。计算 1985—2007 年隶属度非均衡系变异系数,分别为 5.33、6.35、7.30、6.94、6.66,22 年间广州市对外经济联系腹地分布非均衡系数先增大后减少,呈现出先集中后分散的趋势,说明广州都市圈的空间范围呈现扩大的趋势。在 1985—1990 年间,广州市对外经济联系腹地范围逐渐缩小,经济联系隶属度小于 1%的城市个数在逐年减少,集中化趋势明显;而 1990 年来,广州市对外经济联系隶属度大于 5%的、处于主要联系方向的城市虽然没有增加,但是隶属度的极差、离差均有所增大,地域空间高度集中在广州周边 50—100 公里范围内,反映广州市与周边邻近城市经济联系日益紧密。其次,不同腹地类型空间分布表现出以广州为中心的圈层结构。紧密腹地以邻近广州的佛山等为主,两地经济联系量大,居主导地位,形成广佛城市密集区位主体的核心圈。

次紧密腹地以周边 150 公里范围内的深圳、中山、珠海、肇庆、清远、江门、惠州等为主,经济联系较密切,构成以珠三角城市群为构架的中间圈;竞争腹地则以周边 300 公里范围内的阳江、茂名、云浮、揭阳、汕头、潮州、郴州、赣州、梧州等为主，与广州市建立一定的经济联系，处于外围圈。其他外缘城市以及周边省会城市距广州市 400 公里以外，与广州保持着千丝万缕的联系，属于边缘腹地。

表 3—7　　广州市对外经济联系腹地空间变动

联系腹地	1985 年	1990 年	1995 年	2000 年	2005 年	2007 年
紧密腹地	L_r＞5%：佛山、中山	L_r＞5%：佛山、中山、清远、东莞	L_r＞10%：佛山、深圳	L_r＞10%：佛山、深圳	L_r＞4%：佛山、深圳、东莞	L_r＞4%：深圳、佛山
次紧密腹地	L_r＞3%：深圳、东莞	L_r＞4%：深圳、江门、中山	L_r＞5%：东莞、中山	L_r＞4%：珠海、江门、东莞、中山	L_r＞1%：珠海、江门、中山	L_r＞1%：珠海、江门、清远、中山、东莞
竞争腹地	L_r＞1%：肇庆	L_r＞2.5%：肇庆、珠海	L_r＞2%：珠海、江门、肇庆	L_r＞2%：肇庆、清远	L_r＞0.5%：惠州	L_r＞0.5%：肇庆、惠州
边缘腹地	L_r＜1%：韶关、珠海、湛江、汕头、茂名、梅州、汕尾、河源、阳江、赣州、梧州、郴州、漳州、龙岩	L_r＜2.5%：韶关、珠海、湛江、汕头、茂名、梅州、汕尾、河源、阳江、赣州、梧州、郴州、漳州、龙岩	L_r＜2%：韶关、湛江、汕头、茂名、梅州、汕尾、河源、阳江、赣州、梧州、郴州、漳州、龙岩	韶关、湛江、汕头、茂名、梅州、汕尾、河源、阳江、赣州、梧州、郴州、漳州、龙岩	韶关、湛江、汕头、茂名、梅州、汕尾、河源、阳江、赣州、梧州、郴州、漳州、龙岩	韶关、湛江、汕头、茂名、梅州、汕尾、河源、阳江、赣州、梧州、郴州、漳州、龙岩

注：根据计算数据统计分析获取。

(3)广州大都市圈范围界定。根据表 3—4、表 3—5、表 3—6 计算考察结果，并依据此判断各城市是否划入广州大都市圈。在被考察的 26 个城市中，我们将深圳、东莞、佛山、珠海、中山、肇庆、清远、惠州等八个城市划入广州大都市圈，其余各市则不划入。因此，广州大都市圈的空间范围界定为：以广州市为中心，包括其周围的珠三角主要城市，涵盖九个地级及以上城市的行政区域。

表 3—8　广州市对外经济联系隶属度(%)变化

城市	L_r(%)					
	1985 年	1990 年	1995 年	2000 年	2005 年	2007 年
韶关	0.96	0.76	0.18	0.55	0.16	0.14
深圳	3.15	4.68	10.35	13.51	4.16	4.13
珠海	0.93	2.03	2.47	4.27	1.06	1.03
汕头	0.39	0.37	0.34	0.29	0.17	0.16
佛山	74.82	64.18	60.58	52.73	83.10	85.07
江门	4.98	4.52	4.45	4.79	2.47	2.38
湛江	0.32	0.32	0.32	0.33	0.08	0.07
茂名	0.46	0.36	0.32	0.41	0.11	0.10
肇庆	2.09	2.78	3.18	2.98	0.48	0.59
惠州	0.49	0.84	1.44	1.91	0.79	0.78
梅州	0.25	0.35	0.07	0.05	0.02	0.01
汕尾	0.00	0.09	0.09	0.12	0.04	0.04
河源	0.00	0.29	0.12	0.17	0.05	0.06
阳江	0.00	0.60	0.34	0.27	0.08	0.07
清远	0.00	5.60	3.04	2.53	0.90	1.31
东莞	3.77	4.89	5.24	6.87	4.11	1.95
中山	6.02	6.15	6.45	7.22	1.98	1.87
潮州	0.37	0.34	0.11	0.06	0.02	0.01
揭阳	0.00	0.00	0.16	0.09	0.03	0.03
云浮	0.00	0.00	1.08	0.32	0.07	0.07
郴州	0.17	0.13	0.17	0.15	0.04	0.04
龙岩	0.10	0.08	0.07	0.07	0.02	0.02
梧州	0.49	0.45	0.27	0.19	0.05	0.04
赣州	0.15	0.10	0.09	0.06	0.02	0.02
漳州	0.09	0.07	0.06	0.05	0.02	0.02

资料来源:《中国城市统计年鉴》(1986、1996、2001、2006、2008)。

从另外一个角度来看,依据广州对外经济联系范围空间变动规律,广州都市圈最大功能地域范围涵盖 300 公里范围内的粤东、粤西、粤北及省外周边城市,整个圈域中心城市与广州市保持或多或少的经济社会联系,依据经济联系强度大小,广州都市圈的空间影响范围具有明显的层级性与动态性,即不同发展阶段、区域核心城市广州市直接影响范围不断向外扩张,形成不同空间尺度划分体系,体现出广州都市圈职能集散效应的时空拓展过程。综合广州中心城市集散能量、区域发展背景、流量要素强度、日常通达性等度量指标，大致以100公里、150公里、200公里、300公里、400公里为半径，以经济联系隶属度为主导因子，参考空间流量、距离及通达性变化、利用GIS软件和MPINFO7.0空间分析量算，从狭域、中域、广域不同空间尺度上，动态实证划分广州都市圈空间范围（表3—7）。单中心的大都市圈主要是以广州大都市区为主；狭域的核心圈主要是广州与佛山构成的广佛都市圈；多中心的都市圈（中圈）主要包括佛山、深圳、珠海、中山、东莞、惠州、清远、肇庆等城市；外围圈层主要包括粤西及粤北、粤东的城市；都市连绵区包括外围邻近省份的赣州、龙岩、漳州及郴州。随着广州中心城市的集聚效应和扩散效应增强，可逐步纳入联合构建广州都市连绵区及中部都市带等高级城镇群体空间组织形态。

表3—9　广州大都市圈空间范围划分层次

划分评价指标	单中心都市圈（大都市区）	核心圈层（狭域）	多中心都市圈中间圈层（中域）	外围圈层（广域）	都市连绵区（发展圈层）
经济联系强度(R_i)	＞50	＞30	＞10	＞5	＞1
经济联系隶属度(L_r)	＞50%	＞10%	＞5%	＞1%	＞0.3%
公路里程(D)	＜50km	50—100km	100—150km	150—300km	300—450km
日常可达性	0.5—1h	1.5h	2.5h	3—4h	4—5h
区域划分范围	广州市	佛山、肇庆	深圳、珠海、江门、中山、清远、惠州、东莞	韶关、阳江、茂名、云浮、汕头、揭阳、潮州、梅州、汕尾	赣州、龙岩、郴州、漳州、梧州
空间组织时序发展	近期	近期	近期	中期	远期

资料来源：根据表3—8等相关数据、广东省地图（广东省地图出版社2006年版）整理。

(4)对广州大都市圈范围界定结果及说明。国内学者在广州大都市圈空间划分方面尚未达成一致意见，主要有观点有三种：一是将广州大都市圈范围界定为整个珠江三角洲地区；二是覆盖珠江三角洲及粤北地区的部分城市;第三是重点考虑省内行政区域影响,覆盖整个广东省域地区及邻近省份的城市。我们根据经济联系度量分析结果认为,广州大都市圈除以珠三角地区为核心外,还要加上肇庆和清远两城市,从中心城市向四周辐射的范围来看,这是符合中心城市扩散发展规律的。而且,随着《珠江三角洲地区改革发展规划纲要》的实施,广佛同城化、广佛肇经济圈建设,以及全省推行的"双转移"政策,促进以广州为中心的珠江三角洲地区的经济辐射影响范围正向粤北、粤西、粤东及周边省域扩散。

我们确定以珠三角八市及考虑清远、肇庆两市划入广州大都市圈。这种划分方法以空间相互作用理论为基础,综合考虑了历史、地理、经济、文化等多面的因素,客观地反映了广州及其周边地区空间联系状况。将肇庆及清远划入广州大都市圈,主要基于两点考虑:第一,虽然清远和肇庆经济相对比较落后,与中心城市的落差比较大,但考虑到都市圈结构特点,在区域经济协作与发展中重要作用,以及现阶段我国区域经济发展中所表现出来的行政区经济特点,将两城市划入,有利于区域协调发展;第二,当前,珠三角产业正处于转型升级的关键时期,也是广东实行"双转移"政策的策源地,肇庆和清远正是广州企业转移的主要地区,经济联系日益紧密,尤其是交通基础设施建设,两市与广州的交通联系日益便利,弥补了它们与广州的经济落差,更好地融入到广州大都市圈。

三、本章小结

本章节主要讨论都市圈空间范围界定的基本理论及广州大都市圈空间范围界定等主要内容。第一,重点分析了国内外都市圈空间范围相关理论的研究进展。第二,在此基础上,以空间经济联系理论为基础,以引力理论模型为核心,对广州大都市圈的空间范围进行定量与定性的界定分析,根据分析结果,将珠江三角洲八个城市及清远、肇庆等十个城市划入广州大都市圈,并根据都市圈内经济联系紧密程度及基础设施建设衔接等引起的通勤范围等因素,将广州大都市圈内部的空间结构划分为五个层次,其中以广州大都市区为单中心的都市圈层,广州、佛山、肇庆为核心圈层,深圳、中山、珠海、东莞、惠州等为中间圈层,粤北及粤东地区为外围圈层。其中,狭义理解的广州大都市圈的空间范围即为珠三角九个城市及清远等十个城市。这种划分方法以综合运用空间相互作用理论为基础,综合考虑了历史、地理、经济、文化等多方面的因素,客观地反映了广州中心城市及其周边地区空间联系的状况。由于其他因素,广州大都市圈空间范围界定没有考虑香港及澳门等城市,但实际上由于香港国际大都市的存在,广州中心城市的影响受到香港城市的挤压或影响,严格意义上说,未来珠三角大都市圈是一个多中心构成的大都市圈,是以香港、广州、深圳为支撑的城市群体系。

第四章

广州大都市圈发展评价

随着经济全球化的发展，国家、区域之间的竞争越来越集中地表现为城市之间，特别是具有一定影响力的大城市、特大城市之间的竞争。而在当今，城市的竞争已不再是单个城市间的竞争，而主要表现为以中心城市为核心的都市圈之间的竞争。因此，都市圈竞争力作为区域竞争力的一种新型的竞争力研究模式应运而生。目前，对国家竞争力和城市竞争力的研究比较多，而对于都市圈竞争力的研究不多，且还处于探索阶段，理论研究亟须深化。

一、都市圈发展评价相关理论

都市圈是区域经济发展到一定阶段出现的现象，其发生和成长需要经历一个漫长的历史，对都市圈及其局部地区的发展过程和现状进行评价分析，指导都市圈建设具有重要意义。国内外都市圈的发展评价主要是对都市圈的地理空间方面的研究较多，集中在对都市圈空间结构及区域范围进行比较分析，其中相当部分是对都市圈划分标准确定的评价，这些评价一般都是围绕都市圈区域经济发展的目标展开的。实际上，由于区域城市发展带来的巨大要素集聚能力，都市圈已经成为区域经济发展的第一推动力，成为区域竞争力乃至国家竞争力的重要载体和象征。在都市圈发展评价中，我们既要考虑到影响和制约都市圈在区域经济发展中的作用因素，也要考虑到都市圈自身的竞争力以及都市圈的成长、发育到成熟的不同阶段对区域经济发展影响。因此，我们对都市圈发展评价主要包含两个方面，一方面是对都市圈成长的阶段进行分析，判断都市圈自身发展所处阶段及其在区域经济发展中的作用；另一方面是对都市圈与外部地区之间的竞争力比较分析，明确都市圈在更广域的经济区域的影响力。

(一)都市圈成长评价相关理论

目前，对都市圈的评价研究主要集中在地理意义方面，即"怎样才算是都市圈"。一般来看，都是先假定是都市圈，再作分析，用静态的眼光观察，将都市圈看作是一种目标状态——都市圈是经济、社会、科技、文化、政治综合发展的一种区域象征。但我们认为，构建都市圈是为了优化配置区域范围内有限的资源，取长补短、互通有无、共同发展的一种重要措施。从这个意义上说，都市圈是手段，而不是目的，它是一种动态发展的概念，目的是推动区域经济协调有效发展。那么在都市圈成长发展的过程中，分析评价都市圈成长的要素，认识都市圈成长要素的优势与不足，因地制宜，对促进都市圈发展具有积极意义。我们需要通过对要素的认识，构建都市圈成长的相关要素来建立都市圈成长能力评价指标体系。

1. 都市圈的经济含义

要对都市圈进行评价，我们应该对其经济含义有一个清醒的认识。都市圈是一种经济圈，它首先是由于区域内各个相对独立的经济发展区域主体在经济运行中产生了愈来愈强烈的内在联系而形成的。它的产生和发展意味着市场化、工业化、城市化、信息化过程中各种基本生产要素(人口、土地、资源、资本等)和高级生产要素(知识、高新技术及人才、科研机构、领先科学、跨国公司和现代交通通信网络等)呈网络形态的区域聚集。简而言之，都市圈是一种要素高度集聚的区域经济网络。因此，要正确定义和评价都市圈，就必须准确把握其经济涵义。

国内外学者从经济学与地理学等多学科的角度对都市圈进行了研究，认为都市圈是区域经济发展的一种组织形式，是工业化、信息化、城市化相结合发展的产物，是众多城市相聚集的一种区域经济发展的形式，或者说是区域经济共同体(高汝熹，1998)。都市圈的发展与工业化、城市化进程密切相关。

从这个角度来看，都市圈的发展取决于工业化、城市化和市场化进程的高级形态的形成，特别是信息化带动的新型工业化发展，是推动都市圈成长发展的重要因素。从经济地理概念来看，都市圈既是城市聚集分布的“面”，又是一个呈现“点”状特征的发展极或增长极。都市圈是区域经济一体化发展的结果，也是区域经济内部各个城市之间竞争和合作的产物。从生产要素的地理分布来看，都市圈又是生产要素高度集中的区域，如世界公认的纽约、伦敦、东京等大都市圈，都是几个发达国家大规模的人口集中地，也是高技术人才及其创造力、科研机构、领先学科、通信网络等高级生产要素的巨大聚集区域，是区域经济发展中科技创新之地、产业集群基地。从空间经济角度来看，都市圈是一个立体的网络系统，在高度信息化发展的情况下，城市群体的空间联系正在向立体化网络体系发展。各个城市在都市圈中的地位与作用，不仅取决于其规模和经济功能，而且也取决于其作为复合网点联接点的作用（高汝熹、罗明义，1998）。

经济学中的生产要素向都市圈集聚是一个动态发展的过程，从低级生产要素的集聚到高级生产要素的集聚很大程度上反映出都市圈成长发展过程。我们讨论都市圈的成长发展实际上是引入了生物学的重要概念，比如国内外研究者总是把成长的概念引入经济研究的领域，如企业成长、产品生命周期、区域经济发展周期等，并且用各种指标来反映企业或产品的成长能力。正如上面分析所阐述，都市圈是一种经济圈，具有一定的经济含义，在分析都市圈成长能力的研究中，应该充分考虑相关经济要素对都市圈成长发展的影响。这些影响因素主要包括几个方面：第一，区域内经济发展质和量的统一，其含义是区域经济的快速增长与经济发展方式的可持续发展特性相统一；第二，国内市场和国际市场对区域经济影响力的同步提高，这表明都市圈经济的成长发展要充分涵盖国内市场与国际市场相统一的市场；第三，都市圈内经济发展与社会进步的统一，全社会能享受到经济发展的成果；第四，制度与比较优势和竞争优势的统一，区域内政府合理的制度的产生是建立在区域比较优势和竞争优势的基础上，制度的制定是为了更大程度地发挥要素的优势，达到最大效能，更大程度地促进要素在都市圈内的无障碍流动。这几个方面应该是都市圈成长评价所需要考虑的重要因素。但是，对任何一种事物的评价不可能面面俱到，不可能用全部的经济指标来阐述事物的全貌。

2. 成长能力

都市圈是经济发展的一种手段，其目的主要是为了推进区域集合体经济社会的和谐进步。都市圈的成长能力可以划分为成长实力、成长潜力、成长基础和成长环境四个方面（林源源，2009）。成长实力主要是指都市圈经济综合实力，如同生物个体具有强壮的身体，能有效抵御外部因素的侵袭，成长会比较迅速。成长潜力是都市圈内在的支撑体系，就好像人具有良好的生物基因，有利于人的成长。成长基础实质上是都市圈发展的平台，如同拥有良好的生活物质基础比缺乏生活物质基础的人生长得要顺利一样。成长环境是都市圈成长的外在支撑，如同周围条件良好、群体素质较高的环境对人的成长有利一样。

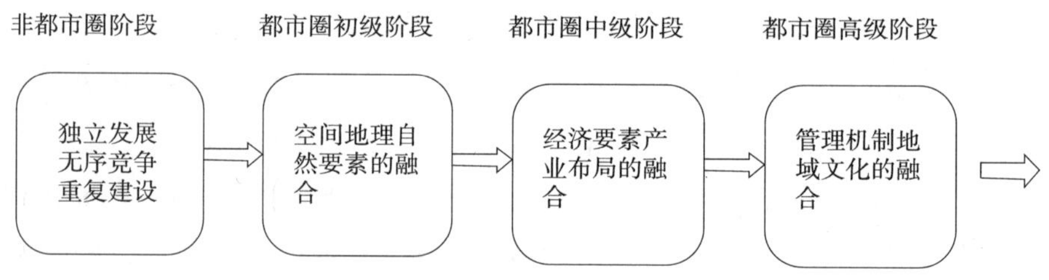

图 4—1 都市圈成长过程

引自薛俊菲、顾朝林、孙如凤（2006）。

3. 成长阶段

从区域空间联系方式与强度演变的角度看，都市圈的空间演化一般将经历以下四个过程：

离散阶段（非都市圈阶段）：区域内生产力水平普遍低下，以小地域范围内的分散、孤立状态的经济活动为主，城市化水平不高，城市规模较小，职能单一，等级均衡，城市间交通联系较弱，不存在明显的优势区位和空间扩展导向，城市之间呈现孤立生长的状态。这时候还不存在真正意义上的"都市圈"，核心城市主要是靠行政吸引力来维系与周边地域的联系。

极化（集聚）阶段（都市圈初级阶段）：工业化的进一步发展，带来区域中具有区位优势的中心城市的快速成长，形成极化发展的空间结构，都市圈的雏形开始出现。城市化水平有所提高，城市首位度提升，城市之间联系也逐渐加强。核心城市主要靠综合服务和市场需求吸引周边地域，一般人口、经济首位度的两城市指数大于2①。

扩散阶段(都市圈中级阶段)：工业化中后期，都市圈内核心城市的发展已达到一定的规模，对区域的扩散作用也日益增强。通达的快速交通系统，成为中心城市由集聚转向对周围其他城市进行扩展和辐射的轴线，周围城市成为新的经济增长点，都市圈处于网络化发展时期。信息技术和知识经济的快速发展使区域产业结构转向高新技术阶段，集聚与扩散作用相对平衡，区域呈现均衡型发展。都市圈内城市体系以网络化、多中心为特征。同时，城市化的快速发展使城市与乡村的比较优势发生改变，居住和就业岗位向郊区分散，原来的城市体系空间得到加密，一体化发展成为主导趋势，都市圈发育基本成熟。

成熟阶段(都市圈高级阶段)：由于经济全球化与区域一体化进程的加速，核心城市为了增强在更大范围内的竞争力而不断进行城市功能的升级，虽然在经济总量、人均水平等方面，整个都市圈仍然可能表现为一种"均质状态"，但是核心城市更侧重于集聚和发展那些以生产性服务业为主的现代城市功能，从而使之具备更大的区域性甚至国际性职能。因而，从发展层次的差异性看，整个都市圈又进入了一种新的"极化状态"，目前的日本东京大都市圈、英国大伦敦都市圈即处于这个阶段。

4. 空间演化规律

综观都市圈演化发展，都市圈空间演变的内在规律，一方面主要是通过集聚和扩散的双向作用，促进都市圈内部空间结构的优化；另一方面，要建立和加强其他大中小城市间的空间联系，使都市圈的空间结构由放射状点轴格

① 首位度在一定程度上代表了城镇体系中的城市发展要素在最大城市的集中程度。为了计算简化和易于理解的需要，杰斐逊提出了"两城市指数"，即用首位城市与第二位城市的人口规模之比的计算方法：S=P1/P2。按照位序—规模的原理，所谓正常的二城市指数是应该2，正常的四城市指数和十一城市指数应该是1。一般情况下选用两城市指数方法，显得更为简单实用。

局向开放式多核心网络化的格局转变，只有当城市间通过高效的交通网络实现资源无障碍优化配置，才能真正有效地促进各城市间的职能优化与分工，从而推动整个都市圈的全面协调发展。

5. 评价指标

都市圈成长能力评价指标体系是由反映一个复杂系统的多个指标所组成的相互联系、相互补充、相互依存的统计指标体系。这些指标集合是结合都市圈发展的相关要素基础上进行取舍，希望达到全面评价系统整体功能。评价指标的选取总是希望能够达到真实反映都市圈的特征、发展阶段和发展水平。我们目前研究的都市圈，实际上已经经过一个逐渐成熟发展时期，面临的外部环境也发生了很大变化，诸如经济全球化、信息化及新的制造业发展模式，对都市圈尤其是特大都市圈发展影响深远。影响都市圈发展能力的要素比较复杂，综合各方面的研究与我国的实际，我们建立了以下的都市圈评价指标体系。指标体系分为四级，包括四个二级指标、16 个三级指标和 93 个四级指标(表 4—1)。

表 4—1 都市圈成长能力指标评价体系

<table>
<tr><td rowspan="5">成长实力</td><td>经济水平</td><td>GDP，人均 GDP，城均 GDP，人均利税总额、职工平均工资、人均社会消费品零售总额</td></tr>
<tr><td>经济结构</td><td>工业相似系数、第三产业增加值占 GDP 比重、第三产业就业比重、第二产业增加值占 GDP 比重、全部独立核算工业企业百元资金实现利税、全部独立核算工业企业百元固定资产原值实现工业增加值</td></tr>
<tr><td>经济活力</td><td>年货运总量、年客运总量、年邮电业务总量、货物周转量、旅客客运量、人均邮电业务量</td></tr>
<tr><td>经济开放</td><td>实际利用外资总额、进出口贸易总额、国际旅游收入、外贸依存度</td></tr>
<tr><td>经济基础</td><td>固定资产投资总额占 GDP 比重、城乡居民储蓄余额、固定资产投资额、地方财政收入、保险总额、上市企业数</td></tr>
<tr><td rowspan="4">成长潜力</td><td>科技经费</td><td>科学家与工程数、人均科研经费支出、科研经费占 GDP 比重、科研经费占财政支出比重、企业科研经费比重</td></tr>
<tr><td>科技产出</td><td>专利申请数、专利拥有数、新产品产值占总产值比重、高技术产值占 GDP 比重、每千人发表论文数</td></tr>
<tr><td>国民素质</td><td>每万人拥有高等学校在校生数、平均受教育年限、受高等教育人口比例、每万人拥有图书馆藏书</td></tr>
<tr><td>教育状况</td><td>人均教育事业经费支出、教育经费占 GDP 比重、教育经费占财政支出比重、大学入学率</td></tr>
</table>

（续表）

成长基础	交通设施	公路密度、高速公路密度、铁路密度、水路密度、每万人拥有公共汽车、万吨级码头数、公路货运量、公里客运量、铁路货运量、铁路客运量、水路货运量、水路客运量、航空货运量、航空客运量
	信息水平	信息化综合指数、每万人固定电话用户数、每万人网络用户、每万人移动电话户数、年邮电业务额、人均邮电固定资产额、每百人计算机拥有量
	能源水平	总供电量、工业用电量、生活用电量、工业用水量、生活用水量
成长环境	政府管理	就业率、城市环境噪声达标率、劳动生产率、投资回报率（GDP、固定资产投资总额）、每万人负担公务员数
	社会发展	城镇化率、社会保险覆盖率每千人拥有卫生工作人员数、每千人拥有病床数
	环境保护	废气综合处理率、固体废弃物综合利用率、绿化覆盖率、污染治理投资占 GDP 总额、工业废水排放达标率

6. 动力因素

都市圈空间成长的动力因素主要包括以下几个方面：

（1）城市化（郊区化）因素。20 世纪城市化的主要特点是大型都市的兴起，都市越来越多，且呈现出都市连接的城市群体及其城乡一体化地带（李芸，2002）。城市化的后果，必然导致城市人口的增长和城市用地的扩展，引起城市空间的蔓延，从而可能超越城市的界限，形成都市圈。从发达国家的城市化过程来看，一个国家或地区在城市化过程中一般要经历集中型城市化、分散型城市化（郊区化）、广域城市化（逆城市化）和再城市化等四个阶段，都市圈即形成于其中的分散型城市化（即郊区化）阶段。以都市圈发展最早、发展程度最高的美国为例，1920 年代，美国城市经过中心集聚发展阶段后，开始出现分散化趋势，之后又出现了"郊区化"和"后郊区化"（有学者称之为"再城市化"）现象。最初一部分富人为了追求比较高的生活质量而在通勤铁路线上布局"卧城"或"乡村别墅区"。二战后，由于汽车与高速公路的发展推动了"大众郊区化"，联邦政府和地方政府投入巨资兴建高速公路，至 1960 年代高速公路网建成，中产阶级和高收入的蓝领工人也纷纷涌入郊区。政府鼓励郊区化政策，包括州际高速公路、农村电气化、房屋贷款政策等进一步促进了美国郊区化的发展。1950 年住在郊区的人口为 4000 万，1960 年达到 6000 万，1970 年更达到 7600 万。1970 年，15 个最大的都市区内 72%的居民在郊区工作。如此大规模的郊区化直接促进了都市圈的空间成长，使都市圈空间在更大的范围内蔓延并连接成片，最终导致大都市连绵带的形成。

(2)现代交通技术进步因素。在现代交通技术和运输条件不断改善的条件下，高速公路和铁路运输逐渐取代了传统的物流转移方式。由此引起的空间转移效率的提高改变了原有空间系统的地域劳动分工和生产组合方式，进而导致初始空间系统的扩散规模和扩散结构发生改变(陆军，2002)。都市圈是与现代交通技术的发展相伴而生的，现代交通技术的进步使工作和居住分离成为可能，“日常都市圈”的半径不断扩大，圈内联系不断加深，都市圈空间不断扩展。可以说，现代交通技术的发展是都市圈空间成长最重要的因素之一。根据西方城市地理学者对城市发展历史的研究，马车时代的城市用地范围从未超过 3 英里(约 4.8 公里)半径。直到 19 世纪末，有轨电车使得居民的出行距离增加，同时使得城市边界向外扩展，都市圈这种空间现象才在西方发达国家出现。1920 年代汽车的发明和广泛应用，以其快速、方便、灵活、多起点、多终点的优势，促进了城市经济从集中化向分散化方式转变。此后，城市快速交通和通信等基础设施条件的改善使城市急剧扩展成为可能。由于交通线具有潜在的高经济性，城市往往沿交通线扩散。这导致了附近城市的快速成长，以组成一个多中心的城市格局作为一个新的城市区域体系的基本结构(Aguilar，1999)。如 1939 年洛杉矶高速公路规划按照多中心的方式设计，对洛杉矶大都市区空间自由布局起到决定性的作用，促进了多中心的空间结构和低密度的都市区。

(3)产业的扩散与转移。随着生产技术的进步，中心城市第二产业内部技术结构发生质变，进入置换、转向的发展阶段，城市原有空间结构无法实现城市产业对城市空间的转换要求，必须要在更大的范围内按新的功能要求重新排列组合，从而引起都市圈的空间结构更新，在地域空间上重组资本、产业、劳动力等要素。信息化和全球化在一定程度上支持都市圈空间成长的过程，导致分散化的经济组织脱离中心区，一些商业、技术园区、城外 Shopping Mall 以及整个“边缘城市”正在重构城市区域的外在物质空间(薛俊非等，

2006)。在这个意义上,正是产业结构的调整升级所产生的集聚效应推动着都市圈的空间成长。中心城市产业结构调整升级的结果是商贸、金融、服务等先进服务业取代制造业成为中心城市的主导产业,而市中心的工厂、交通事业、研究所、仓库业等纷纷迁往郊区高速公路通道及地方机场的四周等交通便利的地方,形成所谓的产业园区。调整中心城市临近地域的功能,并逐渐走向专门化,而在周围地域制造业也发展特别迅速,往往占主导地位。于是在一定的地域范围内形成了核心城市以服务业为主、周围地区以工业为主,并有便捷交通线路相连、结构上相互依赖又各具特色的有机整体。产业园区迅速发展,成为新的就业中心和具有综合功能的城市节点,都市圈向多中心发展。区域经济极核的扩张与真正的人口爆炸一起,支持了区域由单中心模式向多中心模式的转变。在某种程度上,多中心的区域组织是工业化成熟的标志(Wallis,1994)。

(4)政府的决策与规划。都市圈的形成是中心城市与周围地区双向流动的结果,是客观形成与主观规划推动双向作用产物(张京祥等,2001),这点在中国都市圈的形成与空间成长中最为明显。在都市圈的空间成长过程中,政府通过政府政策、战略大纲、规划方案的制定,平衡各方面的利益,使都市圈空间发展更趋于合理,避免无限制的空间蔓延和恶性竞争。在都市圈空间成长的雏形期和成长发育期,政府的城乡一体化政策起到一种黏合剂的作用,尤其是在推进区域型基础设施建设和区域共同市场等方面,政府的决策是关键。政策的重点是依托政府公共资源,建立促进区域发展的运行机制,促进圈层放射状空间结构的形成。在都市圈空间成长达到成熟期以后,政府的协调政策仍然在发挥重要的作用,主要是协调城市之间、区域之间发展过程中的矛盾,控制城镇空间蔓延和促进多中心网络状结构的形成等。欧洲都市圈在发展中充分利用了政府决策和规划的协调机制,成立了共同的区域规划委员会或大都市区政府,共同管理都市圈发展过程中的事务,通过政府决策和规划,以中等规模商贸城镇和规划的新城为中心,促进都市圈多中心网络结构的发展,使都市圈表现为中等密度、由绿带和其他约束性因素控制的发展形态。

由于社会经济发展水平以及城市发展背景的差异，不同都市圈空间成长的过程和动力因素也会有所不同。亚洲的都市圈产生普遍较西方发达国家晚，都市圈的空间成长过程与西方国家的都市圈空间成长过程就有一个时间差。从发展阶段来说，大多数发展中国家还处于集中型城市化阶段，郊区化趋势并不明显，交通技术水平和基础设施建设水平也远不如发达国家，其都市圈的空间成长主要受产业布局的牵引以及政府的引导，在都市圈的空间发展形态上也与发达国家存在很大的不同。但总的来说，都市圈从形成到发育成熟，一般都要经历雏形期、成长期、发育期和成熟期四个阶段，只是时间的先后或者时期的长短不同而已。而引起都市圈空间成长的动力因素最主要也还是城市化、现代交通技术、产业扩散与转移和政府决策与规划，其中，城市化是直接动因，现代交通技术是基础动因，产业扩散与转移是内在动因，政府决策与规划是外在动因。

(二)都市圈竞争力评价理论

都市圈是多个城市的集合点，区位、环境及企业是构成都市圈竞争力的重要内容，尤其是最有活力的基本经济单元——企业(尤其是跨国公司)的竞争力，是衡量都市圈综合竞争力的重要因素。在现代市场经济和经济全球化条件下，都市圈之间的竞争，与城市之间的竞争一样，集中体现为投资环境的竞争和企业集团的竞争。目前，关于都市圈的竞争力研究主要是参照城市竞争力研究理论进行分析，一般认为都市圈的竞争力主要包括都市圈现实竞争力、潜在竞争力、持久竞争力和环境竞争力等几个方面(林源源，2009)。现实竞争力就是指都市圈的综合经济实力；潜在竞争力包括产业结构水平、金融实力；持久竞争力主要包括基础设施水平、人才教育水平；环境竞争力包括政府管理能力、开放程度。从四个因素逻辑关系来看，环境竞争力是都市圈竞争力的外部依托，现实竞争力是形成竞争优势的基础前提，潜在竞争力体现都市圈的产业结构、资金实力等方面的能力，持久竞争力主要是都市圈公共服务水平的能力，这些要素是都市圈竞争最主要的构成部分(图 4—2)。

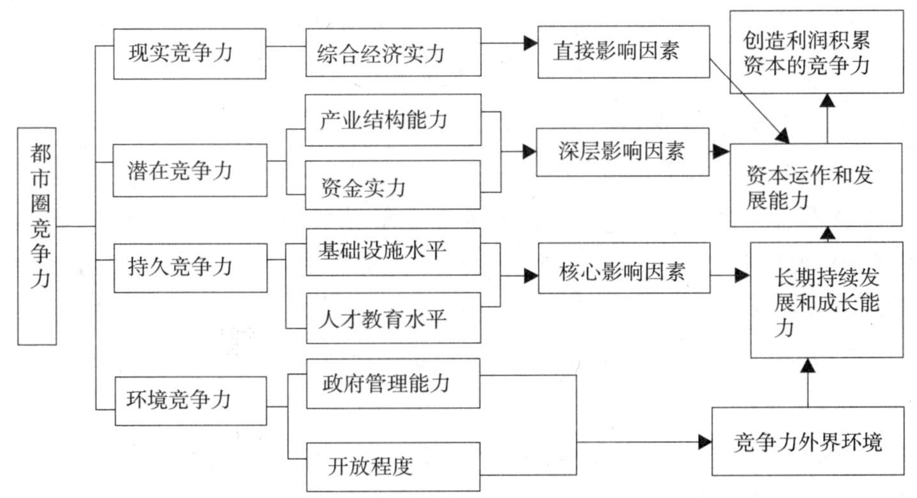

图 4—2 都市圈竞争力评价结构体系

引自王国华、王英(2007)。

二、广州大都市圈空间结构演化

(一)发展历史

从近代社会到改革开放的今天,伴随着我国社会经济的历史变迁,广州都市圈内部各地区之间的经济关系也发生了重要的变化,使今天广州大都市圈的形成既有历史的路径依赖,又有现实的发展特征。都市圈的发展阶段及过程表明,要分析广州大都市圈的发展历史,既要从广州中心城市自身发展历程进行分析,也要从广州与周边地区经济发展关系进行分析,才能正确了解和辨析整个广州大都市圈的发展历史。

1. 广州城市发展历史

广州是一座历史文化名城,两千多年来,除了历史上没有经过较大战争的破坏这个客观因素外,其政治、经济与地理条件等是城市可持续发展的重要因素。

历史上,广州长期以来是广东的政治中心。历代郡治、州治、府治都设在广州,并且是南越、南汉的都城。历史上三次较大规模的城市扩展中,就有两次是与当时在广州设都的政治地位有关,南越王扩大“任嚣城”,番禺就是最古老的广州城(杨万秀、钟卓安主编,1996)。三国时把交州治从梧州迁回广州时扩大到番山北部地区,都是因政治行政地位关系而扩展城市。汉代平定南越王赵佗后,曾将州治所在地从广州迁出,因而城市曾一度较前衰落,城区缩小。

对外贸易与交通的重要功能,促进城市商业、手工业的经济发展,促进中外经济技术与文化的交流,从而加速城市不断发展。在广州两千多年城市发展过程中,商业在城市社会经济中始终占着重要地位,对城市发展起着重要作用。秦汉时期广州就成为全国著名城市之一,主要是对外贸易与商业的重要因素的关系。解放前,广州的商业仍占重要地位,大大超过工业。1936 年统计资料显示,当年广州市商业用户达到约 3 万户,是工业企业户数的 8 倍,商业购销总产值达 6.5 亿多元,超过工业产值近一倍(杨万秀、钟卓安主编,1996)。

广州的地理条件因素对城市发展有重要影响。广州位于珠江水系的下游,东、西、北三江汇合处而又面临南海。既有一定深水航道,又有利于沿海与内河水运与港口城市的发展。广州出海航道前有虎门要塞,后有石门之险,负山带海。广州地区水源丰富,土壤肥沃,珠江三角州的发育与形成,不断地扩大良田耕地,加速人口向沿海地区迁移。这些地理条件对城市形成与发展是起到很大的作用,特别广州是祖国南大门,这个因素不仅在地理条件上而且在政治、经济的关系上对城市发展也有着重要影响。

正是因为政治、经济、地理等优势条件,广州经济的可持续发展有了保证。改革开放以来,其经济不仅实现跨越式发展,城市发展也进入到大都市区发展阶段。在经济发展取得显著成就的同时,城市发展形态按照"南拓、北优、东进、西联"八字方针,城市空间拉开建设。"南拓"在番禺区建设广州新城(用地 228 平方公里)、大学城(45 平方公里)、南沙新城区;"北优"推动城市向北部优化发展,"东进"以珠江新城(中央商务区)的建设拉动城市发展重心向东移,将旧城区的传统产业向增城市(新塘镇)集中迁移。"西联"加强与佛山城市联系,中心城市的圈域经济发展格局基本形成。

2. 广州都市圈经济联系的发展历程及空间演化

广州都市圈空间发展的过程实质上是核心城市——广州对外经济社会联系不断扩大的过程。从都市圈的中心城市与周边地区经济联系角度看,重点从城市化、运输、工业、信息、服务经济水平等要素分析广州对外经济联系的发展历程，可以看出广州对外经济发展联系的变化（表 4—2）。

表 4—2　广州市经济联系的发展水平评价指标体系

影响因子	评价指标	1950 年	1962 年	1965 年	1979 年	1985 年	1989 年	1998 年	2008 年
城市化	城市化率/%	47.7	57.1	54.9	49.6	54.4	57.6	62.2	86.3
工业化	第二产业产值比重/%	33.02	49.3	56.3	55.33	52.9	45.0	44.87	38.9
运输化	旅客流量/万人	—	—	—	—	11653	9053	19587	55355
	货物流量/万吨	—	—	—	—	18233	18397	24443	49436.7
信息化	邮电业务量占/GDP 比重	7.8	4.7	2.0	1.5	1.4	1.9	4.7	3.2
服务业经济水平	社会销售品零售额比重/%	23.8	22.6	23.6	24.4	25.9	22.1	23.3	24.6
	第三产业产值比重/%	39.6	34.3	29.9	34.1	37.4	46.5	50.3	59.0

资料来源：据《广州市五十年（1949—1999）》、《广州市统计年鉴》（2000—2004）年整理。

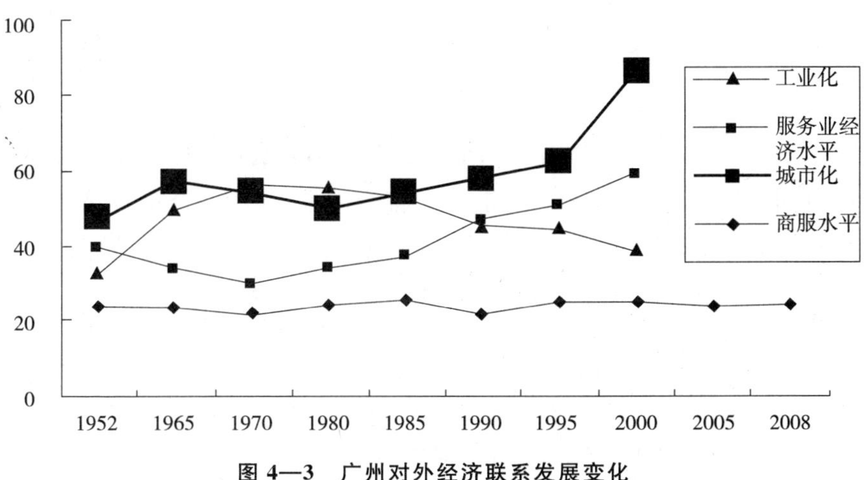

图 4—3　广州对外经济联系发展变化

表 4—3　50 多年来广州经济联系发展水平

要素层	指标层	1952 年	1965 年	1970 年	1980 年	1985 年	1990 年	1995 年	2000 年	2005 年	2008 年
城市发展水平	人口占全省比重/%	9.3	10.3	9.5	9.6	9.6	9.5	8.8	8.1	8.2	10.7
	人口集中化指数	0.51	0.66	0.77	0.65	0.69	0.70	0.69	0.76	0.78	0.81
	GDP 占全省比重	18.3	20.7	23.8	23.4	22.5	21.7	21.0	22.1	23.0	26.4
	人均 GDP/元	200	457	641	1160	2302	5418	19366	34292	69268	80689
	固定资产投资/亿元	0.39	2.0	2.0	9.96	43.62	90.59	618.25	923.67	1519.2	2104.6
城市等级规模	中心性指数 C_0/%	23.8	23.6	22.0	24.4	25.9	22.1	25.3	25.6	24.1	24.6
	首位度(两城市指数)	12.86	10.53	10.59	7.64	2.65	2.55	3.10	2.85	2.55	1.85
城市产业水平	产业结构	—	—	11.7∶58.6∶29.7	10.9∶54.5∶34.6	9.7∶52.9∶37.4	8.0∶42.7∶49.3	5.9∶46.7∶47.4	4.0∶43.4∶52.6	2.5∶40.6∶56.9	2.0∶38.9∶59.1
	轻重工业产值比	86∶14	70∶30	66∶34	65∶35	65∶35	64∶36	58∶42	57∶43	42∶58	34∶66

资料来源:《广州五十年》、《广州统计年鉴(2000—2008)》及 2008 年广州统计公报整理。

注:中心性指数 $C_0=\frac{R_0}{R}$,表示广州市社会消费品零售总额占全省比重,反映提供商业经济服务强度。

由图 4—3、表 4—2 分析可以知道,城市化、运输化、工业化、服务经济水平在不同时期发挥的作用也有所不同,总结都市圈发展水平、规模等级、产业发展水平等特征,广州对外经济联系大致可以划分为四个阶段:稳定发展阶段(1949—1966 年)、停滞不前阶段(1967—1978 年)、迅速发展阶段(1979—1999 年)、全面发展阶段(2000 年至今)。

(1)稳定发展阶段(1949—1966 年),广州经济发展先后经历了国民经济恢复与重点建设,经济大起大落于工业基础形成的两个阶段,这个时期城市化发展稳定,工业化水平显著提高,城乡经济联系得到加强,城市发展体现出一些比较明显的特征：工业化推动城市化快速发展，而服务经济的地位下降比较快，产业结构由低级的三、二、一向二、三、一转变。广州的商贸服务业产值水平历史以来就比较高，居绝对主导地位，农业产值水平相对较高，经过社会主义工业改造和几年大力发展工业，第三产业比重下降很快，由 1950 年的 45.4%下滑至 1966 年 28.7%，社会消费品零售总额增长缓慢。与此同时，经过两个五年计划，广州先后在近郊、近城区兴建工业基地，带动了周边郊区城镇化发展，促进了城乡产业联系的紧密化。此时，广州大批工业项目的建设与发展也促进了与佛山等周边城市的发展与产业关联，城市对外经济联系开始活跃，城乡人口流动循环联系紧密，郊区人口迅速向城市中心集聚，人口集中化指数①由 1949 年的 0.5 快速增长到 1966 年的 0.9。

(2)停滞不前阶段(1967—1978 年)。广州对外经济联系基本处于停滞不前的发展阶段。由于十年"文革"，生产活动遭受到严重干扰破坏，社会经济秩序混乱，工厂停产，国民经济水平下降。这一时期，广州的城市化水平进程缓慢，空间扩张几乎停止。1967—1978 年，城市化进程一直处于受阻发展阶段。广州城市非农业人口长期停滞在 200—260 万人左右，城市化水平在 48%左右上下徘徊。此时，工业化和服务经济发展波动变化明显，总体呈现下降趋势，工业化水平、商服经济发展开始阶段出现下滑的趋势，由于农业、第三产业发展十分缓慢，产业结构仍然以工业为主，商服经济水平呈现明显下降态势，城市中心性逐年减弱。加上这一时期，我国实行"严格控制大城市规模，加快小城市发展建设"的城市方针，小城市发展较迅速，邻近城市佛山、东莞等凭借其乡镇企业、产品垂直联系、邻近广州的区位优势，加快与广州交通、资源等方向的产业联系，实行了一定程度的产业、市场等分工与协作，此时，广州城市人口、经济规模大大高于城市密集区内其他城市，1978 年，城市首位度高达 7.6，城市人口、经济高度集聚于广州市。

(3)迅速发展阶段(1979—1999 年)。自改革开放以来，资源配置和生产要素组合不断解脱计划经济体制的束缚，城市间资源、能源、产业、市场等方

---

① 集中化指数 $I=\frac{A-R}{M-R}$，其中 A 为广州市总人口占全省比重排序后累计值，R 为全省人口在地级市单元上的最均匀分布累积值，M 为全省人口最高集中分布时分布累积值。

面的分工明确,区际协作逐步强化,家庭联产承包制的实行与户籍制度管治的放松,加大了人口、商品、货物、资金的流动强度,城市化进程开始加快,城市规模逐步扩大,地域空间不断扩展。这一时期,广州城市化稳定增长,人口流动频繁。城市化水平由最初的49.6%增加到62.5%,以年均1%的速度向前发展。广州市人口占全省比重逐渐上升,人口集中化指数由1978年初的0.65增加到1999年的0.80。人口的集聚加速了广州商贸流通等服务经济的发展,同时市场经济逐步开放搞活,放开市场、开放城乡市场、农产品与工业品价格放开,广州与周边城市之间的经济联系加强,联系日益紧密。在这20年间,服务经济、商业流通得到大幅度的增长,第三产业比重逐年上升,年均增速达到4%,社会消费品零售总额由1979年的21.1亿元增加到1999年1000.7亿元,增长了将近50倍。工业产值比重下降较快,由1979年的55.3%下降到1999年的44.6%。第三产业增长与城市化进程相关程度高,成为城市化发展的主导因素。在这一时期,广州的对外经济联系紧密程度得到加强,范围逐步扩大,形成等级较高的珠三角城市群。广州的中心性逐步上升,对外经济联系强度加大,人口、商品、资金流加强,自身的经济实力得到进一步加强,区域吸引力、辐射力逐步增大,处于全省的经济极核地位;同时,周边城市数目、人口规模、经济规模不断壮大,城市空间不断扩展,城市群体化现象大规模出现,珠三角城市群发展壮大,周围城镇不断兴起,初步形成大规模、更高级别的珠三角城市群。

(4)全面发展阶段。2000年以来,广州大都市圈的经济联系进入全面发展阶段。随着国企改革逐步深化,要素市场近一步发育成熟,对外开放程度逐渐扩大,非公有制经济发展迅速,信息交流、商业流通大大提高,商品、劳力、技术、知识等高级生产要素流动性增强,产业结构实现由工业经济向服务经济转型。2008年第三产业产值达59%,城市外向服务功能集聚与扩散功能增强,对外经济联系加强,都市圈的空间组织逐步形成,广州对外的经济联系方式也日益复杂,如人口、商贸、货物、信息技术、文化等经济社会要素交流日益紧密,区域合作与交流的方式不断拓宽与深化,尤其是在当前珠三角区域经济合作发展的相关规划措施,在文化制度上开始逐步认同广州作为区域中心城市的地位,珠三角城市群在地域空间上表现出的轴—圈的渐进扩散方式不断推进，如当前的广佛肇经济圈、深莞惠经济圈、珠中江经济圈，城市区域一体化开始出现，突出体现为以广州为中心的功能集聚的圈层经济格局。此外，广州国家中心城市建设，对内对外的辐射影响力的增强。经济腹地逐渐拓展，在对内方面，广州与泛珠三角经济区的经济联系日益紧密；对外方面，广州与香港等国际大都市的合作与交流不断深化，与东盟自由贸易的经贸合作不断加强。可以说，以广州为中心的大都市圈建设发展逐步形成了核心圈、内圈、外圈及外围圈层的发展格局。

可以看出，广州对外经济联系的发展历程，可以在都市圈的空间结构变化上反映出来。都市圈的空间地域结构是一个运动递进的上升过程，主要取决于都市圈城市间联系方式与经济联系。而经济联系作用表现为交通区位与功能集聚扩散，二者的统一过程，就构成了都市圈地域结构功能组织递进的阶段性规律（朱英明，2005）。结合广州对外经济联系的变化与功能集散，广州都市圈的地域结构形态演变大致经历了四个阶段。

20 世纪 50 年代的分散发展的单核心城市阶段。此阶段广州对外经济联系弱，主要表现为依托交通网络对外的自然联系。由于自身本有的经济实力，仅对周边地区具有较强的吸引力，处于地区经济的极核地位，周围则以大范围的农业地带为主，周围是一些较小的城市（镇），如当时的番禺、东莞、佛山，空间相对比较均衡，城市化水平较低，城市间专业化生产的联系微弱，功能联系仅仅限于周边郊区及沿交通干线为主，以小规模的人口、货物运输为主。广州凭借自身的人口、经济规模以及大规模的工业生产、投资建设，吸引周边郊区农产品、农村人口向城市中心集聚，城市发展表现出自核心向周围地域连续圈层推进与扩张。

20 世纪 60—80 年代的大都市区发展阶段。郊区城市化及人口运动联系、组织联系出现，整个地域空间表现出自建成区向四周乡村的等级推进，周边的番禺县（现番禺区）、花县（现花都区）、黄埔县（现黄埔区）等中心城镇发展较快。在广州强大的经济辐射吸引，与广州市人口联系、农产品物流联系紧密，成为广州城市直接影响的腹地，融入广州日常都市圈体系。与此同时，工业化的迅速发展加快建成区向外扩展，城市交通基础设施建设力度加大，形成几条放射状的交通要道，在城郊一些主要交通要道附近，工业、商业服务业优先发展。

20世纪90年代，随着深圳经济特区的成长发展、东莞经济的崛起，在广州—东莞—深圳之间形成珠三角经济发展的轴线，城市之间的道路互通，尤其是以广深铁路这种城际交通干道的建设，城市间的经济联系不断增强，形成了珠江东岸的穗—莞—深经济发展轴，区域城市化快速发展，城市群体化现象发展明显。

2000年以后，广州大都市圈逐渐形成，圈域内城市功能联系与整合加强，产业、人口、信息技术、资金等联系如咋与一体化，城际间的快速干道的建设与发展，促进城市群经济联系程度日益紧密，联系范围更加广泛，联系内容愈加复杂，初步实现区域经济联系一体化。加上当前区域经济一体化发展政策的实施，加强了组织规划，政策推动以广州为中心的大都市圈形成。

表4—4 2009年广州大都市圈各市基本情况一览表

城市	人口（万人）	GDP（亿元）	人均GDP（元）	行政区域面积（km^2）	工业增加值（亿元）	社会消费品零售总额（亿元）	三次产业比重
广州	1033.5	9112.8	88834	7434.4	3106.8	3647.8	1.9:37.2:60.9
深圳	891.2	8201.2	92771	1952.8	3597.6	2598.7	0.1:46.7:53.2
珠海	149.1	1037.7	69800	1687	499.5	413.8	2.8:51.7:45.5
佛山	599.7	4814.5	80579	3848	2924.4	1429.1	2.0:62.9:35.1
东莞	635	3763.3	56591	2672	1690.2	956.3	0.4:47.1:52.5
惠州	397.2	1414.7	35819	2465	674.8	491.1	6.4:55.8:37.8
中山	251.7	1564.4	62225	1800.1	864.8	554.8	2.8:57.8:39.4
江门	420.1	1355.3	32484	9451	745.7	574.3	7.8:57.4:34.8
肇庆	388.8	846.3	22008	14856	277.5	277.5	19.5:36.6:43.9
清远	408.8	855.2	22600	19160	490.7	308.4	12.1:55.8:32.1
合计	4718.9	32965.4		6.5	14782	11251.8	—
广东省	9638	39081.6	40748	17.9（万）	17946.3	14891.8	2.5:48.4:32.1
全国	133474	335353	25125	960（万）	134625	125343	10.6:46.8:42.6
占全省比重%	49.0	84.4		36.3	82.9	75.5	—
占全国比重%	3.5	9.8		0.7	11.0	9.0	—

资料来源：2009年全国、广东省及各市国民经济和社会发展统计公报。

(二)现状和问题

1. 发展现状

从城镇体系结构看,随着全国工业化进程加速,我国的工业不断向以大城市为中心的工业地区集中。广州大都市圈的城镇体系结构发展主要表现在两个方面:第一,就全国而言,广州大都市圈是全国三大经济圈之一,人口和产业高度集中的区域;第二,从广州大都市圈内部来看,核心城市包括广州和深圳。广州是华南地区的中心城市,根据《珠江三角洲改革发展规划纲要》(以下简称《纲要》)赋予了国家中心城市地位,未来广州要逐步发展成为服务全国,面向世界的国际大都市。2009 年,广州市常住人口达 1033.5 万人。广州大都市圈内(内圈),所有城市都超过 100 万人口。借鉴马克·杰弗逊(M. Jefferson)的城市首位律理论,中心城市广州城市首位度达 19.7%,深圳为 17.0%,两市合计占 36.7%。从经济首位度看,广州达 27.6%,深圳达 24.9%,两市经济总量占广州大都市圈的 52.5%。广州大都市圈内体现高首位度与城市高等级规模并存的结构,有利于大型城市集聚和辐射功能的发挥。广州大都市圈内城市体系内有强有力的"二传手",会使广州市、深圳市与其他中小城市的关系联系紧密。这不但会扩大首位城市优势的发挥,同时也会放大城市体系的整体功能发挥。目前圈内城市化率已达 45%以上。按照城市化的一般规律,整个区域已进入城市化的加速发展时期,因此调整城市规模、形成合理而有效的等级规模结构显得尤为必要。

在空间结构发展方面,目前,广州大都市圈的空间结构现状主要体现为以下四个方面:第一,都市圈的城市密度比较大。城市空间分布是分析都市圈的城市空间结构的基础,城市密度是衡量城市空间分布的一个常用指标。根据上述对广州大都市圈范围界定,广州大都市圈的城市密度为 4.5 座/万平方公里。根据我国东部、中部、西部三大城市密集区的城市密度分布来看,东部三大地区的城市密度均超过 5 座/万平方公里,中部地区的中型城市群也达到 3.88 座/万平方公里。第二,广州大都市圈形成了以核心城市为中心的放射状点轴城市发展格局。其城市网络框架基本形成了以 A 字形的发展主轴,即东岸的广州与深圳、东莞、惠州,西岸的广州与佛山、中山、珠海等轴线放射状的分布格局。第三,广州大都市圈已形成较明显的圈层结构:以广州市的天河区、越秀区、荔湾区、海珠区、白云区、黄埔区、番禺区等城区为核心圈层，以佛山、深圳、东莞、珠海等为紧密圈层。第四，广州市周围城市彼此间的空间联系紧密。圈内形成的放射状点轴发展格局，主要表现为以广州、深圳市为中心向外辐射的轴向联系，其他大中小城市之间的空间联系相对比较薄弱，未能形成有效的区域分工体系，同时在行政区域经济的诱导下，各城市在自己所辖区域内形成了相对封闭的"地方"经济。可见，广州大都市圈形成了富有特色的城市发展格局和较完整的圈层结构，随着《纲要》的实施，广佛、珠中江、惠莞深等合作协议的签署，多中心网络型的广州大都市圈空间结构发展日益明显，这种空间结构更使中心城市的集聚和辐射功能得到有效发挥，中小城市发展迅速，形成功能齐全、布局合理的城市体系。

城市职能分工逐步明晰，都市圈内城市职能结构特征对外体现了体系的整体性及在更大区域中的任务与作用，对内则体现了不同城市间的联系和相互作用。我们按照城市工业划分为40个行业来分析，利用区位商方法，辨析各城市工业职能在整个城市区域体系中的地位，便可以得出广州都市圈的城市职能结构特征。通过分析我们看到以下问题：第一，城市职能趋同明显，制约了城市间的分工和协作。从主导工业部门来看，圈内相当多城市的主导工业部门以交通运输设备、电子通信、机械等为主，这种现象直接导致了各城市在资源、能源、项目等方面的争夺。第二，产业结构有待提升。除了广州、深圳的第三产业比重超过第二产业外，其他城市基本上仍以第二产业为主。第三，城市经济发展水平较低。大多数城市尚处于向工业化中期过渡的阶段，资源和原材料经济的比重大，深加工经济的比重小，尤其是电子信息、生物医药、新材料等高技术产业发展还有待于进一步提高。第四，都市圈区内还没有形成具有较强创新能力的产业链和产业集群，金融、信息服务和现代制造业的产业链延伸方面还比较欠缺。虽然部分产业已经嵌入国际产业供应链，但基本都处于"微笑曲线"[①]的低端，至今还没有形成由占据高端并拥有自主创新能力的本土企业建立的区域完整产业链。

---

① 现代产业价值链研究表明，产业链利润呈现一个"V"字形，即所谓的微笑曲线。在这个曲线中，一头是研发、设计，另一头是销售、服务，中间是加工生产。

表 5—5 2007 年广州大都市圈各市主要工业集聚水平

城市	区位商＞1的行业数量	区位商前五位的主要行业				
广州	21	交通运输及设备制造业(3.45)	石油加工机炼焦业(3.15)	烟草加工业(2.84)	黑色金属冶炼及压延加工业(2.81)	食品制造业(2.7)
深圳	14	电子通信及设备制造业(3.15)	石油和天然气开采业(3.03)	仪器仪表及文化办公用制造业(2.56)	电力蒸汽及热水生产供应业(2.03)	医药制造业(1.85)
中山	17	文教体育用品制造业(2.42)	服装及其他纤维制品业(2.01)	印刷业、记录媒介复制业(1.9)	塑料制品业(1.86)	金属制品业(1.71)
江门	12	交通运输设备制造业(3.71)	食品加工业(3.34)	食品制造业(2.39)	普通机械制造业(2.37)	木材加工及竹藤棕草(2.13)
珠海	10	仪器仪表及文化办公用制造业(3.81)	医药制造业(2.85)	电器机械及器材制造业(2.27)	专用设备制造业(2.01)	化学纤维制造业(1.7)
惠州	5	有色金属矿采选业(3.0)	电子及通信设备制造业(2.29)	塑料制品业(1.29)	石油和天然气开采业(1.05)	非金属矿物制品业(1.03)
东莞	13	电力蒸汽热水生产供应业(2.3)	造纸及纸制品业(2.16)	纺织业(2.07)	文教体育用品业(1.87)	电子集通信设备制造业(1.7)
肇庆	8	食品制造业(3.79)	电子及通信设备制造业(2.56)	饮料业(1.68)	印刷业、记录媒介复制业(1.53)	皮革皮毛羽绒制品业(1.42)

（续表）

清远	4	有色金属加工业（1.89）	电力生产及供应业（1.67）	造纸业（1.43）	食品饮料业（1.25）	皮革皮毛羽绒制品业（1.05）
佛山	15	非金属矿物制品业（4.56）	仪器仪表及文化办公用制造业（3.90）	塑料制品业（3.45）	有色金属冶炼及压延加工业（1.85）	印刷业、记录媒介复制业（1.87）

数据来源：根据《广东统计年鉴》和珠三角各市统计年鉴（2008年）有关数据整理。

2. 面临的问题

广州大都市圈的空间结构尽管在城镇体系结构、圈域空间结构、城市职能结构等方面在不断发展和完善，但与国际国内发达都市圈相比，也面临着都市圈合作发展的体制机制不健全、区域协调机制缺失、条块分割、城市职能分工协作不尽合理等问题。

（1）都市圈发展的体制机制不健全。从广州大都市圈内部来看，虽然同处于一个省的行政区域范围内，但各城市之间的行政意识远远强于市场意识，缺乏统一的区域经济发展规划，资源开发利用和生态环境治理还缺乏有效协调，经济发展的资源环境约束力不断加大；都市圈内城市经济合作缺乏高层协调机制，虽然《纲要》的出台，推动了都市圈内各个区域之间合作协议或合作框架出台，《广佛同城化规划》、深莞惠发展协议、珠中江发展协议陆续出台，但在一些关键领域和关键问题上并未取得实质性进展。

（2）都市圈的财政体制分割制约。由于财政体制的分灶吃饭的局限，都市圈范围内城市之间合作发展，利益分成最难协调。各城市之间的合作与博弈，总是希望其他城市承担更多的事权、少分享税金提成，由于在事权与财权不对称的博弈中，信息不对称，各城市合作博弈中缺乏优势，有些政策很难实现。广州大都市圈尽管同在一个省域行政区划范围内，但在省财政管辖范围内，同样存在省财政与地方财政之间的博弈，地方财政收入之间的竞争等现象。因此，圈内城市为了增加本地区的经济实力，不惜动用一切力量，发展生产力，发展本辖区城市经济就成为各级地方政府经济发展的第一动力，而较少考虑产业分工与专业化是否合理，是否具有比较优势以及是否符合产业链的发展要求。发展本辖区经济从短期利益考虑多，从长期利益和整体优化组合考虑少。这样一来，城市产业结构同质、功能重叠、外部负效益所带来的环境等问题必然出现，即使诸如圈内广佛同城化、深莞惠、珠中江之间的合作框架协议签署，但都未能完全消除城市本位论的经济思想，城市的各自发展必将影响广州大都市圈的整体竞争力。

(3)都市圈统一规划协调机制不健全。大都市圈不仅是多个城市组成的群体，也是多个城市功能各异的群体，是一个组团式的群体。大都市圈资源整合的目的是为了借助城市之间的合理分工与合作，共享公共基础设施和信息网络，降低内部交易成本和运输成本，延伸城市产业的链条，增强各个城市功能，提升各个城市的综合竞争力。广州大都市圈内各个城市虽然都已经认识到了加强合作是提升本城市的竞争力的唯一出路，但是，由于行政区与经济区的分离，区域统一规划机制依然没有完全形成，城市之间的利益协调机构也没有取得实质性的进展。即使是《纲要》及《珠江三角洲城市群协调发展规划》等政策出台，由于体制机制的制约，各城市本位论思想并未消除，城市规划发展仍然以自我为主的思想占主导，缺乏统一的规划协调，大都市圈经济资源整合的难度逐步加大。

(4)都市圈文化制度系统与经济系统不协调。一个都市圈的发展，除了有必要的原始资本积累之外，也需要一定的文化制度作为其支撑的动力源。美国硅谷之所以成为世界经济增长创新的中心，除了有大量的创业资金注入之外，硅谷的创业加创新的文化制度也是其发展的一个动力源。城市作为创业者的容身之地，除了经济发展外，有创业加创新的文化制度氛围也是其发展的推动力。与国外大都市圈发展来看，广州大都市圈的规模和经济贡献率还比较低，除了自身制度的原因外，文化制度系统与经济系统不协调的问题也比较突出。文化制度系统与经济系统的不协调，导致共同的经济发展理念没法形成，又进一步激化了城市本位论思想对城市管理者的狭隘城市主义观，反过来又限制了大都市圈经济的融合，成为大都市圈发展的阻力。

三、广州大都市圈发展综合评价

(一)广州大都市圈发展阶段评价

从工业结构变化来看,广州大都市圈工业结构经历了以“轻主重辅”到“轻重均衡”的变化过程。1980 年,广州大都市圈轻工业产值占工业总产值约68%,重工业占 32%。轻重结构基本保持了将近十年时间。到 1996 年,广州大都市圈轻工业仍占重要地位,但此后,都市圈工业得到快速发展,尤其是广州、深圳、佛山、东莞等地区重工业发展不断加速,2008 年,广州大都市圈轻重工业产值比重基本接近,广州轻重工业比为 34∶66,重工业接近轻工业的两倍。即使从 1989—2002 年来看,广州大都市圈重工业占全省比重也一直呈增长态势。广州大都市圈的霍夫曼比例[①]从 1980 年的 2.15 到 2007 年的1.90,反映了工业化水平的不断提高,根据霍夫曼定理,广州大都市圈处于工业化的第三阶段,相当于工业化中后期。以钱纳里标准评价可知,广东省2007 年的人均 GDP 为 3.3 万元,按汇率折算超过 4700 美元(按照 1∶6.9 汇率折算),广州大都市圈人均 GDP 为 1.9 万美元。据此估计,广州大都市圈也处于工业化中后期,向工业现代化迈进,这和霍夫曼系数估计的结果基本一致。

从广州大都市圈进入工业中后期发展阶段来看,核心城市——广州、深圳的经济发展已经达到一定的规模,对区域的扩散作用也日益增强。高快速路、城际轨道交通等通达的快速交通系统建设,成为中心城市由集聚转向对周围其他城市进行扩展和辐射的轴线,周围城市成为新的经济增长点,都市圈处于网络化发展时期。信息技术和知识经济的快速发展使区域产业结构转向高新技术阶段,集聚与扩散作用相对平衡,区域呈现均衡型发展。广州大都市圈内城市体系以网络化、多中心为特征。同时,城市化的快速发展使城市与乡村的比较优势发生改变,居住和就业岗位向郊区分散,原来的城市体系空间得到加密,一体化发展成为主导趋势。由此也表明,广州大都市圈

---

① 霍夫曼比例=消费资料工业净产值/资本资料工业净产值。

已经进入到扩散发展阶段。

(二)国内三大都市圈的竞争力比较

全球经济一体化的经验表明,都市圈这一城市聚合体在国际乃至国际经济竞争与合作中的作用越来越重要。我国改革开放以来,尤其是近几年逐渐形成的上海都市圈、广州都市圈和首都都市圈,已成为我国最具活力的经济区域,并日益成为我国经济增长的主要推动力。在当前城市化、工业化、信息化等不断加速时期,恰逢2008年金融危机的影响,以外向型经济为主的广州都市圈经济首当其冲。而且,广州都市圈正处于由中级阶段向高级阶段推进的关键时期,在广州地区经济发展处于关键转型时期,亟须分析广州都市圈综合竞争力。通过比较分析广州都市圈与其他两大都市圈的差异,找出广州都市圈的发展的优势和潜力,为广州都市圈综合竞争力提升提供实践指导,推动广州大都市圈走向世界。

1. 评价指标体系

我们采用显示性指标和解释性指标构建都市圈竞争力评价指标体系。显示性指标从都市圈竞争力的宏观层面上分析都市圈战略竞争力,解释性指标从都市圈竞争力的微观构成上揭示都市圈竞争力的主要影响因素。其中,显示性指标从市场占有率、居民人均收入两个方面来构建。解释性指标从经济实力、城市产业结构、居民素质、金融实力、基础设施、管理水平、开放程度七个方面,选择了25个可度量指标(图4—4)。

2. SPSS因子分析

根据城市竞争力表现要素及城市竞争力各分力构成要素的相关矩阵,可以计算出相关特征值、累计值及主成分的载荷。根据最初的几个特征值在全部特征值的累计百分率大于或等于某一百分率(对城市竞争总力定为100%,对城市竞争力各分力定为90%)的原则,决定选取主成分的具体数值。假定前m个主成分分别为:

$$factor_{i1}=f_{i1}(x_{i1},x_{i2},x_{i3},\cdots,x_{im})$$

$$factor_{i2}=f_{i2}(x_{i1},x_{i2},x_{i3},\cdots,x_{im})$$

……

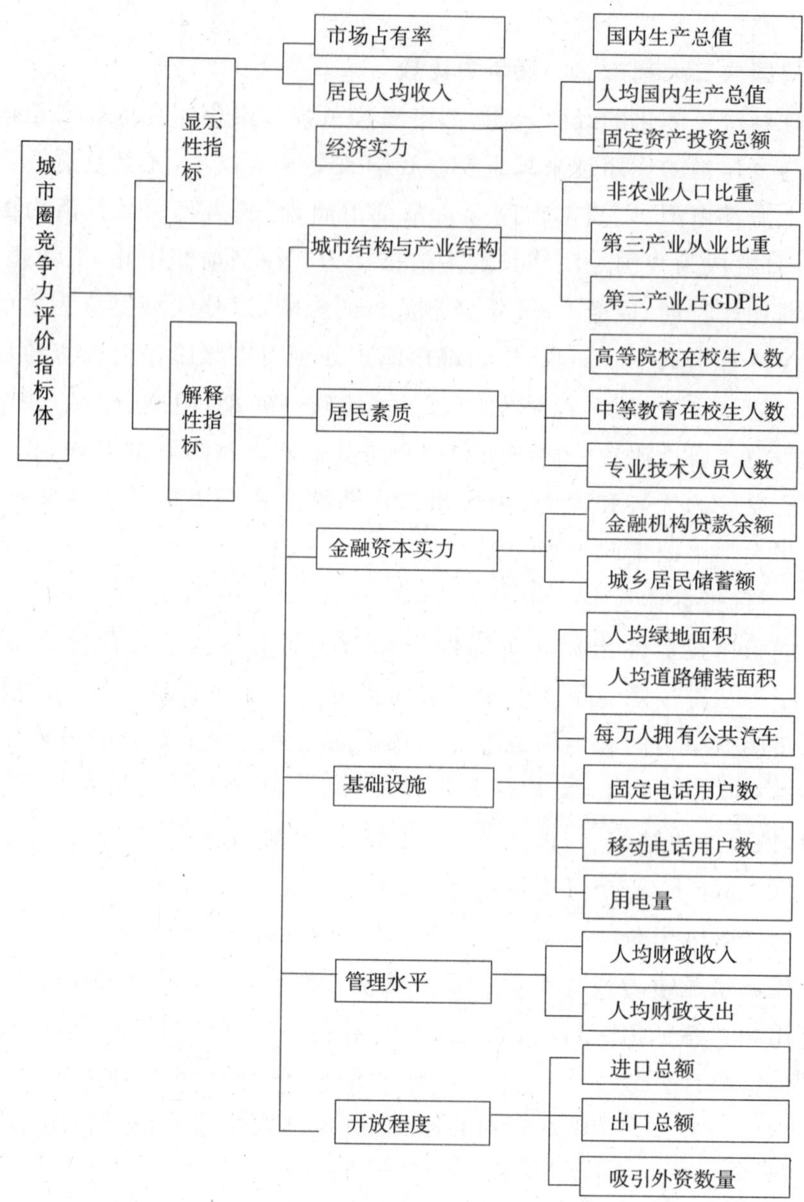

图 4—4 都市圈综合竞争力评价指标体系①

① 本章关于都市圈竞争力的评价指标主要以当前城市竞争力有关指标进行取舍和整理，作为都市圈竞争力评价指标体系。

$$factor_{im}=f_{im}(x_{i1},x_{i2},x_{i3},\cdots,x_{im})$$

将第 i 城市经过标准化变换后的各解释变量数值代入，可得到 $factor_{i1}$、$factor_{i2}$、$factor_{i3}$…$factor_{i4}$…$factor_{im}$ 的数值，然后根据这 m 个主成分对应的特征值进行加权累加，即构造一个城市的竞争力或分力指数，数学表达式如下：

$$E_i=\lambda_1 factor_{i1}+\lambda_2 factor_{i2}+\cdots+\lambda_m factor_{im}$$

其中 E_i 为总竞争力指数，$\lambda_1,\lambda_2,\ldots,\lambda_m$ 为前 m 个特征值。

3. 竞争力比较分析

选取中国沿海三大都市圈（首都都市圈、上海都市圈、广州大都市圈），收集整理 2007 年相关数据①，采用 Z-SCORE 法将原始数据标准化。利用 SPSS12.0 软件对数据矩阵进行处理，得到主成分的特征值、贡献率和累积贡献率（表 4—6）。选取 Initial Eigen-values（数据相关阵的特征值）大于 1，共有五个成分特征值大于 1，这五个成分特征值累积占了总方差的 91.066%。因此选取这五个主成分对都市圈竞争力进行综合评价。经过对都市圈各样本城市的原始数据进行标准化处理，运用 SPSS 对数据进行处理后得到都市圈中各城市的二级指标体系得分（表 4—7），作为对都市圈进行评价分析的依据。

根据指标的贡献情况，经过综合计算得出都市圈及其城市的综合得分及排名（表 4—8）。从表中可以得出：(1)广州大都市圈的综合得分高于首都、上海都市圈，广州市排第三位，深圳排第三位，圈域其他中心城市的排名中（总城市个数为 33 个），佛山与东莞位于十名之内，其他城市均位于十名之外；广州在经济实力、产业结构、居民素质、资本实力、基础设施、制度管理、开放程度等方面的竞争力处于较强地位。(2)核心城市间综合竞争力有一定优势。广州市与其他都市圈核心城市（北京、天津、上海、南京、杭州、深圳）竞争力比较看，除了居民素质、城市与产业结构竞争力较强外，其他竞争要素方面（经济实力、资本实力、基础设施、制度管理、开放程度）均没有绝对优势，居民素质竞争力得分（1.602）次于北京、上海，排第三位，城市与产业结构竞争力得

① 数据来源于《2008 北京统计年鉴》《2008 天津统计年鉴》《2008 河北经济年鉴》《2008 广东统计年鉴》《2008 上海统计年鉴》《2008 江苏统计年鉴》《2008 中国城市统计年鉴》等。

分(1.198)高于北京、上海,排第一位,表明广州市在城市经济结构与居民素质方面存在较强竞争力,这与广州市可持续的产业结构优化调整紧密相关。在经济实力、金融资本实力、基础设施、制度管理与开放程度方面,广州与北京、上海等核心城市相比,受发展历史、政策扶持、经济基础、区位条件等因素影响,城市发展竞争力还有待于进一步提升。

表 4—6 主成分的特征值、贡献率和累积贡献率

序号	主成份特征值			提取因子的载荷量			旋转因子的载荷量		
	特征值	方差贡献率(%)	累计方差贡献率(%)	特征值	方差贡献率(%)	累计方差贡献率(%)	特征值	方差贡献率(%)	累计方差贡献率(%)
1	15.163	60.651	60.651	15.163	60.651	60.651	11.098	44.39	44.39
2	3.619	75.127	75.127	3.619	14.476	75.127	4.514	18.054	62.444
3	1.587	81.474	81.474	1.587	6.347	81.474	3.117	12.467	74.911
4	1.355	86.893	86.893	1.355	5.419	86.893	1.262	5.047	79.958
5	1.043	91.066	91.066	1.043	4.173	91.066	1.243	4.974	84.932
6	0.698	93.859	93.859	0.698	2.793	96.859	1.121	4.485	89.416
7	0.398	95.451	95.451	0.398	1.592	95.451	0.897	3.589	93.005
8	0.334	96.789	96.789	0.334	1.338	96.789	0.682	2.729	95.734
9	0.226	97.692	97.692	0.226	0.903	97.692	0.282	1.126	96.861
10	0.184	98.427	98.427	0.184	0.735	98.427	0.266	1.066	97.926
11	0.09095	98.791	98.791	0.09095	0.364	98.791	0.124	0.496	98.422
12	0.06988	99.071	99.071	0.06988	0.28	99.071	0.08507	0.34	98.763
13	0.06588	99.334	99.334	0.06588	0.264	99.334	0.07952	0.318	99.081
14	0.05196	99.542	99.542	0.05196	0.208	99.542	0.04913	0.197	99.277
15	0.03347	99.676	99.676	0.03347	0.134	99.676	0.04429	0.177	99.454
16	0.02243	99.766	99.766	0.02243	0.08972	99.766	0.03305	0.132	99.587
17	0.01885	99.841	99.841	0.01885	0.07539	99.841	0.02542	0.102	99.688
18	0.01525	99.902	99.902	0.01525	0.06101	99.902	0.02259	0.09036	99.900
19	0.008608	99.936	99.964	0.008608	0.03443	99.936	0.02004	0.08016	99.900
20	0.007013	99.964	99.984	0.007013	0.02805	99.964	0.01518	0.06071	99.900
21	0.004756	99.984	99.993	0.004756	0.01902	99.984	0.01158	0.04634	100
22	0.002460	99.993	99.998	0.002460	0.009839	99.993	0.006855	0.02742	100
23	0.001077	99.998	100						
24	0.0005444	100	100						
25	0.00004299	100	100						

表 4—7　都市圈竞争力得分比较

区域		解释性指标							
		现实性指标	经济实力	城市与产业结构	居民素质	金融资本实力	基础设施	管理水平	开放程度
首都都市圈	北京	2.441	3.107	1.517	3.29	5.05	6.864	0.807	1.025
	天津	0.622	1.323	0.286	0.762	0.76	2.34	0.303	0.92
	唐山	−0.629	−0.201	−0.088	−0.162	−0.425	−0.209	−127	−0.634
	保定	−0.832	−0.582	0.189	0.659	−0.583	−0.538	−0.027	−0.72
	廊坊	−0.756	−0.951	−0.095	−0.357	−0.626	−1.471	−0.218	−0.716
	秦皇岛	−0.792	−0.544	0.993	−0.523	−0.567	−1.188	0.019	−0.67
	张家口	−1.035	−0.894	0.234	−0.534	−0.612	−1.443	0.127	−0.759
	承德	−1.047	−1.023	−0.025	−0.662	−0.646	−1.701	−0.026	−0.763
	沧州	−0.972	−0.861	0.142	−0.618	−0.632	−1.213	−0.066	−0.752
上海都市圈	上海	2.862	5.207	0.835	2.63	4.162	8.768	2.575	6.485
	南京	0.301	0.712	0.492	1.563	0.38	0.886	−0.044	0.134
	杭州	0.663	1.281	0.04	1.282	0.701	1.006	−0.06	0.198
	宁波	0.707	1.033	−0.307	0.481	0.129	0.463	−0.002	0.497
	苏州	0.561	1.832	−0.65	0.167	0.39	0.731	0.08	2.616
	无锡	0.403	1.064	−0.068	−0.009	0.015	0.282	−0.042	0.318
	常州	0.031	−0.151	−0.35	−0.088	−0.276	−0.526	−0.236	−0.436
	镇江	−0.366	−0.511	−0.356	−0.496	−0.475	−1.223	−0.337	−0.503
	南通	−0.143	−0.539	−0.995	−0.166	−0.185	−0.537	−0.459	−0.259
	扬州	−0.452	−0.731	−0.566	−0.209	−0.424	−1.122	−0.435	−0.442
	泰州	−0.501	−0.879	−0.492	−0.539	−0.459	−1.101	−0.459	−0.598
	湖州	−0.02	−0.567	−0.572	−0.394	−0.528	−1.452	−0.435	−0.5
	嘉兴	0.26	0.026	−0.585	−0.327	−0.324	−0.915	−0.459	−0.238
	绍兴	0.389	0.098	−0.088	−0.054	−0.232	−0.713	−0.297	−0.284
	舟山	−0.121	−0.952	−0.095	−0.66	−0.605	−1.802	−0.209	−0.738
广州大都市圈	广州	1.906	2.334	1.198	1.602	1.794	4.412	0.473	0.751
	深圳	2.521	1.914	1.097	−0.492	1.078	6.341	3.258	2.997
	珠海	0.555	−0.376	0.187	−0.429	−0.477	−0.766	0.295	−0.256
	佛山	0.668	0.523	0.25	−0.145	0.394	0.641	−0.021	0.274
	江门	−0.316	−0.636	0.765	−0.527	−0.487	−0.93	−0.085	−0.523
	东莞	1.057	0.69	0.246	−0.774	0.069	2.455	0.328	1.109
	中山	0.24	−0.208	−0.521	−0.773	−0.387	−0.92	−0.101	−0.294
	肇庆	−0.713	−0.877	0.851	−0.357	−0.623	−1.464	0.368	−0.702
	惠州	−0.074	−0.404	−0.656	−0.547	−0.542	−0.893	−0.026	−0.377
	清远	−0.502	−0.312	−0.701	−0.637	−0.613	−0.956	−0.457	−0.488

表 4—8 都市圈综合得分及排名

城市	综合得分	城市	综合得分
首都都市圈	0.256	嘉兴	—2.388
北京	24.101	绍兴	—1.749
天津	7.356	舟山	—5.183
唐山	—2.474	扬州	—4.169
保定	—2.433	泰州	—5.101
廊坊	—5.191	湖州	—4.288
秦皇岛	—3.272	南通	—2.929
张家口	—4.916	—	—
承德	—5.893	广州大都市圈	2.851
沧州	—4.972	广州	14.201
上海都市圈	1.443	深圳	17.713
上海	33.524	珠海	—1.279
南京	4.423	佛山	2.585
杭州	5.112	江门	—2.74
宁波	3.002	东莞	5.18
苏州	5.727	中山	—2.963
无锡	1.963	肇庆	—3.517
常州	—2.032	惠州	—3.509
镇江	—4.267	清远	—3.689

4. 都市圈单项要素比较

(1)从都市圈综合比较情况来看,用城市规模、经济发展水平、要素作用强度和信息化程度四个要素层面对比广州大都市圈与首都、上海都市圈的基本情况(表 4—8)。北京、上海和广州等三个都市圈覆盖的面积为 22.79 万平方公里,占国土面积的 2.37%;人口近 1.55 亿,占全国总人口的 11.83%。从城市规模层面看,广州大都市圈的人口数小于首都、上海都市圈。从城市化程度来分析,无论是城市密度、建成区面积还是城市化水平,广州大都市圈低于上海,高于首都都市圈。从经济发展水平层面看,广州大都市圈在经济总量和人均 GDP 方面也落后于其他两个都市圈。从产业结构而言,广州大都市圈的三次产业结构的产业层次较高。从经济对外联系来看,广州大都市圈的对外贸易相对比较发达,得益于改革开放之先。从要素作用强度看,广州大都市圈的货运强度高于北京都市圈,低于上海都市圈,但客运强度和邮电业务量与上海有一定的差距。从信息化程度看，广州大都市圈信息发展程度比较高，在固定电话用户数、移动电话数、国际互联网用户数等指标上具有一定的优势。

(2)从经济实力比较看，上海都市圈得分最高，广州、首都都市圈分别次之。从单个城市看，上海经济实力得分最高，北京次之，广州第三。从国内生产总值看，上海都市圈最高，占全国的20%，远远超过广州大都市圈。除了区域内城市数量多之外，各城市经济发展水平相对较高且平均，是上海都市圈国内生产总值较高的主要原因。其中上海达到12001.16亿元，其余城市大部分在700亿元以上。广州的GDP位居其次，其主要优势是各城市的GDP都较高。从人均GDP来看，上海实力最强，为8.7万元(按户籍人口计算)，广州为7.01万元，北京为5.6万元。

(3)从城市与产业结构情况比较看，北京得分最高，其次是广州，上海次之。2009年三大中心城市三次产业之比分别为：上海0.8∶39.8∶59.4；北京1∶23.2∶75.8；广州1.9∶37.2∶60.9。三大都市圈整体的三次产业的排序都呈现为二、三、一结构，但中心城市的产业结构确有所差异，从产业结构水平来看，北京最高，上海、广州次之。首都都市圈的第二产业与第三产业比重较为接近，说明首都地区传统产业向现代产业升级换代快，且达到一个较高的水平。广州大都市圈的第二产业与第三产业比重也较为接近。

(4)从居民素质比较看，上海都市圈平均得分最高，首都都市圈和广州大都市圈分别次之。从单个城市的比较来看北京排名领先于其它城市。北京、上海、广州是大学在校生和专业技术人员最多的3个城市，北京、上海、广州在校大学生人数超过了40万人。

(5)从金融实力比较看，上海都市圈得分最高，首都都市圈和广州大都市圈分别次之。从单个城市的比较来看，北京排名领先于其他城市，上海、广州紧随其后。2009年，北京的本外币存款余额和贷款余额分别为56960.1亿元和31052.9亿元，上海分别为44620.3亿元和29684.1亿元，成为三个都市圈的两个金融超级城市。广州的存款余额和贷款余额分别只有20944.2亿元和13851.8亿元。另外一个显著的特点是上海都市圈各个城市之间的金融实力相对均衡，首都都市圈各个城市之间的差异较大，广州大都市圈则是一枝独秀的态势。

(6)从基础设施发展水平比较看,上海都市圈得分最高,北京和广州大都市圈分别次之,且与两大都市圈的差距较大。从单个城市的比较来看,上海排名领先于其他城市,北京、深圳和广州分别次之。广州大都市圈该项指标得分较低的主要原因是广州、深圳基础设施建设比较完善,但圈内其他城市差异较大,城市基础设施水平较低。

(7)从城市管理水平比较看,广州大都市圈得分 4.488,为最高。首都和上海都市圈分别次之。从单个城市人均财政支出比较来看,深圳排名领先于其他城市,上海紧随其后,北京得分排第三位。深圳人均财政支出达到了 1.5 万元,远远超过上海的 5249 元,是广州的人均财政支出(6208 元)的 2.5 倍。

(8)从开放程度比较看,广州大都市圈得分最高,上海和首都都市圈得分分别次之。具体城市来看,上海跃居第一位,深圳第二位,苏州第三位,广州位列第六位。从 2009 年进出口总额来看,上海最高,为 2777.3 亿美元;北京次之,为 2147.6 亿美元,广州为 767.4 亿美元。这从一定程度上反映出广州都市圈、首都、上海的外向程度依次升高。从利用外资角度看,上海实际利用外资最多,为 79.2 亿美元,这在一定程度上反映出上海对外资的吸引力较强。

5. 比较结论

(1)广州大都市圈综合竞争力落后于上海大都市圈和首都大都市圈。核心城市综合竞争力与两大城市群的核心城市相比,除居民素质与产业结构竞争力两项指标基本持平外,其他各项指标均存在一定的差距。广州大都市圈拥有出色的区位优势、雄厚的工业基础,以及众多的教育科研机构,这些优越的条件有利于广州大都市圈吸引外来资本,优化产业结构,加强与发达地区的经济社会联系。依托人才优势和外来资本的注入,优先发展高新技术产业,升级产业结构,将是广州大都市圈提升综合竞争力的重要途径。广州大都市圈处于城市圈经济发展的扩散阶段,区域内各项得分都比较高,尤其是在发展水平与财富优势明显,但产出能力与绩效方面差距较大。要加强对效益的追求,提高资源的利用率,是广州大都市圈发展方向。

(2)基础设施建设还有待完善。虽然广州大都市圈的交通道路网络相对比较发达，广州大都市圈已建成的道路，有七成以上是二级以上和高速公路。但与发达国家的大都市圈相比，城际轨道及高速公路比例不足，弱化了都市圈内城市之间的通勤比例。这个看似简单的交通问题，引出了连串反应：因为城际轨道交通网络尚未完全形成，广州大都市圈内的传统产业、资源加工等难以调整转移，高新技术等产业难以配套扩散，会削弱中心城市的辐射影响力。

(3)圈内城市中心性还不够强。都市圈中心城市的聚集与辐射功能标志着经济圈的发展水平。广州大都市圈一个突出特点是城市首位度不高，与上海大都市圈、北京大都市圈等中心城市相比，还有很大的差距，尤其是表现在中心城市经济辐射带动力方面，广州、深圳与上海、北京等相比有一定的差距。

(4)都市圈粗具规模，但城市间产业整合不够。广州大都市圈内产业结构缺乏依存性、互补性，广州与其余城市的落差太大。广州、深圳的工业已经进入工业高新技术化阶段，其余城市基本还处在轻加工业化阶段。第三产业方面，广州已开始注重发展金融、现代物流、信息服务和教育产业等高层次的现代第三产业，而其余城市还停留在商贸、餐饮、运输等传统第三产业阶段。城市间还没有形成相互需求的内在联系，产业集群这一拉动城市区域经济发展的内动力还没能彰显作用。

(5)整合协调不够。广州大都市圈内的10个城市，分布集中。城市发展特点及资源也各具特色，但圈内城市的整合协调程度并不高。广州大都市圈城市之间的联系尽管主要靠市场推动，经济联系比较密切，据测算，广州大都市圈经济关联度达0.75。湖南的长株潭城市圈，其实现整合的手段主要靠行政推动，有省级领导小组及其办事机构统一规划，项目先行，实行三市“交通同环、电力同网、金融同城、信息共享、环境共治”，统筹的力度比较大。广州大都市圈虽有强烈的市场整合基础，但行政统筹力度较弱，因此圈内整合程度明显不足。

(三)与国外主要都市圈比较

我们选取都市圈的土地面积、面积比重、人口密度、人口比重、城市化水平、GDP比重及首位城市GDP贡献率、人口规模、产值水平、面积规模等方面的指标，分析可知，广州大都市圈与国外发达大都市圈空间发展水平还存在明显的差距(表4—9)。

表4—9 广州大都市圈发展水平的国际比较

都市圈	广州大都市圈	巴黎都市圈	东京都市圈	纽约都市圈
面积占全国比重/%	0.7	2.2	9.6	0.4
人口/万人	5202.3	1095.2	4930.8	2087.2
人口占全国比重/%	3.9	19	38.8	7.3
总产值(亿元)	2.6	4.27	13.7	—
产值占全国比重/%	3.9	28.6	36.1	30(制造业)
首位城市土地面积(km^2)	7434.4	105	2102	831
首位城市人口/万人	1018.2	212.5	1205.9	801.9
首位城市产值(亿元)	0.8	1.52	6.44	3.27

资料来源：根据《广东统计年鉴2005》、法国国家统计网站2004、美国国家统计局网站2004相关资料整理。

1. 发展水平

国外都市圈都是本国的经济社会极化地区，经济金融中心和交通枢纽，以较少的土地面积承载着密集的人口，经济总量大，土地产出率高，与国外都市圈相比，广州大都市圈的面积不大，人口集中度较低(人口密度约800人/平方公里)，都市圈总人口占全国比重3.9%，人口密度低于国外发达都市圈。经济总产值不到3亿元，仅相当于巴黎都市圈的75%；东京都市圈的25%；经济总产值占全国的3.9%，而巴黎、东京、纽约、首尔等成熟的都市圈GDP占全国的集中均超过25%，大伦敦、内日本、波士华等巨型都市圈GDP比重甚至超过70%。相比较而言，广州大都市圈的经济产出规模，对国家经济贡献度明显低于国外发达的都市圈。

2. 城市化水平

从都市圈的城市化水平来看，国外都市圈的城市化水平也高于广州大都市圈，已经高度实现区域城市化、城市一体化。2004年，纽约都市圈的城市化水平达到了90%，首尔都市圈1996年达到87%，大伦敦都市圈也超过80%。广州大都市圈的城市化比重约为50%。

3. 产业结构水平

从都市圈的产业结构水平比较，国外都市圈的产业结构升级转换较快，发育成熟，已经实现由二、三、一向三、二、一转变。如东京都市圈按照产值计算，2000 年的三产结构为 2.9∶29.9∶67.2，第三产业产值与从业规模占据绝对比重。而广州大都市圈 2008 年的三大产业产值比重结构为 2.6∶50.4∶46.9，仍然处于二、三、一较低水平。产业结构不合理，产业层次不高，有待升级优化。

4. 首位城市规模

从都市圈的首位城市经济规模来比较，首位城市在都市圈经济中发挥着主导作用。主导作用主要是源于中心城市是都市圈的经济金融中心、是企业总部的集中地，产业层次高、人口和从业者高度集中，对周边地区产生的强烈的集聚与辐射功能。广州的土地面积不论绝对量还是比重在都市圈中是最多的，但人口集中度、单位面积产出与国外大都市圈的首位城市相比有较大差距。首位城市广州的地均产值（2008 年，1.1 亿元/平方公里）只相当于巴黎的 1/5、东京的 1/4、纽约的 1/6，远低于首尔、东京、大伦敦、内日本、波士华等都市圈或城市群相应水平。

四、本章小结

本章节主要讨论都市圈发展评价相关理论、广州大都市圈的空间结构演化及广州大都市圈发展综合评价等方面的问题。第一部分，重点概括了大都市圈发展评价的相关理论。都市圈是区域经济发展到一定阶段出现的现象。国内外学者在对都市圈的评价主要集中在两个方面，一方面是对都市圈自身发展阶段的评价，主要观点有关于非都市圈阶段、都市圈初级阶段、都市圈中介阶段及都市圈高级阶段等划分观点；另一方面是参照城市竞争力等相关理论，选取评价指标，分析评价都市圈的综合竞争，其中一个重要观点是都市圈的竞争力主要包括都市圈现实竞争力、潜在竞争力、持久竞争力和环境竞争力等。第二部分，重点分析和概括广州大都市圈空间结构的演化。在分析广州中心城市发展历史的基础上，选取城市化、工业化、运输化、信息化、服务化等指标，分析 1950—2008 年间广州与周边城市及地区之间的经济联系发展历史，并以此划分广州大都市圈大致经历了稳定发展阶段、停滞不前阶段、迅速发展阶段及全面发展阶段等四个阶段特征。第三部分，重点展开对广州大都市圈发展综合评价。本部分选取国内的首都都市圈、上海都市圈及广州大都市圈为研究对象，结合指标体系评价，对三大都市圈进行比较分析。同时，选取巴黎都市圈、东京都市圈及纽约都市圈与广州大都市圈进行比较，结果表明，在经济规模、城市化水平、基础设施水平等方面广州大都市圈与国际国内主要都市圈相比，还存在一定的差距，广州大都市圈的发展任重道远。

第五章

广州大都市圈的产业体系

产业是都市圈形成与发展的基础，产业体系是都市圈经济体系的核心和各城市之间最基本的联结方式，产业活动是都市圈发展活力的源泉，而产业竞争力则是都市圈竞争力的根本体现。本章主要研究广州大都市圈的产业发展问题，在对产业发展与都市圈间关系进行理论阐释的基础上，重点分析广州大都市圈产业的发展基础、特点及存在的主要问题，并在展望珠三角产业发展前景、格局和趋势之后，着重就提升广州大都市圈产业竞争力提出若干对策思路。

一、产业发展与都市圈的形成

都市圈产业是在城市产业升级、分工与转移基础上产生的，与都市圈的形成密切相关，所以它不依赖于任何一个单独的城市而存在，是建立在多个城市分工、协作和联系的基础上的。都市圈产业在主体构成上以大金融、大物流、大商贸、高端电子信息制造、超大型整机装备制造及高度专业化服务为主，成为区域的支柱或主导产业，是都市圈赖以发展和繁荣的主要支撑。都市圈产业的辐射范围远大于传统产业，更新转换速度远高于传统产业，从这些意义上看，都市圈产业属于典型的现代产业体系。

都市圈产业比单个城市的产业具有更强的经济特性，都市圈本身就形成一个大的高效率经济圈。在大都市圈范围内，建立相对独立完整的产业体系是实现大都市圈战略的核心。一般在一个大都市圈内，还存在几个子都市圈。大都市圈内可生产大部分主要的工业产品并提供大部分相关的服务，子都市圈之间交换各自的优势产品和特色服务，带动区域整体经济实力的增强，实现大都市圈内经济一体化。

都市圈产业一般在一个或多个核心城市形成，并在整个区域以产业链延伸、分工细化和逐级扩散的方式得到充分发展，这必然促动当政者打破行政区划，改革行政体制，由此在区域内逐渐形成产业分工、统一的要素市场和产品终端市场，自发形成独特的产业文化。因此，产业体系是都市圈形成的基本动因。下面将分别从产业关联、产业集聚、产业竞争力等三个方面论述产业发展与都市圈的形成之间的关系，从而为构建世界级的广州大都市圈、促进圈内资源配置市场化和经济循环区域一体化提供必要的理论根据。

(一)产业关联是都市圈形成的内在动力

都市圈的形成与城市化、技术进步、政策推动及产业扩散与转移都有直

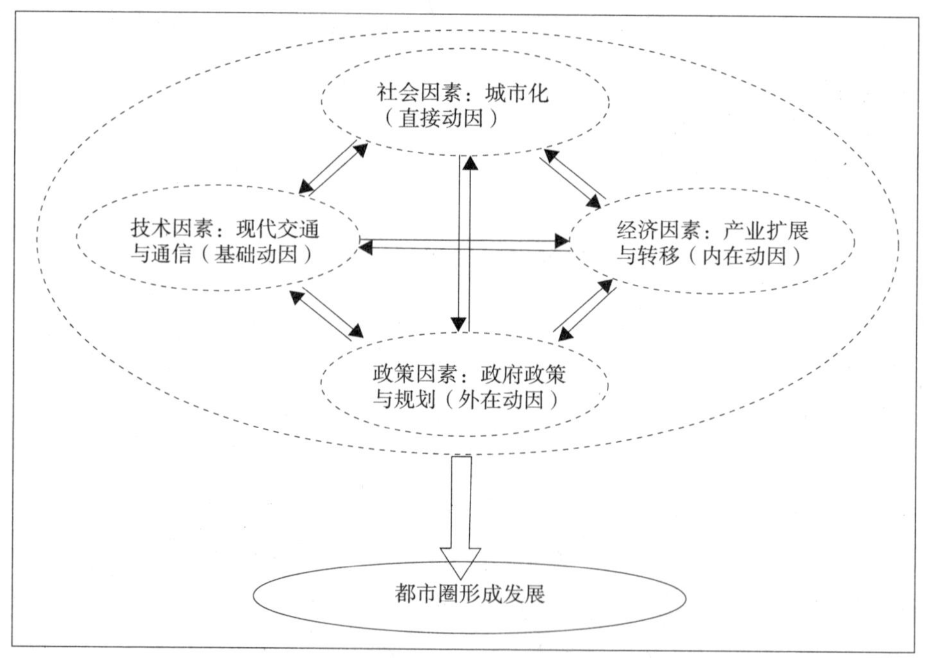

图 5—1 都市圈形成与发展动力机制示意图

资料来源：李廉水、Roger R. Stough(2006)。

接的关系(图 5—1),这些因素又相互影响、促进:产业扩散和转移会直接影响周边地区的城市化进程、促进技术进步、推动政策和制度创新,从而为都市圈的形成与发展提供内在动力、路径和手段。

产业关联一般存在前向关联、后向关联和产业波及效应。随着中心城市产业结构的不断调整和升级,那些日益成熟的支柱产业为降低总体生产运营成本,往往具有向外转移寻求协作发展的趋势和特征,而中小城市则通过不断改善产业发展环境而积极承接这些产业链转移与落户,由此,支柱产业的部分上游环节(前向关联)或下游环节(后向关联)很可能转向周边更具成本优势的中小城市,而产业链高端环节则牢牢控制在中心城市手中。在这样的动态发展格局中,通过支柱产业的前向关联、后向关联以及更大范围的产业波及效应,就可以将大、中、小城市的产业活动紧密联系在一起,从而有效促进了都市圈效应及"范围经济"圈的形成和发展。

一般而言,中心城市与经济腹地之间由于产业关联而引发的巨大经济流量(包括人流、资金流、资讯流、物资流、商品流等),将会对周边城市和地区发展产生巨大的冲击,包括城区的总量增长、存量优化、增量扩张、流量扩大、品质提升,由此使得整个都市圈能迅速成长。按复杂程度不同,产业关联一般分为三种形式:简单初级的产业分工与互补、基于专业化协作关系的区域产业链、基于产业集群化的区域产业生态圈,而产业关联形式越往后演绎,越容易形成超越行政壁垒和跨区域的都市圈经济一体化,这是都市圈形成的内在动力。

1. 产业分工与互补是都市圈经济一体化的初级形式和有效途径

根据西方发达国家都市圈产业发展的轨迹,产业分工与互补是迈入经济一体化时代的最初的动力来源及初级形式。亚当·斯密在《国富论》中阐述了分工和专业化对经济增长与发展的作用,提出了"分工是经济增长的源泉"的观点。产业分工是基于企业为最小单元的一种分工方式,对区域经济的影响非常深远。在亚当·斯密之后,李嘉图采用不同的分析方法来研究专业化与分工,黑格尔和查尔斯·巴比奇也分别从不同角度研究了分工对于社会经济增长的贡献的方式和途径,解释了分工对于经济增长的内在原因。阿林·杨格在其经典论文《报酬递增与经济进步》中深刻阐述了报酬递增与经济进步的关系，他明确指出，产业的递增报酬并不是由工厂或产业部门的规模产生，而是由专业化和分工所产生。

产业的地域分工是专业化生产的前提，是能够各自产生“递增报酬”从而实现财富创造最大化的有效组织方式。一般而言，在都市圈形成之前，一个经济区域内各城市之间产业结构往往相似度较高，竞争性较强。随着都市圈逐步形成，区域经济一体化发展和各城市功能差异化日显，各地区的产业结构日益分化和特色化，在经济发展过程中主要发挥各自的比较优势，错位发展，互通有无，互相促进，开始形成日益紧密的互补型产业关系。

因此，产业分工和互补是都市圈经济一体化的初级形式，是都市圈内各城市之间主导功能重塑及其日益分化的必然结果。一个都市圈各组成城市之间在产业上的分工与互补，有助于这些城市依照其资源条件进行专业化生产，获得生产效率的最大化；有助于圈内各类资源、要素向效率最高的地区产业配置和转移，从而实现资源利用最大化；有助于这些城市在产业体系上形成优势互补、互相促进及更加深层次的互为产业链的发展格局，由此促使城市之间形成更加紧密的经济联系，推动都市圈经济一体化成长。

2. 基于专业化分工的区域产业链是都市圈经济一体化的高级形式和有效途径

随着都市圈结构的日益复杂化，各地区之间的产业分工和联系已不仅仅满足于互补型产业关系，对于一些具有巨大市场潜力和多个复杂价值环节的新兴产业群或产业链，圈内各城市根据其资源条件都具有一定参与动力和空间，如电子信息产业、机械装备产业、汽车产业等拥有较长价值链的产业群，此时，大家如果一哄而上，必然导致低效混乱而丧失竞争优势，因此，对一个都市圈而言，产业互补与错位发展仅仅是比较低级的都市圈经济一体化形式，经由中心城市主导的产业整合机制发挥作用，大、中、小城市间就某些新兴产业群（链）进行深度的分环节产业合作，形成更加紧密的产业链协作关系，即竞合型产业关系，这将是区域经济一体化更加高级的组织形式。这种产业协作模式的一般情形是，围绕中心城市所确立的新兴支柱产业，利用区域经济协调机制，积极引导并致力于将周边城市的相关产业活动有机纳入这些新兴支柱产业链条中，从而真正形成更紧密的基于专业化分工的区域产业链。

从广州大都市圈的实际看，随着区域一体化的不断深化，中心城市广州与周边中小城市之间已在汽车产业的整车与零配件、石油化工的上游炼油与下游精细化工、金融业前台与后台业务、批发市场的展示交易、物流配送与供货基地等领域展开了不同程度的产业链协作。这些针对战略新兴产业群的协作关系，大大强化了各城市之间的经济社会联系，提高了各城市之间的产业分工层次，进一步促进了各城市之间的功能差异化、特色化，从而有效推动了都市圈经济一体化和内部分工效率的进一步提升。

3. 基于广域产业集群演进的产业生态网络促进都市圈形成城市间形成更加紧密协作的共生系统

近几年，许多学者根据美国经济学家波特教授的企业集群和产业集群的概念，陆续创造出区域经济集群、广域的产业集群、产业生态网络、生态链、生态网络等名词，它们在本质上与广义的产业集群概念一致，外延稍有不同而已。按照波特的观点，产业集群是特定产业中互有联系的公司或机构聚集在特定地理位置的一种现象。产业集群包括一连串上、中、下游产业以及其他企业或机构，这些产业、企业或是机构对于竞争都很重要，它们包括了零件、设备、服务等特殊原料晶的供应商以及特殊基础建设的提供者。当产业聚集规模达到一定程度时，集聚区会形成一种良性循环的"产业生态链"和"经济生态网络"，又称为"产业生态圈"，此时，产业集群不但向下延伸到下游的通路和顾客上，横向延伸到互补性产品的制造商以及和本产业有关的技能、科技，向上延伸到原料等方面的公司上，而且还延伸到政府和其他机构——像大学、制定标准的机构、职业训练中心以及贸易组织等——以提供专业的训练、教育、咨询、研究以及技术支援。

产业生态网络（圈）是由区域产业集群演进扩展而来的，但不是每个地区的产业集群最后都能演变成为产业生态网络（圈）。通过国内外都市圈经济发展历史经验看，只有在特定的区位优势、政策制度优势、文化积累优势、生产要素优势突出的点、线、面上才能触发产业群落向生态群落演进这一过程（赵旭、陆莹莹，2007）。只有当许多相互交织的产业集群在广域的空间上不断集聚，比如，珠三角地区的著名的环珠江口 IT 电子信息产业走廊的形成与发展，不但垂直形成了完整的产业链条，而且横向联动发展了许多与之相关的生产性服务业(交通、金融、物流)、IT批发市场、教育培训产业、数字内容产业等，由此，中心城市和各中小城市分工协作，合力营造了整个区域支撑IT产业群发展的生态环境。

由此可见，产业生态网络(圈)是构成大都市圈经济一体化的核心内因，它在产业集群演进扩展的基础上不断发育成熟，既具有产业集群的一般特征，又具有许多独特的性质和功能。产业生态网络的形成与发展，能有效推动都市圈范围内的区域创新，形成难以模仿的创新文化和大量相关企业空间集聚所形成的特色化产业氛围，从而促进专业知识的传播和创新扩散，提升都市圈内产业的整体竞争优势；有利于降低复杂经济活动的交易成本，从而获取更大规模的正外部性；有利于利用接近市场的优势营造世界级企业集团，从而提高都市圈能级和资源全球化配置水平；有利于推动制度创新，使都市圈成为制度创新中心和新兴产业组织、制度及相关产业政策的创新中心；有利于促进圈内各城市功能的耦合与放大，从而创造都市圈效应以辐射邻近区域或全国甚至全球。总之，作为更高级的产业关联形式，产业生态网络(圈)特有的效率优势，促进了同一区域各城市间就某些主导产业群形成复杂的分工协作关系，从而提升都市圈效应，使圈内大、中、小城市形成更加紧密的共生系统。

(二)产业集聚是都市圈功能分工与强化的主要途径

众所周知，现代经济发展的一个重要特征就是生产要素、现代产业、消费市场的广泛聚集并由此产生规模经济和范围经济。产业集聚对都市圈的形成与发展具有重要的推动作用，也是都市圈产业体系的另一个重要特征。都市圈的产业集聚包括同类产业、非同类而相关联产业在地理上的集中，既包括关联产业向圈内某个城市(地区)的集聚，也包括关联产业向城市中某一区域的集聚。从对都市圈发展的意义而言，产业集聚的最大效应不是规模经济，而是范围经济基础上推动形成的各类城市功能区，从而提高都市圈对外影响力和功能辐射力。因为只有近距离才能使大量信息通过非正式接触得以迅速传递和扩散，只有集中布局才会出现基础设施利用的邻里效应和共享机制，只有彼此协作才会发生技术外溢和创新连带效应，只有群体集聚，才能形成强大的园区品牌和广告效应(张树林,2006)。产业集聚是都市圈功能强化的重要动因。若产业集聚以制造业为核心并主要分布于中小城市,一般谓之区块经济,若产业集聚以现代服务业为核心并分布于中心城市,则形成所谓的现代服务业集聚区。这些产业地理概念,构成了都市圈经济不可缺少的空间单元。

以中心城市为核心的都市圈以其人口相对集中、基础设施齐全、交通四通八达、经济基础雄厚、市场消费潜力巨大,并拥有先进的科学技术、发达的商业贸易、巨大的金融投资和高效的信息传输等有利条件,成为现代生产和消费的高聚集区域、商品和要素流通的集散地和枢纽点、功能辐射力最强大的经济增长极。随着都市圈的逐步发育,现代高端服务业如金融、贸易、信息、科技等行业会逐渐向中心城市聚集,而产业关联性较强的一般加工制造业或某些特色服务业则向资源条件适宜的中小城市转移。通过圈内产业的聚集和重组,能够有效推动都市圈功能分工和规模经济,实现更高的经济效益和效率最大化的功能,并通过都市圈辐射机制而带动整个地区经济的发展,从而推动整个国家乃至世界经济的不断发展。

近年来,沿着高新技术产业和传统产业两条产业集聚主线,我国沿海都市圈快速崛起。首先,伴随各个城市产业发展战略调整和跨国公司的直接投资,高新技术产业集群日益在广州大都市圈的中心城市和次级中心城市逐步形成,并且建立起沿交通轴线的"高技术走廊",形成强大的聚集与扩散效应,呈现出以穗、深、港为核心的技术研发设计、周边中小城市围绕龙头企业配套协作的制造业和服务业企业群的发展态势,成为带动珠三角经济发展和广州都市圈形成的巨大引擎。同时,传统产业的聚集和"块状经济"的发展也起到了举足轻重的作用。其中,以专业化商品市场群落和特色产业群落共生的长三角都市圈产业发展模式是其中的典型,中小企业与专业市场相互促进,形成了以相互关联的中小企业为基础、特色产业为主体的区域特色经济。特色产业群的"集聚效应"在很大程度上增强了都市圈城市的综合实力和竞争能力,形成了产业空间密集带,实现了各城市基于特色经济的快速增长。同时,由于特色产业群之间的差异性,又反过来推动了都市圈内中小城市之间的相互依赖、交流与合作,强化了都市圈产业体系持续演化的动力。

(三)产业竞争力是都市圈竞争力的主要体现

无论从波特关于国家竞争力的“钻石模型”,还是从国内关于都市圈发展水平的多个评价体系,都可以清楚地看出,经济或产业竞争力始终是都市圈竞争力的重要构成和主要指标。进一步分析表明,一个都市圈的竞争力主要体现在资源集聚能力、财富创造能力、区域辐射能力和综合创新能力,而产业发展正是这四大能力的重要“推手”,决定着都市圈综合竞争力。

1. 产业发展演进有效提高了都市圈的资源集聚力

一般而言,城市化进程就是各类资源不断向城市特别是中心城市集聚的过程,而产业发展无疑是城市的“基本活动”,为城市和都市圈运转提供必不可少的物质保障,包括为城市建设、交通网络建设提供基本的财力保障,为人口的有序集聚提供就业空间,为商品的集散提供表演“舞台”。城市产业的发展、壮大,首先离不开资金、技术、土地、商品、就业、信息、知识、项目等经济资源的汇聚,而到了城市化的高级阶段——都市圈阶段,现代产业体系逐步建立与产业集群的发展,开始对各类投入要素和配套性基础设施形成更高的要求,由此使资源集聚进一步扩展到更广泛领域,包括对生态环保、交通体系、信息网络、城市管理、文化元素、高等教育、管理专家等更高级要素的吸引和建构。因此,伴随着城市化进程,产业发展是一切资源汇聚的最根本动力,是都市圈赖以发展的基本生命线。

2. 产业发展水平决定着都市圈的财富创造力

如果说生态环保、交通布局、城市管理、文化建设等主要属于都市圈建设中“锦上添花”式的“非基本活动”,则产业发展就是都市圈的“基本活动”,它为都市圈运转提供必不可少的物质保障,是都市圈财富创造的主要承担载体。财富,对一个城市来说,表现为更好的产品和更高的GDP、收入、生活消费水平等,这些财富显然离不开高效率的产业活动。首先,产业的规模水平决定着财富创造的总量,一国或地区的GDP和收入就是各个产业或行业创造的增加值和国民收入的总和。其次,产业结构水平决定着财富创造的效率,在一国或地区的产业构成中,高附加值产业和创新性产业所占比重越高,财富创造的效率越高。再次,产业发展模式也决定着财富创造的效率和质量,在现代经济条件下,作为新兴生产力和生产方式的代表,园区经济、产业集群、区块经济具有更高的生产效率。此外，产业的规模和结构还决定着消费市场的规模和潜力，决定着都市圈的总体投入与消费能力，而后者又反过来对都市圈财富创造力产生重大影响。

3. 主导产业选择决定着都市圈的区域辐射力

都市圈对外辐射力固然有多种因素决定和影响，如远距离便捷交通体系、处于地理要冲的优越区位、地域性文化特色和魅力、卓越的城市形象、庞大而多样化的人口等，但最根本的还是综合经济实力，而综合经济实力又取决于都市圈的产业发展水平，尤其是产业综合能级和主导产业构成。一般而言，产业能级越高，产业结构处于全球产业价值链的高端，都市圈对外辐射力就越强；一个都市圈拥有的广域型、强辐射的主导产业群越多，其区域辐射力也越强。从当今国际经验看，那些具有强大辐射力的城市大多是一些综合经济实力强、拥有众多以全球市场为目标的主导产业群的国际大都市，像纽约、伦敦、东京、巴黎等一些经济实力超群的大都市，其支柱性或主导型产业主要选择定位于金融、研发设计、文化创意、休闲旅游、高级专业服务、高端制造等强辐射的新兴产业群，这些产业的辐射范围和服务半径几乎是面向全球的，主要为全球客户提供适宜产品，而以这些中心城市为核心的都市圈，都已步入世界级大都市圈的行列，并以遍及全球的市场网络成为赫赫有名的世界经济“领头羊”。

4. 产业结构升级是都市圈创新能力的重要源泉

虽然城市建设、社会发展和居民生活的改善都离不开综合创新活动的支撑，但产业升级却是综合创新活动的基本动力和创新活力的重要源泉。首先，产业的不断发展对科技创新提出了许多具体课题和需求，某项产业要提高产品竞争力，必须依赖持续不断地推出新产品、新工艺、新流程和新的生产方法，而这些都是科技创新的主要内容。在实践中，不仅高新技术产业的发展需要科技创新的有力支持，即使传统产业的改造升级，也需要大量应用和开发各种适宜的高新技术。因此，产业发展成为推动都市圈科技创新的重要动力。其次，产业的不断发展为科技创新成果应用提供了一个巨大的市场空间。目前，我国每年批准的专利及科技成果数以十万计，但这些科技成果的实际应用转化率却仅有25%左右，真正实现产业化的不到5%，与发达国家

80%转化率差距较大(王志珍,2010)。其中,相当多的成果属于超前性应用研究,具有一定的前瞻性。但这类成果多数时候要等待相关新兴产业的大量引入和成长,才能有效地发挥商业转化与价值增值效应,如国内在90年代早期即有开展关于改性塑料的研究,但其成果的有效应用还是在跨入新世纪、随着我国汽车产业的崛起之后。由此可见,产业的不断发展与升级为科技创新及其成果应用提供了有效动力和巨大市场。

(四)典型国内外大都市圈产业基础分析

从都市圈产业一体化程度看,大都市圈一般都拥有辐射力强、内部分工合理、错位发展而稳固高效的产业基础。特别是国外相对成熟的大都市圈,其中心城市不仅拥有独步天下而具有全球影响力的战略优势产业,而且中心城市与中小城市之间在主导产业和功能上大多已形成各具特色、差别定位的互补协调发展格局。

1. 纽约都市圈

纽约都市圈被国际公认为世界上产业分工布局最完善和最有序的大都市圈,其中,纽约为国际金融商业中心、华盛顿为国家政治中心、波士顿为美国科教文化与创新中心。都市圈以国际金融、国际航运与贸易、总部经济、文化传媒与国际旅游等为主导产业,并拥有与硅谷齐名的128公路这样的高科技产业群,这些各具优势的产业在空间上合理分布,共同构成了纽约都市圈影响全球的产业竞争力和辐射力。

2. 东京都市圈

作为都市圈核心城市,东京是亚洲地区最早步入后工业化时期的大都市,其产业转型和新产业体系建构代表了东亚大都市的典型模式。迄今为止,尽管经历了长期的停滞发展,东京都市圈依然是当今产业实力最强、城市功能最齐全的世界级都市圈之一。尽管东京都市圈产业结构已全面进入服务化,国际金融、总部经济、文化创意、科学研究等为其支柱产业的发展时期,但其工业制造业也相对发达,并在圈内各城市间适度分工,其中,东京重点发展都市型工业,食品、服装、印刷业等较为发达,而大阪主要致力于开发生物工程、半导体、信息产业等新兴产业,是日本最知名的高科技制造业城市,名古屋则拥有重化工业的优势。与纽约、伦敦都市圈经济转型有所不同,东京都市圈所走的是一条服务业与制造业融合发展之路,形成了以产品和技术创新为特色、以多层次生产服务业集群为载体的“东京模式”,因此,其产业结构迄今仍保有浓厚的制造业成分,许多服务业主要围绕制造业配套服务,这一战略模式的结果,使东京至今仍是世界最大的工业中心之一。

3. **巴黎都市圈**

巴黎都市圈代表了欧洲都市圈发育的最高水平。巴黎大都市圈产业结构呈现由巴黎市的高端服务业、都市型产业到内圈的制造业,再到外圈的农林渔业、重化工业的产业梯度变化与层次差距。其中,作为核心城市,巴黎市产业结构高度服务化,金融、旅游、文化、教育、生活艺术业等高度集聚,使巴黎成为世界著名的文化艺术之都。同时,尽管工业不再是巴黎经济的主要支柱,但巴黎仍是法国乃至欧洲最重要的工业基地,飞机、汽车、化妆品、医学、服装等工业声名远播,在全球经济中占有重要地位。

4. **上海都市圈**

目前,上海都市圈仍处于都市圈发展的第二阶段——即我们前文所界定的以“外溢—布网”为特征的成长期,第二产业所占比重最大,而第三产业比重呈逐年上升之势。目前,为超越同构低质化竞争,长三角在产业布局上逐步有所侧重,各个城市开始培育各自的优势产业和特色。如上海重点打造金融、汽车及装备制造业优势,南京形成重化工业和文化旅游业优势,杭州形成创意经济和旅游休闲产业发展优势,此外,宁波的石化、舟山的海水捕捞和养殖等也各具特色。近几年,长三角内经济合作不断发展,政府间协作项目不断增多,以企业为主体的跨地区兼并和投资也有很大的发展,对长三角经济及产业一体化起到了很大的促进作用。上海都市圈各城市在产业布局上的差异化努力和特色化发展,不仅有力地促进了区域经济和大都市圈的发展,而且为我国探索都市圈建设模式和促进产业地域分工提供了范例。

二、广州大都市圈产业发展现状与特点分析

(一)产业发展的基础与特点

经过30多年的改革开放和高速增长,以珠三角九个城市为主体的广州

大都市圈产业发展实现了历史性腾飞，并逐步演变为全球知名的国际制造业基地。进入新世纪以来，珠三角地区产业结构加速转型与升级，先进制造业和高新技术产业集群迅速崛起，高新技术产业保持超高速增长，汽车、石化、造船、机械装备等工业支柱产业不断壮大，金融、物流、会展、商务、信息、旅游等现代服务业快速成长，包括软件产业、电子信息产业、生物产业、网游动漫等在内的一大批国家级现代新兴产业基地相继挂牌，都市圈产业总体竞争力显著增强。作为世界著名制造业基地，广州大都市圈产业结构总体上仍处于“二三一”的发展阶段，但已初步显露向“三二一”工业化后期加速演进的端倪。到 2008 年，珠三角地区共完成生产总值 29745.58 亿元，约占全国的 9.9%，人均生产总值达 62643.83 元，约为全国平均水平的 3 倍，三次产业结构比例为 2.4：50.9：46.6[①]，呈现出先进制造业和现代服务业“双轮驱动”的发展格局(表 5—1)。总体上看，珠三角产业实力的不断增强和产业结构的稳步提升，为广州大都市圈的形成和发展奠定了坚实基础。

表 5—1　1985—2008 年广州大都市圈产业发展情况

年份 / 指标	1985 年	2008 年	年均增速(%)
第一产业增加值(亿元)	37	711	3.19
第二产业增加值(亿元)	60	14965	13.08
第三产业增加值(亿元)	39	14288	14.64
珠三角九城市 GDP 合计(亿元)	136	29746	12.55
珠三角九城市人均 GDP(元)	753	62554	8.73

资料来源：根据珠三角各市《2008 年国民经济和社会统计公报》和各市《2009 年统计年鉴》相关数据整理所得。

1. 广州大都市圈已形成多级多层次城镇产业体系格局

从区域产业结构层级分布格局看，广州大都市圈各城市大致分为三个层次：广州以服务业为主导，第三产业所占比重高居榜首，位居第一层次；深圳、珠海以高科技产业为主导，高新技术产业所占比重位居前二位，服务业也相对发达，属于第二层次；其他二线城市及下辖专业镇以先进制造业

① 资料来源：《广东统计年鉴(2009)》。

为主导，服务业比重普遍较低，第一产业（东莞除外）仍有较大潜力，这些城市位于第三层次（表5—2）。

表5—2　2008年珠三角九城市产业结构情况　　单位：%

城市 指标	广州	深圳	珠海	佛山	东莞	中山	江门	惠州	肇庆
一产比重	2.04	0.1	2.93	2.2	0.3	3.1	8.1	7.0	22.7
二产比重	38.94	48.9	54.68	65.6	52.8	60.4	57.6	58.9	36.7
三产比重	59.02	51.0	42.39	32.2	46.9	36.5	34.3	34.1	40.6
高新技术产业比重	31.5	53.6	39.00	21.6	32.9	—	32.0	28.9	13.6

数据来源：根据珠三角九市《2008年国民经济和社会统计公报》相关数据整理计算所得。

注：高新技术产业比重为各市高新技术产品产值占规模以上工业总产值比重，其中，惠州为高新技术产业增加值占工业增加值比重。佛山、东莞高新技术产业产值比重为2007年数据。

作为都市圈最高层级的核心城市，广州经济总量和第三产业增加值一直位列各城市之首，是珠三角乃至全省无可争议的经济中心和服务业中心。2008年，广州市实现地区生产总值（GDP）8215.82亿元，第一、二、三次产业增加值比例为2.04∶38.94∶59.02，三次产业对经济增长的贡献率分别为0.3%、35.1%和64.6%，第三产业所占比重均达到或超过60%以上。从第三产业主要行业优势的横向比较看，在服务业的14个行业中，广州有11个行业增加值占全省比重达1/4以上，约有一半行业占比超过全省的1/3（图5—2）。其中，科学研究、技术服务和地质勘查业，交通运输仓储和邮政业，租赁和商务服务业，信息传输、计算机服务和软件业等现代服务业在全省的区位商均高于1.3，形成了明显的服务业发展优势（图5—3）。此外，在全社会固定资产投资构成看，广州投向第三产业的比重一直保持在80%左右，大幅超过第一、二产业；从2007年开始，广州利用外资结构发生了显著变化，其中外资投向服务业的总金额所占比重已连续两年突破60%以上，成为一个重要的转折点，而在广州总部经济的发展格局中，属于服务业性质的总部到已上升到352家，占比高达70%以上，总部经济结构进一步向服务业演变。以上指标和事实表明，广州在总体上形成了以服务经济为主导的产业结构。

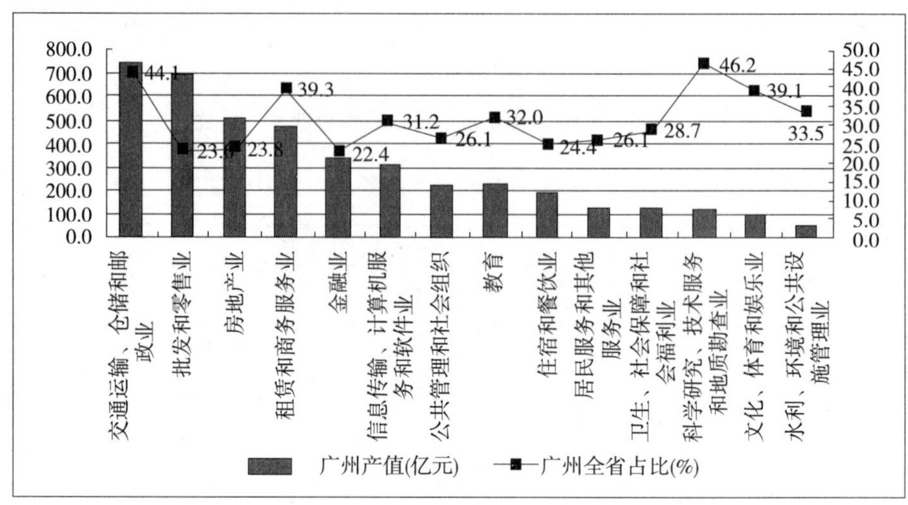

图 5—2 2007 年广州第三产业各产业产值及全省占比

资料来源:根据广东统计年鉴(2008 年)数据整理。

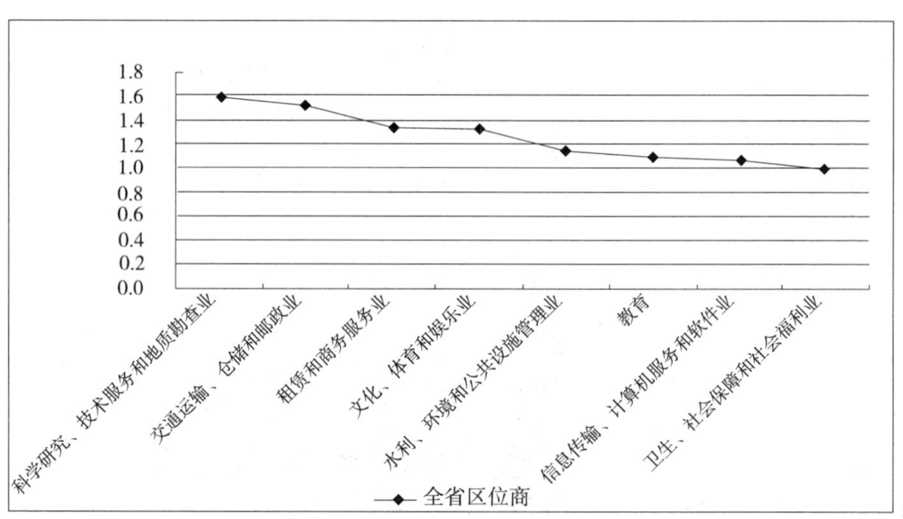

图 5—3 2007 年广州优势服务业全省区位商示意图

资料来源:根据广东统计年鉴(2008 年)数据整理。

深圳和珠海是位居都市圈产业结构层级第二层次的两个经济特区。其中,深圳高科技产业主导地位尤其突出,2008 年,深圳实现高新技术产品产值 8710.95 亿元,在全国大中城市中排名第一,高新技术产品增加值占 GDP 比重为32.4%，也居全国第一。此外，作为国家创新型城市，深圳科技自主创新能力较强，具有自主知识产权的高新技术产品产值占全部高新技术产品产值的比重为59.1%，去年全市发明专利授权量达到5404件，增长1.39倍，PCT国际专利申请数达2709件，占全国44.5%，连续五年稳居全国首位。目前，深圳已拥有高新技术企业3086家，其中年产值过亿元的企业已达621家，年产值超10亿元的企业有85家，年产值超1000亿元的也有两家①。以上情况和数据充分体现了深圳在珠三角乃至全国的高科技产业之龙头城市地位。相对而言，珠海高新技术产业发展规模远不及深圳，但在珠三角九个城市中，它和深圳一样，是把高新技术产业作为战略主导型产业来发展的中心城市之一，并具有鲜明特色，形成了以"软件与集成电路设计"为主流富有地方特色的现代信息产业集群，同时，民营高科技企业占据绝对优势的地位，以金山软件、炬力集成、远光财务、东信和平、德豪润达、高凌信息等为代表的一大批民营高科技优秀企业都具有自主知识产权和核心技术。2008年，尽管受到金融危机的冲击，但珠海市高新技术产业仍保持平稳较快增长势头，特别是电子信息制造业完成工业产值848.8亿元，占全市工业总产值的32.6%，在全国排名第六、广东省排名第三②，成为名副其实的"高科技之城"。

以佛山、东莞为代表的其他二线城市位于都市圈产业结构层级的第三层次，这些城市产业发展的主要特征是形成了以工业制造业为主导的产业结构，第二产业所占比重普遍达60%以上。值得说明的是，珠三角工业主要呈现具有集群化、高效率为特征的专业镇和产业簇群发展模式。90年代以来，珠三角各市镇实施中小企业扶持政策，构建各类服务体系，赋予县、镇更大的决策自主权，推进产业集群制度创新，逐步形成了各具特色的专业镇和产业簇群。目前，专业镇已遍布珠三角地区，以"小企业，大协作；小产品，大市场；小集群，大作为"为特征的专业镇占珠三角地区400多个建制镇的1/4，簇群

---

① 胡谋 许天宇：深圳高新技术产值居全国城市之首 http://www.022net.com/2009/3-31/474461412495759.html。

② 杨康：我市召开全市信息产业工作会议，珠海市政府网，http://www.zhdsb.gov.cn/fwdx/qypd/qygz/200907/t20090724_83789.html。

经济已成为珠三角工业发展的象征和主要模式(张永良,2005)。今天,佛山顺德区容桂镇等已发展成为广东最大的电器机械生产基地;中山市古镇有灯饰企业近2500家,民用灯饰销量占全国60%以上,是世界四大灯饰专业市场之一;东莞市虎门镇的服装产业集群名扬全球,这些专业镇逐步形成了区域品牌和国际竞争力。

总体上看,以珠三角九市为主体的广州大都市圈逐步形成"现代服务业主导(广州)—高科技产业主导(深圳、珠海)—先进制造业主导(佛山、东莞等地级市)"的多级多层次城镇产业体系格局。其中,广州和深圳作为区内现代产业的核心区,担负着珠三角现代产业体系建设的龙头使命,广、深之外的二线发达城市已是国际制造业密集区,核心区的辐射力直接覆盖该区域,珠海作为西岸中心城市,尽管高新技术产业较发达,但先进制造业发展相对不足,区域核心地位并不稳定和凸显,而地处都市圈边缘的清远、河源等欠发达城市则主要担当核心区非现代产业向东西两翼和粤北山区中转承接的任务。

2. 圈内各城市之间初步形成了各具特色的主导产业群和区域产业链协作

经过近20年的高速发展,广州大都市圈形成了以金融、物流为代表的现代服务业集群、以电子信息为主导的高新技术产业集群及以汽车及零部件、电气机械等为支柱的先进制造业集群。从地域产业空间看,广州大都市圈产业分布具有如下特点:

(1)珠江东岸总体实力强于珠江西岸,但两岸主导产业各具特色。以广州为轴心沿珠江出海口可将广州都市圈划分为珠江西岸和珠江东岸。西岸包括佛山、珠海、中山、江门、肇庆五市,2008年其GDP合计总量为8370.3亿元,占全省的24.5%;东岸包括深圳、东莞、惠州三市,2008年其GDP合计总量为12798.9亿元,占全省的35.9%,其中,珠江东岸逐渐形成以电子信息技术为主导的高科技制造业发展优势,通信设备、计算机及其他电子设备制造业、办公用机械制造业、专用设备制造业等行业相对发达;而珠江西岸则不断壮大传统制造业优势,电气机械及器材制造业、化学纤维制造业、陶瓷制品业等行业较为发达。

(2)现代服务业呈现“双核”分布，穗深各具发展特色。2008年，深圳第三产业增加值所占比重首次突破50%，超过了第二产业，开始居于主导，由此，在广州大都市圈内，深圳与广州一道开始形成“三二一”的发展格局，而其他城市仍以第二产业为主导(工业化落后的肇庆除外)。2009年，广州和深圳服务业增加值分别达5545亿元和4363亿元，合计占整个都市圈服务业增加值总量的60%以上，构成了都市圈现代服务业发展的“双核心”(图5—4)。

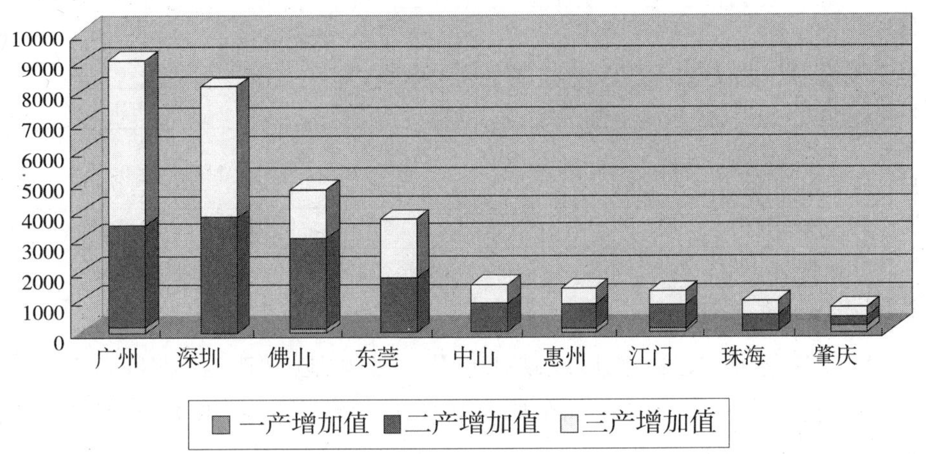

图5—4　2009年珠三角九大城市GDP及三次产业构成示意图

资料来源：根据广东统计年鉴(2009年)数据整理。

进一步分析，广州与深圳在服务业内部结构方面有很大不同，反映了各自服务业发展的特色。其中，广州在交通运输仓储业、批发零售业、住宿餐饮业、租赁与商务服务业、科教文卫等行业具有明显的比较优势；而深圳则以金融、房地产、信息服务业等现代服务业更为发达(表5—3)。总体上看，广州以劳动密集型的流通产业为代表，传统服务业较发达，体现出浓厚的“商都”色彩，而深圳以技术、资本和知识密集型服务业见长，金融、房地产等现代服务业较发达，区域金融中心地位相对突出，在服务业结构层级上高于广州。特别值得一提的是，作为现代经济的核心——广州金融业发展劣势日益凸显，2007年，广州金融业增加值占服务业比重仅为7%左右，在国内主要城市中的排位已由1995年的第三位退居第八位，与北京的17.5%、上海的15.7%和深圳的17.1%差距明显，且行业规模也被天津、杭州等城市所超过，这表明广州服务业内部结构亟待进一步优化提升。

表 5—3　2007 年广州、深圳服务业内部各行业所占比重的比较　　单位:%

行业＼城市	广州	深圳
交通运输仓储业	17.64	8.73
批发零售业	16.56	19.27
住宿餐饮业	4.48	3.62
信息服务业	7.28	6.35
金融业	8.23	22.97
房地产业	11.99	19.45
租赁与商务服务业	11.15	5.35
居民服务业	2.86	2.01
文化体育娱乐业	2.25	1.70
科技服务业	2.82	1.64

数据来源:《2008 年广东统计年鉴》。

(3)以广州为核心逐步形成现代重化工业基地。“十五”期间,广州开始实施重化工业战略,由此,在都市圈内以广州为核心的现代重化工业基地开始形成,而珠海、惠州、中山也已开始围绕广州产业高级化和工业重型化竞相建立自己的重化工业产业链。其中,具有较大突破意义的是广州汽车与船舶制造、佛山与南海的汽配产业以及惠州与珠海的石油化工产业。2008 年,广州轿车产量达 88 万辆,已超过我国传统的汽车基地——上海和吉林,跃居全国轿车产区第一位[①],日本的几大汽车巨头均已在广州投入巨资,从而使广州毫无悬念地成为我国最大的汽车生产基地。与此同时,船舶制造成为广州的又一产业亮点,其中中船龙穴基地是我国船舶工业发展战略布局中的重要组成部分,是华南地区最大的现代化造修船基地。龙穴基地首制船——中海 30.8 万载重吨超大型油船的开工建造是广东船舶建造史上的里程碑,广东从此告别了只能建造 10 万吨级以下船舶的历史,这对推动我国船舶工业发展及促进产业结构优化升级具有重大现实意义。此外,惠州石化基地正产生强

---

① 中国企业投资网:广州轿车年产量跃居全国第一,http://www.ceu.com.cn/02/200902/jiaoche260857.html。

大的经济带动作用，其中，落户惠州的中海壳牌石化项目总投资43亿美元，年生产乙烯80万吨，加之年产1200万吨的炼油项目、LNG发电厂、华德160万立方米储油等重大关联项目，使惠州逐步成为世界先进水平特大型石油化工产业基地。珠海石油化工业也将有新的突破，其中高栏港已建成全国最大的PTA生产基地，围绕它配套企业近百家，广东LNG珠海接收站、中海油南海天然气陆上终端也已在高栏港落户。综上可见，以广州为核心的重化工业基地布局日显轮廓。

(4)以深圳、广州为核心形成高新技术产业基地，珠三角"电子信息走廊"日益成熟。20世纪90年代中期以来，以深圳、广州为龙头，环珠江口地区高新技术产业迅猛崛起，日益发挥高技术产业聚集地和扩散源的重要作用。2007年，珠三角地区高技术产业产值超过14000亿元，大约占全省的97%左右，珠三角地区已拥有六个国家级高新技术产业开发区和四个省级高新技术产业开发区[①]，已建成广州、珠海国家软件产业基地和深圳国家软件出口基地，在建的有广州、深圳国家生物产业基地、深圳综合性国家高技术产业基地以及广州、东莞信息产业国家高技术产业基地。其中，作为中心城市，广州、深圳集中了全省科技资源和高新技术产业的主体，许多指标合计在全省的比重接近或超过六成以上，成为珠三角乃至全省高新技术产业基地的核心区(表5—4)。

特别值得一书的是，作为高新技术产业的代表和主力军，珠三角"电子信

表5—4 广州、深圳科技及高新技术产业在全省的地位(2008)

指标	广州	深圳	广东	占全省的比重(%)
从事科技活动人员(万人)	17.5	26.0	49.9	87
R&D经费支出(亿元)	150	260	490	84
高新技术产品产值(亿元)	3981	8711	22000	58
高新技术产品出口额	75	794	1486	58
已认定高新技术企业数(个)	1200	3086	5402	79
发明专利授权量(件)	1122	5409	7604	86

数据来源：《广东统计年鉴》(2008、2009)和《2008年广东省国民经济和社会发展统计公报》。

① 引自《广东年鉴·全省概况》(2008年)。

息业走廊”逐步形成并日益走向成熟。“十五”以来，随着CEPA的签订和实施，国际电子信息产业通过香港为跳板大规模向中国内地转移，珠三角成为这一产业转移的主要承接地。目前，广州、深圳、东莞、惠州、珠海等城市被誉为“电子信息走廊”，珠三角随之成为亚太地区电子信息业最为密集的地区之一，承载着“世界电子信息产品制造基地和国际采购基地”的重任。珠三角“电子信息走廊”初步形成了内部更加细化的产业分工，其中，计算机产业基地主要集中于深圳和东莞，通信产品基地主要集中在深圳，家电产业基地则分布于顺德和深圳，软件产业主要分布于广州和珠海(专栏5—1)。

专栏5—1　珠三角“电子信息走廊”适度分工，各具特色

计算机产业基地。深圳至东莞产业走廊几乎汇集了全球九成以上的计算机产业巨头，复印机、台式电脑、光传感器、微型电机约占世界产量半数以上。东莞逐步形成了完整的上游供应系统，并形成了以东莞为中心的庞大制造网，逐步向其二级城市延伸，惠州、中山、顺德等地都成为其供应链环节。东莞电子信息行业的企业有2800多家，生产的电脑磁头、电脑机箱及半成品占全球市场的40%，覆铜板、电脑驱动器占全球市场的30%，高级交流电容器占全球市场的25%。

通信产业基地。珠江三角洲的通信产品基地主要集中在深圳。我国14家重要移动通信设备企业，有近一半在广州、深圳。目前深圳已云集了朗讯、华为、中兴、飞利浦等中外知名企业，产品包括局用交换机、移动通信、数字通信、光传输、宽带接入产品、终端设备等，程控交换机、国产品牌手机、高档无绳电话的产量均居全国前列。

家电产业基地。TCL和康佳都是全国彩电业(同时也是通信行业)的巨头。珠三角的彩管生产在全国地位也相当突出，国内八大彩管厂中三家在珠三角。数字视听产业已成为深圳IT产业的支柱产业之一，是中国数字电视广播开发应用试验基地。顺德是公认的全国最大的家用电器生产基地，已经有12家国际知名家电厂商落户到顺德。顺德的家用电器工业产值占全国同业的10%以上，共有家电企业3000多家，拥有美的、科龙、容声、万家乐、格兰仕五个中国驰名商标。

软件产业基地。广州软件产业发展在全国处于前列，软件企业已达1100多家，由广州天河软件园、广东软件科学园、南沙信息科技园组成的广州软件园群落，市场份额已占到国内软件市场的一成以上。同时，作为区内有"软件强市"美誉的珠海，在2008年软件产业产值已达130亿元，已经初步形成了具有一定规模和技术水平的电子信息产品制造、软件产品开发以及集成电路设计、生产、销售的产业体系，产业层次不断提升，发展势头良好，电子信息产业整体正逐步做大做强。

(5)若干主导产业正在形成圈内城市之间的产业链协作。近期，随着区域经济一体化的不断推进，珠三角地区正加速形成以广州为中心的区域产业链，特别是围绕一些具有区域影响力的支柱产业群，广州通过龙头企业的引导逐步将周边区域配套产业群的活动有效纳入支柱产业链条中。其中，最为突出的例子是高速崛起的汽车产业，目前广州汽车产业已初步形成了广州以研发设计、整车组装和技术培训为主，周边佛山、肇庆、东莞等中小城市参与汽车销售和零部件配套生产的区域产业链协作格局。金融产业的区域分工也日益凸显，一般而言，金融业主要集聚于中心城市，然而，现代金融产业发展的规律和趋势表明，金融业的前台和后台业务日益呈现分离发展之势，不仅前台业务产业化发展，后台业务也要产业化发展，并形成庞大的产业体系。在此背景下，佛山和中山积极从其他珠三角城市中脱颖而出，及时抓住了国际金融产业转移给金融后台服务产业提供的机会。目前，珠三角地区金融业正形成广州、深圳重点发展总部经济和金融"前台"业务，南海、中山等二线城市适度布局"后台"业务的发展格局(专栏5—2)。此外，广州石油化工也与周边城市开始形成上游炼油与下游精细化工开发的产业链合作，而作为广州一贯的优势领域，批发市场的展示交易、物流配送也逐步与周边地区的供应基地之间形成紧密的产业协作关系。

专栏 5—2 南海千灯湖金融高新区积极谋求与中心城市金融产业链协作

佛山金融后台服务业定位不只是佛山地区的金融，而是把佛山的金融业与广佛都市圈紧密联系，与珠三角同城化的建设，与粤港澳合作的深化结合起来，从而推动金融业的发展。广东金融高新区位于广佛都市圈核心区——南海千灯湖畔，占地面积为 4.5 平方公里，可开发面积 1.5 平方公里，主要定位为全国性的金融后台产业服务基地，吸引国内外金融机构的数据处理中心、呼叫中心、灾备中心、培训中心、金融创新研发中心等后台机构落户；同时，金融高新区定位为佛山市的金融商务区及佛山市实施金融发展三项计划的平台和载体，吸引银行、保险、证券等金融企业总部及分支机构落户。这一平台对于支持广州、深圳区域金融中心建设，支持全省金融产业发展，增强粤港金融合作等具有十分重要的现实意义。在南海建设金融区，将推进广佛经济圈进一步融合，实现广佛两地优势互补，巩固广州区域金融中心地位。通过设立专业化的金融后台服务中心，可以大幅增强金融机构的产品创新和技术创新能力，更好地抢占金融外包服务等高端服务业的制高点。

3. 一批具有国际竞争力的支柱产业初步形成

改革开放 30 多年来，随着产业结构的演变和升级，珠三角主导产业经历了由轻纺工业向重化工业、传统产业向高科技产业、工业制造业向现代服务业的转变。在这一过程中，行业产值占比较大的支柱产业也随之不断变化，特别是进入新世纪以来，一批新兴支柱产业开始形成并逐步壮大。

在工业领域，以行业产值比重为基准，结合行业相对生产率和比较优势两个维度的考察，广州都市圈主要形成了以电子信息制造、汽车制造、石油化工、家用电器为代表的四大支柱产业，其行业增加值占工业增加值比重在或接近 5%以上，其中比较优势最高的电子信息制造业占比甚至达到了 20%以上（表 5—5）。四大工业支柱依次崛起，有力地支撑了珠三角国际制造业基地的全球地位，其中，家用电器在 20 世纪 90 年代已独领风骚，成为我国当时出口的主力军，电子信息制造业在新世纪之后逐趋成熟，各类信息产品大步走向世界，而汽车产业随着近年中国成为世界第一汽车大国而开始具备了国际竞争力。

从横向比较看，上海都市圈与广州都市圈在现代制造业领域形成了并驾齐驱的发展态势。从现实布局看，广州都市圈与上海都市圈在工业支柱产业上相似度较高，但二者在支柱产业上却具有不同的细分市场和相对优势。

(1)电子信息及电器制造业。长三角和珠三角都是我国消费类机电产业的主要集聚地。在家用电冰箱、程控交换机、移动电话和微型电子电脑四类主要产品中，2005 年由长三角和珠三角所生产的产品，共占全国总量的 38%、48%、39%和 86%。从生产规模看，长三角竞争优势较强的产品主要是家用洗衣机、集成电路、微型电子电脑等；而珠三角占竞争优势的主要是家用电热烘烤器具、彩色电视机、室内空调、程控交换机、影音光碟机和家用电冰箱等。这当中两区域竞争力相当的行业是移动电话。

(2)汽车产业。长三角多年来一直是中国汽车产业的重要基地，2005 年广东省的汽车产量，仅为长三角的一半，但广州及附近地区的汽车产业，正在急起直追。广州现已成为中国最大的轿车生产基地之一和汽车工业新增长地区；深圳以混合动力和电驱动为方向的新型汽车制造，也正在迅速成长。此外，珠三角还是目前中国最大的汽车消费市场，这更成为广州、深圳等城市发展汽车工业的重要市场基础。不过，总体上看，珠三角汽车产业结构相对单一，基本以轿车为主，产业规模优势和整体市场竞争力，仍低于长三角。但珠三角汽车产业的集聚效应已初步显现，日系轿车良好的市场竞争力，极大地推动了珠三角汽车产业的加速发展，尤其在轿车领域发展潜力巨大。到 2009 年，广州轿车产量超过百万辆，有望位居国内城市第一位。总而言之，虽然当前长三角汽车产业总体竞争力略优于珠三角，但就发展潜力看，两区域基本不分上下，特别是在轿车行业，更是如此。

(3)石化产业。从资产总额、主营业务收入和实现利润三个主要财务指标看，2008 年，长三角石化工业分别占全国石化工业的 24.4%、26.9%和 30.6%，地位可谓举足轻重。而珠三角的石化工业虽在全国也有一定位置，但以上三个指标分别仅占全国石化工业的8.1%、9.6%和15.1%，与长三角比较分量显然偏小。值得一提的是，在长三角制造业中，石化行业的研发投入总额占到整个制造业的10.6%，与其产出比重大体相当；而在珠三角方面，石化行业研发投入总额仅占到整个制造业的3.9%，与其产出比重的8.3%相比差了一倍多，这将对珠三角石化产业未来发展潜力产生较大隐忧。

表5—5　2007年广州大都市圈工业支柱产业情况

<table>
<tr><th colspan="2">指标
地区</th><th>工业支柱产业</th><th>占工业增加值比重</th></tr>
<tr><td colspan="2" rowspan="4">珠三角地区</td><td>电子信息制造业</td><td>21.25</td></tr>
<tr><td>电气机械制造业</td><td>11.80</td></tr>
<tr><td>交通运输设备制造业</td><td>6.43</td></tr>
<tr><td>石油化工业</td><td>4.01</td></tr>
<tr><td rowspan="7">部分城市</td><td>广州</td><td colspan="2">电子信息制造、汽车制造业、石油化工业</td></tr>
<tr><td>深圳</td><td colspan="2">通信设备、计算机及其他设备制造业</td></tr>
<tr><td>佛山</td><td colspan="2">电气机械及器材制造业，非金属矿物制品业，通信设备、计算机及其他电子设备制造业、金属制品业、塑料制品业</td></tr>
<tr><td>东莞</td><td colspan="2">通信设备、计算机及其他设备制造业，电气机械及器材制造业</td></tr>
<tr><td>珠海</td><td colspan="2">通信设备、计算机及其电子设备制造业</td></tr>
<tr><td>中山</td><td colspan="2">电气机械及器材制造业，家具制造及包装印刷业、纺织及服装业、电子及通信设备制造业</td></tr>
<tr><td>惠州</td><td colspan="2">电子信息制造、石油化工业</td></tr>
</table>

数据来源：根据《2008年广东统计年鉴》相关数据计算所得。

注：石油化工业包括石油、天然气开采业和石油加工、炼焦及核燃料加工业。

在服务业领域，以广州为代表的商贸流通业是都市圈一贯的传统支柱产业，"千年商都"饮誉海内外。除此之外，进入新世纪以来，核心城市广州的一批重大枢纽型交通设施先后投入运营，国际物流、现代会展和总部经济迅速崛起，深圳金融创新不断深化与拓展，区域金融中心地位迅速上升，而"房改"后珠三角房地产业普遍崛起，近两年穗深两市更成为全国房地产业的标杆和"领航城市"。由此，现代物流、金融、房地产等一批新兴支柱产业开始形成并逐步强化。2008年，这些行业占珠三角服务业增加值的比重均超过了10%，成为名副其实的支柱产业(表 5—6)。

表 5—6 珠三角地区主要服务行业占第三产业增加值比重

主要服务行业	占第三产业增加值比重(%)
交通运输仓储业	10.72
批发零售业	18.43
金融保险业	12.34
房地产业	14.52

数据来源:根据《2009 年广东统计年鉴》相关数据计算所得。

4. 产业趋向集群化发展,传统产业呈“扇形”向区外转移

自 20 世纪 90 年代以来,珠三角各镇区依靠外向型经济的招商优势,开始着力打造产业集群,使珠三角现代产业集群逐步形成。目前,围绕珠江东西两岸,产业集群粗具规模。在珠江东岸,以深圳、东莞、惠州等为主体形成了经济规模近 4000 亿元的全国最大的电子信息产业集群;在珠江西岸,以佛山、中山为主体形成了经济规模达 1000 亿元以上的家用电器产业集群。除此之外,佛山石湾区和南海南庄的陶瓷产业集群,南海金砂及其周边地区的五金制品集群,顺德伦教(木工机械)、龙江(家具制造)、乐从(家具销售)的家具簇群也都形成了几百亿元的产值以及上中下游产业链衔接、产供销一条龙的地区产业集聚形态。以环珠江口 IT 电子信息产业走廊为例,不但垂直形成了完整的产业链条,而且互动发展了与之相关的生产性服务产业(如研发设计、会展、金融、物流配送)、教育产业、法律与财务顾问产业等,合作营造了一个具有一流水平和国际竞争力的 IT 产业生态圈。

与此同时,珠三角传统产业开始呈“扇形”向区外转移。要素“高成本”时代的到来、产业转型和转移系列政策的相继颁布、最低工资标准的出台以及维护劳工权益的“阳光工程”在全国范围内的逐步推行,这些因素综合作用形成了一种针对产业结构转型的“倒逼机制”。在这一机制作用下,随着珠三角高速公路网络快速延伸和综合投资环境的迅速改善,以广州、深圳、佛山等为核心的珠三角产业初步呈现出向周边地区“扇状转移”的趋势。目前,珠三角相关城市与广东粤北山区及东西两翼地区已正式签订产业转移园区合作协议 39 个,一批合建的“产业转移园”正式运作,一批传统劳动密集型企业先后

迁至珠三角外围地区。然而，从实际进程看，由于产业配套、交通成本等种种原因，目前珠三角传统产业整体转移速度较缓慢，转移效果并没有社会期待得那样理想。究其原因，一方面是由于珠三角传统产业技术层次低，受交通、物流等刚性成本约束大；另一方面珠三角要迁出的绝大部分产业都是"三高一低"产业，随着人们生态保护意识的觉醒、提高及科学发展观的贯彻落实，后发地区增强了对产业选择的重视，开始抵制一些污染大、耗能强度高的产业。此外，珠三角地区在高端产业大规模进入之前也不希望因传统产业的过快外迁导致本地产业"空洞化"，影响当地经济的可持续发展。以上因素的综合作用使得广州都市圈核心区传统产业的外迁显得步履蹒跚，一波三折。

5. 产业外向度较高，外贸依存度和资本国际化处于国内前列

由于在对外开放上先行一步的优势，与其他都市圈相比，广州都市圈产业外向度明显较高。"十一五"以来，在广州、佛山等传统工业重镇，每年生产的工业制成品约20%以上用于出口，而深圳、东莞等外向度更高的城市，工业制成品的50%以上用于出口。自我国"入世"及扩大开放以来，珠三角地区进一步稳固了作为广东省乃至全国对外贸易"引擎"的地位，2001—2007年，珠三角九市出口总额翻了两翻，年均增长达22.7%，占全省的比重进一步提升，从2000年的92.2%提升到2007年的95.9%。同时，外贸依存度达到前所未有的水平，到2007年珠三角地区外贸依存度高达180%，其中出口依存度达105.1%，远远高于国内其他地区。

产业外向度还表现在资本国际化方面。改革开放以来，珠三角地区成为我国引进外资的重心区域。进入新世纪以来，尽管长三角的迅速崛起在一定程度上削弱了珠三角的开放优势，但以广州为核心的珠三角地区仍不失为我国产业资本国际化程度较高的地区之一。从利用外资程度看，2008年珠三角地区实际吸收外资169.21亿美元，占全省85%以上，总体利用规模在国内仅次于江苏而居第二位。目前，珠三角地区工业经济产出的六成以上和服务经济产出的二成左右由外资企业所提供。与此同时，外资利用质量也不断提高，外商投资进一步向高新技术、重化工业及超大项目转移，除以外资为主导的信息产业群之外，全国最大的合资企业——中海壳牌石化项目落户惠州，丰田、本田和日产三大日系汽车落户广州，目前，世界500强企业已有190家左右在珠三角设立了近600家企业，美国杜邦、宝洁，日本三菱、本田、日立，法国汤姆逊，韩国三星等世界知名企业还设立了研发中心。从对外投资方面看，珠三角已成为我国对外投资规模最大和最活跃的地区之一，截止2008年，珠三角地区已在90多个国家和地区设立非金融企业达2022家，协议累计境外投资金额94亿美元，分别占全国的约1/6和6%(商务部、国家统计局、国家外汇管理局，2009)，仅次于浙江而居全国第二位。

此外，服务贸易和服务外包日益成为珠三角产业外向拓展的新领域。目前，尽管服务产业外向度远不及工业制造业，但具有服务业外向特征的服务贸易和服务外包还是有了飞跃式发展，特别是中心城市服务业的快速增长为服务贸易的发展奠定了良好基础，这从核心城市广州服务贸易的情况可见一斑。2008年，广州市BOP项下服务贸易收支总额首次超过100亿美元大关，服务贸易规模居全国大城市第三位。服务贸易收入和支出同比保持快速增长，其中，服务贸易收入增长30%以上，支出增长25.13%，均高于全市货物贸易进出口增长率。在服务贸易主要类别中，传统的运输、旅游和其他商务服务收入增长率均超过20%，而新兴的计算机及信息服务、专利及特许权使用、法律会计及咨询服务等离岸外包项目收入增长更超过30%(姚志德，2009)。尤其难能可贵的是，近几年，广州市服务贸易一直保持顺差，且顺差规模呈现不断扩大的趋势，表明服务外贸易出口具有一定的国际竞争力。此外，珠三角还是我国服务外包发展的先导和重点区域之一，作为中心城市，广州、深圳先后被授予国家服务外包产业发展基地，一批服务外包产业园区挂牌运作。2008年，珠三角从事服务外包企业约3000多家，其中，经商务部登记具有国际认证的离岸服务外包企业达500家左右，从业人员约20万人，服务外包年均增长率高达50%以上①，特别是核心城市广州表现更加抢眼，离岸外包在金融危机期间逆市飞扬(表5—7)，成为广州服务业发展的新增长点和产业外向拓展的新领域。

① 王攀 吴鲁:《金融危机下中国服务外包产业逆势增长》，广东省对外贸易经济合作厅网站。

表 5—7 广州市服务离岸外包情况

项目	2008 年	2009 年 1 季度
从事服务离岸外包企业数	74	95
ITO 离岸执行金额(亿美元)	0.92	0.38
BPO 离岸执行金额(亿美元)	0.79	0.32

资料来源:广州市对外贸易经济合作局提供。注:2007 年之前广州还没有建立服务外包统计系统。

(二)存在的主要问题和薄弱环节

1. 产业外向依赖度高,根植性较弱,产业安全面临一定隐忧

近年来,中国的成功“入世”带来了外经贸活动的飞跃式发展,也导致中国经济外向依存度大幅走高,而地处开放前沿的珠三角地区尤甚,产业对外依存度明显高于全国水平。目前,世界各国平均外贸依存度大约为 45%左右,其中,第一经济强国美国约为 25%,日本为 20%,而我国已达 65%左右(张旭宏、庞锦,2005),珠三角九市则高达 105.1%,远高于世界和我国平均水平。核心城市广州的外贸依存度虽略低于珠三角平均水平,但广州工业经济资本构成和总产出的 60%左右为外资所有,个别服务行业(如房地产)对外依存度也超过了 30%。这种经济或产业的高对外依存度,一方面造成本地经济对国际环境依赖程度加深,容易受到国际经贸环境变化的巨大影响和冲击,金融危机以来珠三角地区比国内其他地区经济受创更加严重的事实进一步说明了这一点;而更为糟糕的是,尽管危机以来珠三角经济增长指标仅出现些微的下滑,但外部环境的少许冲击却造成了严重的失业状况。另一方面,由于经济活动高度依赖大量流动性很强的外资企业,这将导致珠三角经济内生性不足,企业根植性较弱。从目前珠三角产业集群发展实证来看,珠三角的产业集群还仍处较低的聚集层次,集群内企业之间尚未建立起长期的信任和合作关系网络,因此企业在该地区是不稳定和易移动的。随着地区比较优势的弱化和其他地区优势的突起,一些城市出现了部分企业向外迁移的现象。以台资最为密集的东莞等地为例,由于不少台商将原来在台湾的产业网络和人脉网络整体移植过来,这些企业与当地本土企业缺乏生产性联系,本地采购较少,技术溢出效果不明显,而随着人力资本的提升和商务成本的增大等,台商便出现了较大规模

的北迁或回撤现象，从而对当地的产业安全造成一定威胁。

2. 城市间错位发展仍显不足，产业同构依然较严重

从产业分布的区域特色看，珠江两岸在主导产业上确实形成了一定差异。然而，从广州大都市圈进一步区域细划来看，其产业同构问题依然突出。首先，作为大都市圈的三个子圈，"广佛肇"、"深莞惠"和"珠中江"三个经济圈产业同构程度不同，根据中山大学一项调查研究表明（引自谢思佳，2009），"深莞惠"经济圈同构程度最高，特色主要是IT产业份额较大，产业同构系数1998年为0.9，2007年仅降为0.88；"珠中江"经济圈产业同构系数在2007年为0.71，产业偏重于电气机械及器材制造业、IT产业和金属制品业；"广佛肇"经济圈同构程度最低，2007年同构系数仅为0.49，产业偏重于交通运输设备制造业、电气机械及器材制造业、化学原料及非金属矿制品业等。一般认为，同构系数大于0.5，即表示两地产业结构趋同度大，应进行产业结构调整，因为产业同构程度越高，区域产业一体化的障碍就越大。另外，都市圈在其成员市及区（县）之间也同样存在着比较严重的产业同构问题，这与条块分割的管理体制有关。从不同城市看，广州、深圳、珠海、佛山、江门、肇庆、惠州七市的工业40个行业大类中，排在前六位的大多是电器、服装、电子、纺织、食品加工、非金属制品等六大产业（羊城晚报，2004）。由于产业结构趋同，地方和企业之间常常发生过度竞争和恶性竞争，造成资源严重浪费，同时，由于行业利润率不断走低，也使得产业升级的空间日渐缩小。总之，在一个都市圈内，如果各个城市仅仅注重自身的产业发展，而忽视与周边地区的产业协调和差别定位，那么，其结果不仅会阻碍区域产业整体竞争力的提升，而且还会制约各自的经济发展。

3. 都市圈产业组织化水平低，跨区域产业整合相对不足

国外成熟的大都市圈都是以某些产业上实现跨区域的产业集群为组织形式，以跨地域战略联盟、产业链垂直分工、大企业集团兼并重组等为主要途径，以"链"（产业链）为架，以"群"（集群）为肌，从产业链纵向延伸与重组上冲破行政区经济的藩篱，实现区域范围内的产业优化整合，构建跨区域的产业分工体系，提高资源配置效率，从而实现区域产业一体化。目前，广州大都市圈跨区域产业整合主要存在两方面问题：一是珠三角产业集群组织形式主要是局限在同一个城市,甚至同一个园区内,产业链条横向协作发达,纵向延伸发展不足,产业组织形式多以松散耦合的战略联盟为主,缺少通过兼并重组而形成的知名大企业集团,导致整体区域产业组织处于较低水平;二是区域产业链发展相对不足,目前,作为中心城市与周边中小城市之间已在汽车、石化、批发等领域形成了几条跨区域产业链,在一定程度上带动了都市圈产业一体化进程,然而,这些产业链仅限于少数领域,且产业协作范围还处于较低水平,产业带动力还相对有限。从长期趋势看,作为区域经济一体化,不同产业在不同地区的错位发展(即产业间分工),必然逐步为同类产业在不同地区间的产业链分工所代替(即产业内分工),而对尚处于初级阶段的广州都市圈而言,后者的发展水平显然还远远不够。

广州大都市圈产业跨区域整合不够的深层原因,除了处于发展初级阶段这一客观原因和国内一般性的区域壁垒束缚外,还与以下几个因素密切相关:一是文化因素的制约,岭南地区千百年来形成的小商小贩、小富即安的意识较浓,企业家容易满足现状,见好就收,比较局限于"不要捞过界"的潜规则,缺少冒险扩张精神,这对企业的跨区域扩张运作形成了一定抑制;二是资本推动力不足,在珠三角的企业普遍在利用资本杠杆实施规模扩张方面与国内先进城市差距明显,这从珠三角上市企业不多(深圳除外)以及广州工业和商贸业在产业组织上呈现"小、散、弱、乱"的状况可见一斑;三是珠三角以外资经济为主导,这些外资企业大多是境外跨国公司在国内设立的"加工厂"或组装基地,而上下游产业链主要分布在境外,很少与本地同类企业之间形成产业链关系,与当地产业尤其是生产性服务体系之间基本处于断裂状态,由此导致广州都市圈产业跨区域整合与产业链协作程度总体不高。

4. **产业创新能力明显不足,缺乏产业核心技术和自主品牌**

近年来,随着国企改革的顺利推进、重化工业的成功崛起以及高新技术产业的高速发展,广州大都市圈产业结构呈现出持续的发展活力,产业升级稳步推进,产业国际竞争力进一步提高。然而,我们同时也必须清醒地看到,当前广州大都市圈产业整体创新能力相对不足,即使与上海都市圈和北京都市圈相比都存在一定差距,其整体经济发展仍未完全摆脱"低度化"发展的风险。从工业发展看,作为核心城市,广州60%以上为外资工业,工业关键或核心技术主要为外资所控制，尤其是在其第一支柱产业——汽车产业上缺乏核心技术和自主品牌；在剩下40%的本土工业中，还有相当一部分中小企业依靠订单贸易从事贴牌生产，真正具有核心技术和国际竞争力的本土工业不过二、三成(蒋年云，2007)。中心城市尚且如此，技术积累较弱、处于产业链低端的周边中小城市产业创新能力更加薄弱。从外贸发展看，目前，广州外贸总量构成中的70%以上属于生产链条短、增加值幅度低、本土带动力较弱的加工贸易，绝大部分出口无品牌或使用外方品牌，在出口结构中，占据大头的仍属于具有传统优势的劳动密集型轻纺产品，具有优化升级意义的机电产品和高新技术产品比重明显低于上海、苏州、深圳等城市(欧小平，2003)。而在高新技术产业领域，虽然深圳已号称我国高科技发展"领军"城市，但其高新技术产业增加值率也普遍不高，除生物医药之外，珠三角地区绝大多数行业增加值率不足30%(邓利方，2005)，而真正具有自主知识产权的高新技术产品也不多。总体上看，无论是工业、外贸还是具体产业领域，珠三角地区仍以发挥低成本优势为主，以外源性经济为主导，在国际产业链分工中局限于生产制造环节，由此构筑的产业竞争力是脆弱的，这从此次世界金融危机以来珠三角产业所受到的巨大冲击可见一斑。

5.产业生态化水平低，绿色生产方式尚未得到广泛应用

与上海、北京等其他相对成形的都市圈比较，广州大都市圈土地总面积较小，人口、产业较为密集，生态承载力相对有限。然而，自改革开放以来，伴随着城市化和工业化的迅猛推进，珠三角地区环境污染和生态危机逐步凸显出来，其中，产业升级缓慢以及由此带来的产业粗放式增长成为环境污染和生态破坏的重要诱因。在珠江两岸的一些主干道如广深高速、105国道等两侧，十分密集而无序地分布着大量低素质工厂，这些工厂侵占了大量耕地和生态用地，对生态环境和土地利用造成了巨大破坏和浪费。在珠三角地区，循环经济模式尚未得到有效而大面积推广，广州、佛山、中山等一些先进地区虽然率先建立了一些试点性质的生态工业园(如广州全市仅有萝岗区一个循环经济试点园区)，但这类园区的示范效应还十分有限；资源再生产业体系及其产业链远未完善，回收体系不健全，经营不尽规范，加工利用技术较为落后，二次污染问题突出，废物回收责任不明确，由此造成废物资源回收率总体仍然极低；珠三角地区开始出现一些循环经济示范企业，但绝大多数企业仍沿用"滥用资源→制造产品→排放污染"的单向直线式粗放生产方式；高技术、高效益、低污染、低能耗"两高两低"工业和占用资源少、污染少、附加值较高的现代服务业有所发展，但离构建环境友好型产业体系还有相当距离；产品生产过程的绿色标准日益完善和提高，但做到产品全寿命周期无污染、资源低耗及可回收、可重用的企业依然较少，绿色产品比重仍然较低，许多出口产品频频遭受国外绿色壁垒的打击即是力证。近年来，珠三角产业升级开始加速推进，自去年开始实施的"双转移"工程取得了一些成效，但化工、电镀、造纸、金属制品等污染严重的企业仍大量存在，给生态环境带来了持久性破坏，造成农田、河流污染及地下水质恶化等一系列严重后果。此外，由于缺乏区域环保协调机制，珠三角各地区在生态环保建设上各自为政，甚至在废物焚烧厂、污水处理站布局以及污染治理上以邻为壑，造成较大的外部负效应。总体上看，广州大都市圈产业生态化水平低，绿色生产方式尚未得到广泛应用。

三、提升广州大都市圈产业竞争力的前景与对策思路

(一)珠三角产业发展的前景、格局和思路分析

长期以来，香港坐拥珠三角龙头地位，对周边地区发挥着强有力的辐射带动作用。与此同时，作为广州大都市圈的龙头核心城市，广州在过去30年的工业化进程中高速发展，中心城市地位不断凸显，服务周边地区的能力日益增强。大珠三角地区正形成各具特色的"双龙头"引领发展格局。然而，近年来，广州在高歌猛进的同时，周边地区也在飞速发展，特别是经济特区深圳的高速崛起使区域竞合格局更加复杂，区内产业同构竞争和无序布局也愈益明显。

从区域一体化发展的角度看，在过去相当长的一段时期内，珠三角各城市之间产业联系较弱、破碎，总体上处于断裂状态，特别是各中小城市均致力于发展脱离本区域协作的外向型经济，从而与中心城市广州在产业上错位度、关联度不高，而离散度较大。进入新世纪以来，随着广州中心城市功能的培育与提高，特别是近期在国内外环境巨变的背景下，单一的外向型经济遭

受巨大打击，各中小城市纷纷在战略上进行调整和转型，开始更多地转向内源性的产业合作以寻求未来发展的潜力和空间，这一区域合作趋势导致珠三角都市圈效应逐步扩大，区域产业链联系更加密切。我们预计，以世界金融危机为转折，珠三角各城市间将逐步进入或趋向大规模"战略联盟"时代，作为都市圈水准的区域产业合作将更加深化。

广州大都市圈竞争力的关键是能否形成稳固和可持续发展的产业基础，而这在很大程度上取决于圈内各地区产业是否能够形成良性互动与融合发展，产业空间布局是否协调合理，产业集群能力是否能支持有效创新，产业一体化能否形成深度的跨区域产业链协作，产业生态化水平能否满足循环经济和保护环境的发展要求。为此，广州大都市圈必须致力于促进圈内产业分工与错位发展，进一步强化和凸显各城市的经济功能及主导产业定位，并在产业深度融合和跨区域整合的基础上提高整个都市圈的产业组织化水平和国际竞争力。

强化都市圈产业基础，推动都市圈产业一体化，首先要力促圈内各城市在主导产业上的错位发展。广州大都市圈应以打造珠三角共同经济体为契机，积极推动签订各种形式和层次的区域一体化战略性合作框架，力争在区内主要中心城市之间形成各具特色、功能各异的产业发展格局。由于各城市所处发展阶段、产业历史基础和动态比较优势各异，金融业、高端专业化服务无疑以香港为龙头，商贸会展、交通物流业主要以广州为核心，旅游及休闲娱乐业主要围绕澳门、珠海作文章，而高科技产业应以深圳为龙头，其他二线城市主攻技术密集型的先进制造业及部分特色生产服务业，在此基础上逐步减少中心城市与珠三角各城市在项目资源上的同质竞争，努力形成错位发展的产业格局（专栏 5—3）。

专栏 5—3　《珠三角改革发展规划纲要》与珠三角主要城市产业定位

关于广州大都市圈主要城市的功能定位，《珠江三角洲地区改革发展规划纲要（2008—2020）》（以下简称《规划》）除了给出广州、深圳明确的定位，其他城市并没有详细的定位。我们将参考《规划》的部分描述，从现代产业角度和广州大都市圈一体化背景下，给出主要城市的功能定位。

广州

《规划》指出，将广州建设成为广东宜居的“首善之区”，建成面向世界、服务全国的国际大都市。增强文化软实力，提升城市综合竞争力，强化国家中心城市、综合性门户城市和区域文化教育中心的地位，提高辐射带动能力。同时，把广州建设成为珠江三角洲地区一小时城市圈的核心，并率先建立现代产业体系。为此，广州要重点建设“四个中心、一个基地”，即区域性现代服务业中心、国际商务会展中心、亚洲物流中心、华南科技创新中心和国内先进制造业基地，着力构建以服务经济为主体，现代服务业、高新技术产业和先进制造业融合互动、协调发展的具有国际竞争力的现代产业体系。

深圳

《纲要》指出，深圳市要继续发挥经济特区的窗口、试验田和示范区作用，增强科技研发、高端服务功能，强化全国经济中心城市和国家创新型城市的地位，建设中国特色社会主义示范市和国际化城市。为此，深圳可定位为：洲际性专业型国际化城市，努力打造成亚洲高新技术产业研发制造中心城市、现代化国际港口城市、区域性金融中心城市、花园式海滨旅游城市。

佛山

佛山的定位应该是：现代制造基地、产业服务中心、岭南文化名城、美丽富裕家园。结合珠三角改革规划的要求，佛山应以建设陶瓷、家电、平板液晶显示“三大世界级产业基地”为目标，跻身中国先进制造业城市；以建设国家级乃至国际级的陶瓷、家具、机械装备、金属材料物流基地，推进“广东省金融高新技术服务区”建设为目标，建设面向全国乃至世界的产业服务中心；以广佛同城化为契机，主动接受广州辐射，甘为广州提供产业配套，在重点产业领域形成广佛产业链，打造发展具有岭南特色的文化创意产业。

珠海

由于多年来，城市功能定位进行过多次大的调整，珠海给外界造成定位不清的印象，参考规划中提出的把珠海建设成为珠江西岸中心城市的目标，它应该是珠三角现代化港口城市，区域物流、科技创新中心、高新技术产业和先进制造业基地，适宜居住、富有魅力的旅游中心城市，着力打造“西部制造”和“香洲服务”双品牌。

东莞

东莞正好在穗深港高科技走廊重要节点位置上，是广州接入深港创新圈，提升和扩展广州服务功能的桥梁，同时也是深港融合成果的主要空间载体，因此，东莞应以建设全球高科技产品生产基地为目标，加快加工制造业转型升级，积极承接穗深港产业融合带来的制造订单，着力发展生产性服务业的外围层，同时适度推进工业重型化。

中山

中山的定位，应以构建产业集群为核心、产业辅助系统为支撑、产业发展环境为基础，打造世界灯饰研发与制造中心，建设临港装备制造、精细化工和健康产业基地，通过配合广州、珠海发展服务后台业务，积极打造珠三角西岸现代服务业外包基地。通过创新区域合作的产业发展模式、虚实结合的产业组织模式、两翼带动的产业升级模式，打造具有中山特色的产业集群升级创新示范区。

惠州

惠州的定位比较清楚：世界级石化产业基地，同时也是华南地区重要的电子信息业、临港产业聚集地之一。

进一步看，广州、深圳作为都市圈的核心城市，应优先发展生产性服务业，这样既可以促进本地传统制造业向高端化升级，又可以为周边其他城市的制造业发展提供高水平、专业化的服务支撑。一般而言，生产性服务包括核心层和外围层，核心层生产服务可以直接作用于生产过程，主要包括科技服务业、信息服务业、创意产业、研究设计、营销策划、工程咨询等；外围层则主要针对作用于流通过程的生产服务，重点是物流业、金融业、会展业、商务服务业、外包服务业等。可见，生产性服务业因其服务对象大多来自生产制造领域而具有明显的服务溢出效应，在促进区内相关产业集聚发展的同时，也会有效渗透、扩散、辐射到周边中小城市的传统产业改造中，扩大服务输出。

对广州而言，传统产业优势、省会城市的特殊定位和建设国家中心城市乃至打造国际化大都市的战略目标，决定了广州应重点发展科教、信息服务、商贸、研发设计、工程咨询、文化创意等核心层生产服务业，同时不放弃汽车、石油化工、精细化工、钢铁、电子信息、机械装备等位居产业链高端、技术复杂度较高的先进制造业，由此错开与香港的发展定位；深圳因其固有的特区定位及一贯先行先试的政策优势，应围绕金融创新与科技创新，重点发展高新技术产业和金融、创意、信息、服务外包等高端优势服务业。另外，两个城市都应重点推动高科技研发中心和高端品牌运营中心的建设，充分发挥中心城市聚集性和辐射能力强的优势，推进服务业的现代化和国际化。要重点发展知识技术密集和资本密集型服务业，把服务业培育成为经济增长的第一推动力，主动为整个珠三角、环珠三角乃至全国提供专业化服务，继续强化在圈内的核心城市地位。

珠三角其他七个城市，应基于产业优势互补的原则，主动接受广州、深圳的生产服务核心层及相关层产业辐射，可以通过借鉴广佛产业合作模式来实现都市圈外圈层城市与核心圈层城市之间的产业分工，错位发展。在广佛模式中，佛山主要依托广州的国际商贸、金融、物流、信息、研发中心的优势，强化家用电器、金属材料加工及制品、陶瓷及其他建材、食品饮料、家居用品制造等传统制造业的优势地位，对产品进行深加工，提高附加值，打造国际制造业基地。对珠海来说，一方面可依赖与澳门、广州的产业协作，大力发展高科技服务业，特别是集成电路设计、软件研制、软件外包；另一方面应着力发展生产性服务外围层相关产业，为中山、江门、肇庆提供制造业升级所需要的咨询、设计、会展等服务，并在区域内形成以休闲旅游、商务酒店、餐饮、娱乐为主的商务配套服务中心；同时，积极发展居民生活服务业，提高居民生活质量，在工业化和城市化进程中，推进服务业的现代化，把服务业培育成为经济增长的重要支柱，巩固珠海在西岸的中心城市地位。东莞、中山可重点发展先进制造业，承接核心城市的产业转移及订单转包；另外，要依托本地制造业发达、居民收入水平较高的优势，适时发展部分有特色的生产服务业以及生活服务业，重点为工业生产服务，完善城市服务功能。而惠州、江门和肇庆，则围绕核心城市和次级城市的主导产业，形成特色鲜明的配套产业基地。

(二)提高广州大都市圈产业一体化水平的对策思路

基于以上产业格局和发展思路的初步分析，广州大都市圈产业竞争力的提高应着力于以下几个方面。

1. 提高产业集群水平，促进产业融合，精心打造一批国际知名创新园区

集群和融合，是两个不同的产业发展方向，一个是产业的集聚，一个是产业的相互渗透和扩散。对于处在产业转型升级关键阶段的广州大都市圈来说，需要通过产业集群来提高创新能力，同时也需要通过产业融合促进结构转型和产业升级。为此：

第一，针对圈内产业集群所处不同发展阶段，制定针对性的集群培育政策。对于电子信息、服装、家具、五金模具等成熟的产业群以强化发展规划为先导，优化产业配套，完善产业要素市场；鼓励集群的扩大开放，推动市县间产业资源整合、产业分工和配套，做好产业比较发达的地区与周边地区资源的整合，大力发展产业的上下游企业，推动在一定区域内形成一个紧密性强、关联性高的产业群；同时，加大对集群研发的投入，建立完善的科技转化和信息平台，提高集群内企业的技术水平，延伸产业链条，促使产业链从生产制造环节向设计、销售、服务环节延伸，提高产业集群的根植性和产业效益。对产业初步集聚，产业链尚未完整形成但具有一定竞争优势的集群产业，如玩具、印刷、造纸、食品饮料等，主要是依托现有产业基础，通过加大产业公共要素投入力度，支持配套企业发展，吸引更多的企业集聚，实现产业集聚向产业集群的转变，争取在未来一定时期内培育出若干个具有一定影响力的产业集群。对极具战略性但尚未形成优势产业的，如生物制药、新材料、数字产业等产业，要善于发现具有发展潜力的种子企业，通过政策倾斜，定向招商，引导优势产业群逐步形成。

第二，推动产业融合，以融合创新促进产业转型升级。由于信息技术的渗透和产业链的不断延伸与重组，导致产业边界日益模糊，产业之间的融合已成为都市圈经济迈向成熟发展的标志，是国际大都市圈建立现代产业体系和营造新的经济增长点的有效途径。为适应这一趋势，广州大都市圈应从以下方面推动区域产业融合与创新：

一是加快传统产业的改造与升级。即通过高新技术对传统产业的改造，

实现以新技术渗透方式推进产业融合，最典型的是信息和生物技术对传统产业的渗透融合，形成一些新兴经济业态。当今世界，信息技术已渗透到经济社会发展的各个领域，对提高劳动生产率、降低能源资源消耗和生产成本、加快产业升级起到了巨大的推动作用。信息化可以帮助很多制造企业在圈内建立完整产业链，并将其延伸到国际产业链，比如SCM（供应链管理系统）、CRM（客户关系管理系统）及ERP（企业资源计划管理系统）的不断发展，为关联企业建立分布于整个都市圈空间上产业链条提供了便捷和有效的技术支持，对制造业发展有着极大的带动作用。因此，必须加快信息技术在各个领域的应用，大力推进信息化与工业化融合，促进工业由大变强，大力推广以信息技术为代表的高新技术，加快用高新技术和先进适用技术改造提升传统工业产业，提升其技术水平和市场竞争力。

二是着力发展生产性服务业，促使低端制造业向都市圈外围层转移。随着都市圈核心层拓展和产业专业分工的深化，生产制造企业大多面临产业转型升级的压力。在这种情况下，通过财政、税收、土地等政策支持，引导有条件的工业企业大力发展生产性服务业，鼓励生产制造业企业将技术中心、重大产业技术平台组建成为专业化的具有科技研发、工业设计、技术推广的服务型企业，同时将规模化生产业务整体迁移到位于都市圈外围层的配套城市。鼓励位于核心圈层的工业企业利用现有仓储库房、运输车辆以及原材料等投资组建独立的物流配送公司，鼓励盘活闲置的老厂房、设施等存量资源，吸引国内外有实力的文化创意企业落户，重点在核心圈层发展文化创意产业并形成创意产业集聚区。通过以上重组、转型及转移，实现制造业与服务业的融合发展，同时促进都市圈核心圈层和外围、边缘圈层产业合理布局。

三是积极促进服务行业之间的融合发展。按照做优、做强、做新服务业的发展思路，以市场需求为导向，大力促进圈内服务业间的资源整合和要素流动，发挥出集成服务优势，并促进新型服务业态、消费方式的形成。第一，加强关联性融合，使圈内现代服务业各关联产业之间延伸融合，形成市场信息共享、资源集约利用、彼此密切相关的产业链。第二，加强结构性融合，促进各种要素间的重组融合，适应产业结构高度化的发展趋势。第三，加强功能性融合，在很多功能性项目建设中，要充分融合相关产业，注重产业间不同功能的有机融合。根据广州大都市圈实际，按照“自主、多元、共赢”的原则，积极引导文化、传媒、信息、物流、商贸、会展、旅游等领域组建跨部门、跨行业、跨媒体、跨地域的大型服务产业集团，提高服务供给能级和规模经营效益。

四是按产业融合的要求放宽行业管制。一般来说，产业融合最初只是涉及不同行业间的互动联系，随着都市圈经济一体化，这更多会在不同行政区域的不同产业之间展开。因此，从政策层面逐步放宽区域行业管制对促进产业融合具有重要意义。作为核心城市的广州、深圳等城市，应积极争取国家支持，开展“放松规制、创新求变”的政策试点，鼓励金融、商务、文化等行业开展跨区综合经营，取消或减少对被规制产业的进出壁垒，使管制内容从严格的市场准入转向维护市场秩序、保障市场公平竞争等方面来。努力取消和部分取消对被规制产业的各种价格、进入、投资、服务等限制，破除各种不成文的“潜规则”，建立促进产业融合的跨区域组织协调机制，调整完善相关政策法规，为产业融合创造比较宽松的政策和制度环境。

第三，通过合理规划定位和功能转型，打造一批国际知名创新园区。产业园区是促进产业集群化的空间载体，广州大都市圈应着力打造一批国际知名创新园区，这需要注意抓好以下几个方面的工作：首先是突出特色，确定发展定位。依据珠三角现有园区地理位置、资源禀赋及现有企业的相对优势，合理确定每个园区重点发展的产业，使各园区在产业发展上有所侧重、各具特色，尽量减少“大而全”、“小而全”的园区同构竞争，形成各具鲜明的主导产业，再围绕这些主导产业招商引企，一方面促进产业快速集聚，形成各园区相对分工、合理发展格局；另一方面大幅降低招商成本、投资成本和治污成本。其次，要加强园区资源整合，提升园区发展水平。根据园区不同情况，将现有园区整合为重点发展园区、需要培育园区和需要提升园区等三类，另外，划出一定区域作为储备发展区，为未来园区发展预留空间。在中心城市的主城区，要以现代都市型工业为主，对旧工业区进行分类改造为功能置换区、工贸混合区和升级改造区。通过规划调整以及有关管理措施，将工业用地置换为居住、商业、文卫、绿地、配套基础设施等其他城市功能。同时，推进制造业生产环节向都市圈外围层转移，在核心圈层的外围区域布置工业组团，形成价值链空间分工和区域职能分工，促进区域共同发展。在各中小市县，要抓好原有工业园区和工业用地的整合，实施拆旧建新、拆小建大、拆零建整，完善设施，优化布局，提高管理水平和承接产业能力。通过园区整合，改变外资企业分散占地、耗费土地资源较多的现状。再次，充分利用现有工业基地和工业区，促进产业转型升级、产业链延伸和功能完善。以科技研发、创意设计、现代物流、批发市场为重点，形成新型生产性服务功能区。以各类经济开发区、大型工业基地和高新技术产业园区为载体，通过完善配套与功能拓展，规划形成以产品研发和技术创新为特色的科技研发型功能区；以重化工业基地为依托，通过产业链延伸，重点发展大宗原材料国际采购中心或生产资料批发园区；对商务成本不适宜而城市功能完善的近郊工业区，进行产业转型和功能提升，发展特色专业型服务功能区；以机场、港口、铁路枢纽站为依托，构筑保税物流，实行区港联动，加强深水港与国际空港的联结，规划形成物流型生产性服务功能区。

2. 以广佛产业合作为先导，打造区域产业链，逐步强化广州与圈内其他区域的产业联动

对广州大都市圈来说，实现产业一体化不是一蹴而就的。《珠三角改革与发展规划纲要（2008—2020）》指出，珠三角一体化是通过广佛、深港、珠澳三个增长极互动融合而实现，考虑到香港、澳门在政治、经济体制上与珠海、深圳显著不同，短时间内无法完成产业一体化，而广佛产业一体化则完全具有条件先行先试，提前实现。另外，广州作为都市圈中心城市必须借助与周边地区尤其是珠三角城市的产业结构互补性和关联性，依托珠三角深厚的制造业基础，积极扩大服务对象，拓宽服务渠道，提升广州高端服务功能。为此，可先以广佛同城化为突破口，积极构建以广州为中心、珠三角为核心腹地的制造业产业链，进而与港澳形成某些服务业的联动机制，使以广州冠名的大都市圈名副其实。

第一，推动广佛产业合作。广州作为区域产业链的上游，可以为周边地区提供能源、金融、人力等产业要素支持，作为下游可以提供销售市场，而佛山作为链条的中游，其制造业从上游吸取资源，产品供给下游。基于这一功能差异化格局，两市应积极构建以北部产业集群为核心的先进制造、现代物流和商贸服务产业链，不断拓展广佛在研发制造、物流及商务服务等领域的合作空间，加快两地产业高端化升级。近期可重点推动构筑和完善以下区域产业链：

(1)强化广佛汽车产业链。依托两地汽车及零部件产业的发展优势，积极构建汽车关键零部件产业集群。在广州整车产业高端化过程中，对产业链配套要求越来越严苛，具体表现在产业链条在区域内必须覆盖到整车生产的所有步骤，因此可以考虑在佛山设置高档车汽配零部件产业配套基地，甚至可以把低端整车工业转移到佛山，广州主要以设计、研制、制造高档整车为主。佛山则通过增强汽配产业集群能力吸引日资厂家，甚至欧美企业进驻产业园区，积极承接广州汽配与低端整车转移，形成具有“佛山汽配”到“广州整车”特色的完整产业链。

(2)推进广佛“金融同城”。佛山通过加快推进“广东金融高新区”项目，为广州金融中心区提供良好的后台服务支撑，承接和扩大广州金融中心的区域辐射带动能力，在货币市场，推进“金融同城”。具体而言包括，与港澳合作加快发展债券市场，建立区域性债券交易市场；联合推动区域性票据交易市场的发展；加强期货市场的合作，期货交割仓库可以放在广佛；联合打造多层次资本市场，一方面重点争取 OTC 等产权交易市场，另一方面重点引导创投市场发展，联合在佛山设立大型品牌的创业基金公司，打造华南风投中心，全力发展创投行业；在“金融同城”的理念下引导广州金融机构进入佛山设立分支机构等。

(3)推进广佛“空港经济”合作。广州空港经济的产业发展应按照加快广佛同城化的要求，加强与佛山优势制造业升级功能的对接，积极构建以广佛都市圈中北部产业集群为核心的先进制造、现代物流和商贸服务产业链，不断拓展广佛在研发制造、物流及商务服务等领域的合作空间，加快两地产业高端化升级，共同推动空港经济的发展。一是依托两地汽车及零部件产业的发展优势，积极构建汽车关键零部件产业集群；二是鼓励佛山形成空港外围的临空物流集散中心，对接珠江西岸城市的航空货运市场需求；三是通过加快佛山优势制造业(如陶瓷)的高端化升级，依托空港及两地会展业开拓高端消费品市场。

第二，适时推进广州与其他主要城市的产业联动。根据珠三角各城市产业特征、集群发展趋势及与广州的关系，向东依托广州开发区，加强与东莞、深圳、惠州的产业合作，构建以电子信息、生物医药为核心的高新技术和先进制造业集群，突出发展电子信息高端制造业，打造全球电子信息产业基地，着力培育研发、总部经济、工业设计、文化创意等高端环节，大力发展金融服务、科技服务、信息服务等生产性服务业，构建以知识经济为主导的区域服务和创新中心。向西依托荔湾、南沙开发区，加强与珠海、中山、江门、肇庆的产业合作，突出发展先进制造业和都市旅游业，积极延伸广州主城区的商务、商业和旅游服务业集群，大力发展生产性服务业，打造若干具有国际竞争力的特色产业集群，形成广州大都市圈新的经济增长极。

3. 以提高产业创新能力为核心，着力打造各具特色的珠三角高科技产业集群

只有以技术创新为支撑，产业集群才具有可持续发展的竞争力，产业的跨区域发展才能得以实现。针对广州大都市圈产业创新能力相对薄弱的问题，应通过建立和完善技术扩散机制，提高产业集群的创新能力。

首先，要在制度创新层面率先突破。逐步完善要素市场体系，进一步突破要素市场的政策限制，积极构建或引进新兴专业市场平台，促进资本、劳动力、技术、信息等生产要素的合理流动和优化配置，引导和支持创新要素向企业集聚，创建富于技术创新竞争力的园区发展环境。建立既能激励创新又能适度有效约束模仿的机制，使那些有创新能力与愿望的企业通过不断的创新获得发展，使那些缺乏创新能力与愿望的企业能够通过模仿而获得生存与一定的发展。

其次，注重产业集群模式下技术扩散机制的设计。在珠三角市场导向型产业集群模式下，一个好的技术扩散机制可以调动集群中企业进行技术扩散的积极性，从而大大地提高整个集群经济的总体技术水平，增强群体企业竞争力，实现政府的最终目标，即社会整体利益最大化。因此，政府应从以下三方面促进企业进行技术扩散：第一，通过完善专利法、知识产权保护法等法律，保护企业创新技术权益不被侵犯，提高技术需求方接受技术的积极性；第

二，给予创新技术企业减税、补贴以及经济的直接扶持等优惠政策，鼓励技术创新以及扩散。同时可以给予接受技术扩散的中小企业投融资，降低接受技术的风险；第三，健全产业集群中技术扩散的中介服务体系，搭建公共技术研发服务平台，为技术供给主体与需求主体提供更为广阔的社会通道，发挥有效的桥梁和纽带作用。

最后，积极培育一批有国际影响力的高科技产业集群。建立创新园区与高科技产业集群的互动关系，突出各高新技术园区的核心产业，努力形成“特色明显、优势突出、竞争力强”的主导产业体系。企业入园和技术引进要围绕各自的核心主导产业展开，避免出现重复建设，如广州科学城要集中瞄准电子信息、生物医药、新材料等优先发展领域，天河软件园要发展和集聚一批国内外知名软件企业，黄花岗科技园、民营科技园和南沙资讯科技园等园区则分别着力在电子商务、汽车零部件、电信设备、软件技术引进与出口加工等领域形成特色；东莞松山湖应以打造“珠三角 IC 硅谷”为目标，积极引进中科院计算所、电子科技大学和东莞理工学院等一大批与 IC 设计相关的科研院所，主动承接台湾 IC 高端产业的转移和研发总部；珠海则要把高新区打造成为圈内基础应用类软件研发基地，树立中国软件在世界软件领域的一面旗帜。深圳高新区因成立早，发展快，领域广的特点，重点发展计算机、网络与通信、集成电路、软件、光电子、生物工程、新材料和光机电一体化等主导产业，形成规模效应和配套产业群。中山火炬高技术区重点发展生物制药、软件产业，力图打造成为中国最好的生物科技研发与产业基地。

4. 优化圈内产业布局，规划建设一批具有强大辐射力的产业功能区

优化产业布局，就是根据城市级差地租规律和交通布局的引导作用，贯彻主体功能区的规划理念，遵循现代产业分布的一般规律，按照“地理集中、产业集群、功能集成、资源集约”的产业集群化要求，规划建设一批既体现城市重大战略又突出区域特色的产业功能区，使之成为加快圈内城市现代产业发展、提高产业空间组织效率、改善都市圈空间形象、强化都市圈高端功能的重要载体和有效动力。从前面对都市圈产业基础的理论分析及结合广州大都市圈产业现状的情况，应从以下三个层面强化圈内现代产业的空间导向和载体建设。

首先，按照产业分布规律优化现代产业的空间布局。国内外发展经验表明，国际大都市圈产业具有一定的空间分布特征与区位要求。对圈内中心城市而言，产业分布一般由中心到外围呈现现代服务业—高新技术产业—制造业发展的圈层分布格局。对广州、深圳而言，金融、商务、信息、高端零售等产业一般位于企业总部集中、消费群体庞大、交通通达性良好的城市中心区，批发市场重点布局在城郊结合部的交通枢纽附近，高科技产业一般位于科研力量集中区域或大型产业基地周围，创意产业重点布局在中心城区工业旧厂房及部分历史性建筑区域内，现代物流一般靠近港口、空港、开发区以及铁路、公路枢纽性站场，生态旅游休闲产业大多位于以山林区为主的生态涵养区域，而工业制造业应尽快迁移到远离中心城区、基础设施完善、生态承载力较高的远郊区或其他配套城市，如江门、肇庆、惠州。根据以上分布规律和指导原则，广州大都市圈应加快中心城市的"退二进三"和"高进低出"，配合省政府提出的"双转移"、"腾笼换鸟"发展战略，努力形成在中心城区以服务业发展为主、外围地区以高新技术和先进制造业为主的发展格局，同时，依托CBD、历史街区、交通枢纽、经济技术开发区、大型工业基地和生态涵养区，相应规划发展总部经济、创意产业、现代物流、科技服务业和生态旅游休闲业，打造都市圈新的增长极。对于珠江口东岸，则以布局电子信息高端制造业(东莞)、重化基础工业(惠州)为主，提升现代物流、科技服务的能力；珠江口西岸则以珠海为中心，布局高新技术产业(珠海)、商务会展及旅游(珠海、中山)、三大先进制造业基地(佛山、江门)、金融后台服务业(佛山)等为主；在肇庆布局传统产业转移基地和升级基地，打造为传统优势产业转型升级集聚区。

其次，处理好产业布局的跨区域性与珠三角行政分割的矛盾。产业布局是以经济区域而不是行政区域来设计的。建立区域沟通机制，加强市县间经济发展过程中的沟通；完善区域合作机制，建立起区域经济发展的政策协调与磋商机制；针对涉及共同利益的基础设施建设、产业布局、公共资源利用、生态保护等重大问题，加强市县间的合作。推动发展均质相邻区域的产业合作，促进区域间骨干企业和配套企业共同发展。如电子信息制造业的布局和高新技术产业的布局必须协调好以IT产业为主导的穗、港、深工业走廊的关系；而临港产业，特别是物流业，则要协调好珠江口各港口的关系。当前，珠三角港口、机场等物流基础设施重复建设比较严重，因此物流业的发展与布局必须处理好港口经济的跨区域性特征与行政区划分割的矛盾，从产业规划、物流设施建设与政策体系等各个方面加强各市县间以及与港澳间的协同。

第三，科学规划各类主体功能区。考虑到珠三角城市化和工业化的开发密度和强度都比较高，区域主体功能区的规划应该实行全覆盖，但由于区内各市县发展水平实际上还存在很大差距，可以根据国家主体功能区的规划理念，对珠三角地区实行统一主体功能区规划，将全区国土资源划分改造提升区、重点开发区、限制开发区和禁止开发区等四类功能区域。

在改造提升区和重点开发区将主要发展现代制造业、现代服务业和高技术产业，集中发展电子信息、汽车、机械和医药等高端产业。着力建设七大电子信息工业制造基地，形成轿车生产基地和环珠三角汽车零部件产业带，重点发展现代中药、生物制药、海洋药物，新型化学药品制剂和高新技术医疗器械，大力发展以广州、深圳、佛山为三大核心的装备制造业。在沿海或江河下游建立石化和制浆造纸业，其中，石化产业将重点建设惠州大亚湾石化区、崖门口沿岸重化产业带（珠海西区、江门新会东区）、茂湛沿海重化产业带。对于家电、纺织、食品、建材等增长较慢、增值较低、资源消耗较大的传统产业，积极有序地向专业镇、东西两翼和粤北山区转移。

限制开发区和禁止开发区也就是生态保护区，主要包括资源承载能力较弱、大规模集聚经济和人口条件不够好，关系全市或较大区域范围生态安全的以东江、西江、北江、珠江口为主体的珠江水系网及沿海地带，水库联网区域以及生态森林公园、城市公园、重点风景名胜区和历史人文资源丰厚地区等区域。生态保护区在生态保护优先的基础上，适度发展生态观光型农业、生态休闲旅游业、文化旅游等绿色产业。

此外，区内主要城市也应在珠三角主体功能区规划的框架下制定自己的规划。以广州、深圳为例，首先，广州在工业上已在东、南、北三个方向上规划并形成了三大工业基地，在服务业领域初步规划布局八大现代服务业功能区，在物流领域则早已明确了 3＋5 的发展格局，结合这些规划成果，根据广州城市空间战略趋势、已有发展基础及衔接珠三角的要求，广州应在规划整合的基础上，明确将CBD总部经济区(含三个分区)、西部商贸创意产业功能区、东部科技创新功能区、北部空港经济区、南部南沙海港经济区、大学城—亚运新城科教文体区等确立为六大跨区域战略性产业功能区，使之成为支撑广州未来现代产业发展的重要战略性载体。深圳则应在重点开发区和改造提升区中建设四个"产业主体功能区"，包括特区内现代服务业主体功能区、东部滨海生态休闲度假主体功能区、东部先进制造业主体功能区、西部高新技术产业主体功能区。其他中小城市也应该依据在圈内的功能定位规划符合城市现代产业体系要求的主体功能区。

第四，以产业集群化为导向打造各具特色的产业集聚区。在产业功能区规划的基础上，进一步规划建设空间单元不大、地理集中、功能集成、资源集约的现代产业集聚区，是有效落实功能区规划蓝图及推动产业集群化的基本途径。从我国一些先进城市的实践看，在工业领域，依托卫星城或产业新城建设，可规划发展一些特色产业集群或专业镇；在服务业领域，根据功能区规划和各类产业分布特性，可规划建设创意产业园、软件园、物流园区、生产性服务外包示范区、文化艺术区、体育休闲区等各具特色的现代服务业集聚区，在此基础上，根据集聚区发展需要，构筑产业集聚区的政策促进体系，逐步完善研发设计、信息咨询、产品测试等公共服务平台和中介服务体系，从而为主导产业的集群化提供优质环境。

5. **完善产业转移机制和载体，加速中心城市低端产业向都市圈边缘地区有序转移**

由省政府牵头建立专门机构，引导制定产业转移规划，通过合作方共建产业转移园，提供符合环境要求的产业转移空间载体；建立产业转移基金，完善综合扶持和补偿机制。主要措施如下：

首先，根据《广东省产业转移区域布局总体规划》要求，加强对全省区域布局和产业布局的指引，引导和推动珠三角实现产业有序转移和产业结构优化升级，东西两翼和粤北山区合理布局产业转移园，突出区域产业特色，实现产业集中发展和错位发展，避免产业趋同和重复建设，实现生产要素有序流动，促进全省产业合理布局和协调发展。

其次，制订实施珠三角产业转移升级规划①。珠三角地区政府要制订加快推进产业转移和本地产业结构优化升级的政策，抓紧制订或完善产业转移规划和具体实施方案，明确产业转移的目标和时间安排，在加快劳动密集型和资源密集型产业向东西两翼和粤北山区转移的同时，根据国家和省相关产业政策和结构调整要求，在用地、能耗、水耗和污染物排放标准等方面提高产业准入条件，大力引进、发展高新技术产业、先进制造业和现代服务业，坚持低端转移和高端发展并重，切实防止产业"空心化"，加速产业转型升级和现代产业体系的建立。

再次，完善扶持措施，建立产业转移基金和补偿机制。产业转移需要支付成本，体现在转出地、转入地及转移企业三方的利益博弈成本。以克鲁格曼为代表的新经济地理学派认为，区域经济一体化会引起生产和投资转移，在一定程度上会损害部分群体的相对福利，但整体福利水平是提高的。这就要求建立广州大都市圈利益协调机制，首先加强对转移企业的服务和支持，包括省市联动、部门协调，共同打造产业转移政务服务平台，在产业转移园内实行各类行政许可"一站式"服务；进一步做好产业转入地劳动力技能培训工作，满足人才和用工需求。其次，对那些获利较少、利益流失或呈负数的地方给予适当补偿，这样才能调动各方面参与产业转移的积极性。例如江门、肇庆及粤东西两翼和粤北山区承接的产业转移大多为中心城市的低端甚至是三高产业，承受资源过度开发、环境污染加重等方面高昂的代价。如果没有一定的补偿机制，跨区域的产业转移是难以持久的。最后，建立产业转移基金是加快产业转移的有效选择。各个地区可按经济发展状况每年向区域协调机构缴纳一定的费用，以支持迁移企业顺利迁出或支持接受地搞好企业迁入的各项基础条件。当然，得到支持的企业必定是鼓励类的产业或由于环境的限制应该从都市圈相关层迁出的产业或企业，不得扶持国家明令禁止或淘汰的产业，以防止高耗能、高污染的产业向欠发达地区转移。

最后，加快产业转移园建设。产业转移是需要空间载体的，不能说企业到了转移地，一切都要重新开始，所以在转入地建设符合转出地转出产业特

① 《广东省人民政府关于抓好产业转移园建设加快产业转移步伐的意见》。

征的专业化园区就成为产业转移成败的关键因素。应通过以下措施加快产业转移园建设：

一是完善园区建设发展规划。产业转移园所在地政府要结合本地经济发展实际和产业基础，按照《广东省产业转移区域布局总体规划》和当地经济社会发展规划，与珠三角合作方政府共同研究制订产业转移园产业发展规划，明确园区发展功能定位，确定发展思路、目标和方向，突出主导产业。要认真做好园区总体规划和控制性详细规划的编制工作，产业转移园所在地政府要按照《广东省产业园区规划制定的指导意见（试行）》要求，进一步规范产业转移园规划的编制组织、成果内容及审批程序，通过科学规划，实现园区土地集约使用、基础设施完善和投资环境优化，引导园区有序开发。

二是促进区域产业集聚。产业转移园特别是示范园所在地政府要通过产业结构调整、区域结构调整等办法，引导工业进园、企业进园、项目进园，形成区域产业集中和集聚。通过加强产业集聚和扩大技术溢出效应，增强园区产业向心力，增强区域集聚优势，加快形成园区规模经济，实现区域工业集聚发展。

三是建设集约高效型园区。严格执行国家土地管理和城乡规划有关法规和政策，合理、集约、节约、高效开发利用园区土地，拓展园区发展空间。各地要从本地实际出发，制订产业转移园单位面积投资强度、建筑容积率最低标准和单位面积工业增加值、单位面积税收等要求，提高土地产出效率和使用效益。加快完善园区基础设施，高水平规划建设园区路网、管线、污水处理、供热供电供气供冷设备、多层标准厂房以及生活配套等设施，实现园区基础设施和公共配套设施共建共享。加快信息、技术、人才、商务、物流等公共平台建设，提升园区配套服务能力。鼓励产业转移园不断创新体制和机制，提高综合管理水平，创造良好的制度和发展环境，实现园区集约、高效发展。

四是加大共建扶持力度。首先，建立珠三角合作共建产业转移园资金投入机制。从 2009 年至 2013 年连续五年珠三角各地级以上市（江门市除外）每年在新增财政收入或一般预算安排中安排不少于 1 亿元用于合作共建产业转移园建设，确保园区建设有持续稳定的资金投入[①]。资金的使用管理办法由省财政厅牵头会有关部门制订报省政府批准。同时，建立合作共建双方政府共建省产业转移示范园工作机制，研究解决园区建设有关问题。珠三角合作方政府要指定具体工作部门负责共建产业转移园的有关工作，并派副秘书长到共建省产业转移示范园所在地政府任职或挂职，与所在地政府分管领导共同抓好产业转移园建设。此外，珠三角各市要与合作共建省产业转移示范园所在地政府每年联合开展一次招商引资活动，利用珠三角的优势招商引资，提高园区招商效果。

6. 深化穗深港经济合作，大力提升都市圈高端产业发展潜力和水平

学术界早有穗深港巨型城市走廊的说法，具体是：珠江三角洲的珠江东岸地区，以香港和广州为端点的穗深港走廊，其范围以广深高速公路、107 国道、203 省道以及广九铁路等为主轴线，其西界为珠江出海口，南界以香港特别行政区南部为界，北部以广州市区北部为界，东部界限在增城境域内，包括广州市区、东莞市域、深圳市域、香港特别行政区，以及增城市的新塘镇、沙埔镇、仙村镇、石滩镇、三江镇、永和镇、增城市经济技术开发区等七个镇级区域范围。穗深港走廊是一条高密度人口、高强度土地利用及高频率运输的城镇产业走廊（曹小曙，2006）。

深化这条巨型“经济走廊”上各城市主体的经济及产业合作，需要从以下几个方面着手推进：一是推进重大基础设施对接。本着互惠互补的原则，加强与港澳的协调合作，充分发挥彼此的优势，支持与港澳在城市规划、轨道交通网络、信息网络、能源基础网络、城市供水等方面进行对接。加快建设广深港客运专线，尽快开工建设港珠澳大桥、深圳东部过境高速公路和与香港西部通道相衔接的高速公路等基础设施，积极推进莲塘/香园围口岸规划与建设，积极推进深港空港合作等项目。支持港口、码头、机场等基础设施建设、运营和管理等方面的合作。支持共同规划实施环珠江口地区的“湾区”重点行动计划。积极开展与港澳海关合作，深化口岸通关业务改革，探索监管结果互认共享机制，加强在打击走私、知识产权保护方面的合作。支持广东省

① 《广东省人民政府关于抓好产业转移园建设加快产业转移步伐的意见》。

与港澳地区人员往来便利化，优化“144 小时便利免签证”。

二是加强产业合作。全力支持在珠江东岸地区的香港加工贸易企业延伸产业链条，向现代服务业和先进制造业发展，实现转型升级。支持穗深港合作发展服务业，坚持上下游错位发展，加强与港澳金融业的合作。鼓励共同发展国际物流产业、会展产业、文化产业和旅游业。加大开展银行、证券、保险、评估、会计、法律、教育、医疗等领域从业资格互认工作力度，为服务业的发展创造条件。支持珠江三角洲地区企业到香港上市融资。支持科技创新合作，建立港深、港穗、珠澳创新合作机制。规划建设广州南沙新区、深圳前后海地区、深港边界区、珠海横琴新区、珠澳跨境合作区等合作区域，作为加强与港澳服务业、高新技术产业等方面合作的载体。鼓励穗深港三地优势互补，联手参与国际竞争。

三是各取所长，错位发展，培育高端产业。在 CEPA 体制下，香港服务业通过向广州、深圳的扩散来谋求更大的发展空间；而广州和深圳则通过承接香港服务业转移来提升行业素质和服务功能。在这一过程中，广州在服务业的内引与外联的结合方面具有更明显的优势；而深圳则具有和香港联系更为密切，易于在短时间内通过引进香港服务业而使行业素质得以迅速提高的优势。在相当长的时期内，由于广州和深圳两市还要继续完成自身的工业化，分别在装备制造业、石化工业和高科技产业方面取得进一步的发展，其服务业发展定位需要考虑：在承接香港或以香港为中转的发达国家和地区产业转移的同时，要着眼于二、三产业的融合发展，重点发展电子信息、生物医药、环保节能、光机电一体化等现代新兴产业和金融、商务、工业设计等现代服务业，打造具有国际竞争力的高端产业群。

7. 加快发展循环经济和清洁生产，着力构建都市圈绿色产业体系

广州大都市圈面积小，人口多，资源日趋贫乏，生态环境面临很大压力，如果继续沿袭传统的生产方式，资源和环境承载将难以为继。因此，优化生产方式，特别是改善资源利用方式，推动循环经济发展，是促进现代产业体系建设和发展方式转型的根本途径。今后，应从四个方面致力于优化生产方式：第一，加大环境保护与污染治理。首先，在产业准入环节，要严格执行国家产业政策，依法淘汰取缔工艺技术落后、资源浪费、污染严重、不具有安全生产条件的产业、产品和企业，把好产业和项目的“准入关”；其次，严格实施环境影响评价和“三同时”制度，实行排污许可证制度，进一步控制污染物排放总量在重化工业领域试行绿色 GDP 核算，对排污企业按等级和行业类别实行不同的收费标准；最后，加快环保产业示范园建设，为圈内各城市转变生产方式提供技术保障和示范效应。

第二，着力构筑循环经济发展体系。按照“减量化、再利用、资源化”原则，在企业、园区和产业三个层次推进循环经济的发展。首先，坚持把生态企业建设作为循环经济的切入点，培育一批清洁生产示范企业，引导企业增加环保投入，鼓励和引导企业对上下游供应商实行“绿色采购”制度，建立“绿色伙伴”评审制度，强化绿色生产。对符合国家产业政策、属于支柱产业、市场前景好的企业，按照发展循环经济的规范要求进行生态化改造。其次，建立一批生态工业园，加强对老工业园区的生态化改造，构筑产品和废物加工链，努力实现企业间资源的循环利用与园区内废物的零排放，对新建开发区，在起步阶段就要按循环经济的理念和模式进行规划、设计和建设，省级以上开发区建设应优先建成“企业内以清洁生产为荣、企业间以互利共生为链、区域内以物质循环利用为主”的生态工业示范园区。最后，着力发展绿色产业，重点扶持生态农业、生态旅游、资源再生回收业三大绿色产业，逐步推进城市产业体系生态化、集约化和绿色化。

第三，大力推动绿色设计。作为产业链的前端环节，绿色设计是推行循环经济和绿色生产方式的先导条件。所谓绿色设计，就是在产品及其生命周期全过程的设计中，优先考虑产品对资源和环境的影响，使设计的产品能够达到增强产品耐用性、易维护性和易拆卸性，提高产品能源效率，减少和避免过度化包装，减少有毒有害物料的投入和产生，从源头上降低和避免对环境的风险。建立绿色设计的先导示范区，致力于在全社会推广绿色设计思想和理念，优化产品设计中的材料结构，举办绿色设计竞赛活动，修订绿色设计标准，制定绿色设计的鼓励性政策，强化企业层面的绿色设计，鼓励企业开发环保成本低、质优、符合国际环境标准的绿色产品。

第四，积极推进节约集约用地。立足于“保护土地、节约用地、合理用地”，利用好土地政策杠杆作用，采取挖潜、清理、置换等多种办法，盘活存量建设用地，按照城市中心区“退二进三”的要求，采取灵活变通的土地政策，加快中心城区旧厂房、旧仓库等物业用地性质的转换，促使这些宝贵的土地资源配置到“双高”产业领域中。实行严格的耕地保护制度，强化农用地转用计划管理和土地征收审批管理。推动城镇用地向中心城镇集聚、工业用地向园区集聚、民宅建设向中心区集聚、零散耕地向规模经营集聚，实现土地资源的集约高效利用。对各类园区用地实行总量控制，严格审批控制起步区规模。全面推进工业用地“招拍挂”，进一步发挥市场配置资源的基础性作用，积逐步建立工业用地与投入产出相挂钩的核算制度，鼓励建设和使用多层标准厂房，提高建设用地单位面积投资强度和产出水平。对招商项目要科学论证，园区进驻项目要贯彻循环经济理念，注重通过集群配套，提高资源利用率。实现经济总量和环境容量相协调、生产发展和生态保护和谐统一的山青、水绿、天蓝、气纯的宜居生态珠三角。

四、本章小结

本章主要就都市圈发展的基础与核心问题——产业发展与体系构建问题进行了深入研究和探讨。

第一节首先从理论高度全面阐述了产业发展与都市圈成长之间的关系：产业关联是都市圈形成的内在动力，产业集聚是都市圈功能分工与强化的有效途径，产业竞争力是都市圈竞争力的主要体现。其中，产业分工与互补是都市圈经济一体化的初级形式和有效途径，而基于专业化分工的区域产业链和产业生态网是都市圈经济一体化的高级形式和有效途径，二者均有利于都市圈内大、中、小城市形成合理分工与紧密协作的共生系统。此外，产业的发展壮大及其结构演进有效拉动和提高了都市圈的资源集聚力、财富创造力、科技创新力和区域辐射力，进而成为都市圈竞争力的核心因素。

第二节回到现实案例中，主要就广州大都市圈的产业演进、现状特点及存在问题进行了简略的实证考察。经过30年的改革开放和高速增长，以珠三角九个城市为主体的广州大都市圈产业发展实现了结构性升级与历史性腾飞，目前，广州大都市圈产业结构总体上仍处于“二三一”的发展阶段，呈现出先进制造业和现代服务业“双轮驱动”的发展格局，但已初步显露向“三二一”工业化后期加速演进的端倪。从区域产业体系的现状特点看，广州大都市圈已形成多级多层次城镇产业体系格局，圈内各城市之间形成了各具特色的主导产业和初步的区域产业链协作关系，产业集群化特征日益明显，传统产业呈“扇形”向区外转移，一批具有国际竞争力的工业支柱产业初步形成，产业外向度较高，外贸依存度和资本国际化处于国内领先水平。同时，产业体系业存在以下突出问题：产业外向依赖度过高，根植性较弱，产业安全面临一定隐忧；城市间错位发展仍显不足，产业同构依然较严重；都市圈产业组织化水平低，跨区域产业整合相对不足；产业创新能力相对不足，由于缺乏核心技术和自主品牌而处于世界产业链低端；产业生态化水平低，绿色生产方式尚未得到广泛应用。

第三节在对珠三角产业发展前景与格局进行战略展望的基础上，针对当前存在的主要问题和薄弱环节，提出了提高广州大都市圈产业一体化水平的对策思路，主要包括：提高产业集群水平，精心打造一批国际知名创新园区；以广佛产业合作为先导，努力打造基于分工协作的跨区域产业链；以提高产业创新能力为核心，着力打造各具特色的珠三角高科技产业集群；优化圈内产业布局，规划建设一批具有强大辐射力的产业功能区；完善产业转移机制和载体，加速中心城市低端产业向都市圈边缘地区有序转移；深化穗深港经济合作，大力提升都市圈高端产业发展潜力和水平；加快发展循环经济和清洁生产，着力构建都市圈绿色产业体系。

第六章

广州大都市圈的生态环境

产业革命以来,科学技术迅速发展、人口急剧增长、产业发展的规模不断扩大、向自然索取的能力越来越大、资源消耗和排放废弃物大量增加,所有这些体现人类文明进步的经济社会活动在城市表现得更为突出和明显。也可以说,正是这些社会经济活动推动着世界城市化的发展,而且与城市化相互促进。在这一过程中,大量的资源向大都市集中,越来越多的废弃物被排放出来,由于人们认识上的局限性和主观上不注意保护,导致污染事件发生,形成严重的生态环境问题。世界上许多大都市在产业发展和城市化扩张的过程中,曾付出过严重的环境代价,如 1943 年洛杉矶光化学烟雾事件、1952 年伦敦烟雾事件等。当前,生态环境问题依然是世界上很多城市共同面临的紧迫问题,尤其是对于都市圈这样的城市密集区而言。由于各城市之间的行政管理壁垒,大都市圈的生态环境问题比单个城市所面临的问题还要复杂和严峻得多。这些问题的存在影响都市圈作为一个整体在资源优化配置和财富创造上的效率,从而影响都市圈的区域影响力及其产业发展在国际市场的竞争力。发展中的广州大都市圈目前也正面临这些亟待解决的问题。

一、都市圈生态环境及其特征

(一)都市圈生态环境概念

生态环境是指由生物群落和非生物自然因素组成的各种生态系统所构

成的整体，主要或完全由自然因素形成。以生物为主体，生态环境可以定义为对生物生长、发育、生殖、行为和分布有影响的环境因子的综合；以人类为主体，生态环境是指对人类生存和发展有影响的自然因子的综合（王孟本，2003）。我们这里研究的是以人类为主体的生态环境。如果以城市和农村为标准来区分生态环境，则有农村生态环境和城市生态环境之分。这里集中讨论城市生态环境。

在讨论城市生态环境之前，我们先来了解一下城市生态系统。城市生态系统是在自然生态系统的基础上形成的，是城市居民与周围生物和非生物环境相互作用而形成的一类具有一定功能的网络结构系统，也是人类对自然环境的适应、加工、改造而建设起来的特殊的人工生态系统，城市生态系统包括人类和环境系统，环境系统由自然环境、人工环境和经济社会环境所组成，人类及其环境系统在城市这个特定的空间组合成城市生态系统（图 6—1）。

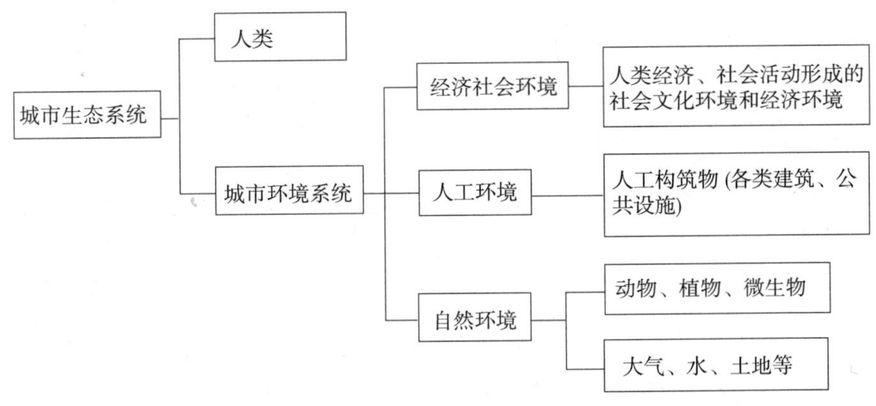

图 6—1　城市生态系统的组成

资料来源：刘天奇等编著：《城市生态系与城市环境规划》，环境管理编辑部出版（内部发行），1984 年，第 3 页，本文作者对原图进行了修改。

显然，城市生态环境是指城市生态系统中的“自然环境”。但是这一自然环境自城市形成以来已经不是纯粹的自然环境，而是被人类按照其生存发展需要不同程度地进行了改造，是与人类形成了一定生态关系的自然环境。作为城市生态系统的有机组成部分，从城市人口及其活动的角度看，城市生态环境具有下列不可替代的几项基本功能：

一是载体功能。是城市人口居住和从事经济社会活动的场所，是城市文明发展的自然基础。

二是资源供给功能。组成城市生态环境的自然要素，不仅仅作为要素发挥环境功能，其中一些要素还是城市经济活动得以进行的资源。例如，水环境要素同时也是水资源，供城市人口饮用和作为生产工艺用水等。土地的资源用途更广泛，不仅可用于修建厂房、道路，还用于农业耕种。如果土地下面还有矿产，那么城市的资源供给功能将更多。世界上许多城市都是基于资源而发展起来的，如英国的阿伯丁（石油）、乌克兰的顿巴斯（煤炭）、俄罗斯德库尔斯克（铁矿）、美国德匹兹堡（钢铁）、我国的大庆和东营（石油）、南非德约翰内斯堡（黄金）等。

三是污染物净化功能。承受并消解城市中人们活动的副产品。人们的活动都会产生副产品，主要是排放各种废弃物，城市环境不但要承受，还要消解这种废弃物，这样才能保障城市居民的活动获得连续性（周伟林、严冀等，2004）。

四是代表城市的形象。这一基本功能在环境问题成为全球性问题的背景下显得日益重要。一个城市生态环境的好坏是其生态文明的重要标志，良好的生态环境意味着城市在处理经济发展与环境保护上是以人类未来价值追求为导向的，从而可为城市带来良好的声誉，这种声誉能够使城市增强对高端优质资源的吸引力，从而有利于城市的可持续发展。

都市圈生态环境是组成都市圈的各城市生态环境的综合。在性质上仍然属于城市生态环境。所不同的是我们在看待都市圈生态环境时，要超越行政区划把各个城市的生态环境作为一个整体和一个系统来考虑，主体不再单独是某个城市，而是具有紧密经济联系的都市圈内的各个城市。

(二)都市圈生态环境的特征

尽管都市圈内各城市存在行政区划及管治上的界限，但整个都市圈区域内的生态环境，由于均处在同样或者类似的自然环境中，比如同一个流域、同一个气候带，具有天然的一体性。因而都市圈生态环境对于其中每一个城市的影响，以及各个城市的经济社会活动对于都市圈生态环境的影响，两者之间相互作用而使都市圈生态环境具有如下特征：

1. **具有公共物品属性**

公共物品是与私人物品相对应的一个概念。在经济学中，一般根据排他性和竞争性对物品的类型进行区分。公共物品是指同时具有消费上的非竞争性和非排他性的物品，具有非排他性但有竞争性的物品称为共有资源，而具有排他性和竞争性的物品则为私人物品。由于在消费上具有非竞争性和非排他性特征，公共物品一般不能或不能有效通过市场机制由企业和个人来提供，主要由政府来提供。

一般来说，公共物品一经产生，全体社会成员便可以无偿共享。公共物品十分常见，比如，在现代社会中，国防、不付费公路、社会福利、公共教育、法律和民主都是常见的公共物品，虽然多数物品不是公共物品，但公共物品却是我们整个社会和文明得以存在的关键。比如，国防这一公共物品，如果没有，侵略者想打就打进来，整个国家势必灭亡；再比如生态环境，如果被破坏和污染，生活在其中的所有人都会无一例外地受到伤害（赵鼎新，2007）。

经济学意义上的公共物品具有下列特征：(1)公共物品都不具有消费的竞争性，即在给定的生产水平下，向一个额外消费者提供商品或服务的边际成本为零。(2)消费的非排他性，即任何人都不能因为自己的消费而排除他人对该物品的消费。(3)具有效用的不可分割性，公共物品是向整个社会提供的，整个社会的成员共同享用公共物品的效用，而不能将其分割为若干部分，分别归属于某些个人、家庭或企业享用。或者，按照谁付款谁受益的原则，限定为之付款的个人、家庭或企业享用。(4)具有消费的强制性，公共物品是向整个社会供应的，整个社会成员共同享用它的效用。公共物品一经生产出来，提供给社会，社会成员一般没有选择余地，只能被动地接受。换句话说，公共物品不是自由竞争品，它具有高度的垄断性。公共物品的这一性质，提醒人们必须注意公共物品的质量和数量。公共物品的废品、次品绝不能流入社会，一旦流入社会，其危害性远远大于私人产品。公共物品的数量不足，不能满足社会的需要，其危害性也是明显的。公共物品生产供应过度，对社会也会带来消极的影响。

都市圈生态环境对于都市圈内各个城市的每一个人或者每一个组织来说，在消费上都具有非排他性和非竞争性。一般情况下，在都市圈内，任何一个城市的生态环境都不可能做到排斥其他城市居民来免费消费，而且其他城市居民的消费也不会使这个城市的生态环境增加负担。

由于都市圈生态环境的公共物品属性，所以从社会效率角度看，完全的市场经济所提供的公共物品的数量和质量是非常低的，因此，必须由都市圈的管治机构统一治理才可能提高生态环境在促进都市圈发展的效率。世界上许多大都市圈都设有协调机构，处理都市圈区域内包括生态环境保护在内的共性问题。

2. 污染的跨地域性

城市生态环境是一个开放性系统，城市经济发展所需要的资源（例如能源和原材料）绝大多数从城市外部输入，经济活动所产生的污染和废弃物一部分由城市自身承担，同时还向下游和周边地区输出了部分的污染和废弃物。我们知道，大气、河流、气候等环境因素是不受行政区划界线影响的，由于自然界的物理化学循环机制，一个城市排放的环境污染物必然影响到相邻地区的环境状况，形成城市和地区间的环境污染相互影响。因此，都市圈内某一个城市的环境问题除了自身原因，还有可能部分归因于周边城市的污染物排放。这就是污染的跨地域性问题。

环境污染的跨地域性问题在环境经济学里被称为“越界污染”行为。假定有两个地区A和B，那么越界污染就是指A地的环境受到B地所实施的污染行为的直接影响。越界污染是一种物理外部性，物理外部性主要是指有害的烟尘或者受污染的水源等这样具有物理特性的外部性问题，不包括通过价格或收入等间接效应对A产生的影响。

越界污染问题在河流的上下游之间最为常见，河流往往都是跨越行政区域，甚至跨越很多国家和地区，因此越界污染问题可能是国与国之间、地区和地区之间，或者一个地区的不同管辖单元之间。例如发生于2000年的污染多瑙河事件是典型的国际越界污染问题。2000年1月30日，罗马尼亚西北部地区一座由罗马尼亚和澳大利亚联营的金矿污水沉淀池发生泄漏事故，10多万升含有大量氰化物、铜和铅等重金属的污水冲泄到多瑙河支流蒂萨河，并顺流南下，迅速汇入多瑙河向下游扩散，造成河鱼大量死亡，河水不能饮用。匈牙利、南斯拉夫、保加利亚等国深受其害，国民经济和人民生活都遭受一定的影响，严重破坏了多瑙河流域的生态环境，并引发了国际诉讼。

河流的越界污染在我国是非常棘手的环境污染问题。我国的主要流域如长江、黄河、珠江、太湖、淮河、海河等，都存在越界污染问题。长期的流域污染治理并没有改善流域整体的水质，跨行政区的水污染冲突日益激化。以广州都市圈的珠江广州河段为例，广州市位于几条跨境河流的下游，上游来水影响广州河段甚至饮用水源地水质。如佛山市南海区西南涌和水口水汇入石门水厂和西村水厂水源地珠江广州河段西航道，清远市国泰水汇入巴江水厂水源地。2007年广州市逢单月上旬对跨境来水水质进行监测，结果显示，西南涌和水口水水质劣于Ⅴ类，主要影响指标分别为粪大肠菌群和氨氮；国泰水来水水质劣于Ⅴ类标准，主要影响指标为氨氮和总磷。由于本地径流量小，上游来水不达标，对广州的水环境质量造成重要影响。

大气污染是更明显的越界污染。由于珠江三角洲区域独特的地理位置，上下游以及周边地区之间生态环境的依存度相当高，季节风、大气环流等自然条件使区域大气污染具有相互影响的特征，空气质量既受本地污染源排放物影响，又受外来污染影响。尤其是广州与佛山、东莞等几个城市基本连成片，城市间的相互影响越来越大。以二氧化硫指标为例，北京大学2002—2004年研究项目《广州市创建国家环保模范城大气颗粒物源解析》表明，外来污染源对广州市二氧化硫的年均浓度贡献分担率为19%。

从经济学角度看，都市圈内跨行政区的污染是一种越界外部性，这种外部性的解决不能单纯依靠环境的末端治理技术，必须从社会经济因素出发，就都市圈区域污染的内在原因及越界外部性进行考察，可通过建立具有持续效果的环境管理制度来解决（曾文慧，2005）。

3. 环境责任的非排除性

环境责任的非排除性是指都市圈生态环境整体质量的变化与其中每一个城市都有关系，是都市圈的全部组成城市的经济社会活动的“合力”导致了都市圈生态环境质量的变好或者变差。每一个城市都对其所属都市圈的生态环境变化负有责任,不可能排除于都市圈范围之外。理性的经济活动主体以利益最大化为追求目标,都市圈生态环境的自我净化和恢复平衡的能力是有限的,前者和后者之间的矛盾的发展最终会导致都市圈生态环境的恶化。这在经济学中被称为“公地悲剧”。

“公地悲剧”是指“公地”作为一项资源有许多拥有者,每个拥有者都可以使用“公地”,但是却不能阻止其他拥有者使用“公地”,结果造成了资源的过度使用。1968 年英国哈丁(Garrett Hardin)教授在“The Tragedy of the Commons”一文中首先提出“公地悲剧”理论模型。在模型中他描述了一个对所有人开放的草场的发展境遇。他指出,作为一个理性的存在,每个牧民都希望自己的收益最大化。在公共草地上,每增加一只羊会有两种结果:一是牧民获得了增加一只羊的所有收入;二是加重了草地的负担,并有可能造成额外的超载放牧。然而超载放牧带来的影响是由所有牧民来负担的。因此经过思考,牧民认为最明智的选择是为不断增加羊的数量,但问题在于这是每个牧民分别得出的结论。于是悲剧就产生了,每个牧民都在这个有限的草场里无限制地增加自己羊群量,由于羊群的进入不受限制,所以牧场被过度使用,草地状况迅速恶化。“在这个相信公地自由使用的社会里,每个人都在追求自己的最大利益,但所有人们争先恐后追求的结果最终是崩溃。公地的自由使用权给所有人带来的只有毁灭。”(哈丁,1968)

一般来说,公地作为一项资源或财产有许多拥有者,他们中的每一个都有使用权,但无权阻止其他人使用,从而造成资源的过度使用和枯竭。过度砍伐的森林、过度捕捞的渔业资源及污染严重的河流和空气,都是“公地悲剧”的典型例子。之所以叫悲剧,是因为每个当事人都知道资源将由于过度使用而枯竭,但每个人对阻止事态的继续恶化都无能为力。而且都抱着“及时捞一把”的心态,有意无意地加剧了事态的恶化。公共物品因产权难以界定(界定产权的交易成本太高)而被竞争性地过度使用或侵占是必然的结果。

都市圈的生态环境问题主要表现为污染问题,是各个城市单独地向都市圈生态环境排放生产和生活污水、有毒有害的和危险的烟气。在现实中,每个城市都是理性的,每个城市发现废弃物排放前的处理成本比直接排入公共环境所分担的成本少。既然这对每个城市都是这样，那么只要全部组成城市都从各自利益出发，结果就会导致污染共同的家园的悲剧结果。

对于如何使公地内所有成员对公有的资源利用和环境污染负责，而不是独立于外，哈丁提出的对策是共同赞同的相互强制，甚至政府强制。显然，哈丁对策给我们的启示是，对于都市圈生态环境保护来说，需要成立一个"共同的政府机构"，设计一种协调机制，使都市圈内所有成员城市共同遵守、共同行动，保护共同的都市圈生态环境家园。

4. 环境效益的"搭便车"现象

不论是保护环境者，还是破坏环境者，所受到的环境变化的反馈效应是有差别的。在都市圈内，各组成城市(地区)对生态环境建设的付出和收益是有差异的，投入保护环境的并不能享受到生态环境改善的全部好处；反之，破坏环境的也不会遭受生态环境恶化导致的全部坏处。每个城市作为理性的经济活动主体，既然不用任何付出就能够享受到其他经济活动主体保护环境的好处，那么为什么不这样做呢？这就是经济学上的"搭便车"现象。这是作为公共资源的内在逻辑的自然结果。

搭便车理论首先由美国经济学家曼柯·奥尔逊于1965年发表的《集体行动的逻辑：公共利益和团体理论》一书中提出的，其基本含义是不付成本而坐享他人之利。奥尔逊搭便车理论的中心论点是：公共物品一旦存在，每个社会成员不管是否对这一物品的产生做过贡献，都能享受这一物品所带来的好处。公共物品的这一特性决定了，当一群理性的人聚在一起想为获取某一公共物品而奋斗时，其中的每一个人都可能想让别人去为达到该目标而努力，而自己则坐享其成(曼柯·奥尔逊，1965)。这样一来，就会形成俗语所说的"三个和尚没水喝"的局面。这就是所谓的搭便车困境。

在市场经济条件下，作为公共物品的都市圈生态环境，如水环境和大气环境，它的需求或消费是公共的或集合的。对于减少向河流排放废水和减少向大气排放废气，如果由市场机制主导来做，每个城市从自己的经济利益出发都不会自愿投入足够的资金进行污染治理和环境减排，都希望其他城市进行污染治理而自己顺便享用它所带来的利益。显然，如果每个城市都想成为免费搭车者，这种公共物品也就无人提供。

二、生态环境保护与都市圈的发展

(一)生态环境保护与都市圈竞争力的关系

都市圈的生态环境保护是一项复杂的系统工程，在运行机制上，需要统一规划，各组成城镇分工协作；从时间上看，随着都市圈的发展，生态环境必须保持动态优化，总之是一个从宏观到微观全方位的生态环境保护和建设过程。开展都市圈生态环境建设的目标是营造一个在资源利用上节地、节水、节材、节能，在环境效能上低排、高效、舒适、健康的人居环境。

都市圈的生态环境保护包括污染防治和生态建设两个方面。污染防治是指对已经产生的污染进行治理以及减少潜在污染发生的风险，使都市圈的社会经济活动对环境排放的污染物控制在环境容量允许的范围内。现实中都市圈的污染防治主要涉及跨界水污染治理、大气污染防治以及生活垃圾污染的防治等。生态建设是指从保持都市圈人类与自然生态平衡的角度看待生态环境的优化问题，对被破坏的自然要素进行恢复和重建，使生态环境在一个新的水平上与都市圈发展要求维持平衡状态。现实中的都市圈生态建设主要涉及生态城市的建设、生态住区和生态园区的建设，以及各类生态建筑的建设。

生态环境建设与都市圈竞争力的关系可以从三个方面来观察。一是都市圈采取的生态环境政策和措施对其竞争力的影响。社会经济活动的环境后果常常受到技术进步速度和方向的影响，而环境政策干预本身对技术进步有着阻碍和激励的双重效应(刘丹鹤，2003)。Merer 认为，环境政策仅仅是将环境影响强行加入竞争力函数，那些通过向环境排放污染的企业就不会有真正的竞争力，但是，这些企业的消失会被新的采用创新性技术的企业所代替，从而推动经济的良性发展(转引自康晓光、马庆斌，2007)。

二是都市圈生态环境保护的水平对竞争力的影响。从企业角度看，环境表现的改善将降低其环境成本，提高企业的竞争力。企业的环境成本包括政府环境管制产生的成本和市场机会成本两种。显然，环保型的企业将毋需支付有关环境管制的费用，同时在环境保护日益严格的趋势下，环境表现好的企业也毋需承担相关的市场机会成本，如损失的企业环境友好声誉、损失的能源和原材料成本、丧失的竞争机会等。从城市来看，一个城市因环境保护突出和获得有关的环境荣誉有利于吸引高端经济资源；都市圈也是一样，会因为环境保护良好吸引更多的高端资源，但不同的是，在维持良好的生态环境条件下，通过都市圈内各个城市在产业发展上合作产生更大的规模效应和集聚效应，产生整体大于部分之和的发展效果。

三是都市圈生态环境问题与产业技术水平、经济规模有直接的对应关系。一般来说，在经济规模一定的前提下，产业的技术水平与污染排放强度呈负相关关系——技术水平越低，污染排放越大；技术水平越高，污染排放越小。而在一定的技术水平下，经济规模与污染排放线性正相关——经济规模越大，污染排放量越大；反之，污染排放量越小。

上面的分析表明，在环境保护日益严格的发展趋势下，都市圈竞争力是环境管制、环境保护水平、技术创新的函数。从可持续的角度看，环境管制严格、环境保护水平要求高、技术创新能力强的城市，在战略上具有竞争力优势。这也向我们展示了通过开展生态环境建设增强都市圈竞争力可供选择的路径。

（二）生态环境保护与都市圈发展的可持续性

可持续发展定义有很多种的描述。其中被最广泛接受和传播的可持续发展概念是《布伦特兰报告》(1987)提出的，即“既满足当代人的需求，又不对后代人满足自身需求的能力构成危害的发展”。定义中的“能力”是个非常关键的词语，这种能力是否被损害，对于是否能够实现可持续发展是唯一的判别标准，因此对能力的理解则相当重要。由于我们关注的是都市圈的经济发展，自然就需要从经济学角度理解可持续发展的内涵。在经济学家的可持续发展定义中，“能力”多从“资本”的角度来理解。如英国经济学家埃里克·诺伊迈耶(Eric Neumayer，1999/2006)在他的《强与弱：两种对立的可持续发展范式》一书中提出，可持续发展是指不削弱无限期地提供不下降的人均效用的能力的发展。他把构成能提供效用的能力称为资本——作为一种提供目前和将来丰富服务等存量。我们知道资本在这里是宽泛意义上，包括自然资本、人造资本和人力资本等，但可持续发展主要关注自然资本，即我们常说的各种自然资源(包括土地、水、气候、动植物和矿产等)和生态环境。

我们可以把都市圈的自然资源和生态环境存量看成是都市圈保持满足当前和未来发展需求的资本，都市圈必须保护和增进这些资本，从而提高都市圈发展的可持续性。因此，都市圈可持续发展的内涵要求至少包括两个方面：

一是都市圈经济发展与环境保护相协调。要满足这一要求，都市圈经济活动排放的废弃物总量就不能超过其环境容量。控制污染物排放总量是都市圈保护环境，实现可持续发展的关键。一般来说，在一定的技术水平下，污染物排放与经济规模呈正相关关系。在一定的技术条件下，控制经济规模就意味着控制排放总量；如果不能控制经济规模，则必须依靠技术进步控制污染物的排放。经济发展的内在要求显然不能企望通过控制经济规模来保护环境，因此唯一可行的办法是依靠不断的技术进步来控制污染和保护环境。

二是都市圈经济发展不能使本区域的自然资源损耗到失去再生和恢复能力。要满足这一要求，都市圈经济发展对本地区的资源开采使用必须维持在资源的再生能力范围，如不能过度开采使用森林、水资源和土地资源，对更多的资源需求缺口，只能通过经济贸易渠道从外部获得。

显然，维持良好的生态平衡，改善投资环境，提高对外部资源的吸引力，是都市圈实现可持续发展的重要保证。首先，开展都市圈生态环境建设能够获得环境保护的集聚效益。因为都市圈生态环境在自然区域上往往体现为不可分割的整体，大多数都市圈都是以流域为基础的，共同的局域大气环境更是不用再说。与各个城市单独建设环境基础设施相比，统一规划和投资建设能够产生巨大的集聚效益，包括降低区域环境设施建设成本、减少搭便车的风险、取得更大的环境保护效益。其次，开展都市圈生态环境建设还能够获得促进发展的综合效益。从发展的角度看，生态环境建设自 20 世纪 80 年代可持续发展理念提出以来已经称为优化投资环境内在要求。竞争力经济学理论认为不减少资源集聚能力的发展是可持续的，这里资源包括自然资源、人才资源、项目资源、技术资源等。Frankel(2000)研究发现高级人才的流动性增强使得良好的城市生态环境成为提高城市竞争力的重要因子。显然，良好的生态环境已成为都市圈可持续发展的基础和保障。

（三）国内外大都市圈的生态环境保护

1．北美五大湖都市圈的环境保护

北美五大湖都市圈分布于五大湖沿岸，这些城市曾经都是传统的制造业基地，如芝加哥的钢铁和底特律的汽车曾经闻名全球。然而随着产业结构老化、环保不力和污染严重，到了20世纪八九十年代，大工业时代的繁华，剩下的只是老旧的城市建筑、让人窒息的污浊空气和污染的湖水。曾有一段时间，五大湖地区的食用鱼类几乎绝种。

整个大湖地区在尝到了环境污染的苦果之后，逐渐体会到了保护环境的重要性。从20世纪八九十年代至今，经济转型、产业升级和环境重建，一直是这个老牌都市圈的发展主题。在经济转型方面，各个城市通过技术创新和应用，逐步淘汰技术落后、污染严重的产业和企业，并大力发展服务业，提高服务业在整个产业体系中的比重。经过多年的探索和发展，大湖地区的经济结构已经从以制造业为主转变到以服务业为主，从源头上减少了废弃物对生态环境的破坏。在污染治理上，大湖地区采取合作的办法。2002年，芝加哥市长戴利牵头成立了"五湖联盟"，并在2003年促使大湖地区的51个城市成立了一个相关委员会，各市市长或其他负责人定期碰头，互换信息推动合作，商讨如何采取行动减少这一地区的污染。

"五湖联盟"并非没有利益冲突，它们之所以团结起来是因为面临着许多共同的问题，如恶性竞争最终让它们"五败俱伤"；现代工业污染和气候变化对五大湖地区水资源带来威胁；来自世界范围内城市竞争日益加剧，等等。经过几年的发展，"五湖联盟"已经成长为一个跨国界城市组织，其中大型城市包括芝加哥、多伦多、魁北克和蒙特利尔。"五湖联盟"实践证明，联手应对未来挑战已使他们变得更强大。加拿大魁北克市市长让·保罗说："我们的城市就在北美五大湖流域，不久以前，人们依然认为永远会有干净的淡水。但随着酸雨的增加，我们必须正视水污染的问题，采取有力措施保护水资源。现在我们经常与同流域的蒙特利尔市合作，双方都意识到彼此虽然处在不同的城市，但都有同样的需要。”基于这一共识，五大湖流域各城市在水污染治理方面开展的长期合作，取得了非常良好的结果。如果在环保方面没有区域联动的决策，城市的发展将会成为一场噩梦。

除了控制污染之外，采用新能源也是一个重要的方面。为了减少使用传统能源的污染，各个城市开发绿色能源，例如，密歇根州一直在不懈地努力开发使用风能。2005 年，政府投资 26 万美元一所学校兴建风力发电装置，每年总共能发电 237 兆瓦时。不少私人公司看到商机，也在周围造了许多风力发电装置。在密歇根州，政府采用多种方式鼓励清洁能源的使用。除了直接投资兴建有关设备装置以外，政府还出钱成立实验室研究替代能源的使用前景。

从芝加哥到底特律，从魁北克到蒙特利尔，曾经的制造业带正在告别灰暗。五大湖都市圈正在展现以人为本，关注环境，节约资源，经济和环境相协调的发展格局，走上可持续的发展的道路。

2. 法国里尔都市圈的生态环境保护

以里尔市为首的里尔都市圈是法国第四大城市群，共有 85 个市镇，最小市镇仅 200 人。里尔都市圈有 200 万人口，是西北欧洲非常重要的都市圈，到巴黎只有 1 个小时的距离，离伦敦只有 2 个小时距离。

里尔都市圈过去以纺织业、冶金业为主，污染非常严重。从 20 世纪 70 年代开始，里尔用高技术治理污染，并同时进行产业结构调整，当时失去了 10 万多个就业岗位，但很快依靠发展第三产业，建立商务中心，吸引了许多本国和外国的企业前来投资，又创造了很多新的就业机会，现在的里尔是法国办公楼最多的一个城市。

水环境保护和垃圾处理是大都市圈发展中难以有效解决而必须解决的棘手环境问题。里尔都市圈在这方面做出了典范。

对于生活垃圾，采取分类处理和资源化利用相结合的方法。里尔都市圈每年产生约 70 万吨垃圾，里尔花费 15 年时间让居民养成垃圾分类的习惯。里尔建立了拥有全欧洲最先进的垃圾处理技术的有机垃圾处理中心，年处理量是 10.8 万吨。在有机垃圾处理中心，垃圾被分解成高纯度甲烷和堆肥，甲烷解决了里尔 100 辆公交车的燃料问题，而堆肥则备受农民的欢迎，常常供不应求。

对于排放的污水，里尔都市圈建立了水净化系统。家庭用水、地表水和工业用水进入回收系统，然后统一送往里尔地区的九个净化站。利用水生植物和细菌等介质消除污染，经过废水预处理后，细菌会“吃掉”水中的污染物。经过净化的水将被重新排放到自然界。

在保护饮用水安全方面，里尔大都市圈致力于提供最佳性价比的高质量水源，建立了必要的水处理渠道，确保饮用水资源不受污染，特别是规范农田灌溉引水范围内的工业活动，使饮用水供应网保持最佳状态，永久保证本地区饮用水的安全性。

都市圈发展模式不仅使圈内每个城镇的污水和垃圾都得到有效治理，维护了良好的生态环境，还改善了产业投资环境，吸引更多的高端投资，提升了整个都市圈的发展实力。在过去几十年，不仅是里尔都市圈，法国的许多临近城镇，为了环保和发展的需要，往往选择向大城市靠拢，组成一个大的都市群落抱团发展。显然，在环保和发展上的双赢优势促使城市化道路向都市圈模式转变。

3. 多瑙河的环境治理

多瑙河全长2850公里，流域面积81.7万平方公里，是中欧、西欧与黑海连接的重要水上通道，沿岸的主要城市有德国的雷根斯堡、奥地利的维也纳、斯洛伐克的布拉迪斯拉发、匈牙利的布达佩斯、塞尔维亚的贝尔格莱德、保加利亚的鲁塞、罗马尼亚的加拉茨和布勒伊拉、乌克兰的伊兹梅尔等。多瑙河对其沿岸十国都有重要的经济意义，各国以各种不同方式利用它运输货物、发电、供应工业和居民用水、灌溉和发展渔业。

沿岸各国的经济开发和污水排放使多瑙河的生态环境日益退化，在20世纪80年代以来愈益严重。生态环境退化的原因包括自然和人为的因素。从自然因素看，多瑙河平均流速每秒6500立方米，挟带的淤泥沙砾每年约有两亿吨，以每年10米的速度吞噬着海洋，在黑海入口处慢慢堆积，致使科学家难以断定多瑙河三角洲形成的历史到底有多长。在乌克兰多瑙河三角洲生态环境保护区北端，部分地方正在荒芜。

人为的因素是导致环境恶化的主要原因。在经济利益的驱动下，沿岸的经济开发改变了历史自然形成的河水流向与流速,使下游泥沙堆积变得日益突出。最主要污染物是工业和采矿业排放的,多瑙河沿岸的城镇中,每年约有1/6的工业废水和40%以上的生活污水未经处理就排入水域。另外,农业也加重了多瑙河水中氮和磷的含量,水上运输是油污染和铅污染的主要来源。

尤其要提的是,在20世纪的最后两年,多瑙河发生了两起严重的环境事故,一是1999年科索沃战争,北约轰炸南联盟的潘切沃石油化工综合企业和诺维萨德的炼油厂,致使大量有毒污染物质流入多瑙河及其支流,并向下游地区扩散,对那些使用多瑙河水的许多城镇构成威胁。二是2000年,罗马尼亚西北部地区一座由罗马尼亚和澳大利亚联营的金矿污水沉淀池发生泄漏事故,10多万升含有大量氰化物及铅、汞等重金属的有毒物质流入多瑙河的支流蒂萨河,顺流而下进入多瑙河,匈牙利、南斯拉夫、保加利亚等多瑙河下游国家深受其害。毒水流经的蒂萨河内80%的鱼类死亡,在有些河段,死鱼堵得船都开不动!对此,南斯拉夫的环境专家表示,这两大环境灾难,严重破坏了多瑙河流域的生态环境,加速了该地区一些濒危鱼类的灭绝,多瑙河的鱼类数量将需要许多年才能恢复到事故前的水平。

2001年沿岸各国对多瑙河流域的生态环境进行了第一次联合调查,结果显示,多瑙河生态环境的恶化已直接威胁到了黑海海洋生物的生存和繁衍,日趋加剧的污染,已对多瑙河和黑海沿岸各国居民的日常生活和工作构成威胁。沿岸国家人们所患的各类疾病中,有10%是因为饮用水的问题而出现的。一些国家为了确保饮用水合格,不得不拿出宝贵的资金寻找新的水源。

为降低污染,恢复和重建生态环境,多瑙河沿岸国家一直努力寻找解决的办法。1985年多瑙河沿岸国家缔结了《布达佩斯声明》,1994年签订了《多瑙河保护公约》,任务是要把多瑙河的污染降到20世纪80年代初的水平,1998年又成立了执行保护公约国际委员会。通过建立有法律约束的合作机制,多瑙河水体保护和生态环境自然保护区受到了沿岸国家的高度重视。

自1994年签订保护公约以来,各国已经采取大量措施对多瑙河进行污染治理,其中包括加大对农业肥料含氮含磷废水的控制,加快城市污水处理厂的建设及其投入使用的步伐。同时接受国际援助，包括全球环境保护基金会的援助，还有联合国环境规划署与开发计划署及世界银行制订的“多瑙河流域环境计划”，包括建立突发污染事故警报系统、加强公众意识以及支持湿地恢复等，以减少多瑙河流域及黑海的污染等。这一持续10多年的整治使多瑙河已经初步摆脱了由沿岸国家的城市化和工业发展所造成的环境污染的威胁。2007年，一支由多国组成的国际考察组对多瑙河进行第二次考察，结果证实多瑙河流域国家在降低河水污染的密切合作正在显现积极效果，与2001年第一次联合调查的情况相比，许多地区已显示出良好的发展态势。

但由于市政污水处理设施不完善，多瑙河下游的主要城市和一些重要支流区域仍然呈现出衰退状态。因此，为了尽快修复已经破坏的生态环境，沿岸国家和城市还需更加积极的努力合作。正如国际多瑙河保护委员会执行秘书菲利普斯·勒所说，“我们需要与利益共享者——诸如水运部和农业部、水利部与清洁工业——在减少压力措施方面进行密切沟通，各利益相关方形成的关注、解决此问题的合作氛围应继续保持。”

4. 官厅水库的生态环境治理

官厅水库位于河北省怀来县与北京延庆县境内，北京市西北约80公里，是新中国成立后建设的第一座大型水库，主要水系有桑干河、洋河和妫水河。水库流域总面积4.34万平方公里。按行政区域分别包括内蒙、山西、北京、河北等四个省(市、自治区)。因此，官厅水库的生态环境问题具有典型的跨地域性特征。

官厅水库与密云水库在20世纪都是首都北京的饮用水源地。官厅水库在面积上与密云水库不相上下，被夹在两列山脉之间，水质良好，水面开阔。在南岸一侧有着陡峭的岩岸和细腻的沙滩，再加之附近沙地上盛产的糖度极大的各种水果，以及便利的交通，对北京人来说，实在是一个休闲度假的好去处。20世纪80年代后期，由于流域周围及上游地区工业的发展，官厅水库受到严重污染，90年代水质继续恶化，1997年水库被迫退出城市生活饮用水体系。但随着城市发展，人口规模的扩大，另一水源地密云水库已经不能满足北京的用水需求，北京在进入新世纪后就面临日益严重的供水危机，因此恢复官厅水库饮用水源功能已成为当务之急。

由于官厅水库是首都城市圈的关键水源地，国家决定投资恢复其饮用水功能。从2001开始，水利部负责启动了“官厅水库饮用水恢复工程”。当时决定国家投资69亿元，争取到2005年使官厅水库上游向库区供水3亿立方米，保证其水质达到3级，并力争达到2级。

然而，由于恶劣的生态环境状况，官厅水库水质恢复并不容易。因为1997年官厅水库被迫退出首都城市生活水源地不仅仅是工厂向水库流域排放污染物，淤塞也是主要原因。上游永定河长年带下大量泥沙淤积，每年向官厅输沙65万吨，导致水库蓄水量减少，环境自我净化能力下降，到1997年，水库水质降为四、五类，同时，淤积形成的拦门沙槛将水库一分为二，成了官厅和妫河两个水库，受拦门沙槛的阻挡，妫河水库中有1.7亿立方米水无法引出。

在国家出面进行水环境整治下，官厅水库周边和上游地区污染严重的工业大部分被关停；再加上“官厅水库饮用水恢复工程”中将投入21亿元治理上游污染，水库上游建立污水处理厂三座，治理造纸、印染、皮革等污染企业17家；山西省建立污水处理厂15座、治理污染企业37家。显然，官厅水库污染方面的治理不成问题，但值得担忧的是与水库流域范围的土地荒漠化日益严重相关的泥沙淤积问题。官厅水库流域的土壤为沙壤土，这是水库上游水土流失的重要的自然影响因素，也就是说，沙壤土这种易流失土质是治理水库泥沙淤积的难以逾越的障碍，它的解决，需要大面积植被的恢复，这不是五年、十年的事，而需要整个流域地区花二三十年坚持不懈通力合作才可能完成。

5. 环太湖都市圈的生态环境建设

环太湖城市圈是指以苏州、无锡、湖州为核心，常州、嘉兴为肢节的城市圈。《长江三角洲地区区域规划纲要》提出了长三角区域“一核六带”的总体布局框架，[①]把环太湖城市圈定位于沿湖(太湖)生态服务带，使之成为全国性

---

① “一核”即强化上海这个核心；“六带”即优化提升沪宁、沪杭沿线发展带、重点建设沿江发展带、沿(杭州)湾发展带、积极开发沿海发展带、积极培育宁湖(湖州)杭发展带、引导发展沿湖(太湖)生态服务带。

重要旅游休闲带和区域性会展研发基地。因此，从生态环境建设上看，环太湖城市圈面临着艰巨的任务。

从环太湖城市圈在长三角所处的地位看，太湖处于长江和钱塘江之间，是长三角的核心。东可以接受传送上海辐射；北越长江可辐射苏北；南可连接杭州湾产业带；西南、西北可打通苏、浙、皖，在长三角中处于牵一发而动全身的地位。所以，环太湖城市圈是长三角发展的一个重要极核，其生态环境的好坏对于更高层次的长三角都市圈的发展极为关键。

改革开放以来，环太湖五大城市的生存环境处于“高密度”状态之中。工业促进了经济社会的发展，但也造成了土地资源的紧缺和生态环境的高负荷。尤其是太湖水资源，已经受到严重的威胁和破坏（肖锐，2007）。经过对太湖 27 条主要河流 35 个断面的检测，除上游天目山区入湖河流水质较好外，中下游的河流基本不达标，成为污染河流（李家彬，2008），参与太湖水污染治理工作十多年的江苏人大代表陶文沂 2007 年说，太湖水环境质量超标率已经达到 57.8％。显然，太湖水污染治理已经到了刻不容缓的地步。

2008 年以来，在国家的大力支持下，太湖流域加大了城镇水环境综合治理力度，一是统一规划建设太湖流域城市水源工程、城乡统筹区域供水管网联通工程和自来水厂深度处理工艺改造；二是建设和完善城镇污水处理设施，包括污水处理厂、管网建设和对早期建成的处理厂的除磷脱氮改造；三是建立城乡垃圾统筹处理体系；四是在城市推行节水减排工作。通过对环太湖都市圈的城市供水安全保障、城乡污水和垃圾处理工程的统筹规划和实施，生态环境改善取得了初步成效。目前，太湖流域城市的生活垃圾无害化处理率已达 80％以上，实现了全年城市安全供水的目标，有四座城市获得国家级节水型城市的荣誉称号。

但是环太湖都市圈的生态环境保护才刚开始，所取得的成绩与生态环境建设目标相距很远，今后的治理任务十分艰巨。长期以来存在的多头管理，跨部门冲突、跨地区冲突仍然存在，至今未建立独立的流域管理机构，行政交界水域污染问题管理困难，源头治理和加强流域整体管理还是薄弱环节。可见，环太湖都市圈的生态环境保护需要各城市紧密合作，建立一个权威协作机构来推动。

6. 小结

通过以上国内外都市圈和跨区域生态环境保护的例子，可以看到一些共同的规律，这些规律应该引起我们对都市圈生态环境问题以及如何开展生态环境保护的思考。

在都市圈和跨区域的城市化、工业化发展过程中，不可避免地伴随产生生态环境问题。除了自然因素，人类经济社会活动是生态环境问题产生的主要因素。缺乏对经济发展与生态环境之间的正确认识是导致问题产生的根本原因。由于无法正确地预料到经济活动不断扩张引起的资源开采和污染物排放对生态环境的破坏将如何反馈给人类自身，就没有真正去考虑生态环境的有限性。这种思维模式导致了自产业革命以来人类选择的是不断扩张和推广的粗放的工业化模式。而在真正认识到生态环境出了问题之前，人们一直对这种工业化模式的资源开采和财富创造的效率推崇备至。在以利益最大化为目标的“经济人”人类活动中，都市圈形成和发展的过程中，为了各自的利益，必然走进哈丁的“公地”逻辑，从而产生了都市圈的生态环境问题。

从历史的角度来看，已经发展到较为成熟的都市圈，在处理发展与生态环境问题上，都是走“先问题，再解决”的道路。在最初，随着区域工业化、都市圈化的发展，生态环境问题日益显现，然后逐渐加重，并影响区域生产、生活的持续发展，再后才重视和关注，采取行动，寻找解决的办法。这是大多数都市圈走过的道路，而现在很多正在形成和发展的都市圈，看起来仍要沿着这条路走下去。先发展起来的都市圈所采取的解决生态环境问题的策略，主要是建立跨地域合作机制，并在此基础上开展生态环境保护，包括对过去产生的污染进行治理、产业结构调整、淘汰污染产业、技术改造、生态恢复重建等。我们看到，有的效果显著，有的遇到困难，还需要进一步努力。先发展起来的都市圈生态环境保护的做法对正在形成和发展的都市圈具有借鉴意义，而后者是不是能够做得更好，这要看其自身发展模式的选择。

三、广州大都市圈生态环境的现状分析

(一)广州大都市圈的自然生态环境条件

1. 气候

广州大都市圈地处南亚热带,其气候属典型的季风气候。热量丰富,生长季长,农作物可一年三熟。春季阴雨连绵,夏季高温湿热,夏秋季台风入侵频繁,冬季很少严寒,四季变化明显。由于背山面海,具有温暖多雨、光热充足、温差较小、夏季长、霜期短等海洋性气候特征。由于水热同期,极利于作物的生长,但受自然灾害威胁的风险也较大,台风、暴雨、寒潮、雷电、雾霾等灾害性天气,常给城市建设、工农业生产、交通运输等带来不利的影响。

由于地貌条件的原因,导致先天性环境容量较小。广州大都市圈范围内的山丘多以残丘的形式呈环状分布在平原之上,其高低呈现明显的两环,外环的山丘海拔较高,一般在500米以上,而内环的山丘海拔较低,一般在300米以下,被两圈山丘环绕的广州大都市圈中心地带,在低气压条件下,空气流动性较差,使得广州大都市圈中心地带的大气系统成为一个准封闭系统,加上外环的山丘海拔较高,将广州大都市圈围城一个半封闭的盆地,使其大气环境相对封闭,不利于大气的水平环流,不利于污染物的扩散,造成大气环境容量非常有限。

2. 水环境

广州大都市圈的水环境主要由西江、北江、潭江下游水道汇流交织而成,有八个主要出海口与南海相通。西江和北江的最大年总水量之和为3800亿立方米,仅次于长江。由西江和北江形成的三角洲内河网密布,河汊交错,西江有部分水流入北江,北江也有部分水流入西江,虽然有各自的水道系统,但水流情况难以明确区分。

珠江水量充沛,加上高温多雨,台风频繁,有利于污染物的迁移扩散,总体而言水域纳污能力较大,这是对水环境承载能力有利的一面。但另一方面,由于地处三角洲下游冲积平原区,河道平缓,河口逐年向外海自然发育延

伸,水环境的河道构成条件敏感多变,稳定性不足,不利于污染物的扩散和消减。从城市的空间分布看,都市圈核心城市和主要城市都分布在珠江水系的下游,如果上游的经济开发导致生态退化和排放污染,必然会给下游都市圈城市带来不利影响。而按照产业发展及其空间演变规律,随着都市圈核心的产业高端化发展和上游地区对都市圈中心城市低端产业转移的承接,有可能加大上游地区的生态环境压力,进而影响都市圈的可持续发展,这是广州都市圈进行产业结构调整过程中应该注意和需要妥善规划解决的问题。

3. 土壤和植被

广州大都市圈地区地势低平宽阔,水系密布,土壤类型复杂,主要由河海冲击物形成的各类水稻土、脱潮土和湿潮土、花岗岩基底上的赤红壤等,土层深厚,质地黏重,在人类经济活动下,已有 2000 年的土壤利用历史。由于河网密布,地下水渗透性强,如果有污染物产生和排放出来,则在水的流动和渗透下,这种水土条件增加了土壤被污染的风险。

广州大都市圈的地带性植被以南亚热带植被区系占主导地位,主要是季风常绿阔叶林。由于人类长期活动的干预,原始的季雨林仅存在与自然保护区内。在广大台地低丘区多为常绿灌木丛。热带成分为主的草坡生长在砖红壤土层之上,极容易发生水土流失。

4. 生态环境与自然灾害

除了近些年由于城市化进程加快和工业生产发展导致的废水、废气、废渣排放引起的环境污染(包括酸雨、灰霾)外,由于交通及石油开采引发的珠江口石油污染,以及珠江口的赤潮现象引人注目。夏秋季台风登陆造成的狂风、暴雨危害极大。受人类活动对珠江三角洲上游来水来沙的影响以及三角洲河道的快速改变,洪水威胁也越来越大。

人类的社会经济活动都是在具体的地理空间里发生的。广州大都市圈的大气、水、土壤、生物和人类活动,构成一个具有区域特征的生态系统,这个生态系统直接影响到广州大都市圈的生存和发展,是都市圈区域可持续发展的自然基础(刘明清等,2007)。

(二)广州大都市圈生态环境与经济发展的关系

改革开放以来,广州大都市圈利用沿海和毗邻港澳的区位优势以及国家赋予的特殊政策,率先起步,经济持续快速增长。以珠江三角洲经济区①为例,30年来,GDP保持了两位数以上增长速度,经济规模迅速扩大,例如1996年生产总值为5264.13亿元,2008年达到297450.58亿元。跨越式发展使珠江三角洲经济区经济地位迅速提升,2008年生产总值占全国的10%;按照常住人口计算的人均生产总值达到62643.83元,即人均GDP为9019.9美元的水平(按照2008年年平均汇率折算),已达到中等偏上发达国家的经济水平。

虽然成绩巨大,但应该承认,珠江三角洲经济区和广州大都市圈的经济发展所付出的资源环境代价不小,经济快速发展的同时,我们看到的是对资源能源的粗放利用,以及生态环境功能的较大程度的退化。

刘明清、蒋纯才和蔡亲颜(2007)在对珠江三角洲经济发展与生态环境做系统考察后指出,改革开放以来珠江三角洲的生态环境演替呈现两大特征:

一是随着城市化和城乡一体化进程的加快,人工生态系统逐渐代替自然半自然生态系统。而且在未来二三十年,随着珠江三角洲区域一体化、国际化进程的进一步发展,世界级都市连片区将会形成,城镇生态系统所占比重越来越大,农村村落和农田等半自然生态系统,以及林地等自然生态系统的比例相应减少。

二是高速工业化、城市化过程导致生态环境功能退化。珠江三角洲经济发展的原始积累阶段,主要依靠土地出租、出售。各种工业区、开发区遍地发展,成片的土地被开发,"招商引资—转让土地—出租厂房—收取租金"是珠江三角洲较为普遍的一条发展工业致富的最简单有效模式。同时,随着城市建设和工业开发加快,成百上千的新城区、工业区、开发区对地表无序开挖,与之关联的矿山开发和石材开采是广州都市圈植被生态被破坏和水土流失的主要原因。改革开放以来,随着珠三角地区工业化和城市化建设加快,对

① 珠江三角洲经济区包括九个城市组成的区域:广州、深圳、珠海、佛山、江门、东莞、中山、惠州、肇庆。除清远的一部分外,与我们研究划定的广州大都市圈范围基本一致,因此我们认为,珠江三角洲经济区在经济发展与环境的关系上具有与广州大都市圈基本一致的特点。

各种建筑材料需求也加大，其中石材基本上都是就地取材。20世纪末，广东全省范围内有2500多个采石场在运转，石材开采对植被和地貌造成严重破坏，导致生态退化和水土流失。由于认识到采石场对生态环境的破坏，广东省政府于2003年发出整治通知，开始对采石场进行控制和和规范管理，全省关闭了一半采石场，其中广州大都市圈范围内的大部分都在关闭后进行生态恢复。采石场的例子说明，城市的生态环境是脆弱的，土地开发和产业发展应该把生态环境因素纳入经济决策中。

发展导致生态用地被大量挤占，原生林、自然次生林遭破坏，一些关键性的生态过渡带、节点和廊道没有得到有效保护，区域自然生态体系破碎化明显，区域生态质量有所下降，生态赤字较严重。

同时，工业化和城市化的超常规高速发展还导致了严重的环境污染。2006年发布的《珠江三角洲环境保护规划纲要》指出，在经济高速发展的同时，受污染的河长呈增长趋势，大部分城市江段、河涌水质污染严重，局部河段水体劣于五类，沿岸居民生活生产受到影响。区域供水排水交错，部分城市饮用水水源地水质受到影响，跨区水污染日益突出。例如流经佛山、广州的汾江河在工业化过程中被严重污染，虽然20世纪80年代开始进行整治，投入了10多亿元的资金，但到目前，污染形势仍然极为严峻，严重影响佛山的人居环境，也给广州饮用水源带来威胁。自广州和佛山开展城市建设和管理上的合作以来，也对汾江开展了综合整治，尽管如此，汾江水质目前还是五类水标准，可见跨界污染和长时间的累计污染不是短时间能够见效的。

大气环境污染也相当严重，广州大都市圈各城市氮氧化物和二氧化硫的比值呈增加的趋势，酸雨频率居高不下，形成了以广州、佛山为中心的酸雨高发地带。2008年广东省环境保护状况公报显示（表6—1），珠三角城市降水pH均值范围在4.47（广州）～6.37（河源）之间，广州、深圳、佛山、江门、茂名、肇庆、惠州、东莞和中山等九个城市属于重酸雨区。以氮氧化物污染为特征的机动车尾气型空气污染日益凸现，已出现光化学污染征兆，并形成区域大气复合污染现象。

表 6—1　广州大都市圈部分城市降水监测统计结果及年度变化

城市	降水 pH 值		酸雨频率(%)	
	2007 年	2008 年	2007 年	2008 年
广州	4.38	4.47	80.3	77.8
佛山	4.81	4.54	70.9	85.5
韶关	4.65	5.15	54.8	38.6
深圳	4.73	4.8	56.4	63.6

土壤污染问题一直没有引起足够重视，但形势也不容乐观。广东省生态环境与土壤研究所 2005 年完成的珠三角地区土壤环境质量状况探查研究课题结果显示，珠三角部分城市采样点中有近 40%的农田菜地土壤重金属污染超标[①]。近 30 年来，由于珠三角工业发展迅速，同时环境治理没有跟上，工厂生产和矿山开采排放的三废通过水循环渗透对土地造成污染，比如电镀厂、造纸厂、火力发电厂的"三废"没有经过规范的处理就直接排放，污染了当地的土壤(万洪富，2005)。

可见，广州大都市圈地区的资源利用方式仍然没有摆脱粗放特征，高投入、高消耗必然带来高排放、高污染。《珠江三角洲地区改革发展规划纲要(2008—2010)》进一步指出了目前广州大都市圈所在区域的经济发展与生态环境保护之间关系的现状：产业层次总体偏低，产品附加值不高，贸易结构不合理，创新能力不足，整体竞争力不强；土地开发强度过高，能源资源保障能力较弱，环境污染问题比较突出，资源环境约束凸显，传统发展模式难以持续。2009 年年初，国家发改委副主任杜鹰在广东省委理论学习中心组《珠江三角洲地区改革发展规划纲要(2008—2020)》专题研讨班上的讲话也指出，"总体上看，现阶段珠三角生态环境保护工作还处于历史欠账阶段，环境污染和生态破坏的总体态势未能从根本上得到有效遏制，这是制约珠江三角洲地区可持续发展的主要'瓶颈'。可见，珠江三角洲和广州大都市圈都需要正视现实，以贯彻纲要为契机，寻找协调经济发展与资源环

① 采样点中有 40%土地污染物质超标，并不是说珠三角地区有 40%的土地有污染问题。实际上，珠三角的土壤污染主要是点状污染，如矿山、工厂周边的点状区域。

境之间的关系。

(三)关于广州大都市圈生态环境的几个重要问题

广州大都市圈的生态环境形势相当严峻，从历史、技术、观念、制度等方面都能够找出原因，但从目前需要去面对、解决的角度考虑，下面三个方面尤其需要引起重视。

一是经济发展模式转变问题。总体看来，尽管多年来都市圈内各城市基于加快经济发展的愿望，都积极推动经济结构调整，并且取得很大成绩，包括积极引进国内外先进技术，但最突出的是打破了过去国有、集体企业一统天下的局面，形成了以非国有为主的混合经济形式。这种结果只是使市场竞争更为活跃，有效率的企业得到壮大发展。但在生态环境保护上的进展并不突出。对不同所有制企业的环境表现的调查显示，我国国有企业的环境保护水平比非国有企业高。国有大中型企业基本都建立有比较完善的环境管理体制。企业领导人的环境意识较强，环境管理人员的素质较高。在具体的环境管理中，有的将安全和环保工作合并，有的则将环保纳入生产管理之中，将生产、安全和环保三者合一。但小型企业、一些私营企业和绝大多数乡镇企业的环境管理从机构设置、人员素质、环境监测、污染设施的安装和运行等方面都缺乏规范，企业业主的环境意识淡薄，同国有大中型企业相比存在很大差异(周新、高彤，2001)。另一项对我国苏州地区457家中小企业的调查显示，企业进行技术工艺开发的目标取向，被调查的企业中只有38.1%的企业以降低能耗为目标，31.7%的企业以改善工作条件、降低环境危害为目标(潘镇、鲁明泓，2003)。这表明，大多数企业的技术创新还不是以提高资源利用率和减少排放为导向。显然，尽管技术进步客观上提高了资源的利用率，但与各城市追求经济规模和效率相比，没有可能从根本上改变粗放利用资源的发展模式。

二是行政划治的区域割据问题。都市圈由若干城市组成，自然也就有与之相应的行政管辖范围，但是，都市圈生态环境的整体性与行政区划之间的矛盾导致了前面所说的环境污染的“公地悲剧”结局和环境保护“搭便车”现象的产生，从而最终形成目前广州大都市圈生态环境所面临的长期得不到有效治理反而有加剧趋势的困境。因此，在行政区划的基础上打破都市圈的行政区划障碍是都市圈生态环境保护有效途径。例如，广州市地处珠江流域的下游河口区，周边地区的污染对广州市的水、大气环境造成的压力也将加重，客观上增加了广州市环境保护的难度。要有效地进行环境污染整治，就需要圈内的区域、流域污染控制的相互协作。目前，在广佛都市圈和珠江三角洲地区改革发展规划纲要的实施背景下，广州大都市圈范围内流域水环境和区域空气环境整治联动机制已经初步建立，但没有实质性全面展开，实际效果也很有限。

三是区域污染控制引进市场化机制的问题。引入市场化手段，是因为长期以来我们的环境保护都是政府单方面采取措施，在政府进行污染治理的过程中，尽管随着经济的发展，政府投入环境保护的资金也相应增加，但面对长期累积形成的严峻环境形势，政府还是有些力不从心。发达国家在利用市场化手段进行环境保护取得的成效给我们很大启示，例如美国在 20 世纪 90 年代中期对二氧化硫排放实施排污权交易制度成功地把二氧化硫排放控制在允许的限额之内。因此，借助市场力量有助于政府更好地实现区域环境保护目标，反之，则可能成为政府在环境保护方面的刚愎自用而使生态环境恶化趋势得不到扭转的原因。

四、改善广州大都市圈生态环境的基本措施

(一)加强经济与环境关系的认识

要处理好广州大都市圈形成和发展过程中出现的生态环境问题，必须对在以往选择的经济活动方式与生态环境变化之间的反馈关系有科学地认识，然后才可能在此基础上作出正确的决策，构建与环境协调发展的经济发展方式。

经济增长与环境容量之间的矛盾是我们首先要正确认识的。经济增长依赖自然环境提供资源，并承受经济活动排放的废弃物，如果不加约束，经济增长就可能有规模无限扩大的趋向，而从环境索取资源和向环境排放废物的需求也是不止的，而自然环境能够提供的资源和能够承受废弃物的容量也是有限的。就资源来说，分为再生资源和不可再生资源，不可再生资源显然是

会被耗尽的，再生资源受其再生能力的限制，如果经济规模超过其再生能力，那么再生资源也就不可再生了。类似地，环境对污染物具有自我净化的能力，这种自我净化的能力也是有限度的，如果经济规模扩大，排放的废弃物也增多，当经济活动规模扩大到其排放的废弃物总量超过环境的自净能力时，那么环境污染问题就产生了。显然，经济增长的无限性与环境的有限性之间存在天然的内在矛盾，对这一矛盾的理解是思考和决策如何保持经济与环境协调发展的前提。

人类社会发展的历史已经揭示了这一矛盾。近代工业革命前，尽管人类聚居区局部也有环境问题，但总体上人类活动规模远没有达到地球环境承载能力的极限，人类与环境处于和谐状态。工业革命改变了人类与环境的关系，最近 200 多年来创造的财富比人类过去 5000 多年创造的总财富还要多，相应地，人类近 200 多年来开发的资源比过去 5000 多年利用的资源总量还要多，对生态环境的破坏已使地球承载力面临着不可逆转的风险。人类选择的极富效率的增长模式在创造美好工业文明的同时也造成了日趋严重的生态环境问题，对人类自身的生存与发展构成了威胁。20 世纪中期发端于西方的绿色革命，是人类对工业文明与环境关系的反思，然后在此基础上提出了可持续发展理念，经过几十年的努力，尽管还存在在内涵理解上的分歧，但以经济与环境和谐为核心的可持续发展理念已成为全球共识，在可持续发展理念的引导下，人类的资源利用方式和经济发展模式已开始向环境友好型方向转变。近几十年的实践证明，正确处理环境与发展的关系，二者之间的矛盾是可以避免的，实现经济和环境协调发展也不是没有可能。

广州大都市圈的经济与环境关系问题，是改革开放以来才逐渐成为被关注的问题。20 世纪 80 年代之前，尽管工业已经有所发展，但污染水平总体上在环境自净能力之下，生态环境功能正常，经济活动与生态环境关系协调。改革开放以来，工业化和城市化加速发展，广州都市圈逐步形成，经济活动规模迅速扩张，污染排放增多，环境问题日益严峻，已经影响到城市化和经济的健康持续发展，尽管近十多年来，采取了一些环境保护措施，围绕建设资源节约型和环境友好型社会，加快推行节能减排工作，但环境污染的形势依然严峻，如果不及时改变和扭转这种状况，经济与环境协调发展将不可能达到，建立一个人与自然和谐的广州大都市圈也许是一句空话。

广州大都市圈必须认识到这一现实，目前看来，一些努力正在进行，如2007年以来，广州与佛山开始合作进行水环境污染整治。但这是不够的，都市圈环境的整体性和共享性，需要区域内所有组成城市在对待环境问题上达成一致。值得庆幸的是，都市圈的环境问题已经得到国家层面的重视，《珠江三角洲地区改革发展规划纲要（2008—2020）》明确提出，要"着力加强粤港澳合作，共同改善珠江三角洲整体水质，减少整体水污染量，提升污水处理水平"，"探索建立流域、区域统筹的生态补偿机制"，"构筑区域生态安全体系"。但解决问题的关键是广州大都市圈各城市在合作的基础上采取切实有效的行动。

（二）建立都市圈生态环境保护的合作管治体制

由于经济社会活动、自然环境和资源禀赋的差异性，生态环境问题具有较强的局域性特征，并具有一定的累积性和动态性。同时，相邻区域的生态链紧密相连，彼此之间生态环境的依存度高，一个区域的生态环境问题可以影响到相邻区域的经济发展和生态环境状况。广州都市圈位于北回归线附近，属于亚热带季风气候带，具有相近的自然生态特征，且各城市均属珠江水系范围，水网密布，相互联通，只靠单个城市的治理难以扭转生态环境恶化的状况。从珠江生态环境来看，上游水污染了，下游就会遭殃。一个城市的生态环境受到破坏，周边城市享受到的生态服务也会降低，因此，只有各城市相互合作，才能保护都市圈的整体生态环境。

首先，应该有一个机构来协调都市圈各城市在生态环境保护上合作事宜。作为广东省管辖下的城市集中区域，可以考虑新成立一个专门的都市圈成员联合机构需要考虑，或者省政府的环保部门承担起组织和协调都市圈各城市开展生态环境保护合作的职责。广州大都市圈在生态环境保护上面临着区域性矛盾和问题，亟待设立跨城市区域的行政组织来协调处理。鉴于我国垂直领导体系比较完善，因此可以将城市协调职能赋予省级相应部门，并会同下级政府的对应部门共同履行协调职能。不论怎样，广州大都市圈需要这样一个有领导作用的机构，并在这个机构的领导下，重新确定都市圈管治体系的职责关系，构建一种融合的、在一个强有力的中心领导下的多中心体制的“新政府形态”。

其次，除了政府主导，还可以拓宽合作范围，建立不同行政区域之间的合作机制。就广州大都市圈而言，可通过以下形式建立合作机制：一是非政府组织合作。在城市之间建立跨区域非政府合作组织，如广州大都市圈地方政府协作会等，其主要作用是合作组织成员在地位平等的基础上协商一致，定期开展活动，彼此就相关活动、议案和地区性事务进行交流、磋商和讨论，既可做出有约束力的决策，又可对都市圈重大发展问题提出战略性建议。二是项目合作。针对跨城市、属于都市圈的共同性问题，如高速公路建设、水资源分配与管理、能源、环境治理等，由上级政府直接给具有共同利益的都市圈各地方政府提供财政拨款或援助，再由都市圈政府协作会与各地方政府采取协商一致的方法来共同解决，而上级政府只是负责监督这些项目资金的落实与建设状况，以及决定是否再对这些项目追加财政拨款或援助。三是市场机制运作上的合作。对于都市圈内部地方政府共同关注的问题，如环境基础设施建设、水环境治理、公共卫生问题等，也可通过政府间服务合同、联合服务协定、政府间服务转移等形式，向私人公司、非政府组织、非营利组织等购买服务的方式来解决。

再次，要建立统一遵守的环境法规和政策体系。这是广州大都市圈整个环境保护机制建立、运作、调整、发展的依据和基础，也是这个机制得以发挥重要作用的基本保障。制定的共同的法规政策，应该既包括直接关于生态环境保护的，也包括体现在经济、社会问题之中的生态环境政策。这些法规政策在形式上体现为产业投资和运作上与环境有关的技术标准、环境行动规划或纲要、生态环境保护条例等等。总之，这个共同遵守的法规政策体系，是适合于广州大都市圈发展需要、确保经济发展与生态环境相协调的完整的规则系统。

（三）生态环境保护的统一规划和建设

在强有力的合作管治体制下，有必要在更高层次上进行生态环境保护的战略合作，即需要从长远的角度对都市圈生态环境建设进行统一规划和建设。

第一，要制定符合共同愿望的生态环境目标。管理经济学理论认为，一个组织要具备高效率，所有成员必须拥有共同的目标。通过构建共同目标，可以有效地确立全部行动围绕的核心，为组织不同成员提供指导和协调。鉴于大都市圈各城市的差异性和行政区划的层级性等方面的因素，考虑到具体实施的可操作性，都市圈生态环境建设目标可以是层次性的，可以从高到低构建，即从总目标开始，然后逐层往下细分。需要注意的是，目标体系的构建要与各城市社会经济发展目标达成一致。

第二，要对都市圈进行生态环境规划和设计。生态环境设计对于建设环境优美的都市圈是至关重要的，是都市圈生态环境建设成功的基础和保障。伦敦都市圈的发展证明了这一点，直到 1947 年，伦敦作为世界上第一个大的都市圈，都没有很好的规划。这之前的近 200 年，伦敦城市扩大了近 10 倍，公路填满了扩展出来的城市区域，但由于缺乏系统的规划，城市布局无序，道路杂乱。加之工业污染严重，城市又缺乏绿地，当时的伦敦几乎是“最不适合居住的城市”，“大城市病”的症状非常明显。1947 年，伦敦通过城市规划法案，才真正开始规划。城市周围逐步建成一条由公园和绿地组成的“绿带”和完整环状的机动车道。目前，伦敦都市圈是世界上生态环境最美最适合居住的大都市圈之一。

目前，广州大都市圈地区分成了大大小小的城市和城镇，有各自的文化和各种基础设施。由于行政分治，很多城市相邻地区的设施缺乏有效的衔接，降低了人居环境水平。建设广州大都市圈，要统筹考虑人居环境建设，要把广州大都市圈建设成为大家愿意居住的城市化地区，有足够的绿地和方便的交通，并在绿地内规划建设城市。我们认为，生态环境设计应从宏观到微观贯穿都市圈建设的全过程，在各设计阶段中都要有具体的建设目标，例如在都市圈的区域规划和总规中的土地综合生态适宜性分析及生态安全格局的建构；控规和城市设计中的自然生态安全体系生成及土地生态分级利用；公共场所设计的生态化及建筑设计中各类生态策略的应用。

第三，在达成一致目标和生态化设计的基础上，进行生态环境建设的任务分解。鉴于各组成城市发展的差异性，可考虑建立类似《京都议定书》之类的生态环境合约，接受都市圈共同成立的环境委员会的监督。为确保任务的有效完成，可考虑允许各城市在完成任务方面进行交易，即如果某个城市因为其他发展目标而无法完成，可以把无法完成的任务交给愿意承担的城市，当然，必须为此付出相关费用。例如一个城市把原来规划为生态建设用地在取得上级政府同意的情况下用来发展工业，可以通过交易的方式与另外一个城市进行置换。这样就能够在确保都市圈整体生态环境效益不受损害的情况下促进城市社会经济的发展。

(四)联合开展都市圈污染控制和环境综合整治

广州大都市圈要建设好生态环境，首要解决的是过去造成的生态环境问题，包括环境污染和生态破坏。因此，需要尽快对被污染的环境进行恢复性治理，控制排放强度，以及对被破坏的生态系统进行恢复性重建，改善人居环境，为今后较长时期内的经济平稳较快增长奠定可持续的基础。

首先要加大都市圈的环境基础设施建设。都市圈各成员城市必须在合作的前提下统筹考虑区域环境基础设施整合与布局，而且区域环境基础设施的规划和建设要有战略眼光，综合考虑现有污染水平和都市圈发展趋势，推进环境基础设施的建设和完善。要注意的是，各城市的中心城区、郊区镇和农村的废弃物的产生和处置是有区别的，因此要分类对待。中心城区要配套建设完善的污水收集管网和垃圾分类收集系统；郊区镇的环境基础设施的规划和建设要适度超前；农村在推行固体垃圾集中收集的同时，要充分利用当地自然生态系统处理污水和可降解的生活垃圾。生产领域的污染控制，加强环境管理的同时要大力推进企业环保设施建设，提高监管力度，促进环保设施的有效运行，保证企业污染物的达标排放。

其次，要统筹协调，开展都市圈环境综合整治。一是都市圈各城市建立一体化的环境执法机构，加大对污染源的管制力度，利用环境法规、惩罚性收费、限期整改以及强制关闭等手段减少和杜绝污染排入环境；二是要开展广州大都市圈“碧水工程”建设，积极推进河涌截污整治和景观再造，重点开展以饮用水源地为中心的水体和湿地的保护和整治，保证区域饮水安全；三是要对都市圈青山绿地生态系统进行恢复重建，再造体现现代都市圈生活要求的岭南水乡生态景观；四是要对各城市在追求经济增长过程中违反规划或者未做规划而建成的各种构筑物进行整治，对“两违”建筑、烂尾楼等无效占用资源，影响城市景观的构筑物都要进行拆除或者改造，推动城市形态的优化；

五是要加强对重点污染源和污染企业的监制，推动实施工业企业污染物排放总量控制和达标排放，强化机动车污染监督执法，遏制汽车尾气污染。

再次，不论是污染治理，还是生态建设，都可以考虑利用市场化手段进行污染控制和生态建设，如建立污染物排放交易体系，生态恢复重建的市场化运作等。在环境保护领域进行市场化改革，通过市场机制让其他主体参与环境保护，不仅能够降低公共支出负担，而且在环境保护目标下使各种环境保护手段及其综合运用的成本达到最低，从而实现"谁污染谁治理，谁受益谁支付"的目标。因此，要开放和扩大环境保护事业的投资领域，不仅是环保设备制造业，还要开放提供环境服务的行业，降低投资门槛，制定优惠政策，鼓励专门化污染治理公司进入环境行业，增强污染治理能力，提高环境保护的效率。可考虑推进城市污水和生活垃圾处理的市场化运作，探索采用特许经营、经营权承包民营化、政府与企业伙伴关系等多种模式，提高城市污水和垃圾处理水平。在绿化和生态服务提供上可以实行市场化运作，通过改革完善投融资模式，吸引外资、民间资本进入生态建设领域，如道路绿化、小区绿化、公园建设、河道环境整治以及城市森林生态系统等公共环境和生态服务项目，最大限度地增强和优化城市的生态功能。

(五)都市圈产业的生态化改造

最好的生态环境保护办法是把生态环境因素纳入社会经济发展战略和实施计划中，从一开始就要合理评估所有可能产生的生态环境风险，以便在都市圈区域承载力允许的基础上优化配置资源和控制污染，把对生态环境可能造成的损害降低到尽可能小的程度。基于这一考虑，必须对现有的产业进行生态化改造，打造生态环境友好的产业体系。

广州大都市圈的产业生态化改造就是要建立经济发展与环境保护相协调的现代产业体系。考虑到维持地区经济发展和社会稳定，在改造过程中必须创造新的产业和尽可能多的就业岗位。从较为宏观的角度看，产业生态化改造应该从三个方面进行。

一是淘汰落后产业，大力发展高新技术产业。广东省正按照产业和劳动"双转移"战略调整经济结构，希望借此机会把全省的产业在空间布局、技术创新和产业集群构建等方面提升到更有竞争力的水平。广州大都市圈无疑是广东实施“双转移”战略的主导者，在淘汰落后产业和发展高新技术产业上占据着十分有利的地位。随着周边地区交通条件的改善，一些企业已经自发开始了迁移，但政府需要加大支持力度，推动这一进程。

要加快淘汰技术水平低下、资源消耗大的产业。通过设立严格的技术门槛、生态环境标准等，形成反应资源稀缺程度的价格机制，限制不符合都市圈可持续发展的投资活动。对于国家政策明令限制、淘汰的落后生产能力、工艺技术、装备和产品坚决依法淘汰。需要理解的是，实施产业约束和淘汰机制并不是要限制企业的发展，而是促使企业在淘汰过程中获得新生，实现技术升级和工艺更新或转产、转型。

新的产业投资要高度重视节约型技术的研发和使用，资源配置的方向应该向技术研发和创新倾斜。着力培育和发展高新技术产业，推动高新技术扩散并向传统产业渗透，通过经济活动的整体技术进步提高资源利用率，减少物质消耗和降低排放。

二是对有竞争优势的传统产业进行改造升级。产业技术的升级不都是关闭淘汰落后的产业，重新选择引进新的投资。大多数情况下，对现有产业和企业的技术改造是经济获得可持续竞争力的一般做法。因此，广州大都市圈在实施“双转移”战略中要重视对已有产业的技术升级改造，尤其是对那些有竞争优势的产业。在改造方法上，企业可通过自主创新，也可选择加强与国内外一流企业合作，通过股份制改造，引进国内外优质资本和先进技术，推进产业升级；政府也可发挥作用，例如推动企业组织结构优化重组，培育和壮大一批优势产业企业集团，增强经济发展的持续竞争能力。

三是要通过大力发展循环经济提升产业活力和可持续发展能力。按照“食物链”原理，探索建立循环经济体系。鼓励企业发展清洁生产，大力推广工业废弃物及生产过程余热、余能回收利用，大力发展资源再生技术，减少环境污染，提高资源综合利用率。要进一步完善节约资源、保护环境的政策，鼓励企业围绕促进节能环保、提高生产效率、提高产品质量，进行设备及生产过程的技术改造工作。鼓励企业采用国际先进的环保技术和设备，促使生产工艺各环节相互利用副产品和废物，形成系统内部循环链，提高能源和资源利用效率，降低污染排放水平。从区域层面看，要通过调整产业结构和布局，提高产业之间的关联度，整合都市圈产业的资源联系，围绕资源的充分利用形成产业链，把产业的集群化和物质链有效地结合起来，促进减少能源和物质的浪费，建立生态化产业体系。

(六)构建都市圈的生态补偿机制

除了污染控制，开展生态建设，维护生态系统的平衡生态环境保护同样重要。对于任何城市来说，保留一定的自然生态系统有助于城市维持人与自然的和谐，也是城市得以可持续发展的基础和保障。作为城市集聚区的大都市圈更应该注重生态建设，因为与单个城市比较，都市圈各城市经济发展的竞争性与区域自然生态系统的整体保护更难协调。如果不采取有效措施，而随着都市圈各城市工业化进程的加快，可能会使本来已经十分脆弱的自然生态系统变得不可逆转，因此，在广州大都市圈进一步发展中，保持生态建设同步是十分重要的。

科学发展观强调以人为本，全面、协调和可持续发展，国家更加重视生态建设，并采取了系列加强生态保护的政策措施，有力地推进了生态状况的改善。但地方在实践中，明显感受到我国在生态保护方面存在结构性政策缺位，尤其是有关生态建设的经济政策严重短缺。因为生态保护者得不到应有的经济激励，受益者无偿占有生态效益，甚至生态破坏者也不用承担赔偿的责任，这严重影响了城市化进程中经济发展与生态保护的协调。而要解决这类问题，建立生态补偿机制是有效的解决办法。

生态补偿机制是以保护生态环境、促进人与自然和谐为目的，根据生态系统服务价值、生态保护成本、发展机会成本，综合运用政府和市场手段，调整生态环境保护和建设相关各方之间利益关系的环境经济政策。通过建立生态补偿机制，调整相关利益各方生态及其经济利益的分配关系，将有促于城乡间、地区间的公平性和社会的协调发展。《珠江三角洲地区改革发展规划纲要(2008—2020)》提出，加强生态环境保护，要实施生态保护分级控制，探索建立流域、区域统筹的生态补偿机制。

从建立流域生态补偿机制来看，广州大都市圈首先要对珠江流域及其支流的上下游开展生态调查，并对流域生态环境进行价值评估；其次，在调查的基础上确定补偿范围，在实际操作中，除了对流域上下游已经被破坏的流域生态环境进行补偿外,还需要对未被破坏的流域生态环境进行污染预防和保护支出。从建立区域生态补偿机制来看,广州大都市圈的自然生态系统可分为两种生态区域来考虑,一是生态保护区的生态补偿,二是对农村地区的生态补偿。前者划定有明确的范围,生态服务功能明确,建设的目标也是确定的,操作比较简单。而对于后者,需要协调的是农民增收、农村发展与生态保护的关系,因此实施生态补偿需要区别对待。总之,广州大都市圈建立生态补偿机制非常必要,但鉴于当前生态补偿实践在我国还处于探索阶段,没有成熟的经验可供借鉴,因此,广州大都市圈贯彻实施《珠江三角洲地区改革规划纲要(2008—2020)》,开展生态补偿实践需要从研究和建立示范点开始。

五、本章小结

都市圈生态环境是组成都市圈的各城市生态环境的综合,与单个城市生态环境相比在结构功能及其保护上更为复杂。为了区别于城市生态环境概念,我们定义了都市圈生态环境。我们认为,在看待都市圈生态环境时,要超越行政区划把各个城市的生态环境作为一个整体和一个系统来考虑。

综合来看,都市圈生态环境具有四大基本特征:一是具有公共物品属性。即在都市圈内,任何一个城市的生态环境都不可能做到排斥其他城市居民来免费消费,而其他城市居民的消费也不会使这个城市的生态环境增加负担。二是污染的跨地域性。一个城市的环境问题除了自身原因,还有可能部分归因于周边城市的污染物排放。三是环境责任的非排除性。都市圈生态环境整体质量的变化与其中每一个城市都有关系,是都市圈的全部组成城市的经济社会活动的"合力"导致了都市圈生态环境质量的变化。四是环境效益的"搭便车"现象。作为公共物品的都市圈生态环境,如果由市场机制主导,每个城市从自己的经济利益出发都不会自愿进行污染治理和环境减排,都希望其他城市保护而自己"搭便车"免费享用。

我们讨论了生态环境保护与都市圈发展的关系问题。首先,从都市圈的生态环境政策和措施、都市圈生态环境保护水平对竞争力的影响,以及都市圈生态环境问题与产业技术水平、经济规模的对应关系等方面考察了生态环境建设与都市圈竞争力的关系。然后，考察了都市圈发展的可持续性问题。建议把都市圈的自然资源和生态环境存量看作是都市圈保持满足当前和未来发展需求的资本，都市圈必须保护和增进这些资本，因为维持良好的生态平衡，改善投资环境，提高对外部资源的吸引力，是都市圈实现可持续发展的重要保证。最后，选择北美五大湖、法国里尔、多瑙河、官厅水库和环太湖都市圈为典范，介绍了国内外都市圈和跨区域的生态环境保护经验。可看出，在都市圈和跨区域的城市化、工业化发展过程中，都不可避免地产生生态环境问题，而原因除了自然因素，人类经济社会活动是生态环境问题产生的主要原因。都市圈要保护好生态环境，不论采取什么方法，都要在建立跨地域合作机制的基础上进行。

我们还分析了广州大都市圈生态环境的现状。首先从气候、水环境、土壤和植被、生态环境和自然灾害等方面讨论了广州大都市圈的自然生态环境条件；然后分析了广州大都市圈生态环境与经济发展的关系，指出都市圈在经济社会取得重大成绩的同时，也付出了不小的生态环境代价。目前需要去面对、解决的主要有如何转变经济发展模式、行政划治的区域割据以及区域污染控制引进市场化机制等问题。

最后，基于前面的分析，提出了改善广州大都市圈生态环境的基本措施。包括要加强经济与环境关系的认识；建立都市圈生态环境保护的合作管治体制；实施生态环境保护的统一规划和建设；联合开展都市圈污染控制和环境综合整治；都市圈产业的生态化改造；构建都市圈的生态补偿机制等。这些措施的实施都需要都市圈内各个城市的合作，并达成基本一致意见的基础上进行才可能有效。

第七章

广州大都市圈的文化纽带

文化是都市圈的灵魂，文化认同是连接都市圈各区域之间的精神纽带，文化品格是都市圈建构自身形象、加强辐射力的重要源泉，文化引领力是都市圈竞争力的根本体现。在经济、文化日益全球化的今天，都市圈的发展态势与竞争优势，越来越体现在文化软实力上，文化正成为反映一个都市圈综合实力的重要指标。如何发展都市圈文化，促进文化产业快速成长，正成为都市圈现代化发展进程中亟待解决的时代课题。《广东省建设文化强省规划纲要(2011—2020)》富于前瞻性地指出："站在新的历史起点上，面对日益激烈的国际国内文化竞争和文化与经济加速融合发展的新趋势，我们必须充分认识文化建设在凝聚民族精神、提升公民素养、促进社会和谐、推动加快经济发展方式转变中的重要地位和作用，进一步增强紧迫感、责任感和使命感，全面推进文化建设，实现由文化大省向文化强省的跨越。"广州大都市圈作为广东省的中心区域，作为国家核心城市群，如何充分发挥文化带头作用，如何形成具有辐射力的文化共同体，是广州大都市圈可持续发展的重要命题。本章主要研究广州大都市圈的文化发展问题，在对文化发展与都市圈的关系进行理论梳理的基础上，分析广州大都市圈的文化特质及其不足之处，并着重就提升广州大都市圈的文化竞争力提出若干对策思路。

一、文化建设与都市圈的发展

都市圈不仅是一个商贸往来、产业互动的经济圈，也是一个亟待提升、内涵丰富的文化圈，都市圈文化是在深刻的历史渊源与类似的人文精神的基础上产生的，在都市圈的形成与发展中起着重要的精神纽带功用，如果说经济联系是都市圈的显性形式，那么文化是都市圈的精神内核。与传统的单一的城市文化不同，都市圈文化形态由几种或者多种城市文化构成，其中所涵括的城市文化有着各自的地域特色，这必然促使政府打通地域的人为割裂、融合区域文化，形成优势互补、资源共享的都市圈文化一体化格局。一个都市圈要拥有独特的形象、打造不可替代的位置，离不开文化品格的凸显，如巴黎都市圈的文化标签是时尚、浪漫，伦敦都市圈的文化标签是理性、优雅，良好的文化品格的塑造有利于都市圈的文化形象塑造与可持续发展。同时，都市圈的文化产业比单个都市的文化产业具有更大的优势，它建立在多个城市的分工、协作的基础上，形成人才、信息、文化产品的有效交流，有利于都市圈产业结构升级，促进经济平稳快速发展。

（一）文化融合是连通都市圈的精神纽带

都市圈不仅是一个经济概念，更是一个文化概念，都市圈的形成不仅源于不同区域的产业分工，更依赖于共同文化基础上的精神认同，刘易斯.芒福德说："密集、人众、包围成圈的城墙，这些只是城市的偶然性特征，而不是它的本质性特征，……城市不只是建筑物的群集，它更是各种密切相关并经常相互影响的各种功能的复合体——它不单是权力的集中，更是文化的归极。"（刘易斯·芒福德，2005：91）没有共同的文化归属，都市圈内部的区域融合也只是一种强制的焊接与表象的组合，只有文化的相通才能从根本上将都市圈紧密地联系在一起，以上海为核心的长三角区的崛起，离不开江浙区域对海派文化的普遍认同，伦敦大都市圈的扩张与英伦的理性、优雅的文化精神息息相关。

1. 大都市圈的文化融合是都市圈发展的精神纽带。

都市圈一脉相承的历史文化会深刻唤起人们的文化依恋，从共同的文化传统、历史进程中获得认识自身以及社会环境的必要知识，形成清晰的文化自我定位，有利于提升市民的精神凝聚力，带来稳定的行为规范与心理基础。文化的渗入能使市民增进对都市圈的认同感、归宿感，增强文化凝聚力，形成强有力的精神共同体。都市圈与民族、国家一样，也有属于自己的文化之根。国际大都市圈的建设往往贯穿着一根基本的灵魂红线，那就是都市文化作为都市支柱的建构，都市文化在其中扮演了联系、融合、凝聚的功用，从而建构成具有整体性的都市文化生态系统。比如大芝加哥都市圈包括伊利诺伊州六个县，280 多座城镇，这里的一些社区有 150 多年历史，甚至比芝加哥城还要历史悠久。之所以把这个区域称作芝加哥大都市区，是因为有一种属于芝加哥的归属感，并通过教育让公众形成一种共同的文化诉求，深刻理解都市圈的地域意义，从而形成具有文化灵魂的芝加哥大都市圈的有机整体。

2. 都市圈的文化相融具有文化整合、增强都市圈文化活力的作用。

都市圈由不同的区域组成，它涵括不同形态的文化，并且在历史的动态变迁中，接受外来异质文化的流入，各种文化形态在交流过程中会发生冲突、矛盾。都市圈的文化相融能够在文化整合过程中，继承与创新、吸收与批判相结合，可以实现不同文化之间的相互补充，保持文化形态的活力与一体性。一个民族、一个区域，它自身的文化体系越能整合外来文化，越具有生命力，纽约大都市圈最为突出的便是它整合多种外来文明的多元文化精神，乔治·J. 兰克维奇说："一为经济中心，一为移民中心；正是这两个最重要的方面，赋予纽约城市文化最基本的底色，形成了纽约城市文化历史的积淀。在此基础上，纽约文化与政治、经济、地理各方面的因素交互影响，形成了具有多个特质，多种内涵、多个层面的城市文化系统。"（兰克维奇，2005:24）纽约不刻意追求单一的文化内涵，来自不同国籍、具有不同种族的移民都可以在此将各自的风土人情、生活习俗、宗教艺术自由地反映出来，从而铸造了纽约融各种文化于一炉，平等、自由的多元文化特质，成为全世界移民所向往的国际大都市圈。

3. 大都市圈的文化融合能有效发挥价值导向功用。

文化是一个内涵非常丰富的系统，它既包括建筑文化、饮食文化等物质层面，也包括价值理念等深层部分。在文化发展过程中，某一区域会形成相同的价值理念，或某种价值理念在该人群中占主导地位，成为潜在的思想依据、行动准则。如伦敦大都市圈经过工业革命的洗礼与现代资本主义的发展，形成了理性、务实的价值观，这一价值理念也成为伦敦都市圈市民的价值准则，并共同建构了独具伦敦特色的都市圈文化。在大都市圈的文化建设进程中，以什么样的精神文化与价值观念来作为都市圈的总体导向至关重要，正确的价值观的建立有助于都市圈文化的良性发展，关系到区域的现代化建设，文化融合具有润物细无声的陶冶功能，能有效发挥文化价值的主导功用。

(二)文化品格是凸显都市圈特色的基本要素

文化是一个都市的特殊面容，一个都市圈要形成自身不可复制、不可替代的位置，必须拥有属于自己灵魂的文化标签。比如维也纳是音乐之乡，巴黎是世界文化艺术之都，伦敦是全球创意之都等，国际大都市莫不以特有的文化符号烙在人们心中。可以说，每座城市都是一部独特的、连续的人类文化记录簿，独特的文化品格则是一座城市区别于其他城市的标识，也是城市的生命力和活力所在。但是，在世界日益全球化的时代，都市与都市的面目正变的越来越模糊，导致了同质化、重复化的城市文化，不少城市丧失了自身的文化品格，沦为毫无特征、同质化的工业化城市，英国学者齐格蒙特·鲍曼在谈到全球化时说："对某些人而言，'全球化'是幸福的源泉；对另一些人来说，'全球化'是悲惨的祸根。然而对每个人来说，'全球化'是不可逃脱的命运，是无法逆转的过程。"(齐格蒙特·鲍曼，2001：2)显然，在不可摆脱的全球化过程中，城市的雷同化也深深制约和影响了城市的生命力和竞争力，因此，如何凸显具有自身特色的文化形态尤其重要，人类学家克利福德·吉尔兹认为"在这种新观念下去重新审视人们各自的文化，人们必然要从笼统(globel)回到地方性(local)的立场"(克利福德·吉尔兹，2000：44)，地方性立场指具有差异性、具有本土性的文化立场，强调对都市自我进行重新定位，凸显富有特色的都市文化。

都市圈的文化特色是在一定时空条件下，社会在自身的生存发展进程中，所形成的有别于其他都市圈的包含物质和精神成果的表现形式，它与都市圈生活和历史风貌息息相关，它蕴含着人与社会的内在素质，反映了人类文明的历史积淀(张兰、李文默，2006)。在飞速发展的经济与社会发展进程中，独特的文化品格永远是都市的灵魂，是都市的灵性所在。文化品格往往是一个城市通过其不可替代的历史文化、代代相传的市民生活方式以及独特的城市空间结构等方面展现出来的文化特质，它不仅昭示了城市的历史，也是城市现状的综合呈现。进入 21 世纪以来，文化标签正成为凸显国际都市自我形象的重要因素，具有全球影响力的城市在具备全球精神的同时又具有不同的文化特质，才使得其城市的文化精神具有持久的影响力与独特的魅力。比如巴黎都市圈是浪漫、优雅的文化艺术之都，100 多年来，法国政府一直致力于打造国际文化都市的规划政策，力求让这座汇集着世界文化珍品的千年古城，在辉煌的历史传统与现代文化发展之间找到平衡点，在风格迥异的世界大都市中保持自己独特的城市身份。比如在都市圈的建筑设计方面，法国不光保护沉淀了历史文化的建筑遗迹，也保护近现代的老建筑，甚至是 5 年左右的工业建筑也会被保护下来。如 12 区的左岸地区，90 年代是工业区，在巴黎城建改造中，它被改建为巴黎第七大学的图书馆和行政中心。巴黎的当代建筑也强烈彰显都市的文化个性与艺术创新，如巴黎蓬皮杜文化中心充满后现代感的大楼、卢浮宫的玻璃金字塔等，其独特的设计风格成为巴黎重要的人文景观。在当代时尚文化方面，巴黎始终保持着特有的品牌与文化魅力，巴黎的高档服装、香水、葡萄酒等均成为引领世界时尚潮流的精品。

只有突出文化个性与地方特色，一座都市才会让人铭记，只有具有独特的文化印记，都市才会生机勃勃、充满吸引力。都市圈的自我发现首先要发现都市圈的的文化特色，首先，独特的文化品格能够提升都市圈的文化形象，有利于都市圈的自我定位与自我宣传。其次，文化品格凸显都市圈的内在魅力与吸引力，有利吸引高端人才的入驻。第三，文化品格的凸显有利扩张都市圈的辐射力，都市圈的辐射力虽然由多种因素决定，如发达的经济、优越的地缘等，但独特的文化品格的凸显能够塑造卓越的都市圈形象，弘扬地域文化特色与魅力，对其他地区形成积极的文化辐射。

(三)文化软实力是促进都市圈可持续发展的内生动力

城市竞争力是一个综合概念,既包括经济竞争力,也包括文化竞争力。经济力为都市发展提供物质基础,属于形而下的物质领域,文化则属于城市竞争力意识形态领域,是城市发展的精神驱动力。在物质增长方式趋同、资源与环境压力逐渐增大的今天,城市文化体现更强经济社会价值,文化竞争力决定城市竞争力,并成为推动城市可持续发展的重要力量。

1. 文化为都市圈催生新的社会生产方式。

1998年世界银行发布的《文化与持续发展:行动主题》报告提出,“文化为当地发展提供新的经济机会,并能加强社会资本和社会凝聚力”。在一些地区,文化经济化的新形式和新概念正在不断出现和推出,如新媒体产业、创意产业、版权产业等,这些新兴文化产业的涌现,具有低投入、高产出、高附加值的特点,不仅提供了巨量的经济产出,而且进一步解放生产力,促进新的社会生产方式的产生。

当代都市圈的可持续发展模式是摒弃以往产业发展进程中过度开发资源、过度生产、过度消耗能源的传统模式,重新建立低碳、低耗、节约型的新的生产模式,这种新的产业发展方式已成为国际大都市圈的追求方向,因为,文化产业的发展为社会生产方式的转变带来新的转机,文化产业是人们对传统工业结构重新调整之后所萌生的新兴产业,与粗放、高耗的工业生产方式不同,文化产业减少对土地、资源等有形要素的需求,强调的是运用新思想、新观念去创造社会财富,在文化产品的生产和消费过程不存在资源消耗与能源枯竭问题,人们在挖掘文化资源、创造新文化产品的同时不仅不会带来原有文化资源的丧失,还会增殖原有文化资源含量,带动经济朝精细、创意、集约、服务型的产业方式进行转型,形成经济的自我循环与自我更新。而且从国际经验看,文化产业为工业化程度高、自然资源承载能力达到极限的发达地区带来新的增长点目前,珠三角人均GDP已经超过一万美元,面临土地与资源的匮乏,经济发展模式亟待转型,文化产业的发展对调整优化产业结构、应对资源危机带来新的转机。

文化产业不仅带动新的经济增长方式的出现,还表现在对其他新兴行业如信息服务业、旅游业的带动上，反过来又开辟了一个个新兴的经济增长点。比如，文化产业进入以网络业为主的科技产业市场，诞生了信息文化产业，日本的动漫画与韩国游戏软件的成功，无不来源于文化创意与高科技的融合，利用信息技术发展娱乐产业，让顾客随时从娱乐享受中接受文化与科技的叠加服务，正成为电信运营商和信息技术增值服务的一个新来源；文化进入教育领域，创造了新型的教育娱乐产业；文化进入旅游业，带来文化旅游业的拓展。由文化所带动的产业的新兴崛起还大力扩展了都市的就业渠道，成为一个巨大的就业"蓄水池"，据 2003 年 2 月公布的《伦敦市长文化战略草案》披露，伦敦的创意和文化产业估计年产值为 250—290 亿英镑，从业人员达到 52.5 万（杨荣斌、陈超，2004），成为吸纳伦敦就业人员的重要渠道。

总之，文化产业经济越发展，可供开放利用的文化资源越丰富，经济增长的潜能就越大，在文化产业的可持续发展中，文化产业的文化内涵还能有效提高市民自身的文化素质，缓解市民的内心压力、开发市民的文化创新力，从而有效提升城市的整体素质。

2. 文化成为都市圈经济发展的精神驱动力。

都市文化与都市经济从来密不可分。城市的文化精神渗透于城市的有形物质与无形的软件之中，如都市的观念文化、市民意识、制度文化等，它们从市民素质、技术创新、制度变迁等层面深刻影响着经济发展，契合社会发展趋势的文化精神会成为都市经济发展的驱动力，反之，则会成为阻碍力。

影响最大的是经济社会学家马克斯·韦伯认为，现代经济增长最先在欧洲发端是伴随着"资本主义精神"而产生的，而资本主义精神的产生又归因于欧洲新教改革后形成的新伦理，而同期的封建中国虽然也拥有各种有利于资本主义形成的条件，但并不足以产生资本主义，归根结底就是因为封闭、保守、轻商的儒家文化的阻碍。制度经济学对文化的经济影响也进行了研究，哈耶克和诺思等制度经济学家指出现代经济增长的发源与文化变迁密不可分，意识形态等文化因素是影响经济绩效的关键因素。刘易斯将"节约的意愿"、"工作态度"、"冒险精神"等作为影响经济增长的重要因素进行了分析，认为经济增长依赖于人们的文化态度，这些态度的不同与文化理念、价值观有关。福山的社会信任理论认为，文化与一国的经济结构以及经济发展有很大相关性，他区分了高信任度和低信任度的文化，信任度较高的国家有较高的社会资本从而有利于形成现代化的私营大企业，日本、美国和德国是典型的代表；反之，信任度较低的国家由于社会资本的相对匮乏而难以产生大规模的私营企业，以中国、韩国、意大利和法国为代表。

显然，文化对一个国家、一座城市的经济发展有着不可忽略的影响力与制约性。文化的核心内容如价值观、道德理念、宗教理念、思维方式等，对社会经济发展的影响有着根本作用，文化与经济的关系绝不是相互决定的简单因果关系，而存在着相互影响、相互制约的复杂关联。

3. **文化是都市圈竞争力的重要增长极。**

法国原文化部长朗歌曾说"文化是明天的经济"。文化对经济的影响一方面是通过文化生产力来体现的，它所带来的知识创新与观念创新为传统产业的发展与更新带来源源不断的动力；另一方面，文化对经济的影响直接来源于文化产业的蓬勃发展，进入新世纪以来，文化产业正成为经济竞争力的有机组成部分，据统计，日本的文化娱乐消费占国民生产总值的4%，娱乐业产值仅次于汽车工业。美国文化产业产值占GDP总量的18%至25%，400家最富有的美国公司中有72家是文化企业。文化产业已成为国际贸易中的重要组成部分，1980年至1998年间，在人文艺术、娱乐、文化活动、旅游服务等领域的世界贸易额，从953.4亿美元增加到了3879.3亿美元（高丽明，2004）。这都反映了一个文化产业为支柱经济的世界潮流的到来。

首先，文化能够增加企业生产的知识含量，从而提高文化产业链的整体竞争力。以位于布吉镇的大芬油画村为例，目前大芬村云集了8 000多名画工，300多家画廊和700多间工作室、油画作坊，初步形成了以油画创作复制、营销为主体，以画笔、画布、颜料等辅助产品经营为配套的相互依存的产业链条。2004年全年销售额达1.4亿元，一跃成为享誉世界的"中国油画第一村"。

其次，文化与传统工业的结合，能够提升工业产品的文化内涵与设计密集度，从而提高产品的附加值，凸显工业制造业的高端价值，尤其在产品设计、营销方面发挥着重要的功用。文化产业也是与高科技结合最为紧密的行业，高科技与文化的有效结合为高科技产品带来广阔的前景，加快科技信息化的发展步伐。

另外，文化产业的迅速发展能升级都市圈文化资源，提升都市圈的文化影响与吸引力，形成集聚效应，吸引高素质的投资者与就业者，促进都市圈第三产业发展，有利于产业结构调整，有利于都市圈经济可持续发展。

目前，文化与经济之间的融合越来越明显，文化对经济的渗透不但带来经济发展模式的华丽转型，而且创造了巨大的经济利益。

二、广州大都市圈的文化特征

地域文化特质的形成不仅是一个本土文化继承、衍变的过程，也是一个对外来异质文化进行批判、融合的过程，以珠三角九个城市为主体的广州大都市圈文化，隶属独具特色与活力的岭南文化。岭南文化传统可追溯到先秦时期的南越文化，在漫长岁月里，经过中原文化、海外文化、外籍人口文化等多元文化碰撞、融合，形成一种具有开放、包容、务实、合作、共赢等特征的岭南文化特质，形成了层级丰富的文化形态，成长为一个具有较强文化辐射能力与较成熟的文化产业体系的文化共同体。

（一）广州大都市圈文化是基于多元文化融合的新岭南文化

1. 拥有开放兼容、敢为人先的岭南精神。

海纳百川，有容乃大，不论在过去还是现在，广州大都市圈始终具备这样一种开放兼容、敢为人先的岭南精神，这种具有海洋文明特质的开放精神与珠三角地区的历史发展逻辑有关。自古以来，珠三角地区便是移民入住、外来文化率先风行的前沿地。作为中国的南大门，西方文明率先从此登陆，基督文明、伊斯兰文明等都深刻影响了这片繁华的都市，特别于清朝乾隆年间，清政府撤销江、浙、闽三海关，独留粤海关，广州成为中国联通海外贸易的唯一通道，同时也成为中西文化交流的重要节点，西方近代地理学、哲学、文学、数学等学科以及现代报刊等现文化产业，均通过广州及其周边地区渗入中国内陆。随着改革开放以来，港澳文化的南风在这边热土上率先吹拂，掀起的南下打工潮使得数以百万计的流动人口涌入珠三角洲，移民文化、西方文化在广州都市圈这片热土上相互激荡，形成了多元文化融合的文化形态，铸就了以开放心态容纳“异己”的文化精神。

这种八面来风、兼容并蓄的文化形态孕育了珠三角人宽容、开放的精神，珠三角是一个不同文化背景、不同区域的人都能找到安身立命所在的地方，也是上百万民工能够产生家园归宿感的地方。早在2002年，广州市政府制定了《接收外来人员子女入学办法》，以开放包容的姿态来解决十几万外来工子女的入学问题。近日，团广州市委近日推出关爱外来工青年工作和生存环境的系列活动，活动涉及文化生活、学习培训、婚恋情感等方面，包括每年为2000名外来工提供免费职业技能培训，无偿为外来工朋友提供婚恋情感咨询和联谊交友服务，为贫困家庭外来工子女提供200个广州市少年宫免费学位，深入企业、学校、社区为外来工朋友免费放映100场电影等（陈广茂、林洁，2010）。这一系列活动在珠三角其他地区也得到了广泛开展，为外来工构筑了一片和谐的家园。在这片高科技精英与民工和谐共出动热土上，各种语言与文化都被积极容纳，地区的通用语言既有粤语也有普通话，各地的特色饮食都能够在这片人群中找到市场，各地的风俗习惯和民俗文化也汇聚一起，形成了一种以岭南文化、移民文化、杂糅港台文化、西方文化而成的文化综合体。

珠三角洲自古便与海外商贸来往的历史，有助于形成珠三角人动态地观看世界、求新求变、敢为人先的文化精神。温家宝在十一届全国人大一次会议上曾高度评价广东的改革精神：“30年来，广东的改革开放和经济社会发展取得了巨大的成绩，创造了宝贵的经验。特别是广东广大干部群众敢想敢干、敢闯敢试、敢为人先的精神，极大地鼓舞和激励了全国人民，推动了全国的改革开放和现代化事业。”作为广东文化核心的广州大都市圈，敢为人先的改革精神也是深深烙在广州人的心灵深处。近代中国被迫打开国门之后，徘徊在主流文化之外的岭南文化充分显示其强大生命力，岭南人得风气之先，从康有为、梁启超到孙中山，他们纷纷珠三角出发，竞相宣扬西方现代民主思想，寻找救国强国的真理，进行了轰轰烈烈的康梁变法、孙中山推翻帝制等一系列石破天惊的壮举。近代史上的珠三角区是近代文化的与民主革命的策源地，变革精神从这里辐射全国，在中国近代化历史进程中发挥了巨大的作用。这种敢于冲破固有体制约束、勇于变革的精神自改革开放以来，展现了珠三角人巨大的精神能量。1978 年 12 月，广州就在全省率先放开了部分水产品市场，并建立起全国第一家鲜鱼交易市场——广州河鲜货栈，这一改革措施，打破长期以来商品由政府指令性定价的僵化局面，在市场化改革方面迈出了大胆一步。作为改革排头兵的广州还以“饮头啖汤”的勇气，率先建立了人才流动机制、打造了具有全国影响力的南方人才市场；率先打破了价格管理体制，大量兴办三资企业；率先进行政府审批制度改革，率先采用票决制选拔领导干部。从经济变革、人才体制变革到政府制度变革，发生在广州的一系列变革震惊了全国。作为特区的深圳，给人最大的印象是积极开拓的创新精神，邓小平同志赞扬深圳人说，“深圳的重要经验就是敢闯”。率先实行土地批租制、率先实行劳动用工聘用制、率先开办人寿保险业务等在当时闻所未闻的大事，都是深圳人在国内没有先例可循的情况下闯出来的。

可以说，改革开放以来在中国当代发生的重要事件均与珠三角“敢为人先”的创新文化有关，正是这种敢于革新的文化特质有力推动了中国改革开放事业的发展，成为值得大力弘扬的时代精神主旋律。

2. 具有世俗化、商业化的市民文化特色。

广州大都市圈所辖的珠三角洲等区域历史上远离中原地区，背山临海，远距高高在上的庙堂文化，对儒家正统文化具有较大的游离性。在这里，发配贬谪的官员、逃荒流落的难民、远方迁徙的外来者等各方人口混杂一处，各类文化交融相通，没有等级分明的世袭贵族，没有壁垒森严的门第观念，从而形成了珠三角人们务实、重商、追求享乐的市民文化。

其一，广州大都市圈世俗文化流行。与正统的中原文化不同，珠江三角洲文化特质是一种平民化、大众化的世俗文化，它匮乏形而上的哲思与抽象的思辨，它也不是高高在上的精英文化，而是直接面向普罗民众、满足世俗生活需求、以市民为主的文化形态。比如珠三角洲饮食文化全国有名，各地的茶楼常常爆满，居民的饮食消费水平居全国之冠，如曾风靡全国的《雅马哈鱼档》、《打工妹》、《外来媳妇本地郎》等作品，以普通百姓为主角，浸透了浓郁的岭南市井风情。但世俗文化并不代表粗俗与低档次，它有着务实、亲切的文化特色，所以在广州大都市圈生生不息。

其二，广州大都市圈拥有浓郁的商业文化。珠三角地区背山面海，自古海上贸易发达、商业气氛浓郁。其核心城市广州是“海上丝绸之路”的起始地，汉朝时期，各国的香料、珠宝等商品的进出口便汇集在此，《汉书》载广州(古时称番禺)“处近海，多犀象，玳瑁、珠玑、银、铜、果布之凑，中国往商贾多取富焉。番禺其一都会也”。早在从那时起，广州便开始推行自由的市场经济和贸易制度，城市商业文化之传统相当久远。至清乾隆二十二年(1757)，清政府封闭了闽、浙、江三地海关，唯留广州粤海关对外通商，即实行“一口通商”，并委托建立于康熙二十五年(1686)的“十三行”协助管理广州海关的对外贸易事务。这无疑极大地刺激了广州的商业贸易发展。自1957年以来，每年春秋广州都会举办中国出口商品交易会，现已经与世界上200多个国家和地区建立了经贸联系，商业文化在广州大都市圈一直生生不息。

珠三角人不仅拥有千年的经商传统，而且商业意识已经深入骨髓，在精神层面表现为普遍具有强烈的商品意识以及重商、崇商的价值取向。自隋唐起，珠三角人大胆突破中原文化架构下重农轻商的价值体系，将经商作为谋生的重要手段，“百粤之地，其俗剽轻，猎浮淫之利，民罕著本。”(萧邺，《全唐文》)新时期以来，珠三角人于长期商业活动中所形成了重商精神与市场意识，使得珠三角洲率先打破传统的经济体制束缚，先行先试，发展起社会主义市场经济社会；在农业改革方面，富有经济头脑的珠三角人首先突破“一刀切”的平均主义的管理体制，实行包干到户，逐步走向以家庭经营为基础，以集体经济为主体的双层经营模式，率先走向农村经济商品化道路；在工业改革方面，珠三角地区逐步放开小百货、小五金的小商品价格，极大地提高了社会商业活跃程度。这股浓郁的商业意识还表现在善于发现商机，精于商业运作和炒作。比如小说《花季·雨季》的包装、推广，已成为风靡全国的出版事件，比如动漫片《喜羊羊与灰太狼》、电视剧《钢铁是怎样炼成的》的包装、宣传等的商业化炒作，均是获得巨大成功的商业化运作案例。

不过，商业文化的发达也带来文化精神上的软肋，珠三角人汲汲谋利的行为，虽然带来社会的活跃与商业的繁荣，但是过分的重商，带来“急功近利”、“重实利轻实业”等文化弊端，导致有文化底蕴薄弱，有实力、有广泛影响力的企业不多。

其三，具有相对成熟的市民社会。较之其他区域而言，广州大都市圈的市民社会发育比较成熟，广州市从20世纪80年代开始就积极推进公民参政议政活动，1986年1月开通了市长专线电话，1986年10月开办了《公仆与市民》的电台广播节目，1988年9月开办“市长专邮”，1989年在市人大设立旁听席，1992年5月广州电视台开办了中国内地第一个大型性论坛《羊城论坛》，市民可以就市政问题提出自己的看法或者建议，这类重在市民参与、聆听百姓心声的的论坛活动坚持至今。这种追求知情权、参政权的市民意识还体现在市民自觉的维权意识，在广州市政府规划在番禺建设垃圾焚烧一事上，番禺的民众齐心协力主张自己的权益，通过散发传单和游行方式，阻止垃圾焚烧厂的建设，整个过程，媒体一直跟踪报道，并追查相关部门的幕后利益，最终目前焚烧厂至今无法确定，这都充分说明了珠三角社会初步具备了市民社会形态。

上述市民的参政、维权行为充分展示了岭南文化中平等、开放的传统精神，有助于缔造上下互动的和谐社会。同时，这种市民追求平等、政府力求透明公开的行为，对当代和谐社会建设带来了积极的示范作用。

（二）广州大都市圈拥有层级丰富的文化资源

1. 作为海上丝绸之路拥有悠久浓厚的商业文化。

广州是驰名中外的“千年商都”，建市2200多年来，始终连通着中国与世界的贸易。自秦汉时开辟海上丝绸之路，到隋唐设“市舶司”，清代“独口通商”，广州始终承担着国家对外通商口岸的重大使命，商业重镇地位长盛不衰，港口贸易持续不断。

秦汉时代，江南地区还处于未开发的懵懂状态，广州（古时称番禺）已成为商贾云集、货如轮转的对外贸易大都会和海上丝绸之路发祥地。从此，以广州为启航港的“海上丝绸之路”确立，对外贸易蓬勃发展。

隋唐时期，海外贸易发达，贡使纷纷来华，政府在广州设立市舶司并规定：“除舶脚、收市、进奉外，任其来往通流，自为交易，不得重加税率”，保障了外商的权益，促进了外贸的发展。

元代，广州对外贸易据需蓬勃发展。据元人陈大震所撰大德《南海志》记载，来广州贸易的国家和地区有 140 多个，占元代全国对外贸易的国家和地区总数的 64%，超越宋朝时三倍以上。

明清时期，朝廷对海路时开时禁，只许广州对外开放的特殊政策，广州两度成为唯一对外开放港口，并特许十三行商人统一经营全国对外贸易。这种状况，使广州成为明清时期“朝贡贸易”与市舶贸易最重要的口岸，享有“金山珠海，天子南库”之美誉。

2. 作为岭南文化的中心地拥有丰富的岭南文化传统。

广州大都市圈以广州为中心，包括珠江流域下游的佛山、南海、顺德、中山、江门、肇庆、珠海、深圳、东莞等十多个大中小城市，面积为 24437 平方公里，历史源远流长，历史文化遗产极其丰富，据统计，有三座历史文化名城，12 处国家级重点文物保护单位，97 处省级文物保护单位和 456 处县级文物保护单位以及 120 多万件馆藏文物，[①]可谓群星璀璨。

其核心城市广州是国务院颁布的全国第一批历史文化名城之一，始建于公元前 214 年，拥有两千多年的建城历史，文物古迹众多，现有国家、省、市三级文物保护单位共 219 处，许多名胜古迹如南越王墓、光孝寺、镇海楼、六榕寺、南海神庙、五仙观、陈家祠、三元宫等，都是广州历史文化名城的见证，岭南画派、岭南建筑、岭南园林、岭南盆景、粤剧、粤菜、粤语等，都体现了独特的岭南文化风格。

广州的周边地区佛山、肇庆等也是文化传统深厚的文化名城。岭南文化发源地域主要在“南番顺”其中南海、顺德都在佛山市内，可以说，佛山是岭南文化的发源地之一，佛山明清时为全国“四大名镇”和“四大聚”之一，孕育了

① 《2003 年广东年鉴》，广东年鉴出版社 2003 年版，第 1453—1454 页。

粤剧、醒狮、舞龙、麒麟、龙舟、武术、陶器、秋色、剪纸、木版年画等岭南民间艺术和丰富的民俗文化，是闻名遐迩的粤剧之乡、民间艺术之乡、民俗文化之乡和武术之乡，保留了大量具有岭南文化精髓的民族民间文化遗产。

肇庆是远古岭南土著文化的发祥地之一，有着灿烂的历史文化，拥有梅庵、悦城龙母祖庙、崇禧塔、宋城墙、七星岩摩崖石刻群等300多处文物古迹；肇庆的端砚被誉为我国“文房四宝”之珍品，四大名砚之首。肇庆还有相当研究价值的民俗文化，怀集的“贵儿戏”是我国稀有的剧种之一，鱼龙舞、雄鸡舞、十二月采茶歌等民间舞乐，至今跃动在肇庆的地里田间。

作为历史文化名城的东莞，其历史源远流长，距今1700多年前就已经建郡，是岭南文明的重要发源地，有粤曲、粤剧之乡的美誉，全国文明的岭南画派便发端于东莞可园。

目前，广东开平碉楼申遗成功、“南海一号的考古打捞、粤剧成功申报世界非物质遗产等盛事都进一步扩充了广州大都市圈的文化形象，向外输出了世界级的文化品牌。

3. 作为近代革命的策源地拥有丰富的近代文化资源。

广州大都市圈也是中国近代文化最重要的发祥地。近代文化的星星之火大多在珠三角这片热土上开始燎原。1863年创办的广州同文馆，是我国最早设立的外语学校之一；1866年创办的南华医学堂，是中国第一间西医专科学校，培育了中国最早的西医；1891年由康有为创办的万木草堂，是培养维新志士的摇篮。它们孕育了开放、民主、科学的近代人文精神，是中国走向世界、走向现代历程中的重要精神遗产。

广州大都市圈也是近代革命的策源地，毛泽东在《论人民民主专政》一文中指出：“自从一八四〇年鸦片战争失败那时起，先进的中国人，经过千辛万苦，向西方国家寻找真理。洪秀全、康有为、严复和孙中山，代表了在中国共产党出世前向西方寻找真理的一派人物。”（毛泽东，1991：1469）在毛泽东所列举的中国近代四位代表人物中，洪秀全、康有为和孙中山三位均的家乡均隶属于广州大都市圈。著名的三元里人民抗英斗争、黄花岗起义、广州起义均发生在广州，孙中山在广州创办了黄埔军校，曾经三次建立了临时政权。

毛泽东在这里创办的农民运动讲习所，培养了大批革命骨干力量。可以说，近代革命的发展脉络都可以在这里找到清晰的线索。

4. 作为改革开放的前沿地拥有辐射力强的当代文化。

首先，珠三角的人文精神为全国输出了改革开放时代的核心精神。2005年文化部长孙家正指出“广东对全国的贡献最核心的还是文化”。广东省委书记汪洋在省委十届七次全会上的讲话中，将广东的文化资源、禀赋和精神，精要地概括进“解放思想、改革开放”八个字中。这八个字也是珠三角最为核心的文化精神。作为广东的经济、文化的排头兵，珠三角不仅为全国贡献了排名第一的GDP，而且为全国输出了改革开放、解放思想的人文精神。珠三角人在改革开放中创造了众多第一，“文件没有规定不可以做的，就是可以做的”，珠三角这种敢想敢干、务实进取的精神成为开放时代的核心精神。深圳发展模式中“时间就是金钱，效率就是生命”的文化精神为中国文化精神注入了新的活力，深圳建设中“三天一层楼”的深圳速度给全国人民带来了观念的冲击。温家宝在十一届全国人大一次会议上对这种文化精神的示范作用作了高度评价：“30年来，广东的改革开放和经济社会发展取得了巨大成绩，创造了宝贵的经验。特别是广东广大干部敢想敢干、敢闯敢试、敢为人先的精神，极大地鼓舞和激励了全国人民，推动了全国的改革开放和现代化事业。”

其次，珠三角作为为改革开放前沿地，毗邻港澳，从这里开始的大众文化、流行文化由南往北，深刻影响了中国的当代文化风貌。有学者曾在90年代就指出：“作为近十年崛起的强势的地域文化，广东文化在相当程度上承担了昔日海派文化的主要功能和价值，成为当代中国工商业文化和市民文化（包括生活文化和通俗文化）最富活力的生长基地。”（杨东平，1994：532）作为得风气之先的珠三角，从这里向省内外输入了充满活力与时代气息的当代文化，开始了“文化北伐”的冲击波。如粤菜、早茶等饮食文化曾风靡全中国；珠三角的服饰文化、享受生活的旅游文化也蔓延全国；在流行音乐方面，李海鹰、陈小奇等一批音乐人所打造的流行歌曲，深刻影响了内陆的流行风尚；在影视方面，以珠三角为背景的电视剧《打工妹》、《情满珠江》等迄今都让人记忆犹新，2009年，电视剧《潜伏》、动漫《喜羊羊与灰太狼》风靡全国，代表珠三角影视文艺的新一轮崛起；在文学方面，如小说《雅马哈鱼档》、《白门柳》，话剧《特区人》《南方的风》、通俗教育读物《新三字经》，都在国内掀起了阅读的热潮。2003年月11日，中国音乐最高奖——金钟奖永久落户广州。2005年1月，中国盆栽花卉最高奖——金花奖落户广州。可见，无论是在衣食住行等生活方式方面还是在音乐、影视等文化传媒方面，珠三角文化都如春风化雨流行于内地，在国内产生了重要影响。

(三)广州大都市圈初步形成了现代文化产业体系

文化产业是21世纪的朝阳产业，它是以文化为灵魂、以科技为支撑的知识密集型的新兴产业，文化产业不仅优化产业结构，而且有效提升产业发展水平、增强都市圈文化竞争力。广州大都市圈在原有的雄厚的制造业基础上，积极发展文化产业，告别了以往“世界工厂”、“三来一补”时代，进入自主创新的文化产业蓬勃发展时期，初步形成了成熟的文化产业发展体系。

1. 已形成多层级的文化产业群分布格局。

广州大都市圈的文化产业群形成了以广州、深圳为中心，辐射带动佛山、东莞、中山、珠海、江门等城市，形成了层级分明、具有自身发展特色的文化产业集聚群。

第一层级为广州与深圳两大国际都市，重点发展软件、创意、设计、文化传媒等高端文化产业群，加快建设成为国家级文化创意产业基地，形成了“一圈两基地”的总体布局。广州作为华南文化中心，文化企事业单位、高等院校、文化基础设施和文化人才队伍等文化资源集聚优势明显，对珠三角有较强的文化辐射力，有利发展高端文化产业，目前已着力培育天河软件园、广州设计港、广州(越秀)创意产业园、长隆集团、信义国际会馆、合润创意产业园、动漫星城等一批高端创意产业基地，形成了一定的产业集聚效应，并取得了相当成绩，2006年广州被国家商务部授予“国家软件出口创新基地”称号，成为我国软件和动漫产业的四大基地之一；2007年，被誉为“中国动漫第一奖”、“华语动漫奥斯卡”的金龙奖正式落户广州，成为广州发展文化创意产业的标志性事件，大力提升了广州动漫产业在全国乃至世界的地位。目前，广州现有产业园区34个，主要发展动漫制作、文化传媒、版权贸易、设计创意等行业，发展的方向是成为国际性的创意之都和文化名城。

深圳与广州形成高端文化产业的双核模式，迄今，深圳已形成一批效益突出、市场化程度较高的文化产业，涉及新闻出版业、广电业、文化娱乐业、动漫、软件开放等行业，并在部分文化产业领域形成了明显的区域优势。深圳现有产业园区36个，先后建成了一批国家级和省级文化创意产业园区和基地，其中，已经产生了少数业内影响较大的文化产业集群品牌，例如，华侨城文化产业园获得了全国首批"国家级文化产业示范园区"的殊荣；大芬油画村，被国家文化部等单位指定为"文化产业示范基地和版权兴业示范基地"；怡景动漫基地也成为国家动画产业基地。深圳文化产业发展的方向是重点发展数字娱乐、动漫游戏、现代高新技术、软件开发等优势文化产业，成为具有国际影响力的创意产业研发与孵化基地。

第二层级是佛山、东莞主要依托本地制造业打造系列文化产业群。佛山的文化产业一开始就紧密结合区域产业特点，抓住佛山制造产业基础雄厚的独特优势，开创从工业经济时代到创意经济时代的转变。佛山的禅城区主要结合陶瓷产业发展陶瓷工艺设计与制造设计等文化产业；顺德依托强大的工业制造以工业设计为文化创意产业的发展核心；从2007年佛山首个创意产业园成立伊始，已经吸引了一批包括工业设计、文化传媒、创意产品研发在内的企业聚集。目前，佛山现有创意文化产业园区3个，重点发展以工传统工艺设计与工业制造设计为主要内容的创意产业园区，发展的方向是成为全国中国工业设计名城；作为制造业重镇的东莞，也积极在强大的制造能力与市场推广能力的基础发展文化产业，以唯美陶瓷博物馆、松山湖金威啤酒博物馆和糕点博物馆等代表的产业类博物馆遍地开花，在带来经济效应的同时，也提升了产业的文化品位。目前，东莞现有产业园区3个，其文化产业更多体现在为与本地制造业资源相结合，为制造业服务等方面。其发展的方向是成为国际知名的文化创意产品研发和设备、产品制造服务的基地。

2. 已初步形成成熟、有序的文化市场体系。

广州大都市圈在政府的扶持、引导下，已经初步形成了统一、有序、成熟的文化产业发展体系，这主要表现在以下几个方面：

一是各地政府为文化产业制定了一系列发展规划，设立了扶持资金。为了加快生产方式的转变、优化产业结构，新世纪以来，珠三角城市纷纷出台了一系列文化产业的发展规划，2006 年 11 月，广州市政府为了进一步加快广州动漫产业的发展，制定和印发了《进一步扶持软件和动漫产业发展的若干规定》，根据这一《规定》，从 2007 年开始的五年内，广州市政府将每年拨款 1.5 亿元设立软件和动漫产业发展基金，用以鼓励对软件和动漫产业的投资。2009 年广州市制又制定出台《广州市文化产业发展“十一五”规划》、《广州文化产业振兴发展规划》、《广州市进一步扶持软件和动漫产业发展的若干规定》和《关于加快软件和动漫产业发展的意见》，鼓励、扶持软件和动漫产业发展，着力培育一批创意产业基地，形成产业集聚效应。自 2005 年以来，深圳市政府出台了诸如《关于加快文化产业发展若干经济政策》、《深圳市文化发展规划纲要：2005—2010》等重点文件，对深圳市文化产业的发展给予有力支持和优惠。在 2009 年公布的《深圳市综合配套改革方案》中，深圳市政府明确地提出，要建设成为国际文化创意中心的目标。珠海市政府于 2010 年 3 月通过《珠海市产业发展导向目录》，明确把文化产业列为珠海市优先发展的十大产业，将文化产业当作一种无污染低能耗的工业来发展。

二是珠三角各文化传媒单位适应市场经济体制改革，不断探索新体制、新机制和新模式。早在 90 年代初，随着经济体制改革与对外开放的扩大，珠三角文化传媒出版行业先后开始转企改制，实行集团化管理，广州交响乐团在全国率先推行聘任制，1996 年全国第一家报业集团——广州日报报业集团宣告成立，随之，南方日报报业集团、广东省出版集团也纷纷成立，深圳率先在文化管理体制上进行突破，建立了“平行合并，文化、新闻出版、广播电视、版权四局合一”的新机构。

三是民间文化企业发展迅猛，形成结构多元化的文化市场体系。珠三角民营文化企业已成为文化产业的重要一脉，企业万余家，并涌现一批明星企业。据初步统计，2003 年全省共有民营文化企业 17869 个、从业人员 24.72 万人、营业收入 5173260 万元、实收资本 2123516.7 万元、资产总额 4440720.4 万元，主要涉及影视、印刷、演艺娱乐、艺术品经营、旅游、广告、会展等 10 余个行业。2009 年 9 月，“国内动漫玩具第一股”奥飞动漫成功在 A 股上市，这在国内动漫企业尚属首家。深圳的腾讯也是文化产业界的佼佼者，根据相关数据统计，截至 2009 年年底，2009 年，腾讯总收入达 124.4 亿元，净利润 52.2 亿元，纳税 15.55 亿元，成为国内首个收入超百亿元的互联网公司，目前腾讯市值排名全球互联网企业的第三名。民营文化企业的涌现，活跃了广州大都市圈的文化市场，进一步促进了竞争、开放的市场体系的形成。

3. 已形成文化产业品牌化、规模化的发展态势。

依托珠三角区域经济优势与毗邻港澳的地缘优势，广州大都市圈的文化产业已经形成了品牌化、规模化的发展态势。

首先，珠三角洲形成了一批全国性、国际化的文化品牌。珠江三角洲以广州和深圳为核心，珠海、东莞、佛山、惠州、中山、江门为辅翼，形成了“双核多点”的会展产业带，在国际上已经卓有声誉。广州主要充分发挥广交会、广州国际艺术博览会等品牌效应，打造世界一流的会展品牌集聚地；深圳以国际文化产业博览交易会为核心，以会展中心与华南城国际会展中心为依托，重点建设世界高新技术产品会展中心；佛山、东莞等地依托特色制造业，发展家具、陶瓷等专业会展中心；珠海重点打造国际航空航天会展品牌；中山的会展业以灯饰与仿古家具为主。不同区域富有特色的会展业的发展形成了一批在国际上有影响力的文化会展产业带。

另外，腾讯、网易等网络产业品牌、广州长隆乐园、深圳华侨城等文化旅游品牌、广州日报集团、南方日报集团等文化传媒品牌的崛起，这一批在全国乃至全球都富于辐射力的文化品牌的形成，不仅带来经济效益的增长，而且打造了广州大都市圈的文化名片，吸引了全国文化创意、传媒人才的汇聚，吸纳了大批优良资质的企业，为珠三角经济发展提供巨大的牵引力。

其二，珠三角的文化产业形成了以区域空间的区分模式来打造特色文化产业集聚区的发展模式，较好形成了不同区域的品牌效应，突出了园区特色，避免了重复发展，比如，广州市天河区以天河软件园为中心发展动漫创意产业；荔湾区对老厂房、旧仓库、传统民居进行修整改造，形成了“北港、南湾、西岛、中园”（广州设计港、岭南广告湾、广佛时尚岛、荔湾现代艺术创意园）的文化产业发展格局;海珠区以珠江电影厂为中心,发展影视制作、时装设计、婚庆摄影等文化产业。深圳市的罗湖区被打造为全国首饰文化潮流基地,重点开发珠宝首饰和工艺礼品的设计加工;南山区重点开发数字娱乐、动漫游戏等行业,聚集了一大批以现代高新技术为龙头的文化企业;这一系列依据不同区域特色、凸显区域优势而打造的文化产业集聚区,有效避免了文化产业之间的重复发展,形成了区域产业品牌效应。

其三,广州大都市圈文化产业呈现快速发展态势,已经成为区域经济的重要增长点。以广州市为例,按省统计局文化产业标准计算,2006、2007 两年,广州市文化产业分别实现增加值 427.87 亿元、506.24 亿元,分别占全市 GDP 的 7.04%、7.18%。2008 年,广州市文化产业实现增加值 959.13 亿元,占全市 GDP 的比重达 7.24%,2009 年第一季度,所占比重上升至 7.91%,广州作为全国 4 个国家级网游和动漫产业基地之一,产业规模以年增长超过 50%的速度发展,其中,动漫网游产业产值超过 100 亿,占全国动漫产值的五分之一。

三、广州大都市圈文化发展存在的问题与不足

文化竞争力已经成为一个国家、一个民族一个地区综合实力的集中体现。以文化论输赢的时代已经来临。与广州都市圈的经济发展水平相比较,广州大都市圈的文化发展不仅相对滞后,而且文化制约的瓶颈效应开始凸现,导致总体水平出现徘徊不前的迹象。概而言之,主要存在以下问题:

(一)文化辐射力不强

新世纪以来,在全球文化的融合冲突中,都市都市圈的竞争力与都市圈的文化辐射力的强弱息息相关,文化虽然无形,但比有形的建筑设施影响更为深远,只有加强本地域文化的对外辐射作用,才能在全球文化竞争中保有独立地位与抗衡力量。广州大都市圈的经济辐射能力在全国位居前列,但相比富有特色和全国影响力的京派文化、海派文化,广州都市圈的文化影响力相对薄弱,甚至被人戏谑为“文化沙漠”。其具体表现在如下三个方面:

一是全国有影响力的文化品牌比较匮乏。文化品牌是文化软实力的重要标志,区域竞争力很大程度上决定于文化的品牌效应。《2007中国文化品牌报告》列出了全国58个文化品牌,作为都市圈核心城市的广州没有一家上榜,这说明广州大都市圈的城市文化辐射力弱,没有得到广泛的文化认同,作为一个拥有2200多年历史的古城却被外界批评为"无文化",这充分说明广州大都市圈文化对外辐射能力太弱。

二是全国有影响力的文化名人比较匮乏,文化名人在一定程度代表了一个地区的文化艺术水平,富有影响力的文化名人在对地域文化的宣传上往往能够达到事半功倍的效果。广州都市圈本土所产生的文化名人、文史类的学术带头人寥寥可数,名气明显不如京津都市圈、上海大都市圈的文化人。

三是都市圈文化形象模糊。都市圈文化形象是都市的文化环境、价值体系、意识形态等文化现状在社会公众心目中所产生的综合印象。鲜明的文化形象对都市圈的自我宣传与辐射力的提升能达到事半功倍的效用。相对于国际上的伦敦都市圈、纽约都市圈以及国内的上海大都市圈,广州大都市圈的文化形象相对模糊,比如有些媒体通过调研发现,在普遍国人眼里,相对于北京的"文化氛围"、上海的"国际"、"时尚",广州大都市圈的核心城市广州被人称为"最说不清楚的城市",这说明广州的文化特质不明显,文化辐射力不够,文化形象尚未清晰形成。

(二)文化品位有待提升

广州大都市圈在经济腾飞、GDP领先全国的同时,文化理念相对滞后,文化品位不高,虽然,广州大都市圈的文化市场化程度高,对文化领域产生了有利影响,但也容易产生重实利而轻人文,重眼前而轻长远,重通俗文化而轻高雅文化的倾向,过于务实与追求实利的精神导致广州大都市圈文化品位不高,文化人才匮乏,主要体现在以下方面:

首先,文化理念过于务实,长远眼光和人文关怀不够。珠三角一带曾流传这么一种"三不"现象,"领导干部不愿意上镜(不愿宣扬自己)、基层干部不愿意上调(基层干部待遇好)、民营企业不愿意上市不愿意露富",这种"三不"现象,虽然淋漓尽致地勾勒了珠三角务实的文化精神,但面对当代开放、竞争的社会体系，则会成为进一步自我发展的精神负担，造成保守狭隘、只看眼前不着重长远利益，只重物质、轻视文化的弊端。以城市整体规划为例，广州、深圳等核心城市虽然修建了不少新区，但整体规划过于实际，缺乏统一布局与文化品位，广州被易中天揶揄为大乡镇，主要在于整体城市建设粗放无序，各类建筑见缝插针，缺乏规划，如天河新区虽然高楼林立但缺乏公共休闲空间，道路狭隘，人行道规划少，缺乏绿地与自行车通道，新区发展存在“见物不见人”的弊端。同样，深圳的城市规划也缺少相应的人文关怀，比如深圳关内市中心不少地段，便于车辆行驶，但牺牲了人行道和行人休憩设施的规划建设。上述最为表象的城市建设规划的弊端，突出表现了过于务实与重视当前的文化思维。

其次，市民文化盛行，高雅文化较为缺失。广州大都市圈重商、务实的文化理念导致市民普遍追求轻松、娱乐的市井文化，如港澳流行音乐、武打言情剧广泛流行，休闲娱乐的歌厅受普遍欢迎，喝早茶、吃夜宵等饮食文化异常发达，这类偏重于实用性、娱乐性的文化主要是一种平民文化和世俗文化，能在最为表象的层面上满足市民的感性需求与感官愉悦，但是缺乏深刻的人文精神与审美意蕴。在过于务实、追求平民享乐的文化氛围下，普遍民众对形而上的学术文化缺乏兴趣，话剧、舞蹈、交响乐、画展等高雅文化遭到冷遇，这反映了普遍市民文化审美趣味仍停留在娱乐的阶段，文化品位不高，文化消费结构仍不均衡。

最后，文化人才数量不多，总体文化素质偏低。相对于上海大都市圈、北京大都市圈的人才聚集优势，广州大都市圈文化人才数量偏低，文化素养普遍不高，甚至不能满足目前文化产业发展的人才需求。根据针对珠三角地区招聘信息的统计显示，2006 年传媒、出版、印刷、包装类的职位空缺平均每月是 5344 个。2007 年 5 月这些职位的需求已经上涨到 6896 个。教育和培训行业与娱乐、体育、休闲行业，2006 年平均每月的职位空缺数量分别是 2888 个和 1896 个，而到 2007 年 5 月，这两个行业的职位需求分别是 5288 个和 2076 个，增幅分别为 83％和 10％。可以说在一段时期内，具有一定文化素养与专业知识的文化产业人才匮乏将是制约珠三角地区文化产业发展的瓶颈之一。

(三)公共文化设施建设仍需完善

作为传播文化的载体,公共文化设施的优质化、规模化,充分反映了都市文明的建设成绩。随着经济的快速增长、人口的急剧膨胀,目前,广州大都市圈的公共文化设施投入仍然不足,文化设施建设仍需完善。

首先是公共文化设施数量偏少。以广州为例,在博物馆和纪念馆的数量上,2004 年北京达到 1127 个,上海有 90 个,广州市却只有 28 个,远远低于前两座中心城市。

其次,缺乏具有国际影响力的公共文化设施。与京津都市圈、上海都市圈相比较,广州大都市圈缺少具有国际影响力的公共文化设施,北京的国家大剧院、故宫博物院在世界上赫赫有名,上海的上海博物馆、上海大剧院在国际上也有一定的影响力,广州都市圈却乏相应的具有强大文化辐射力与地标性的文化设施。

其三,文化基础设施布局不合理,广州大都市圈的大部分公共文化设施集中在广州、深圳、珠海等发达主城区,广大农村地区文化基础设施薄弱,以广州为例,2005 年年底,广州市共有 2592 个居委会、行政村,其中被调查到的 1999 个居委会和行政村中,仅有 982 个建有图书室,只占 49%,远未达到普及的要求。

其四,公共型文化设施与市民生活相疏离。公共文化设施应该为普通公众服务,方便市民的文化生活,国际大都市的公共文化设施都与市民生活亲密接触。巴黎的埃菲尔铁塔、蓬皮杜艺术中心、卢浮宫均位于交通发达、与市民生活紧密关联的地方,巴黎人在日常生活、上下班途中都能方便亲近文化艺术中心。返观广州大都市圈的重要文化设施,如星海音乐厅、广东省美术馆等大型文化建筑,被安置在远离普通市民生活区域之外的高尚住宅区二沙岛,与一般老百姓的生活拉开了距离,人为造成了市民与文化艺术之间的日常割裂。

(四)文化产业竞争力亟待增强

珠三角文化产业目前正处于规模加速扩张、品质逐渐提升的发展期,虽然已经形成相对成熟的文化产业体系，具备一定的先发优势，但仍然存在一定的问题与弊端。

第一，文化产业发展协同性不强，各城市各自为政的单干局面依然存在，同质化竞争激烈，资源浪费现象依然存在。珠三角各城市发展理念有所不同，相关的制度、观念、政策等也各不相同，在文化资源开放利用上，由于缺乏有效整合，造成了个别地区以邻为壑、划地为牢的本位主义抬头，这种城际结构，尚能适应单向发展的低端制造产业，面对要求信息、人才、技术全面流通的高端文化产业，则难以为继，出现不少地方文化产业重复建设、产业同构、市场分割等弊端。

第二，文化产业的自主创新能力比较弱，文化产业类领军企业少，产业集约化程度不高，目前珠三角地区文化产业真正拥有独立知识产权的文化产品还比较稀缺，不少文化企业仍然处于制作、加工的位置，而且多为分散的小规模经营企业。近年来，广州大都市圈的文化产业虽然发展很快，但多数企业产业规模偏小，经济效益比较低，据统计，2008 年，占广州文化创意产业企业总数 75%的小型企业，企业产值却只占全市创意产业总额的 19%，充分说明这些中小文化企业虽然数量繁多，但是多而不强，缺乏竞争力，亟待发展一批文化产业方面的领军企业。

第四，文化产业产值偏低。据统计，2006 年广州文化产业增加值占全市 GDP 的比重为 3.98%，明显低于同期的北京（10.3%）、上海（5.61%）、深圳（6.7%）；产业产值偏低还表现在产业结构水平偏低，其中，外围文化产业比值比较高，而核心文化产业增加值较低，只占全市文化产业增加值的 22%，而核心文化层的产业往往是一国或地区文化产业原创力、特色力和核心竞争力的主要依托。

四、提升广州大都市圈文化发展水平的思路和对策

广州大都市圈作为中国第三大文化中心，有责任以国际大都市圈为标杆，着力提升市民素质、提高公共文化体系的建设水平、增强文化软实力，努

力打造带动全省、辐射华南、影响东南亚的重要的区域文化中心。

(一)进一步加强市民素质的培育

都市圈的发展离不开文化凝聚力，国际各大都市圈为了适应日新月异的经济发展，非常重视市民素质的提升，只有加强精神文明建设，从提升市民素质这一基础做起，才能从根本上提升广州大都市圈的文化发展水平。

第一，广泛开展“爱国、守法、诚信、知礼”的现代公民道德教育，大力弘扬广东人在改革开放和社会主义现代化建设中形成的敢为人先、务实进取、开放兼容、敬业奉献的精神品格，实现公民思想道德素质的全面提高。

其一，大力宣传如赵广军等能体现新时期广州大都市圈人文精神的模范人物，发挥劳动模范、英雄人物的积极引导作用。其二，开展公益性的思想道德主题教育活动，强化市民的责任意识与道德意识。其三，加大文明社区创建工作力度，推进文明示范村创建，营造文明和谐的社会氛围，树立广州都市圈现代文明新形象。

第二，创建学习型社会，营造全民学习氛围，实现市民文化素质的全面提升。

其一，要加大教育投入，完善中小学教育体系，扶持高校文化教育，抓紧素质教育战略工程。其二要通过文化进社区、书香进农村等活动，营造全民学习的积极氛围，提升群众文化素养。其三，要继续办好广东省群众艺术花会、大学生电视节、孙中山文化节、岭南民俗文化节等群众文化活动，弘扬岭南优秀文化，丰富群众的精神文化生活。第四要通过网络、电视、电台等媒体进行知识普及，寓教于乐，让市民在休闲的同时提升自身文化素养。

(二)进一步完善公共文化设施建设

公共文化设施是政府或者其他社会组织提供的，属于社会公众使用的公共文化建筑或者资源，它是是提高市民文化素养、提升城市文化软实力的重要因素。

第一，都市市圈各地政府加大投入，加快推进公共文化设施建设，扎实推进图书馆、科学馆、博物馆、音乐厅等大型公共文化设施的建设。确保各大型公共文化设施与群众生活紧密相连。公共图书馆、音乐厅、博物馆等公共文化设施要最大程度地发挥其公共空间的社会功能和全方位服务市民的社会功能，博物馆、科学馆等文化场所要加快向市民免费开放的步伐，公开举办免费的各类公民文化教育类讲座，支持民间团体及非营利机构举办各类公益活动。

第二，着力推进“珠三角公共文化一体化工程”。加强跨地区、跨部门、跨领域、跨系统的文化资源整合和共建共享，加快推进珠三角数字图书馆联盟、演艺联盟等文化共建共享项目，做到珠三角文化信息资源共享，城乡公共文化服务均等化，从而实现《珠江三角洲地区改革发展规划纲要（2008—2020）》要求的城市“十分钟文化活动圈”，农村“一小时文化圈”的目标。

第三，大力推进“文化低保”工程，政府对低收入群体进行财政补贴，支持低收入群体和特殊群体开展文化活动、购置文化活动器材等。

（三）进一步扶持文化产业发展

文化产业作为一种新型的产业形态，是现代产业的重要组成部分，具有知识密集度强、附加值高、低成本、无污染、可重复开发等特点，文化产业不仅是世界经济发展的新的增长点，而且是加快经济发展方式转变的重要突破口。

第一，政府就文化产业的资金扶持、生产经营、人才培养、组织管理等方面加强建设，通过税收减免、保护知识产权和协助融资等政策来大力推动文化产业；进一步健全文化市场管理条例，制定详细的符合文化产业发展需求的法规与实施细则；在促进市场繁荣的同时，加强对盗版、文化侵权、非法经营活动的清查整治，确保文化市场健康发展。

第二，深化文化体制改革，积极推进国有经营性文化单位转企改制，逐步开放并允许民营企业进入和参与经营报刊、出版等核心文化产业，完善文化产业竞争机制，培育多元化、市场化的生产和消费空间，通过引起新资源与新机制，形成富有活力的文化产业经营机制。

第三，有计划、有步骤地实施文化产业人才的引进与培养工程，进一步出台优惠的人才引进措施，提供住房、财政优惠等一系列措施来吸引各种文化产业人才特别是高端人才的加盟。同时，还应该以具备条件的高校和研究院为依托培养本土专业人才，建立文化产业人才培养基地，重点培养当前急需人才如设计人才、经营管理人才。

第四，进一步加强文化产业链区域化分工合作。产业化发展需要一个完整的产业链支撑。在相当长的阶段，珠三角的文化行业都是唱独角戏，各自为政，缺乏相互关联，而西方发达都市圈的文化产业既进行创意设计生产内容，又发行各种产品，如百老汇戏剧产业园区，建设成了融合创意、制作、表演、售票、投融资、法律服务、人才培训、行业管理等于一体的完整产业链，并在不同区域形成上下游产业链关系的生产、供应、服务等分工与协作的联系网络，形成了各区域间相互合作、相互依存、分工明确的良好的产业生态。

其一，珠三角文化产业打造相对完善的产业链，形成文化产业的规模效应和各城市之间的互动效应，佛山、肇庆、江门、中山等二线城市可以以文化商品的生产与销售为主，形成相对集中的下游产业链，而拥有丰富的文化资源的广州、深圳等一线城市，可充分发挥创意、研发、营销、品牌经营、资本运作等优势，形成集中的上游文化产业链。

其二，支持广州打造“创意之都”，深圳建设“设计之都”，并与其他城市形成错位发展和优势互补。

其三，鼓励珠三角各城市在依据文化产业链专业化分工的基础上共建文化产业园区，促进区域间文化产业的共同提升，推进劳动密集型产业的转移与文化产业的升级换代。

（四）进一步整合文化资源，提升文化形象

都市圈的文化形象是展现其都市价值、理念与理想的立体凸显，只有充分挖掘都市圈资源，进行有效整合，才能进一步提升都市圈的文化形象，加强都市圈的文化辐射能力。

1. 整合历史文化资源，打造富于文化底蕴的都市圈形象。

广州大都市圈拥有悠久的历史，人文资源丰富，它自古便是岭南文化的中心地，是古代海上丝绸之路的发源地，也是中国近代文化的策源地，将丰富的历史文化资源融入到当代都市文化建设中尤为必要。为此，要加大历史文化保护力度，促进广州大都市圈历史文化的活态化，用文化恢复都市记忆，打

造历史文化品牌，如越秀区具有岭南风情的骑楼、西关大屋，可打造成为岭南建筑文化的立体呈现。要充分发掘岭南传统民俗、工艺等非物质文化遗产，建立健全的非物质文化遗产的保护机制，并积极促使其融入到市民的生活，建设具有岭南人文特色的生活家园。此外，还要对各区域的历史文化进行资源整合和整体规划，比如，广州、佛山、肇庆可以打造成广府文化的发源地。另外，一些红色经典也可以进行统一规划，如毛泽东主办的农民运动讲习所旧址、广州起义纪念馆和烈士陵园与惠州东江纵队抗日纪念馆、叶挺故居及纪念馆，以及肇庆的阅江楼叶挺独立团史迹陈列馆等历史文化遗产，可以通过统一整合，打造成一面现代革命的镜子。

2. **整合当代文化资源，打造具有时代气息的文化品牌。**

国际大都市圈的文化形象离不开引领潮流的当代文化品牌的塑造，如首尔大都市圈的韩流文化，东京都市圈的动漫文化品牌对都市圈的文化形象带来了极大的提升。就广州都市圈而言，一方面要培养一批在国内外市场有较强竞争力的文化知名品牌，尽快改变广州大都市圈全国知名文化品牌极少的落后局面，其次，要加大对国内外市场的调研，扶持优秀文化品牌进入国际国内市场，推动品牌国际化进程。其三，打造具有国际影响力的城市文化地标，充分发挥广州歌剧院、保利剧院、广州新图书馆、广州新电视塔等标志性文化设施和亚运会主要场馆的作用，举办各种高水平的文化演出、比赛等活动以及组织游观光活动，将这些设施打造成为城市新的文化地标。

3. **整合不同区域文化资源，实现珠三角文化一体化发展。**

根据《关于推进珠江三角洲地区文化共建共享工作意见的通知》，珠三角地区通过开展文化共建共享活动，实现珠三角文化一体化发展，有利于提高整体文化水平，有利于促进文化资源的充分利用，有利于防止文化领域的重复建设。为此，在都市圈内，要切实消除行政壁垒，加大各城市之间公共文化资源的整合和共享，包括建设珠江三角洲地区地方文献资源共建共享和“数字图书馆联盟平台”、实行珠江三角洲地区图书网上“一卡通”、建立珠江三角洲地区演艺联盟，组织珠三角各城市间流动的义工团体等；要努力消除各城市之间的区域分割，大力开发一体化的文化产业，如依托珠江三角洲地区共同拥有的文化资源，联合推出多条文化遗产精品旅游线路，依托不同城市的产业基础与文化资源，联合打造文化产业集群等。

4. **凸显都市圈文化定位，打造鲜明的广州大都市圈文化形象。**

广州大都市圈要在世界林立的都市圈中凸显自身特色、形成自身魅力，必须对都市圈文化进行相关定位，打造性格鲜明的文化形象。为此，在文化形象定位及其策划推广上应着力突出如下几个方面：其一，广州大都市圈文化是具有独特风格的岭南文化，它与京派文化、海派文化相比，有着独具魅力的文化特质。在塑造自身文化形象时，必须要凸显自身的岭南文化特质，将广州大都市圈定位为岭南文化的聚焦地。其二，精心打造一系列特色鲜明的文化品牌，如独具特色的粤剧文化、凉茶文化、骑楼文化、饮食文化等，都有必要进行整体包装、推广，让其成为广州大都市圈的文化标签。其三，充分发挥毗邻港澳的地缘优势，突出广州大都市圈文化作为连接港澳文化与内地文化的窗口作用。

(五)加强文化交流与文化宣传，增强文化辐射力

文化辐射力的提升离不开文化交流与宣传，要充分利用珠三角毗邻港澳的地缘优势与人文资源优势，以面向世界、辐射全国的视野来对广州大都市圈文化进行定位，积极实施文化“走出去”战略，加强对外文化交流与文化宣传，进一步提升广州大都市圈文化辐射力。

第一，利用毗邻港澳的区位优势和国际都市之间的交往网络，积极引进举办国际性、全国性的著名文化艺术赛事、会展、演出等活动，继续举办好中国第九届艺术节、中国(深圳)国际文化产业博览交易会、广州国际艺术博览会、中国(广州)国际纪录片大会、中国音乐金钟奖、中国(东莞)国际印刷技术博览会等高层次的国际性艺术活动，培育和打造具有重大国际影响的文化体育会展品牌，使珠三角成为中国乃至世界重要的文化交流中心。

第二，利用广播电视、新闻网站、报刊杂志等媒体资源，加强对广州大都市圈文化形象的策划与包装，加大对外宣传推介工作，构建特色鲜明的都市圈文化形象。

第三，积极鼓励文化企业参与国际竞争，扩大文化产业与服务出口，重点培育外向型文化出口企业，积极开拓海外市场，实现国内与国际的有效联动。比如韩国首尔都市圈大力发展影视、动漫、音乐等文化产品出口，在提升经济效益的同时，扩张了在亚太乃至全世界的文化辐射力，可谓“名利双收”。随着世界经济规模的增长，有关文化产品的需求越来越大，广州大都市圈有必要积极发挥政府的引导作用，对内协调海关、税务等部门，放宽融资条件，完善文化产品出口资金补贴、税收减免等优惠政策，对外则鼓励珠三角文化企业在海外创办企业实体，举办各项交流展览活动。

五、本章小结

本章主要就广州大都市圈的文化特质、文化发展现状、文化发展战略目标等问题进行了深入的研究与探讨。第一章主要从理论的高度详细阐释了文化与都市圈发展之间的关系。文化融合是连通都市圈的精神纽带，文化品格是凸显都市圈特色的基本要素，文化软实力是促进都市圈可持续发展的内生动力。其中文化产业的发展对调整优化产业结构、应对资源危机带来新的经济转机，并带动新的经济增长的方式的出现。随着国际大都市圈的经济增长模式的转变，文化已经成为都市圈竞争力的重要增长极。

第二节从实证分析出发，主要就广州大都市圈的文化特质、发展现状进行了系统的考察。以珠三角九个城市为主体的广州大都市圈文化具有开放、包容、、务实、合作、共赢等特征的岭南文化特质，具有世俗化、商业化的市民文化特色，拥有辐射力强的的当代文化资源，目前，广州大都市圈已经初步形成了以广州、深圳为中心，辐射带动佛山、东莞、中山、珠海、江门等城市，层级分明、具有自身发展特色的文化产业集聚群，形成了一批全国性、国际化的文化品牌。

第三节从广州大都市圈的文化发展实际出发，指出其存在的一些不足之处：文化辐射力不强，有影响力的文化品牌匮乏，文化品位不高，文化产业创新能力较弱，文化产业链区域分工亟待提升等。

第四节在对珠三角文化现状的认知与发展前景的战略展望的基础上，针对当前存在的薄弱环节，提出了相应的对策思路，主要包括：通过精神文明教育与文化活动的开展，提升市民素质；进一步健全文化公共体系，提升城市文化软实力；进一步扶持、发展文化产业，并致力于促进区域产业链分工；整合文化资源，打造广州大都市圈文化形象；加强文化宣传与文化交流，进一步提升广州大都市圈的文化辐射能力。

第八章

广州与周边主要城市和地区的合作

经济全球化和区域经济一体化发展推动着全球产品生产和内在关联战略区位的重组，加深了全球城市之间、区域之间和国家之间的交流与合作。区域之间的竞争也更趋激烈，催生了经济发展地域单元的集团化趋势。都市圈经济正是经济发展地域单元集团化趋势的一种重要表现形式。本书在前面章节中从区域地理条件和经济发展背景等综合考虑提出，在珠三角乃至泛珠三角范围内将形成以广州为中心，逐步向周边辐射、在生产力发展水平和特点上存在以核心圈、内圈、外圈及外围圈为结构特点的广州大都市圈。而随着广州发展上升为国家战略，广州作为国家中心城市和国际大都市的发展定位，城市的集聚与辐射功能会得到进一步加强，广州大都市圈地域空间组织日益成熟，交通基础设施一体化、产业布局一体化及生态环境保护一体化的发展，推动了广州都市圈由雏形发展阶段开始走向壮大和成熟时期，圈内各城市主体之间也开始走向多维度、多层面的广泛联系与合作时期，城市之间的竞合发展逐步增强，尤其是中心城市与周边地区的合作与发展发生质变，进入置换、转向发展时期——都市圈内的空间结构更新对资本、产业、劳动力等要素在地域空间上进行重组。但是，广州大都市圈与国际国内主要的大都市圈发展相比，还存在较大的差距，尤其是都市圈内的中心城市与周边地区的经济社会发展的紧密程度还不够强。如在核心圈层中的广州与佛山的同城化发展刚起步，内圈层中广州与深圳、东莞及其他珠三角城市的合作发展薄弱，外圈层中广州与国际大都市香港之间合作的深化，以及广州与泛珠三角乃至东盟等国际国内城市腹地经济之间的合作发展，在不同圈层的城市之间、城市与区域腹地之间，无论是经济联系还是社会联系，都需要进一步加强，这是广州大都市圈建设面临的关键问题，也是推动广州大都市圈实现发育成长的关键。加强广州中心城市与周边地区的合作发展，不仅是促进大都市圈地域组织优化发展，提高空间组织效率，也是促进广州大都市圈走向世界、参与世界主要区域经济竞争的基础。

一、都市圈空间结构整合与城市合作发展

综观世界发达国家及发展中国家的都市圈发展，都市圈内部城市竞合发展是构建结构优质化的都市圈空间结构，是地域生产力的集中表现形式之一。从全球发展的角度看，经济发达与繁荣的地区都是都市圈结构高度发展的地区。中国经济的现代化发展也已经走向以大都市带、大都市圈为主体的区域经济发展，但是必须认识到，对于都市圈的建设，我们必须在大都市首位发展、提升和整合的条件下，构建大中小城市(镇)并举、系统布局科学的、具有差序化格局的都市圈结构关系，这才是发展的主要方向，也是都市圈中城市之间、城市与区域之间合作发展新型城市间关系的主要方面。

(一)都市圈空间结构关系

全球城市及区域经济发展已经呈现多种多样的发展态势，西方发达国家根据本国的发展历史和经济条件创造出适应自身城市化发展的区域经济模式。如日本、美国、英国等国家采取的是大都市圈或大城市群为主带动区域经济发展的战略；德国等国家采取的是中等城市为主的城市化发展道路。但是，无论是采取大城市群或都市圈的带动战略，还是中小城市为主导的发展战略，都市圈的结构关系已经成为城市化发展的一种地域性新的空间生产力。

1. 城市结构“差序化格局”是构建都市圈的前提

都市圈的发展告诉我们，机制创新最为关键。都市圈的发展是大中小城市的结构变迁的发展过程，同时也是城市生活方式的普遍化过程。从北京、天津和唐山形成的京津冀都市圈的结构关系来看，在体制机制等创新建设的前提下，可以对都市圈内城市发展产生新的地域优势分工，如北京发展以金

融业、总部经济为主导的产业，唐山重工业，天津港口服务业，这些各自发展的比较优势可以在都市圈的城市整合中获得优先发展。因此，都市圈结构的差序化格局，是都市圈内城市合作发展的一个重要战略模式。通过对都市圈空间生产力的再创造，都市圈内的城市之间形成良性的竞争与合作，形成多重互补性和可达性。在合理的都市圈空间结构格局内，形成如异地就业体系、文化资源共享体系等。更深一步说，都市圈深化发展形成的区域一体化结构，必然会出现超越行政限制、超越区域空间限制、超越市场范围限制的，产生新的生产、就业、消费、居住、分配、娱乐、办公、医疗、消费及人际互动的新型社会关系。正如《亚洲周刊》(2008)所说，"穗港澳深珠之间五万平方公里，必将形成紧密整合的区域经济。港人在区内的投资、消费、置业、旅游、定居等活动将不断增加。"该区域的城市经济社会发展水平差距较小，语言相同，观看同样的电视，有较相同的文化价值观。从社会学的角度看来，这一区域几乎在同一个"舆论及传媒社区"体系之中，其区域社会结构的相互构建，既有内在的文化驱力，又有内在的经济需求驱力。

2. 都市圈成为现代市民经济社会活动的主要空间场所

都市圈的发育与成长，为市民社会生活提供了空间。在后工业社会和后现代社会，都市圈成为一种行之有效的空间生产，因为都市圈的社会结构本身是一个开放的系统。在后工业社会，通过城市政治要素的分化、经济要素的分化和社会要素的分化向城市外区域空间扩张、辐射，内动性地进行都市圈内区域结构重组，这已经成为城市群社会结构变迁新的表现形式。都市圈的发育与成长，不仅创造了新的居住空间形态，更重要的是，创造了后工业社会"生产空间"和社会基础(丹尼尔·贝尔，2009)。随着发达国家发生深刻的经济社会关系变化，都市圈已经成为后工业社会发展的主要载体。所以，我们可以总结起来说，一是都市圈内形成了一种新型的社会契约关系；二是都市圈内在更广阔的地域展开竞争；三是都市圈内社会价值观成为"共生性竞争关系"，都市圈内各城市主体之间形成以信息为社会经济发展的基础，并以知识、技术、信息、文化价值四位一体化作为经济社会发展的动力；四是都市圈的空间结构内，"知识产业"成为都市圈发展的核心动力之一，都市圈成为国家与区域社会的创新中心、知识中心、智慧中心、信息整合中心，都市圈社会表现为不断创新的过程，如数字化城市、信息化城市以及产生于城市社会的决策论、系统论、模式分析、模拟与模型的构建等，已成为推动经济与社会发展的认识与工具；五是都市圈的网络与世界的网络化体系正在联为一体，都市圈本身成为区域国际化的表征之一；六是在都市圈关系内，在世界一体化的前提下，城市的地方性理念正在以新的方式成长，都市圈在构建世界性和国际化发展的同时，也在创造地方性文化和经济特色。

3. 都市圈结构对区域社会空间的整合

都市圈的发展是城市“空间生产”的过程。城市区位主体在资本、生产、利润和技术竞争之外，发展到一定阶段各城市之间必然会形成区域空间的竞争。这种竞争证明了城市社会学的一个基本原理，即不管是在自然界，还是在人类社会体系内，个人之间以及组织之间的竞争，说到底都是生存空间的竞争，其相关发展、进化也主要表现为空间结构的成长和扩张。卡斯特说：“空间是时间的切面。”在现代社会，城市空间被赋予了更多的属性，城市空间是一种商品，也是一种新的资源，在某种意义上更是一种全新意义上的资本。空间在与时间构成为范畴的同时，又与土地要素联结在一起构成一种稀缺性资源。城市现代化的快速发展，城市的社会空间体现出多样化的属性与价值，如城市空间的政治价值、社会价值和经济价值，城市之间的人文传统价值，生态资源的环境价值以及人民生活在城市空间场所的心理价值等（曼纽尔·卡斯特，2000）。所以，我们从城市社会学的角度看，都市圈内城市间非平衡竞争引出来的空间竞争，为区域一体化发展创造了经济社会整合机制，空间竞争就是空间生产力最主要的表现形式。如长江三角洲、珠江三角洲、京津冀都市圈的发展，形成的具有共性竞争的都市圈空间结构，这种空间结构构成社会经济发展的动态的需求，集聚与扩散的空间场所，对区域内的城市中的社会群体的经济、社会等方面会产生巨大影响。如上海与苏州城市间的空间整合，使得双方城市获得各自的需求，并成为城市现代化的前提与结果。广州与佛山之间的同城化发展的空间整合，也将为两个城市之间各自创造出新的空间需求。

4. 都市圈的内在互动创造新空间和空间新功能

都市研究洛杉矶学派的领军人物爱德华·苏贾认为，人类从根本上来说是空间性的存在者，总是忙于进行空间与场所、疆域与区域、环境和居所的生产。在这一生产的空间过程或“制造地理”的过程中，人类主体总是包裹在与环境的复杂关系之中，人类主体自身就是一种独特的空间性单元。（苏贾，2004）城市是空间一种表现形式，都市圈是人类经济社会发展空间生产的一种结果，其空间形式是社会发展的一种创新资源和力量。从城市本身发展角度来看，城市空间的再利用可以创造城市核心竞争力的要素。广州通过对南沙开发使城市功能发生了全新的改变，广州能够在更广阔的空间领域推行新的生产力布局和人文生态布局，从而形成新的产业结构空间和城市空间样态，提升了市民的生活水平。同时，城市的空间生产也使广州城市社会可以在更广阔的地域上创造更多的经济社会活动，通过广州本身空间结构的优化，城市首位度的提升，进而使广州的集聚与扩散功能得以强化。更重要的是，通过这种空间的创新，增加了广州城市的首位度“极化”功能，强化了广州区域“发展极”的核心意义，广州、深圳和香港之间形成一个“都市圈空间场”，在这个场内，由于政治、经济、社会、文化的认同机制及社会关系的高度整合，导致区域内各城市的民众在社会心理、文化认同、经济关系和人文关系等各个方面，形成人们基本认同的珠三角经济社会体系，进而推动都市圈这个新空间构建。在都市圈结构中，首位城市的“极化”效应越高，城市的扩散功能就越大，从而使都市圈在较广阔的地域上创造新的都市生活方式，都市圈整合并构建的交通方式、通信方式、交往方式，在高度化发展的都市圈区域体系内，已经没有传统意义的乡村，未来将要开创发展都市农业、城镇农业和城市人农业。如美国的五大湖地区、日本东京—大阪地区的城市连绵区及巴黎都市圈等，都证明了这一发展理论与趋势。深圳通过近年来的空间整合与创新，正成为中国第一个没有传统农民的“现代城市场域”。

5. 都市圈空间整合与区域社会依存关系

马克思论述资本主义市场关系时指出，社会全面依赖关系，即社会整体关系与需求在市场经济的要素整合中形成区域社会的经济发展机制，对于传统的权力社会结构关系来说，社会的全面依赖关系是一种进步，是以市场关系为纽带的社会共同体。伴随城市社会结构变迁和城市新型服务业的成长，都市圈表现出某种规律性的发展过程，即聚集→中心化→扩散→结构性繁衍→空间重集聚→首位空间极化→再扩散→首位度提升→再扩散，形成都市圈经济社会的全面依赖关系结构。由此，形成都市圈内城市空间结构合理差序化发展格局，城市始终不停地在发展运动与区域重新集聚和组合的过程。如广州与珠三角、与泛珠三角地区已经显现出经济社会的相互依赖的关系，其中广州与珠三角互补性，广州、深圳与香港的共生性已经产生整体效应，城市之间的产业发展、就业需求、文化价值、消费理念等方面开始形成互补性结构关系，初步形成竞争性共生共赢的区域经济共同体。因为，任何城市资源都是有限的，都具有不完善性的特点，这些不完善性和资源的结构性稀缺是城市结构扩张与对外发展需求的基础和原动力，也是都市圈内部城市之间合作发展的主要动力。资源的不完善性导致城市结构性空间扩张呈现一种永恒的动态，而这一动态就是在不断消除非平衡，建立新平衡，空间资源也在不断的矛盾与整合中获得发展，这就更进一步推动都市圈内城市之间合作发展(薛峰，2004)。都市圈内城市越密集，城市间的需求与互补性越大，城市之间的合作可能就越强。事实上，在都市圈的社会结构变化中，任何一个城市都必然对其周边城市形成某种特定关系，如产业发展与产业竞争关系、资源短缺与资源结构性过剩互补关系、重组区域的空间再生产关系等，从而必然形成资源、地理空间和社会空间重组的“都市圈化”结果。

(二)广州大都市圈空间整合面临的挑战

我国都市圈的发展可以说还处于初级阶段，尤其是都市圈作为一种区域性社会结构体，是多种因素、多种矛盾、传统与现代、冲突与融合的集聚地，尤其是现在我国城市仍然处于农业社会包围之中，都市圈内部的整合发展面临着一系列的挑战。

1. 都市圈建设的体制机制不健全

虽然中国的城市化发展更多是一种制度性城市化，但都市圈的发展在制度层面上是比较缺失的，也就是说通过制度整合的功能比较差，综观国内都市圈的发展，还没有形成具有比较典型意义的都市圈发展的制度文化、管理及政策体系。中国都市圈没有在现行的城市制度下获得创新发展，基本处于自发的发展状态，甚至行政管理体系在某种程度上还是都市圈发展的制度性障碍。这主要是由于我国城市行政管理的功能以及现阶段经济发展指标，主要是 GDP 指标考核所引起的。由于城市管理体制上的原因，都市圈内各单体城市的管理者根本不可能将自己的城市放在都市圈整体发展的视野中，都市圈的建设也没有列入国家整体发展战略上。在国家制度层面上，也没有明确提出都市圈的发展政策和制度建设。省域、市域甚至县域城镇都是在具体的行政区内发展，未能形成以经济、社会、文化发展为纽带的跨行政区域的都市圈发展机制。以长三角为例，整体区域在三个省级行政区域内管控，各省区的规划，如城市规划、产业规划、交通规划都以各自的行政区域利益为前提，由于三个同一级别的省级行政区的整体规划不能形成统合机制，这种状况使得长三角作为世界第六大都市圈的地位一直未能确立。即使如珠三角城市圈在统一的省域行政区域体系内，但各城市主体之间的各自为政的发展局面也仍然存在。

2. 城市行政区划设置的管理与都市圈整体规划管理之间的矛盾

我国的行政区域往往是以自然山水为主要区划界线，城市形态受自然条件影响比较大。因此，都市圈的发展既受到行政区划界线的影响，也受到自然条件的影响，如珠江东西两岸的城市，其经济社会发展仍然存在一定的差异，形成显性的梯度关系。再如江苏的苏南、苏北之间的差距，南京的江南与江北的差距，都说明行政隶属关系和自然地域关系对都市圈结构的影响。这样的城市区域性划分既有自然属性的约束，也有行政体制的制约。当然，都市圈的发展除了制度性障碍外，还包括资金、技术、产业发展等水平的制约，自然条件的制约及文化观念的制约等。面对这些制约因素，只有通过都市圈内城市之间的合作关系，才能加快都市圈的持续稳定发展。显然，在我国都市圈发展机制中，城市之间的关系不应该受到行政区域界限限制。需要打通城市间的行政壁垒，构建统一的人才市场、金融市场，协调统一教育资源、文化资源，成为都市圈内部共享机制，这应该是都市圈城市合作发展必须思考的主要问题。

3. **首位城市的缺失**

关于中心城市之间的竞争在中国城市发展中非常明显，典型的就是广州与深圳之间、重庆与成都之间的竞争，首位城市缺乏制度性认同与文化认同。虽然在都市圈内，国家对单体城市的制度性考核机制有税收考核机制、政绩考核机制，但是对都市圈中的核心城市并未有相关城市制度的认同，也难以得到广泛的社会文化认同。如在广州大都市圈，在区域规划及产业发展战略布局上，很多城市在制度层面上不能完全认同广州的中心地位，我们认为这不是广州中心性发展不充分的问题，而是管理机制上并没有得到认同的问题。其结果是，长期以来在经济发展布局、社会发展布局、区域基础设施布局以及产业布局上，都不能以广州为中心进行整体性的、全面的区域规划与发展。与国际上几个主要的大都市圈，如纽约、伦敦、东京等大都市圈相比较，中国都市圈中的城市首位度本来比较低，再加上区域规划发展中缺乏制度性保障，各个城市在都市圈发展中推行的是独立完整的发展战略，几乎没有围绕都市圈的整体中心提出发展战略，最主要的原因在于缺乏制度性的约束和整合机制。

4. **都市圈内部资源利用配置和产业区域整合的挑战**

每个城市都必然存在着某一方面资源有限性的特点，因此城市的发展必须对外部资源进行整合。但是因为我国的城市历来"各自为政"，都市圈内部的产业发展缺乏整体规划和全盘思考，由此导致的必然结果是形成不合理的城市发展要素的雷同性结构，不仅都市圈内的各单体城市定位、产业趋同化十分明显，而且还形成恶性竞争。在珠三角各城市产业发展规划中，主导产业发展选择雷同明显，如每个城市都在搞光电产业、医药产业、创意产业等，而且在招商引资方面，城市间的土地政策的恶性竞争无序化，影响区域经济的可持续发展。

5. **跨区域都市圈的管理理论、思想、方法和能力的挑战**

近年来，我国都市圈发展加快，但是对都市圈这样一个区域的管理理论研究不足，并没有形成全新的都市圈管理操作模式。因此，面对发展的现实，无论理论界，还是城市管理界，都面临着新的挑战。我们从发达国家都市圈的发展过程及规律，可以看出创造与市场经济相适应的都市圈的区域性主导型管理城市机制是西方发达国家都市圈发展的关键,并且在都市圈的结构性成长中,构建并形成了一个区域性主导中心城市。这个城市既是城市群的首位城市,也是这个都市圈的主导型管理创新中心。城市系统理论认为,都市圈在向更大地域范围扩张的过程中,必然引起城市与周边社会的一体化势能,城市地区之间形成一个相互依赖的等级体系,其结构取决于经济中公私营部门生产和消费中心的空间分布。都市圈主导型中心城市是区域的生产和消费中心,有大量的企业、政府机构和文化服务机构,协调和管理机构集中在主导型中心城市,发挥组织区域经济活动的能力。那么,要想使我国的都市圈真正获得良性发展,必须有意识地建设都市圈区域主导型管理中心城市,而"广州大都市圈"的概念提出,就是在珠三角区域经济发展中,让广州担负起"区域主导型管理中心城市"的功能,使都市圈的功能和价值早日发挥出来。

(三)广州大都市圈城市合作发展思考

综合上述分析可知,都市圈构建其实就是一种新的生产力发展空间,与社会空间的重新构建。在这个空间再生产的过程中,中心城市与周边城市的相互作用是大都市圈构建的一个运动过程。对于广州大都市圈的发展而言,如何加强推动广州与珠三角其他城市之间的互动发展,塑造都市圈差序化发展空间格局,是建设广州大都市圈的一个关键因素。基于此,推动广州大都市圈内城市合作发展需要考虑以下几个方面的问题:

1. 广州大都市圈制度性认同与文化认同的构建

大都市圈的建设和发展已经成为我国城市化发展的一种新模式,如京津唐、长三角都市圈,但是在我国都市圈的发展过程中最缺失的一个因素就是都市圈发展的制度与文化认同。因此,要把珠三角整合成为一种新的创新空间——广州大都市圈。应该着重强调制度和文化层面的统一,这种统一,首先就是要建设广州大都市圈的区域化管理中心,承担整个都市圈内经济社会发展的组织管理功能,要从制度上、文化理念上形成广州为都市圈的中心,形成半径范围 100—300 公里的广州大都市圈的区域概念;著其次,要在制度上对整个珠三角地区进行规划整合,包括控制性规划在内,在区域空间创造新体系,推行以广州为"发展极"的大区域整合的发展战略,重点对广州大都市圈的产业布局、旅游与教育资源利用和共享以及自然环境资源保护，进行全面的合理规划，并形成制度性保障。

2. 广州大都市圈的圈层模式构建

从区域经济社会现代化发展的角度上看，都市圈的建设就是要在一定意义上打破城市的行政区域界线，而不是以行政区域的经济利益为重，更不是以城市政绩为重，而是能够充分放大区域经济的整体效应，对于任何一个区域经济组织而言，层次有序的城镇体系，或者说具有组织管理区域经济秩序的中心城市是一个关键因素。广州在珠三角经济乃至更广范围，发展成区域主导型管理中心是有其历史的必然，要把广州建设成为区域性主导型管理中心，我们应该学习和借鉴日本东京都市圈建设经验，生产和创造具有中国特色的本土化大都市圈空间体系，既要使广州大都市圈能够保持本土化的人文特点，又能够形成规模型的国际化经济区，让广州大都市圈率先进入社会经济整体发达行列，这是一种战略创新，值得关注。如第三章分析，广州大都市圈圈层发展的结构模式非常明显，每个圈层都与广州和其他城市之间的经济联系的程度是相吻合的，第一圈层是广州与佛山的同城化圈层。第二圈层是“主体框架”结构，即广州—深圳—珠海的三角区域空间。这是珠三角发展的“三个支点”，其中广州为核心发展极，以深莞惠都市圈、珠中江都市圈、广佛肇都市圈为“区域协调极”，整体形成互为依存的发展空间。第三圈层是整体框架结构，即以香港、广州为核心，包括江西、福建、湖南等泛珠三角地区，创造世界经济发展的增长极，这一建设具有国家整体化的战略意义，是不可忽视的重要战略选择，也是一个全新的战略模式。此外，拓展国际市场，增强国际影响力是广州大都市圈发展的又一关键，其中广州与东盟自由贸易区之间的国际化合作尤为重要。

3. 广州大都市圈的经济社会文化与产业发展布局

无论是世界发达国家城市的区域社会发展，还是中国现有城市化发展过程中的城市区域社会结构的发展，在一定区域内城市社会都必然形成某种“向心力”的发展趋势，这种“向心力”既源于社会结构内部“自组织系统”自身完善的需求，同时也需要外部力量的整合与建设。“(城市)集聚可以是一个吸引过程，一个向中心的运动。它也以相反方式运作，成为消解中心化和弥散化力量。所以，在每个区域性城市空间里都有介乎集聚和中心化力量（向心力）与弥散和非中心化力量（离心力）之间的复杂动态关系。它在几个不同程度上运作，从一地到另一地散布效应，并随时而变。”（李小健，1999）因此，广州大都市圈需要进行创造性建设，需要以广州城市作为区域经济的轴心，创造经济社会“区域共同体”。比较而言，广州大都市圈的“核心性极化效应”与上海大都市圈、首都圈中以上海、北京为中心的认同感相比，差距比较大。要构建广州大都市圈，其中一个重点是要建立以广州为中心的产业联动空间，才能充分发挥中心城市在都市圈建设中主导型管理中心职能。

4. 广州大都市圈建设“核心型放射状”的快速交通体系

从世界上主要的都市圈发展来看，发达的网络状交通基础设施是都市圈发展的基础。交通是建设都市圈的前提和基础。所以广州应充分发挥海港、空港、铁路、公路等枢纽型交通基础设施优势，加强交通基础设施与周边城市的衔接和整合，延伸至珠三角乃至更广范围的区域，使铁路、轻轨、高速公路、通信等公共设施形成与其他城市快速通达体系，为广州大都市圈区域的整体性、整合性、可达性和方便性奠定基础，也为都市圈内的经济要素、产业要素、文化要素和各类市场的整合提供创造性的空间关系。

5. 广州大都市圈构建“空间差序化格局”

都市圈空间结构的稳定性在于城镇体系的空间结构。如美国纽约大都市圈是一个综合的社会、经济区域，包括31个县，1929年纽约制定的《纽约及其周围地区区域规划》，鼓励建设一个理想层次的都市城镇体系（陆大道，2003）。在这样的结构层次内，城市人口分流合理，让城市（镇）体系向高一层次演进，村级结构向城镇级结构转型，城镇结构再向小城市级结构演变，小城市向中等城市级结构级演变，形成差序化格局，大城市全面构建城市生活方式区，扩散新的城市文明普及率，而在差序化发展过程中，城市化快速发展。正如法国社会学家孟德拉斯所提出的“农民的终结”①的社会发展理念，指出

① 孟德拉斯在他的《农民的终结》一书中提出“法国农民的终结”的观点，并在以后20年法国城市化与农业发展的进程证实了这一结论。

在都市圈差序化发展过程中有助于实现城市化和区域现代化的超常规发展。从目前的发展态势看，在珠三角区域内已经出现都市圈经济的共振效应[①]。在经济学理论中称为经济外在化，又称为溢出效应或称为外部经济效应，就是一个经济主体内部对另外一个经济主体辐射所产生的效应。当都市圈发展到一定阶段时，这种经济外在化会形成城市间的相互影响、相互补充、相互渗透和相互吸引因素。都市圈的发展程度越高，内部互动机制越充分，就会出现都市圈内部城市间的社会结构空间扩张和功能的结构性增长。如空间再生产，城市间物质对流、城市间的金融、财政等交易、城市间的政策、信息、技术的放大传递效应以及区域共振等。未来广州大都市圈的发展，城市化进程加快，农民逐渐减少，城镇体系规模也会逐渐形成中心城市、次中心城市、一般城市、小城镇等层次有序的等级结构，构成一个秩序井然的都市圈空间结构。

二、同城化趋势下的广佛城市共同体

在广州大都市圈发展中，广州与佛山两个城市之间的关系尤为特殊。可以说广州与佛山之间的不仅是地理空间的紧密联系，而且历史文化及经济联系密切，社会文化及制度认同感比较强，无论是民间交往还是政府交流，企业与企业之间，体现出两市紧密的合作关系。尤其是近年来，两市大发展，基础设施、产业关联以及市民社会生活交往日益密切，同城化发展已经成为必然的趋势和客观需求。广佛同城化发展，不仅可以促进两市进一步加强产业、人才、资金、科技等方面的密切合作，实现资源共享和充分利用，降低生产流通成本，拓宽城市发展空间，还能够进一步完善提升广州中心城市功能和综合实力，增强其辐射带动作用，同时也为佛山发展产业、扩大就业空间、实现城市跨越发展提供重要途径。

（一）广州发展概况

广州是一座古城，其城市发展可以追溯到秦汉时期，至今已有 2000 多年

① 经济学家认为，当一个地区的经济发展诉求与外在动力相符时，产生快速增长的“经济共振”。

的建城史，历史上曾经是世界五大名城之一，是中国重要的对外商埠口岸，南方商贸中心，被认为是唯一长期不衰的港口（丘传英，1998），也是我国海上丝绸之路的起点。改革开放以来，广州从第一阶段最早的14个沿海开放城市，第二阶段的广州开发区的建设，到第三阶段的中国加入WTO，到现在国家中心城市建设，一直保持着跨越式的发展态势，逐步发展成为引领珠三角城市发展的核心、华南地区乃至全国的中心城市。尤其是2010年亚运会在广州召开，既确定了广州作为中国最有影响力的城市之一的地位，又将极大地提升了广州国际化的程度。面向世界，建设国际化大都市，是广州在新世纪对城市综合功能的全新定位，也是广州作为大都市圈中心城市发展的主导方向。

1. 发展特点

改革开放以来，广州充分利用优越的地理区位，用足国家赋予广东"先行一步"特殊政策，经济社会发展取得了显著成就，发展成为一座综合经济实力较强的大都市，成为国家第三大中心城市。

(1)经济地域区位优势独特。从国际区位层面上看，广州地处亚太地区的东亚与东南亚的结合部，面向南海，仍属于世界第三次浪潮及经济重心转移的热点地区，历史上就是海上丝绸之路的发源地和中国对外开放的重要口岸，当今及未来将是中国与东南亚、南亚、西亚、澳洲、非洲等国际区域进行经贸、文化交流的重要桥头堡。从国内区位层面上看，广州地处我国南部的珠江入海口，有中国"南大门"之称，属当今世界经济重心的海湾河口地区和中国经济重心地带，是我国华南、西南等地区进出入国际市场的主要门户和平台。从区域区位层面上看，广州地处珠江三角洲中北部，毗邻港澳，属于我国三大经济发展引擎的珠江三角洲核心区。

(2)具有较高的经济势能。经济势能是引领区域经济发展的重要因素。高经济势能一方面表现在经济总量上。近30年来，广州综合经济实力不断增强，地区生产总值(GDP)由1978年的43.1亿元增加到2009年的9112.8亿元（图8—1），经济总量自1989年起连续19年居全国大城市第三位，成为仅次于上海、北京的第三大经济中心城市和我国华南地区最大的经济中心城市。地区生产总值占全国国内生产总值的比重由1978年的1.2%提高到

2009 年的 2.7%。人均 GDP 突破万美元，基本达到中等发达国家和地区水平。另一方面体现在产业结构水平上。广州产业结构经历了由工业主导到二、三产业并重发展、再趋向服务业主导的发展历程，第三产业比重自 1992 年起不断增加，1994 年开始超过第二产业，占据国民经济的主导地位。至 2009 年，第三产业占 GDP 的比重达到 60.9%，高于同期的上海(59.4%)、深圳(53.2%)、天津(43.5%)等城市，服务经济特征突出，城市综合服务功能不断加强，中心城市功能不断强化。

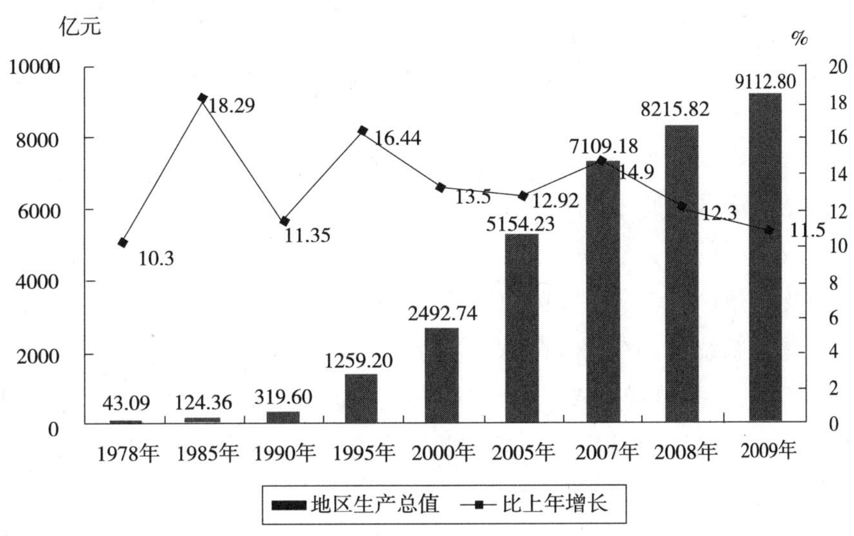

图 8—1　1978 年—2009 年广州地区生产总值及其增长速度

资料来源:《广州统计年鉴(1978—2008)》及《广州五十年》

(3)城市经济外向度高。改革开放以来，广州市充分利用毗邻港澳的地缘优势和政策优势，通过不断强化穗港澳经贸合作大量引进外资，对外经济贸易获得了迅速发展，形成了全方位、多层次、宽领域的对外开放格局。2009 年，外贸进出口总额达 767.4 亿美元，外贸依存度达 58.1%。目前全球 500 强的企业落户广州的有 127 家，世界 500 强的跨国公司在广州投资的约有 170 家。对外开放领域拓宽，提高了广州参与国际分工与合作的层次。

(4)发达的城市基础设施。广州位处亚太地区地理几何中心，素有中国

“南大门”之称，不仅是华南地区的交通枢纽中心，而且是全国重要的交通结点城市。经过多年的建设发展，广州已经成为大珠三角的交通和信息枢纽，拥有现代化中心城市交通主骨架和以白云国际机场、广州港、铁路枢纽、高速快速路网和轨道交通为重点的现代化枢纽型基础设施体系。具体来说，在海港方面，港口建设取得实质性进展，大宗货物水运能力不断提高。广州港既是华南地区最大的国际贸易港，又是珠江三角洲水网运输中心和水陆运输枢纽。2009 年港口货物吞吐量 3.8 亿吨，集装箱吞吐量超过 1130.2 万 ETU，货物吞吐量位居全国第四位、全球第六位，集装箱吞吐量位居全国第三、全球第七位。在空港方面，广州新白云国际机场作为我国三大空港枢纽之一，随着新白云国际机场二、三期扩建和联邦快递亚太转运中心的建成运营，广州与香港一起，成为亚太地区的国际物流中心和全球物流体系的重要节点。在公路和铁路建设方面，以广州为中心，呈放射状布局的道路网络不断完善，运输能力显著增强。珠三角内部统一便捷的交通网络逐步形成，广州日益成为珠三角城市群的公路交通枢纽。随着多条铁路的相继开工和通车，尤其是武广高铁及广州新火车站建设完成，广州成为南中国铁路客运枢纽；地铁和城际轨道交通系统日益完善，在珠三角城市群内部逐步形成以广州为中心，高速公路环绕，普通铁路贯穿，城际轨道连网的综合交通网络。日渐发达的城市基础设施保障了经济顺畅运行，扩大了经济规模，提高了综合竞争力，增强了吸引力，拓展了经济发展腹地。

(5)商业经济繁荣。广州拥有“千年商都”的美誉，自古就是我国南方著名的商贸中心城市。早在西汉时期，已经是南方珠玑、犀角、果品、布匹的集散地。宋朝已经是“万国衣冠，络绎不绝”的著名对外贸易港口。清康熙年间，清政府实施海禁，在广州设立十三行，十三行更成为全国唯一合法的外贸特区。至改革开放以来，商贸业的发展更是经历了飞跃，商品市场实现了由计划经济体制向市场经济体制的转轨，由封闭的发展模式向世界开放的发展模式转轨，由传统商贸业向现代商贸业发展转型的三大转变，形成了门类齐全，结构完整，多种市场主体、多种经营方式并存，集聚辐射功能强大的现代商贸流通产业体系，成为华南地区的现代商贸流通中心。2009 年，广州批发和零售业实现增加值 1053.8 亿元，限额以上批发零售商业商品销售总额达1388.1亿元，社会消费品零售总额3647.8亿元，这些指标在全国都名列前茅。广州悠久的商业历史、深厚的商业文化积淀和繁荣的商业经济为广州在全国和全球范围内集散商品、配置资源提供了社会文化和经济基础。

2. 存在的问题

广州的经济社会发展虽然取得显著成就，发挥区域乃至国家中心城市的功能作用也日益显著，但是其经济社会发展与国际国内中心城市相比，广州的发展在都市圈构建中心性的过程中，仍有距离。

(1)经济总量偏小。经济总体规模量的大小，是决定都市圈中心城市发展的首要因素。与国内中心城市相比，2009年广州地区生产总值为9112.8亿元，低于香港、上海和北京。与国际中心城市相比，广州的经济总量大约只有纽约的1/5，东京的1/7(表8—1)。商品进出口总额约为上海的1/4、北京的1/3、香港的1/9、东京的1/50，与天津相当。从经济首位度来看，2009年广州GDP占全国总量的2.7%，远低于伦敦(18%)、东京(18%)及巴黎的(27%)，可见广州在国内经济首位度偏低。

表8—1　广州与国外先进中心城市宏观经济指标对比

城市(年份)	经济总量(亿美元)	人均GDP(美元/人)	GDP占全国比重(%)
纽约(2004)	4910	60630	—
东京(2004)	8061	64098	18
伦敦(2005)	3553	47271	18
巴黎(2005)	5953	49608	27
新加坡(2006)	1215	27068	—
首尔(2005)	1984	20203	22.8
广州(2008)	1190	11696	2.7

注：数据来源：国际统计年鉴(2008)、中国统计年鉴(2008)及2009年政府工作报告。表中数值按当年平均汇率折算。

(2)产业效益不高，现代服务业比重偏低。虽然广州的服务业在国民经济所占的比重逐渐增大，服务业的主导地位十分突出。但与国际发达城市相比，服务业的比重仍然偏低(表8—2)，而且服务业内部结构上，传统服务业仍然占主导，现代服务业的比重并不高。2009年，广州的交通运输仓储和邮政业、批发和零售业占第三产业增加值分别为14.2%和19%，而金融业、科学技术研究服务业等比重偏较低，与香港、上海、北京等城市形成强烈反差，与国际大城市差距更大。

(3)总部经济和金融服务功能优势不明显。目前全球500强企业落户广

表8—2 广州和先进中心城市服务业所占比重比较

地 区	服务业占GDP比重(%)
纽约(2004)	85.10
巴黎(2005)	88.70
东京(2004)	82.64
香港(2008)	92.60
北京(2009)	75.80
上海(2009)	59.40
广州(2009)	60.90

数据来源：国际统计年鉴(2008)、中国统计年鉴(2008)及2009年政府工作报告

表8—3 部分城市金融业发展状况对比

	产值	占服务业比重(%)	占总产值比重(%)
纽约市(2003)	732.4亿美元	30.0	27.0
纽约大都市区(2006年)	1635.85亿美元	23.1	18.2
伦敦(2006年)	402.5亿英镑	19.1	17.1
东京(2006年)	131212.0亿日元	16.8	14.3
首尔(2005年)	228.0亿美元	19.7	11.8
香港(2007年)	3185.5亿港元	20.5	19.0
北京(2008年)	1493.6亿元	19.4	14.2
上海(2009年)	1817.9亿元	20.5	12.2
广州(2009年)	553.3亿元	9.97	6.1

注：纽约大都市区数据为金融保险业数据。占服务业和经济总量比重为金融保险业占私有部门服务业总产值和私有部门所欲产业产值比重。

资料来源：纽约市金融业数据及占地区生产总值数据来自香港金融管理局季报2006年3月，占服务业比重根据纽约网站资料推算。纽约大都市区、香港、北京和上海数据根据Bureau of Ecnomic Analysis，U.S. Department of Comerce、香港年报2008年、北京和上海2009年统计公报相关数据计算，伦敦和首尔的数据根据上海情报服务平台：《2000—2005年韩国首尔服务业重点行业发展概览》、《韩国首尔经济概貌》以及《全球性国际城市的服务业及其发展历程(2)：伦敦》中相关数据计算，东京数据根据东京都网站东京都统计资料计算。

州的有127家，远低于上海的491家，也落后于北京的159家，世界500强跨国公司在广州投资约170家[①]，比北京、上海均少。2009年广州金融业增加值占地区生产总值的比重仅为6.1%，与香港的19.0%、北京的14.2%(2008)、上海的12.2%差距较大(表8—3)。总部经济和金融业发展不强，影响了广州作为中心城市的经济活动组织和资源配置的中枢功能。

(4)城市文化创造力和科技创新能力不足。广州在城市文化创新领域发展相对落后，文化创新"源"动力不足；文化产业，尤其是与高新技术结合的网络文化信息服务业等新兴产业，缺乏政府有力的扶持和推动，发展规模和效益与广州中心城市定位不相称；公共文化服务体系尚未完全建立，缺乏持续有效的保障措施和管理运行机制；城市历史文化的保护和挖掘不足，城市居民综合素质有待提高；城市文化创意产业发展滞后，制度环境、市场环境和人力资本环境仍有待改善。科技创新方面，资金投入型的粗放型增长模式在广州还比较普遍，企业创新动力不足，创新尚未成为广州推动经济增长的主导力量，主要表现在：第一，研发投入经费少，规模偏小。2008年广州研发投入为154亿元，低于上海、北京，大致相当于纽约的1/10、东京的1/14；广州研发经费占地区生产总值的比重为1.9%，分别比上海、北京、天津低0.7、3.9和1.7个百分点。2008广州专利授权总量为8254件，远低于上海的24468件和深圳的18805件。第二，高新技术产业产值比重相对较低。2009年高新技术产品产值占全市工业总产值的比重为32.8%，而深圳2006年这一比重已达52.8%。第三，缺乏自主知识产权的核心技术和品牌，缺少能够带动整个高新技术产业的龙头企业。第四，教育发展相对滞后，多项人才指标与国内同类城市相比仍有较大差距，高端人才匮乏，发展后劲不足。与世界性中心城市相比，广州在文化和科技创新两方面均存在较大差距，中心城市的创新功能还未真正得到体现，影响了国际竞争力的提升。

(二)佛山发展概况

佛山市位于广东省中南部，地处珠江三角洲腹地，东依广州，南邻港澳，

① 数据来自广州市发展和改革委员会编：《经济社会白皮书——广州经济社会形势与展望(2009—2010)》，广东经济出版社2009年版。

是连接珠江东岸与西岸的节点，地理位置十分优越。佛山气候温和，自古就是富饶的鱼米之乡，珠江水系中的西江、北江及其支流贯穿全境，冲积出这片丰饶的大地。2009年，全市总面积3848.49平方公里，常住人口599.7万人，其中户籍人口367.6万人。经行政区划调整，佛山现辖禅城区、南海区、顺德区、高明区和三水区五个区。

1. 发展特点

(1)历史文化底蕴深厚。佛山“肇迹于晋，得名于唐”，是一座具有1300多年历史的文化名城，历来商贸活跃、工商业发达，清代时与湖北的汉口镇、江西的景德镇、河南的朱仙镇并称全国“四大名镇”，与北京、汉口、苏州并称天下“四大聚”，陶瓷、纺织、铸造、医药四大行业鼎盛南国。清末，佛山逐渐成为我国近代民族工业发源地之一，也是岭南文化的发祥地之一，素有陶艺之乡、粤剧之乡、武术之乡、狮艺之乡、岭南成药之乡等美誉。

(2)综合经济实力较强。原广东经济发展“四小虎”之中就有南海、顺德两小虎在佛山。2006年，在最后一次评定全国县级综合竞争力排名中，佛山参评的四区全部进入全国百强县前40位(顺德区第2位、南海区第5位、三水区21位，高明区36位)。近年来，佛山顺应改革开放的大环境和产业发展规律，大力发展内外源经济，经济综合实力不断增强。地区生产总值由1978年的12.96亿元增加到2009年的4814.5亿元，人均生产总值约达8万元，年均增长率超过13%。可以说，佛山经济发展实力已经进入到一个新的发展阶段，进入了4000亿元经济发展的城市俱乐部。

(3)制造业发达。从佛山市产业结构水平可以看出，经济主要还是以工业经济为主导。2009年，佛山市三大产业结构比例为2.0∶62.9∶35.1，三大产业的增加值分别为95.55亿元、3028.96亿元、1689.99亿元，工业占据绝对的主导地位。工业产品富有特色，是广东省、中国乃至国际著名的工业制造业城市。2009年佛山规模以上工业增加值2924.4亿元。经过多年的改革、调整和发展，工业逐步向集约化、规模化和集群化发展，并向高级化和适度重型化方向房展，多年来逐渐形成了以家用电器、机械装备、金属材料加工及制品、陶瓷及其他建材、纺织服装、电子信息、食品饮料、塑料制品、精细化工及医药、家居用品制造等十大优势行业，这十个行业成为佛山工业领域的支柱行业，十大支柱行业工业总产值和工业增加值约占规模以上工业的90%。同时汽车配件、液晶显示器件、医疗器械、光伏等新兴产业加快发展，配套能力日趋完善的现代工业体系逐步形成。工业发展水平高，也造就了一系列的品牌产品和企业，佛山被有关权威机构授予“中国品牌经济城市”和“中国品牌之都”称号。

(4)民营经济实力强。这是佛山区别于珠三角其他城市经济的主要特征和优势所在。2008年全市规模以上民营工业完成工业总产值6162.88亿元，比上年增长21.9%，民营经济的贡献率为60.2%，是佛山经济发展的主导力量。此外，专业镇比较多，也是佛山产业发展的一个显著特色，是佛山产业特色优势的重要组成部分。目前，佛山共有专业镇34个，禅城区、南海区、高明区所有镇(街)已全部被认定为省技术创新专业镇。同时，全市共有39个区域被国家有关部门或者行业协会认定为某个行业的中国产业名都、名镇。

(5)城市建设组团式发展。与国内大多数城市“摊大饼”式的发展模式不一样，由于佛山行政区划的历史原因，佛山城市发展主要以组团式发展模式为主，根据佛山城市发展总体规划，要建设两个100万人口以上、五个30—50万人口的新城区(简称“2+5”城市组团)的发展目标，各组团城市之间以现代化的快速干线交通网和高速信息传输网拉近距离，形成紧密联系的发展关系。

2. 存在的问题

虽然佛山经济社会经过近年来发展，取得了显著成效，但是，佛山的经济社会发展也面临着不少问题。从产业结构发展水平来看，第三产业比例偏低，二三产业协调发展程度不高，制约了经济发展质的提升。工业产业结构中，高新技术和新兴产业发展水平不高，比重偏低，服务业发展水平较低，尤其是生产性服务业，如现代物流、金融、会展、设计、创意产业等发展不强，工业与服务业融合发展程度与国际国内大城市相比，差距比较大，服务业的支撑力度成为其经济发展的短板。从制造业发展水平来看，按照产业链环节及价值链环节比较分析，佛山市大多数制造行业仍处于全球产业链和价值链的低端,主要以加工制造业为主,研发设计、技术创新及营销等高端环节发展不强,多数产品的质量、品牌、技术含量和经济效益缺乏国际竞争力。从产业或企业组织方式来看,佛山主要是以中小企业为主,缺乏大规模的龙头企业带动效应,规模效应不强,产业高级化发展的后劲不足。佛山市域内区域经济发展不平衡,综合竞争力不强。市区内东西部产业发展水平差距比较大,产业梯度转移和产业空间布局受到行政辖区的制约,且由于行政体制的历史原因,佛山内部行政体制未完全统一,生产要素的全方位流动受到一定程度的制约。此外,与珠三角其他城市一样,佛山的经济社会发展也日益受到资源环境制约。土地开发强度大、用地紧缺、电力供需矛盾突出,大气及水环境治理仍需要增强,可持续发展的水平需要进一步提高。

(三)广佛同城化发展

同城化发展其实就是区域空间创新发展过程。广州与佛山两大城市之间同城化发展,从内涵上互相拓展了发展空间,从外延上看,是一个大都市区的延伸发展。结合广州、佛山两市的自然地理条件、经济发展各自的优劣势及历史文化因素,两市同城化发展可以说是经济社会发展的必然趋势和客观选择,不仅具有时代的必然性,而且具有现实的紧迫性,是广州大都市圈建设的核心基础。

1. 同城化概念

关于同城化的概念及认识,以往的研究资料来看,并没有一个统一的标准。我们认为,同城化一般是指一座城市与一座或几座城市因地域相邻,在经济和社会发展等方面,客观上存在着能够逐步融为一体的发展条件,通过城市间的相互融合,使城市间在发展、建设和管理上,形成高度协调和统一的区域功能,使市民弱化属地意识,共享城市化所带来的发展成果。同城化是区域经济一体化和都市圈建设过程中的高级形式,是区域城市间经济与社会发展到一定程度的必然趋势(邱汉周等,2008)。同城化的目的是通过提高城市化水平和城市发展的质量,以完善的城市功能和良好的生态环境,不断满足人民群众日益增长的物质文化需要,使其利益最大、成本最低、效率最高、资源共享、优势互补、共同发展。

同城化发展与以往的区别,在于政府部门由偏重研究经济政策向重视公共政策方向转型，也是对“先生产后生活，先工业化后城市化”传统发展观反思的必然结果。在计划经济体制时期，城市化水平和城市发展的质量不但长期滞后于工业化水平和质量，而且使经济与社会发展不相适应。纵观当代世界经济发展趋势，一个明显特征就是突破行政区空间范围束缚的城市群、城市带、都市圈的不断形成。尽管目前世界已形成的包括我国长江三角洲城市带在内的六个大城市带和国际公认的同城化建设较好的东京都市圈和纽约都市圈以及欧盟、东盟和东北亚区域经济一体化组织等，处在一体化发展的不同阶段，但都表明了区域经济一体化和同城化的发展趋势，是经济发展的基本规律。因此，广州、佛山要充分利用两市的发展的条件，实施同城化发展战略，推动基础设施、产业及社会事业同城化发展，为广州大都市圈发展建设奠定基础。

2. 广佛同城化发展的基础

广佛同城化发展的战略实施既是基于其自然条件，也是基于两市经济社会发展的历史、现状及未来发展的趋势所提出的发展战略。广州与佛山两市都属于珠江三角洲的冲击平原，在自然地域空间上连接成为一体，山体连续延伸，珠江河网水系贯通两市，两市交界地段长约 200 公里，涉及广州市的花都区、白云区、荔湾区、番禺区和佛山市的三水区、南海区和顺德区。可以说地域空间的连绵发展，城市间的边界模糊，优势城市工业化和城市化加速发展，导致建成区之间的链接互动，为广佛两市同城化发展创造了物质条件。

(1)城市的历史文化及生活习俗是同城化发展的软环境，是同城化发展的关键。广佛两市的历史文化渊源深厚，居民生活习俗相通。在行政体制上，历史上有很长一段时间，广佛两市处在同一行政建制之内。早在秦朝设南海郡时，郡治就设在番禺，先有番禺后有广州。在 20 世纪上半叶，花都、从化和番禺曾为佛山管辖，后又划归广州管辖。在文化方面，广佛两地文化同属于广府文化，是岭南文化的发祥地。广州有 2200 多年历史，佛山有 1400 多年历史，都属于国家级历史文化名城，直至今天，广佛之间的文化和人脉联系亲密性都是别的地方不可比拟的，同城化发展的认同感非常强烈。

(2)市场经济的发展,使两市经济发展的联系日益紧密。在广州大都市圈内,广州与佛山的经济联系度远超过广州与珠三角其他城市的经济联系度。从两市的产业结构发展来看,广州形成了以现代服务业为主的产业结构,金融保险、交通运输、商贸物流、会展、中介服务、文化教育等现代服务业和汽车、石化、电子信息、钢铁、机械装备、造船等先进制造业发达。佛山形成了以制造业为主的产业结构,白色家电、陶瓷、纺织服装、家具、五金、汽车零部件等轻型制造业较发达,第二产业占 GDP 比重达 62.9%。广佛两市产业发展互补性和关链性强,未来产业协作发展的潜力较大。

(3)基础设施对接成网,支撑了广佛同城化发展。广佛两市以交通基础设施为重点的交通衔接日益紧密,如广佛、广三、广珠西线、广湛、广肇、广和大桥、三善大桥、五沙大桥、龙溪大道、北二环等建设,使两地交通道路逐步连通成网。而城际轨道交通及快速路发展,如广州地铁一号线和跨进南海区的广州环城高速路已成为连接广佛的重要通道。建设中的广佛地铁、广佛放射线、二环高速、华南快线三期、珠三环高速等路网,使广佛的交通及通勤更加便捷。

(4)社会事业联系日益紧密。近年来,广佛两市在教育、文化、体育、医疗卫生、就业、社会保障、人才等社会事业领域联系逐渐加强。两市市属大专教育和职业教育双向招生规模不断扩大。两地教育机构和科研机构间的交流和联系进一步密切。在粤剧、武术、陶瓷、民俗、饮食等领域的文化交流与合作不断加强。以 2010 年亚运会为契机,体育交流与合作也在不断深化。尤其是随着两市间交通条件的改善,两地居民的通勤、交往及跨市就业、消费频率不断提高。

进入新世纪以来,广州提出加强与佛山联系及共建广佛都市圈的“西联”战略,佛山提出承接广州中心城区的辐射及产业转移的“东承”战略。广佛两地曾召开四次合作发展论坛,成为双方交流沟通和协调的重要形式。广佛都市圈系列合作课题研究和规划的展开,为广佛同城化提供了很好的决策参考。两市政府的沟通交流标志同城化达成共识。2009 年 3 月两市签署的《广佛同城化合作框架协议》和城市规划、交通基础设施、产业协作、环境保护等四个专项协议,成为同城化发展的制度保障。推进广佛同城化发展,有利于落实国家区域发展战略部署，携领珠三角一体化发展，提升广佛两市综合竞争力，实现优势互补和互利共赢。

表 8—4　2008 年广州、佛山两市主要经济社会发展指标

主要指标	广州	佛山	广佛合计	珠三角（九市）	广东省	占珠三角比重%	占广东省比例%
面积（万平方公里）	0.74	0.39	1.13	5.47	17.98	20.7	6.3
常住人口（万人）	1018.2	595.29	1613.49	4771.77	9544	33.8	16.9
地区生产总值（亿元）	8215.82	4333.3	12549.12	29745.58	35696.46	42.2	35.2
GDP 中：第一产业	167.72	95.17	262.89	711.45	1970.23	37.0	13.3
第二产业	3198.96	2842.81	6041.77	14964.6	18402.64	40.4	32.8
第三产业	4849.14	1395.32	6244.46	14069.52	15323.59	44.4	40.8
规模以上工业总产值（亿元）	11627.56	10667.15	22294.71	57113.88	65163.46	39.0	34.2
全社会固定资产投资（亿元）	2104.6	1258.65	3363.25	7827.27	11181.38	43.0	30.1
社会消费品零售总额（亿元）	3140.13	1177.84	4317.97	9366.47	12772.21	46.1	33.8
商品进口总值（亿美元）	389.88	132.54	522.42	2696.21	2791.64	19.4	18.7
商品出口总值（亿美元）	429.64	289.6	719.24	3871.16	4040.97	18.6	17.8
实际使用外商直接投资（亿美元）	36.23	18.06	54.29	169.21	191.67	32.1	28.3
地方财政一般预算收入（亿元）	621.96	277.99	899.95	3310.01	2248.27	27.2	40.0

数据来源：2008 年广州市国民经济和社会发展统计公报；2008 年佛山市国民经济和社会发展统计公报；2008 年广东省国民经济和社会发展统计公报。珠三角含广州、深圳、佛山、东莞、惠州、中山、珠海、肇庆及江门九市。

3. 广佛同城化发展的思路

随着经济全球化和区域经济一体化发展，区域之间的分工体系也由垂直向水平方向转变,各个国家或地区在加强区域经济协调发展的同时,都在寻求自身在全球化分工体系中的相对竞争优势。如日本的大东京都市圈建设规划、深圳在2030年城市发展策略中提出深港同城化以及辽宁中部地区的沈抚同城化发展建设等。"同城化"的真正含义是更高一级的区域经济协调发展形式,不是指包括若干个城市方方面面的统一化,或者简单合并,实际上是为打破传统的城市之间行政分割和保护主义限制,促进产业一体化、区域市场一体化、基础设施一体化、文化一体化、交通一体化、旅游一体化、环保一体化发展,以达到两市之间的生产要素全方位流动,形成资源共享、统筹协作、提高区域经济整体竞争力的一种区域发展战略。在这样的总体思路指导下,对于广佛同城化发展,应从经济理论层面进行分析和思考,寻找同城化发展的对策。

(1)宏观层面上高效发挥政府主导作用

在区域经济理论中,政府干预是推动区域经济一体化的主要手段,而在政府干预经济发展的手段主要有区域规划、区域政策及区域战略的制定。在社会主义市场经济体制下,市场对资源的配置起着基础性作用,但是由于市场主体把追求利润最大化作为根本目标,加之市场调节的盲目性、滞后性、自发性等特点,市场失灵的现象层出不穷。因此,在同城化发展的初期,必须发挥政府的主导作用,尤其是在培育城市之间协调发展的内在机制方面,政府更是责无旁贷。首先,要加强立法与制定专项规划。同城化规划规定着同城化的发展方向和发展重点。广佛两市政府应联合起来加强协同和协作,协调广佛地区的区域发展规划,制定推动各地市经济技术合作的战略目标和专项规划,促进联动发展。与此同时应建立相应的法规,保证两市经济联动发展规划的权威性和约束力。历史上,日本为了加速推进大东京都市圈的同城化发展进程,成立了首都圈整备委员会、大城市群整备局等机构,并先后制定了《首都圈整治法》、《首都圈市区开发地区整治法》及《首都圈近郊绿化地带保护法》。因此,为形成同城化发展的良好态势,加速推进同城化建设步伐,最好成立同城化建设的推进协调机构,并制定相关区域同城化发展建设的法规和制度,通过法律手段来保障同城化建设和区域的健康发展。其次,要制定专项规划。两市必须统一规划,统筹建设,扬长避短,各有侧重,努力发挥两市的优势与特长，又尽量突出同城化的规模效益和集聚功能。两市在产业结构上要趋异互补，在空间布局上要协调配合，在宏观格局上要实现跨越式发展。两市同城化的核心，在于同城化的综合开发效益大于两市各自开发的效益之和，并形成高水平的可持续发展的大都市区。那么可制定的专项规划包括一体化区域发展规划、生态环境保护规划、一体化共同市场规划、产业发展规划等。第三，机制是保障同城化发展的核心。构建与完善政府间协调机制，推动两市政府间的相互协调与磋商能够更好地打破行政壁垒，促进一体化的多种市场的形成，最终有利于市场机制发挥资源配制的作用。基于此，我们应该创造条件更加有效地发挥政府间的协调机制。根据要素禀赋理论，两市应根据各自生产要素的差异选择具有比较优势的产业作为主导产业。两市政府之间必须进行协调，加强合作意识，才能使两市做出正确的城市定位，形成错位竞争。根据区域经济学理论，在城市群中，中心城市与大中小城市及其经济腹地之间分工与合作密切，各自承担不同的社会经济职能。中心城市的辐射影响范围会超越城市自身，从而使得城市群的空间地域范围跨越现有行政区域，行政区域与经济区域界线的不统一必然导致行政要素和经济要素的冲突。因此，需要两市政府之间进行有效协调，以缓解两者之间的冲突。最后，制度经济学和博弈论可以对城市群发展需要政府间协调提供理论支持。根据博弈论对制度的解释，合作制度是由参与者的策略互动而内生的，合作制度必须针对利益冲突，通过参与者自愿、平等和充分的磋商，最后形成制度规章。整个合作制度实施以后，参与各方的整体收益大体上应该是均衡的。从这个意义上来说，两市进行交流与合作就需要政府之间进行有效磋商，从而形成一种合作机制，以实现群体利益最大化。机制建立后，要加强政府间的协调机制的绩效评价。在认识到政府协调机制在同城化建设中带来益处的同时，也应看到政府本身也有不可克服的缺陷，例如规制俘获理论的发现（即规制者是被规制行业和企业的俘虏）等。鉴于此，重中之重是建立现代的政府间协调绩效评价指标体系。其核心是政府间协调机制建立的成本—收益分析。政府间协调机制建立的成本指标包括政府协调费用、社会福利损失、被规制行业或企业成本增加等；政府间协调机制建立的收益指标即为避免市场失灵而引起的成本节约。应认识到，一方面，建立政府评价指标体系将对中国的经济发展产生划时代的意义；另一方面，这一评价指标体系的建立与完善还将有很长的路要走。

(2)中观层面上加速建立中间性组织

建立中间性组织作为联系个人、企业和市场的制度安排和组织形态，具有节省交易费用、形成外部经济效益、改善经济环境以及完善组织运行的综合功能。两市共同市场的成熟程度以及企业和产业竞争力的状况，与中间组织直接相关。为了加速两市同城化建设，应着手培育以下两种类型的中间性组织：一类是政府职能延伸后需要设立中间性组织。比如，①为维护市场秩序、维护消费利益、打击假冒伪劣产品而设立的物价管理机构、消费者协会等；②代表政府从事各类经济事务管理的贸易促进会、招标中心、质量管理协会、设备管理协会等；③各种综合经济类的协会，如企业管理协会、工业经济联合会、企业家协会等；④提供法律服务的劳动仲裁委员会、司法局法律中心等。另一类是企业组织中市场因素增加后出现的中间性体制组织，或者说企业为适应市场竞争而愿设立的中间性组织。比如，一定范围内生产同类产品的企业为某项事宜而自愿设立的中间性体制组织，如通过短期价格协定结成的同盟，通过协议而结成的长期同盟(卡特尔等形式)；一定范围内生产同类产品的企业为共同的利益而自愿设立的中间性体制组织，如由企业通过横向联合、纵向联合、为适应资产专用性极强的交易或与大规模生产流通相联系而设立的松散的联合体等；为整个行业的利益和发展而由企业自愿设立的中间性体制组织，如行业协会、同业工会、商会等。

(3)微观层面上加强企业合作

以企业为主体，优化资源配置的“同城化”建设是一项长期复杂的系统工程，要以市场为导向，发挥市场机制的作用，并坚持以下原则：一是优势互补原则，即根据区域内各市的比较优势，实现生产要素互补，从而最大限度地发挥这个区域的整体优势；二是资源共享原则，即对区域内的资源进行有效整合，合理配置，打破地区封锁，强化互动，搞好产业配套，形成集群效应；三是互惠互利原则，即兼顾各方利益，不能以牺牲一方利益为代价。通过分工协作，实现“双赢”和“多赢”，应着重从以下三方面着手：推进市场体系建设，促进市场一体化进程。同城化合作的基础是共同市场的形成。要积极建立统

一、公平、有效的区域市场体系。强化依托市场机制促进区域内生产要素合理配置的功能，使区域比较优势转化为核心竞争力，推动两市逐步形成统一的大市场，以加快生产要素在两市的流动促进产业结构梯度转移；以企业为主体，应着力提高企业绩效，增强同城企业的竞争力为提高同城企业竞争力，首先要全面深化国有企业改革，实现制度创新。传统的国有企业包袱过重，体制不活，受政府影响较大，很多情况下不能自主决策去追求利益最大化，从而阻碍了市场化和同城化的发展。其次，要大力支持民营企业的发展。民营经济是推动区域经济的市场化，促进区域经济一体化的重要力量之一。最后，要按照市场化原则，建立一支新型的职业化的企业家队伍。在通过市场配制经营者、完善决策监督机制等方面进行积极探索。要为企业家创造一个广阔的活动空间。

三、区域经济一体化背景下的广州与深圳双核互动

都市圈发展类型中既有单中心都市圈，也有双中心都市圈等发展模式。在珠三角区域经济发展过程中，由于深圳的崛起和发展，城市地位提升使得广州大都市圈的“双核”结构明显，广州与深圳之间的区域分工和角色定位日益明确。在推动珠三角区域经济一体化等概念引导下，都市圈中的广州与深圳之间的对话日渐增多。在珠三角大都市圈化发展中，由于广州、深圳两市在区域经济发展中地位及经济势能，以及各自发展的优势比较明显，在大都市圈发展中扮演核心角色。两城市的合作发展与广州与佛山同城化合作发展是不同的。虽然，广州深圳两城市之间合作发展与“深港合作”、“穗港合作”、“京沪合作”比较来看，两城市之间的竞合发展被长期忽视。但在当前区域经济一体发展趋势下及都市圈域经济不断深化下，广州与深圳之间的合作不仅是经济发展和市场驱动的结果，更是地区加快自身经济社会发展的内在要求，是提升广州大都市圈竞争力参与国际国内分工合作的关键。

（一）深圳发展概况

1. 发展特点

深圳地处广东省南部沿海，东临大鹏湾，西连珠江口，南与香港接壤，

北与东莞市、惠州市为邻，全市总面积 2020 平方公里。深圳是中国最早成立的第一个经济特区，也是办得最好、影响最大的一个特区。自 1980 年 8 月经全国人大常委会批准，在深圳市划出 327.5 平方公里试办经济特区以来，深圳在各个方面都取得了于世瞩目的成就，创造了世界工业化、城市化、现代化史上的奇迹。深圳经济社会发展的优势及特点体现在以下几个方面：

(1)经济增长较快，创造了经济发展的“深圳速度”。改革开放以来，深圳的经济得到了前所未有的发展，其经济增长速度始终高于全国平均水平。1979—2009 年，地区生产总值由 1.96 亿元增加到 8201.2 亿元，年均增长 30.9%，深圳经济保持持续高速增长，经济规模取得突破，经济总量位居全国大中城市第四位。人均地区生产总值从 606 元增加到 92011 元，年均增长 18%，居第一位。

(2)产业转型升级取得显著成效。深圳市我国高新技术产品产值最高、出口最多的城市，高新技术产业成为第一支柱产业，高新技术产品的产值占规模以上的工业总产值比重达 56.89%，占规模以上的工业增加值比重 45.6%，其中具有自主知识产权产品占 58%以上。现代服务业发展迅速，物流、信息、金融、文化成为深圳服务业发展的四大支柱产业。2009 年，金融业增加达 1148.1 亿元，占 GDP 比重为 14.0%。伦敦金融城发布的全球金融中心指数(GFCIG)最新排名显示，在 2010 年 3 月评价的全球 75 个金融中心中，深圳位居第九，领先上海(第十一)和北京(第十五)，成为我国内地城市中排名最为靠前的金融中心。

(3)经济外向型发展成效显著。深圳特区自成立以来，作为我国对外改革开放的窗口，外向型经济发展非常明显，2009 年，贸易进出口总额 2701.6 亿美元，其中出口总额 1619.8 亿美元，占全国出口总额的 13.5%，占广东省出口总额的 45.1%，连续 17 年位居全国大中城市榜首。世界 500 强企业有 148 家落户深圳。同时，深圳不断加强与香港、珠三角区和内地省市的区域经济合作，促进区域资源整合和优势互补、共同发展。

(4)自主创新方面创深圳奇迹。由于深圳特殊的政策优势及创业环境，虽然其科研基础相对比较薄弱，但其凭借自身的环境大量吸引外来高端人才，高端人才的集聚效应推动了深圳的自主创新能力发展，成为深圳经济发展的主要驱动力。自1992年来，专利申请量年均增长30%以上，出现了一些诸如中兴、华为等跨国经营的自主创新的龙头企业。深圳的国家专利申请量、PCT国际专利申请量都居全国大中城市的前列，尤其是国际专利申请，2007年PCT国际专利申请2480件，占全国总量的45.9%，已经连续四年居全国第一。

2. 存在的问题

深圳经济特区成立以来，深圳借助毗邻香港的区位优势和特区的政策优势，迅速从一个边陲小镇，发展成为了我国最现代化的特大城市，创造了经济和城市发展的奇迹。但是，深圳在高速发展的同时，土地空间限制、能源和水资源短缺、人口膨胀压力、环境承载力“四个难以为继”的瓶颈性制约日益显现，这预示着深圳未来发展也将面临一系列困难和挑战。

(1)深圳面临资源短缺，发展空间有限的问题。深圳是资源稀缺的地区，在过去主要是通过制度、政策及税收优势吸引了内地和国外的资源，但随着后特区时代的来临，资源越来越紧缺。深圳本身的土地资源、淡水、能源和劳动力都很欠缺，虽然能源、劳动力、原材料可以从外地输入，过去的发展也正是依赖这种模式，但在全国经济普遍高速增长时，各地对资源的需求也在增加，资源价格在逐渐攀升，这无疑提高了深圳的经济运营成本，既制约着内外资引进，也影响着整体经济发展。

(2)深圳第三产业增长相对较慢，产业结构相对单一，经济发展存在隐患。改革开放以来，深圳经济持续快速增长，产业综合实力不断增强，产业内部结构不断变化。但是，深圳也存在二、三产业互动发展的动力不足，结构性风险在加大。如高科技产业结构单一，高科技产业过于集中在电子信息技术领域，约占到全部高新技术产业产值的90.1%，而生物医药、新材料、新能源等战略性新兴产业所占比例偏低，发展后劲不足，高新技术产业结构过于单一难以抵抗宏观经济调整和国际经济形势变化带来的风险。因为高科技产品的周期性强特点，随着电子信息产品投资的逐渐增多和原材料价格的持续上涨，深圳电子信息产品的利润空间越来越小。此外，第三产业比重较低。2009年深圳第三产业占GDP的比重为53.2%。与中国五大城市的产业相

表 8—5　2009 年中国五大城市的产业对比表

城市	地区生产总值(亿元)	第一产业		第二产业		第三产业	
		增加值(亿元)	占比%	增加值(亿元)	占比%	增加值(亿元)	占比%
上海	14900.9	113.8	0.7	5939.9	39.9	8847.2	59.4
北京	11865.9	118.3	1.0	2743.1	23.1	9004.5	75.9
广州	9112.8	172.6	1.9	3394.6	37.2	5545.6	60.9
深圳	8201.2	6.5	0.1	3831.1	46.7	4363.1	53.2
天津	7500.0	131.0	1.7	4110.5	54.8	3259.3	43.5

资料来源:2009 年各城市国民经济和社会发展统计公报。

比,第三产业产值偏低(表 8—5)。

(3)深圳经济过于依赖国际市场,易受到国际经济波动的影响。深圳经济属出口导向型的经济,外贸依存度高,经济增长过于依赖国际市场,受到国际经济波动的影响比较大。2008 年的国际金融危机对深圳经济冲击非常大,外贸出口增幅大幅下降,2009 年下降为 10.6%;而且作为从出口地(或中转地)而言,深圳非常依赖香港,出口地区多元化程度不如长三角地区。此外,深圳经济中有过半的工业产值是由外商企业生产,外资投资是在全球范围内配置资本资源,是和国际性的产业结构调整和资本流动联系在一起的,导致外资企业的根植性较差,影响到深圳经济发展的独立性和经济增长的自主性。

(二)广州与深圳合作发展

都市圈的功能突出强调的是打破行政区划、协调区域发展、缩小地区差距以及解决城市化带来的问题(高汝熹、张建华,2004)。这与当今时代既是竞争,又是合作的时代特点相吻合。广州、深圳这两座珠三角区域中的城市,城市间距离仅为 150 公里,空间结构上呈现出典型的“双核型”结构,建立双核心城市间的分工合作关系,构成强强联合的“双核型”大都市圈,是未来广州大都市圈发展的主要趋势之一。

1. 对穗深合作发展的认识

改革开放以来,政界、学术界及媒体都越来越把地区之间特别是大城市间的交流与合作作为一个关注的话题,都认为是推动区域经济一体化发展的关键，尤其是都市圈的建设发展而言，圈内中心城市的合作尤为关键。然而，广州和深圳这两个特大型城市之间的交流与合作，却几乎从来没有被提上过议事日程。虽然这两座城市的经济社会发展水平都处在国内前列，甚至在世界城市体系中也占有相当重要的地位，而且穗深两市每年都会与国际国内城市和地区开展合作交流，但穗深两市近在咫尺，却很少看到那种两城市内在需求之间的合作与往来，真可谓"鸡犬之声相闻，老死不相往来"。追究深层次的原因，主要是与现行体制相关。由于我国是政府主导的社会，行政权力是一座城市或一个地区发展的重要资源。中国大部分省区的省会城市，既是该省的行政中心，又是该省的经济中心。但是改革开放 30 年来，在沿海地区，一些非省会城市依托国家某些特殊的政策措施（例如经济特区、沿海开放城市、计划单列市等）或其他特殊的地缘及资源优势迅速崛起，在社会经济发展水平上接近甚至超过了邻近的省会城市，于是就会发生上述现象。其实就是地区中心和龙头老大之争。这种竞争一般不会发生在以市场为主导配置资源的体制中，因为"中心"和"龙头"的地位是在市场竞争中自然形成的，根本不存在"争"与"不争"的矛盾。只有当体制中存在以行政手段干预正常市场竞争，强制进行资源配置时，才会发生这种地区之间为获得有利于本城市或本地区发展的行政和经济资源而进行的明争暗夺。因此，这种"龙头"、"中心"之争，绝对是违背以市场为主导来配置资源规律的，妨碍了地区之间的各种资源按照市场经济原则进行的有效配置和整合，进而由于各自都只考量自己的利益最大化而不顾及整体区域的发展目标，从而不仅不利于整个地区经济社会的快速健康发展，甚至会造成资源浪费、重复建设以及其他方面的发展桎梏和障碍。

就广州和深圳而言，其实这两个特大城市之间区位优势差异很大，在地区乃至国家发展中所处的地位和发挥的作用也完全不同，因此它们之间互补性极强，是最有条件在市场经济为主导的基础上开展交流与合作的。广州不仅是珠三角地区和华南地区历史最悠久、影响最广泛、辐射带动作用最强的中心城市，而且近年来由于装备工业、钢铁、石化以及数控机床等重型工业方面的迅速发展，使其在国家新一轮产业重型化浪潮中再次成为这个地区乃至全国最重要的新兴工业基地之一，同时其具有传统优势的商贸流通业的优势也非常明显。而深圳则作为全国发展最迅速和改革开放最成功的经济特区，在与香港经济的不断融合中，在高新科技产业、现代物流产业、现代服务贸易产业以及区域资本金融中心等方面不但是珠三角而且也是全国的重要产业基地和发展中心。各自的比较优势，不仅为穗深两地以市场经济主导，开展广泛而深入的区域经济及产业合作奠定了重要的条件，而且事实上目前在珠三角地区已开始在市场主导配置资源的基础上，客观上形成了以广佛都市圈和港深都市圈为代表的不同类型的区域经济产业分工格局。因此，无论从国家改革开放的大局还是珠三角进一步发展的需要，以及大都市圈建设需要，广州与深圳两个中心城市之间的"双核"互动发展是必然的趋势。

2. 合作发展的思路

综合考虑广州与深圳的发展的比较优势，以及未来珠三角区域经济一体化发展的趋势，我们认为，未来广州与深圳之间的合作发展，重点要考虑以下几个方面：

(1)政府层面的合作与交流。政府合作的共识就是要提升区域整体国际竞争力，实现共同发展、共同繁荣，合作的着力点应放在优化区域发展环境，合作的原则是充分发挥市场机制配置资源的基础性作用，优化地区经济结构与布局(李廉水、Roger R. Stough，2006)。当前，广州与深圳之间的合作基础比较薄弱，为了更有效地推动两市的全方位、多层次、多渠道的紧密合作，应积极发展两地政府的主导作用，建立市场推动、行政推动并重的合作机制。要通过建立合作领导小组，统一制定两市合作方面的发展规划和重大政策，将两市合作纳入国民经济和社会发展总体规划。同时，建立两地政府主要领导定期会晤机制，就两市合作中长期发展战略及规划思路、区域经济一体化发展政策、跨地区重大项目规划布局等问题达成共识，减少制度层面的交易成本，提高合作效率。

(2)基础设施建设合作。在特定的区域形成发展过程中，交通等基础设施建设对都市圈的地域结构基本单元具有制约和引导作用，综观世界经济一体化较为成功的地区，完善的交通体系是推动生产要素高效流动的保障和支撑。生产要素高效流通主要依赖于现代物流，现代物流的核心就是在于它的系统化理念，把整个社会看做一个物流运行系统，通过信息的共享来整合对顾客、经销商、运输商、物流公司和供应商之间的管理，让物的流动具有最佳的经济效益(沃尔特斯，2005)。从广州大都市圈视角看，构建广州、深圳与珠三角之间紧密的战略合作关系，为区域内及全球市场提供一个稳固的供应链基地，共同构建大都市圈立体化、现代化的物流体系，需要加强两市之间的基础设施合作。首先，要加强港口的分工合作。广州和深圳两地港口发展均取得了显著成绩，都属于国际性大港。两市应进一步考虑，如何从经济一体化和共同的都市圈角度重新考虑和整合港口合作，充分发挥两地港口的优势，创造出更好的产业发展条件，开拓空间，使两地港口在全球和国内港口中的优势地位得以巩固，并长期保持，形成整体效应，拓展两市的港口经济发展腹地。其次，加强国际机场的合作发展。广州白云国际机场旅客吞吐量位居全国第三，深圳机场的货运量年均增长达30%以上，两市空中运输各有长短，同时两市空港覆盖市场空间是中国经济最发达地区之一的"珠三角"。加强机场合作，优势互补，共同打造航空物流板块，将会是中国华南和西南地区国际客流的首选，并能确保在全球和全国的优势地位。第三，加强两市的快速联系通道建设，实现多种交通运输方式共享。两市应当注重多种交通运输方式的建设，增加居民可选择的出行方式。在这方面，韩国的经验值得借鉴。如在客运方面，首尔—仁川双核心城市十分重视多种运输方式的建设。针对首尔市人口规模大、交通流量集中的问题，首尔市政府加大基础设施建设投资，完善地铁系统和城市主干道，并注意加强多种运输方式之间的联系，公共运输成为居民的主要出行方式。目前，广州与深圳之间的交通联系存在与首尔—仁川类似的问题，随着两市交流的日益增多，交通系统已经难以满足需要。客运公路方面，两地之间仅有广深高速、广深铁路等，交通量平均每年以约20%的速度增长。根据交通部规划院预测，未来两市之间的公路交通还将以每年10%以上的速度增长；在货运方面，缺乏连接两市机场与港口的通畅的货物网络。未来两市之间客运的联系应以铁路、公路客运枢纽及站点为基础，建立以城际快速轨道交通为主的综合旅客快速运输系统，实现城际交通的"公交化"。在选线及设站上，应尽可能与各市交通枢纽相衔接和协调，并与其主要公交方式相匹配，提高公共交通系统的便捷性，最大限度地吸引客流，方便旅客。在货运方面，加快高速路的建设，建立高效的货运系统，依托该货运系统与广深高速公路，搭建从机场、港口到中心城市以及区域各部分的快速通道，实现货物运输的便捷化。

(3)科技的交流与合作。深圳高科技企业集中、集聚了众多的专业技术人，在计算机软件开发、硬件制造、互联网站、通信设备、生物医药工程、新材料和光机电一体等高科技产业发展良好。而广州科研机构多，科研基础力量雄厚，在生物医药工程、电子信息、光机电及电子商务等高科技产业优势明显。加强两市之间的科技交流与合作，组织两市之间的高等院校、科研单位和企业开展科技大难题招标及高新项目推介活动，沟通技术供需渠道，盘活科技资源，以及科技人员之间的交流与学习，实现强强联合，更加有利于科技创新，带动珠三角区域创新发展。

(4)人才的交流合作。广州与深圳两地之间加强人才的交流合作，不仅有利于人才资源得到更好的市场化配置，也虚拟延伸了有限的人才中介服务平台，拓宽了人才的搜寻渠道和时空范围，将更好地发挥人才中介机构的专业和职能作用；可以有效地激活特定地区特定的人才资源实现区域间人才资源的调剂互补。事实上，在中高级人才方面，深圳的电子、信息等专业较强，而广州的机电、动力、建筑等专业的实力较强，两地可以开辟更多人才交流项目，比如制订两地各高校大学生的交流计划；两地教师合作交流计划，教师可以由大中专学校扩展到中学、小学；另外，两地还可以合办高科技工业园以及企业博士后工作站，共同培养高科技人才；举办各种洽谈会、研讨会，促进学术交流、技术交流，全力打造珠三角的人才高地。

四、中心与外围的广州与东莞合作

从珠三角区域的城镇体系等级构成来看，无论是城市规模、经济实力及区域影响力，广州与东莞相比都具有绝对的领导地位。根据新经济地理理论，广州与东莞之间的合作发展，是中心与外围①之间的关系。

① 中心—外围理论是美国区域规划专家弗里德曼于 1966 年根据对委内瑞拉区域发展演变特征研究，以及根据缪尔达尔和贺尔希曼等人有关区域间经济增长和相互传递的理论，出版了他的学术著作《区域发展政策》一书，系统提出了这一理论模式。该理论认为任何一个国家是由中心区域和外围(边缘)区域组成的。

(一)东莞发展概况

1. 发展特点

自改革开放以来,东莞经济的迅速发展非常引人瞩目。以发展“三来一补”加工业而著称的东莞,发展成为全球最大的电脑周边产品生产基地、全国最大的出口产品加工制造基地和全国主要的创汇基地,从一个农业县发展成为一个以国际加工制造业闻名的新兴城市。目前,东莞的综合经济实力已跻身全国大中城市的前20名,在广东省位居广州、深圳、佛山之后,列第四位,成为中国经济发展最快的地区之一。东莞经济发展大致经历了四个阶段,1978年至1984年,东莞抓住国家给予广东省在对外经济活动中实行特殊政策的机遇,以“三来一补”为切入点着手发展外向型经济。1984年至1994年为第二阶段,外向型经济深入发展,大规模基础设施建设为外资进入创造良好条件,地区生产总连续上升几个台阶,年均增长达到27%。1984年至2000年为第三阶段,国家着力提出推进经济增长方式和结构调整,东莞在保持招商引资的同时,注重推动经济结构转型发展,由劳动密集型产业向发展劳动密接与资金密集型产业相结合,以IT产业为代表的现代制造业和高新技术产业得到快速发展,民营经济也在这一时期发展加速,经济发展整体质量上升。2000年以来,东莞调整经济发展方向,大力发展内外源经济,二、三产业并举发展。综合东莞经济发展的历程,其经济社会发展体现出许多明显的特征:

(1)外向型经济发展程度高。东莞改革开放新阶段发展征程的第一步是利用外资,迄今为止的主要路径也仍然是利用外资。发展外向型经济最初主要是实行“三来一补”,今天则主要体现为通过合资、合作企业和外商独资企业的投资运作。

(2)市场化国际化程度高。除极少数商品与服务价格按照国家要求加以有限控制,绝大部分商品与服务的价格完全放开,市场在劳动力、资本、土地、技术转让等要素配置方面的基础调节作用已经确立。东莞经济的主体,特别是工业的大部分资金、原材料和产品销售都已离不开国际市场。社会上就有“无论你在哪里订货,商品都在东莞制造”和“东莞塞车,全球缺货”的形象说法,足见东莞经济与国际经济或市场融合程度之高。

(3)城市一体化程度高。伴随着外向型经济的发展与扩张,东莞实现了传统农业到商品农业,从农业社会到工业社会的基本转变。2009 年,第一产业增加值 14.99 亿元,增长 5.1%;第二产业增加值 1771.8 亿元,下降 3.7%;第三产业增加值 1976.5 亿元,增长 15.1%。三大产业比例为0.4∶47.1∶52.5而占比重很小的农业也主要体现为高产、优质、高效和生态型农业。从农业社会到工业社会的转变也带来了农村向城市的转变。在经济发展的基础上,东莞积极推进"村改居"工作,实行乡村向城镇的改制。同时,通过强化中心镇的聚集、辐射功能,通过重点地区的开发和结对帮扶、处置闲置土地化解乡村债务等方式,加快城镇化进程。从整体上看,东莞的城乡差别不太明显,农村与城市已基本融为一体。

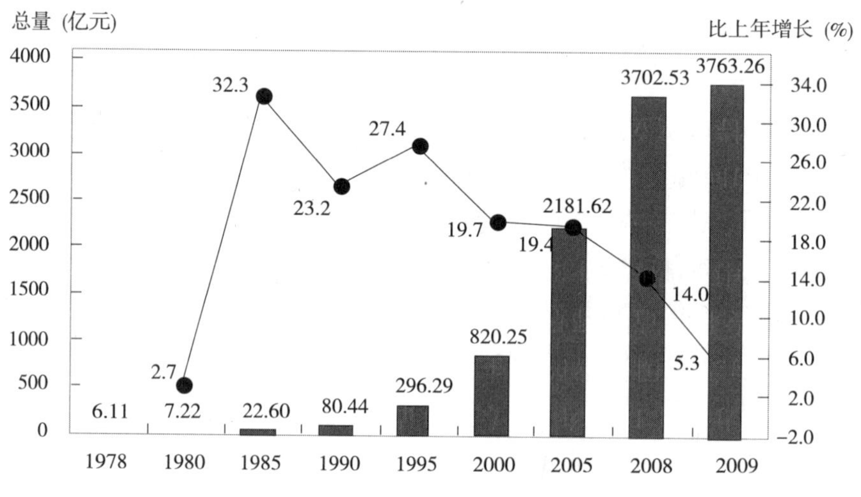

图 8—2 东莞 1978—2009 年地区生产总值增长速度

(数据来源于 2009 年东莞国民经济和社会发展统计公报)

2. 存在的问题

东莞多年的高速发展,创造了中国经济发展的"奇迹",其发展模式——东莞模式为很多的地区和城市所借鉴,在一定程度上也促进了这些地区、城市的经济发展。但是,也要注意到,目前东莞发展模式的疲态越来越明显。

土地和劳动力紧缺,依靠资源外延扩张的粗放型发展模式已经难以为继。目前,东莞实际可利用的工业用地很少,土地消耗速度快,土地利用效益不高,资源瓶颈制约明显。近年来,劳动力短缺也在全国范围内开始出现,

“珠三角”和“长三角”都遭遇到“民工荒”。据劳动部门的统计数据，东莞目前不仅熟练工、技术工短缺，连普通一线工人也供不应求。东莞开始出现土地危机和劳动力供给危机。

东莞加工制造业大多处于国际垂直分工的下游和末端，没有独立从事研究开发的能力，对母公司有很强的依附性，经济效益较差。东莞的制造业是由“三来一补”发展起来的，主要生产外来商标的产品。生产所需的主要部件大多是从国外进口，产品也主要是打外销市场，生产环节附加值十分有限的。产业利润主要由外资收获，地方获得的是税收、租金，而劳动者赚取的则是少得可怜的工资。因此，外资对本地经济的贡献程度远没有本地企业大。不像浙江的温州等城市，民营经济力量强。

东莞经济对外资的依赖程度大。东莞的经济基本上是靠外源性经济支撑起来的，产品大部分都是出口，而外资企业产品的出口在东莞的总出口额中占有一半以上的比重。外资在东莞的固定资产投资和 GDP 所占的比重也是非常大，虽然这几年有所下降，但并没有改变东莞极高的对外依存度。一旦外资抽走或者国际市场发生震荡，就会影响到东莞整体经济平衡稳定的发展。

虽然说东莞已经形成了产业集群，如纺织服装集群、电子产业集群等。但是作为集群发展的核心大企业或在周围配套的中小企业，大多数是外资主导。资金、技术、生产运筹以及订单均在国外，东莞仅承担加工的环节。这样的产业集群在本地扎根不稳，企业容易发生区位转移。而且，东莞的外资大多数是投资于轻工业，主要是看重东莞廉价的劳动力和土地资源，以及东莞对外资的优惠政策。但是，一旦这些生产要素资源的优势缺失，外资则可能转移到其他的地方。目前，东莞的经济已经受到来自技术链的高端区域的技术冲击和来自劳动力低廉区域的价格冲击。随着民工荒的出现、东莞工业用地的减少以及外资企业在东莞投资的优惠政策享尽，很多的外资企业开始在“长三角”寻找投资的机会，这也就引发台资企业“北移”与“北扩”的争论。

如果外资北移，经济发展的动力就将落在民营经济上。但是东莞的民营经济由于长期受到外资经济的冲击，相对来说还是非常薄弱的。一直以来，政府大部分的资源都用于“招商引资”，为外商建工厂、厂房，为外商提供高效优质的服务。而政府的资源是有限的，用于外资上的资源多了，就会相应地减少其用在本土企业的资源，抑制了民营企业的发展。外资的存在也挤兑了本地资本的投资。东莞的民营企业大多数只是作为外资企业的非关键配套企业，或从事服务业。对外资的迁移并不会造成很大的限制。但是民营企业对外资和国际市场却有高度的依赖性。一旦作为产业集群的核心企业外迁，则会给本地的配套企业带来非常大的影响，造成原聚集区域出现产业空洞化。

此外，从东莞的产业发展水平来看，产业结构不合理，产品附加值低。东莞制造型产业结构中占比例较大的是纺织服装、家具、制鞋、玩具加工、电子加工等劳动密集型产业，这些传统的低附加值、低利润、缺乏自主品牌与技术含量的企业造就了东莞昔日的光荣。但时过境迁，当政策扶持、人口红利等优势不再、资源枯竭、环境污染等问题日益严峻时，这些曾经支撑东莞经济腾飞的产业，如今却成为制约东莞经济发展势头及产业优化升级的一大瓶颈。现实表明，东莞外向型经济的产业升级所面临的严峻形势不容乐观。正如经济学家郎咸平所言，被固定化在产业链底端、专一从事生产制造的企业，几乎没有产业升级的可能，一个高度专化的制造商，其实如果没有市场感觉，没有营销网络，也就缺乏人才储备，产业升级就相当艰难。

从目前东莞政府的经济规划来看，东莞已经意识到了潜在的发展危机。他们已经开始致力于产业升级，扶持民营企业的发展，调整产业集群的内在结构等等，也取得了一定的成效。

(二)广州与东莞合作发展

1. 合作发展的基础和空间

从都市圈内部区位来看，东莞与广州相邻，处于穗港深经济发展轴的节点位置，正处于中心—外围之间的发展关系。虽然东莞和广州相距不过百里，但一直以来很少有产业的合作发展，这主要是缘于长期以来东莞的经济发展主要是以出口加工为主，外向型经济发达，但与周边地区之间的产业关联度较低。那么，珠三角区域经济一体化发展进入新的阶段，广州与东莞之间的中心与外围之间的合作是否可能？从上述分析的广州与东莞的发展的比较优势以及各自面临的问题可以看出，两者之间的合作交流有很大的空间。从经济发展阶段判断，两地产业结构发展存在梯度型的差异。广州经济发展已经进入工业化后期阶段，东莞地区进入工业化中后期阶段，存在梯度差异，具有合作发展的前提。而且东莞二产比例大，工业化结构不合理，仍处于劳动密集型阶段。与此相对应，广州的工业基础较好，重化工业发展趋势比较明显，工业产品的区域服务功能增强，对区域经济发展的服务输出功能得到强化。同时，广州的现代服务业发达，金融、会展、商务、物流等生产型服务业发展迅速，而东莞目前经济发展中生产型服务业发展正成为其经济发展的"短板"。因此，从产业发展水平比较分析，两市之间存在中心与外围的关系，这种互补结构能够使客观上存在的比较利益关系转化为巨大的经济互利成果和产业合作的良好绩效。东莞可以通过与中心城市广州的合作，既可以扩大合作资金来源，提高产业技术和发展水平，又可获得广州生产型服务资源的支持，而广州与东莞的合作也可以寻求更大的发展空间，推动产业的进一步转型和升级。

2. 合作发展的思路

从广州与东莞两市的经济社会发展来看，两地的经济发展存在势能级的差异，产业的互补性比较强，两地经济的交流与合作必定会带来双赢的发展局面。但目前两市的产业合作发展中，生产要素的流动仍处于简单组合和相互补充状态，主体产业的生产技术水平仍处于较低层次。促进广州与东莞两地产业合作因素的功能远没有充分发挥，必须采取有效措施进一步深化穗莞两地产业合作发展。

首先，要加强两市的基础设施合作。广州与东莞之间的基础设施合作发展，要以构建珠三角一小时经济经济圈为目标，重点加强东莞的交通道路系统与广州的空港、海港、铁路等枢纽性基础设施的衔接和联动，加强广州与东莞之间城际轨道交通建设，进一步密切广州与东莞的通勤关系，完善"内聚外联"的交通网络，主动加强对外交通驳接，形成一体化交通网络。加强环境保护的合作，共保区域经济发展环境，为可持续发展创造条件。通过加强两市之间的环保共治，建立两市间环境与发展协商制度，形成协调联动、同步建设、同步治污机制，针对两市共管地区或接壤地区等跨区域污染治理的难题，建立环境污染信息联合通报制度，共同加强对区域生态环境的保护和治理。此外，加强社会保障等基础设施的共建共享，推进社会共管，树立区域公共管理一体化理念，推进社会治安管理、流动人口管理、食品安全管理等信息基础设施建设一体化发展，实行信息互通，打造安全有效的社会保障网络。

其次，要积极推动两市产业的合作发展。尽管从经济发展水平来看，穗莞两地基本处于同一台阶。但从经济结构和经济发展质量来看，东莞的经济发展水平远落后于广州经济发展水平，其经济结构内部仍处于以劳动密集型工业为主，服务业发展水平滞后。而广州工业发展处于资金技术密集型发展阶段，产品服务功能比较强，金融、物流、研发等现代服务业发展水平要高。因而两市应从技术溢出效应、关联带动效应、结构优化效应和优势升级效应方面展开梯度合作。从技术溢出效应看，东莞要充分借助广州的科技研发强的优势，以及高新技术产业的技术溢出效应，推动本地的民营企业的发展转型升级。从产业关联带动效应方面，要充分发挥广州在机械装备、石化、钢铁、造船等重型工业的前后关联效应，主动配套服务，进入生产链环节，形成产业一体化配套协作体系，如汽车工业，东莞要以广州汽车整车生产为龙头，加强汽车零部件产业合作发展。从产业结构优化效应来看，广州的第三产业发达，尤其是现代物流、金融、会展、旅游等方面，展开两市的合作。如港口物流业，加强广州港与东莞的虎门港的合作，金融合作，利用广州金融资本雄厚的优势，拓展东莞中小企业的融资渠道，进一步发挥资本溢出效应。此外，还应根据两市经济结构调整与产业需求采取产业倾斜政策，有计划、有步骤地将投资导向知识型服务产业，加强交通运输业、金融机构、信息咨询服务业、商业机构、贸易服务公司以及其他工商服务企业的合作发展，强化广州现代服务业发展优势，为东莞的制造业转型升级提供服务，这是中心地区与外围地区合作与交流的一个重点。

第三，营造穗莞两地产业合作发展环境。当前，珠江三角洲地区的改革发展已经上升到国家战略地位，区域经济一体化发展的大环境有着很大变化。两市之间要的合作交流也硬顺应区域经济一体化发展趋势，努力营造两市合作与交流的良好环境。生产要素无障碍流通的基础和前提是具有良好的基础设施水平，并提供经营便利性措施，通过加强包括水电、通信、运输、物流等基础设施建设，为生产要素流通创造条件。同时要加强两市之间在商贸、金融、会展、法律、财会、科技中介、信息服务等合作，打造有利于推进国内外贸易和先进制造业发展的支撑平台。体制机制创新发展是生产要素高效流动的保障，尤其是加强两市市场运作机制的创新，建设全国最先进的市场运作机制，使商品行销流通享有公平、公正、公开的竞争环境及健全的法治管理与法治保障体系。灵活运用中央赋予广东省改革先行先试的优先政策，简化办事程序，规范行政行为，降低商务成本。加强两市之间内联协作力度，推动两市企业之间的行业协会、经济协作组织等中介组织的发展，引导企业合作、行业合作。

五、CEPA 推动下广州与香港的合作

联合国人居署两年一度的"世界城市状况"报告指出，世界各地的超级大都会整渐渐汇聚成更大的超级都市区，而由香港、广州、深圳组成的珠江口区域已经成为目前全球最大的超级都市区，辐射人口达到 1.2 亿。这个超级都市区正是我们现在反复提及的大珠三角的概念。在大珠三角区域层面上，广州与香港是这个区域的公认的核心城市，各自拥有直接腹地经济的重叠效应。这两个中心城市之间的合作发展，由于"一国两制"的原因，是在不同制度下的合作，是一种跨境之间的合作，这与广州与深圳之间的双核合作有所不同。香港利用广州这个窗口，拓宽其与内地合作领域；而广州利用香港国际化水平高的优势，打通国际市场，可以说穗港合作①有利于开拓国际国内两大市场。尤其是在当前 CEPA 的推动下，广州与香港两个特大城市合作日益紧密，两地充分发挥各自的优势，带动大珠三角地区的经济一体化和资源优化配置发展，营造具有世界影响的国际性金融中心、国际商贸中心、国际交通

---

① 一般情况下政府、企业及媒体都是提及穗港澳三地之间的合作发展，澳门在文化、旅游等方面有其独特的优势，与广州之间的合作也逐渐深化。但总的来看，穗港之间的合作占据主导地位，鉴于本书的篇幅有限，我们主要讨论穗港之间的合作发展更具代表性，而且香港与广州的双核合作与穗深之间的双核合作是不同的，广州与香港之间合作是跨境合作，是两个分别联系国际国内市场的两个中心城市之间的合作。

运输中心和国际旅游中心地位。从“大珠三角经济圈”的角度看，两市各具特色且功能互补，从国内城市体系的角度看，两市都是国内有强大影响力的特大城市，从国际城市体系看，香港是国际性大都市，随着“大珠三角经济圈”的发展，两市将发展成为复合型的国际经济中心城市，将推动大珠三角地区成为世界级的大都会区(刘江华，2004)。

(一)香港发展概况

香港位于中国的东南端，面积1103平方公里，由香港岛、九龙半岛和新界组成。综观香港的经济发展史，香港的经济发展导致经历了两次转型。1950年以前香港的经济主要是以转口贸易为主。20世纪50年，香港开始工业化，到1970年，香港工业出口占总出口的81%，香港从单纯的转口港转变为工业化城市。20世纪70年代初，香港推行经济多元化方针，金融、房地产、贸易、旅游业快速发展，尤其是80年代，香港的制造业向中国内地转移，各类服务业得到高速发展，实现了经济从制造业向服务业转型。时至今日，香港已经发展成为一个国际金融商贸中心、国际航运中心和国际商贸中心，跨入世界大都市行列。

香港经济发展的一个显著特征就是产业结构高度服务化。随着香港制造业向内地转移，规模不断扩大，香港逐步演变成负责集资、采购、设计、推销、货物中转的生产控制中心和服务中心，香港的服务业逐渐由为本地制造业服务转而为整个珠江三角洲地区的制造业服务。产业结构已经表现明显的工业化成熟期特征，即第一产业比重微不足道，第二产业占有一定比重但不起主导作用，第三产业比重占绝对主导地位，香港已完全进入到“服务主导生产”的时代。2007年，香港实现GDP达15722亿港元，其中，第三产业产值比重达90%，第二产业已降到不足9.9%，第一产业已降到0.1。进入1990年代以后，香港的就业结构上也同样表现出明显的工业化成熟期特征，即第三产业就业比重在就业结构中占突出地位，第三产业成为吸纳社会新增劳动力就业的主渠道(表8—6)。从比重上来看，2004年香港第三产业吸纳社会劳动力就业的比重已经超过二、三产业，占社会劳动力就业总数的84.8%。自1990年代以来，香港第二、三产业共增加劳动力57.61万人，期间香港第二产业就业人数还减少了47.84万人，减少幅度约为48.9%；同一时期，第三产

表 8—6　1990—2007 年香港三次产业产值构成变动状况

年份	第一产业		第二产业		第三产业		产值合计（亿港元）
	产值（亿港元）	比重（%）	产值（亿港元）	比重（%）	产值（亿港元）	比重（%）	
1990	14.3	0.24	1413.9	23.96	4473.7	75.80	5901.9
1995	14.53	0.14	1634.26	16.08	8512.35	83.78	10161.14
1997	14.64	0.12	1811.84	14.69	10503.86	85.19	12330.34
2000	9.2	0.08	1747.76	14.22	10532.02	85.70	12288.97
2001	10.03	0.08	1627.89	13.38	10515.62	86.54	12153.54
2002	10.02	0.08	1496.13	12.40	10555.35	87.59	12061.50
2003	8.24	0.07	1348.31	11.40	10420.14	88.59	11776.69
2004	8.86	0.07	1246.29	9.93	11289.39	90.00	12544.54
2005	—	—	—	—	—	—	13820.52
2007	—	—	—	—	—	—	15722.00

资料来源：根据中华人民共和国国家统计局网站 http://www.stats.gov.cn/公布的香港地区年度数据整理。

业就业人数增加了 105.45 万人，增加幅度约为 60.7%。

香港的金融业发达。金融业发展在香港经济中扮演着重要角色。1996—2004 年，香港的金融业增加值占香港生产总值的比重由 10.3%增加到 12.1%。香港的金融业高度开放及国际化特征明显，是国际性银行机构最集中的城市之一。2006 年 2 月，香港有分别来自 30 多个国家的 133 家持牌银行、33 家有限牌照银行和 33 家接受存款公司以及这些认可机构经营的 130 家分行组成了庞大而发达的业务网络，另外还有 87 家境外银行在香港设立的代表办事处。这些银行及相关机构使香港成为全球最大的银行中心之一。在全球前 100 家银行中，有 71 家在港营业。2005 年年底香港银行业持有的对外债权总额和对外负债总额分别为 39742 亿和 23698 亿港元，香港银行体系总存款高达港币 40679 亿多元。香港逐渐发展成为亚洲第二大银团贷款中心、世界第六大外汇交易中心。根据最新公布的世界金融中心排名，纽约与伦敦首次并列第一，香港保持第三。

旅游业是香港经济的四大支柱之一，是赚取外汇最多的行业之一。2004 年香港旅游业受惠于内地城市开放香港“个人游”，旅游创汇接近 610 亿港元，比2003年增加19.4%，占香港总出口创汇额的2.7%；从香港旅游业增加值占GDP的比重变化来看，旅游业对GDP的直接贡献最高时达到1996年的3.1%。据估计，2004年旅游业直接和间接贡献之和将占GDP的12.4%，表明香港旅游业的带动效应很大。香港成为亚太地区重要的旅游中心城市。

航运物流业也是香港的经济支柱。经过多年的发展，香港以交通为重点的基础设施建设发展迅速，建成了效率高、设施齐、辐射宽的交通运输网络，成为重要的国际航空枢纽和航运中心。在港口与水运方面，香港是南中国海岸最大的深水港，与美国的旧金山和巴西的里约热内卢同称为世界三个最优良的天然港。香港靠近国际主要航道，毗邻中国内地，位置优越，货源充足，因而成为亚洲海上运输枢纽。先进的港口设备和高效率的港口服务，加上优良的贸易、金融及其他服务，使香港成为全球第11大贸易地区。在1999年至2004年间，香港连续六年成为全球最繁忙的货柜港。目前香港有约有80条国际远洋班轮航线，每周提供超过400班货柜船服务到全球500多个目的地。在航空方面，香港是中国和东南亚最大的空运中心。香港国际机场于1998年7月启用，年处理能力可达8700万名旅客和900万公吨货物。据国际机场协会统计，2005年香港处理的国际货物数量和接待的国际旅客数目分别列全球第一及第五位。

（二）穗港合作的基础

改革开放以来，穗港合作是粤港澳合作发展的重点之一。穗港之间的合作，是以一种优势互补为特征的“前店后厂”式的合作，带来了两地之间商品、资本、人员和信息的流动和生产要素在两地之间的优化配置。这种以比较优势为原则，以市场导向为基础的区域资源配置不仅是穗港之间，也是香港与整个珠三角地区之间的合作发展主要特点，推动了广州与其他珠三角城市实现高速的经济增长和工业化进程。2003年6月签署了《内地与香港关于更紧密经贸关系的安排》(CEPA)以及随后陆续签署的五个补充协议就是这种合作、融合的一个重要载体。自CEPA实施以来，穗港之间的合作发展取得了积极成效，穗港之间在进出口贸易、投资、口岸通关、科技、教育、文化、体育、环保、卫生等各领域的合作全面推进，合作领域不断拓宽、层次和水平不断提高，尤其在投资贸易、服务业合作方面取得丰硕成果。2007年，香港在广州历年累计投资项目12664个,占全市历年累计外资项目的69.5%;实际使用外资222.65亿美元,占全市历年累计实际外资的55.95%,投资领域主要分布在制造业、房地产业、租赁和商业服务业,以及交通运输、仓储和邮政业、住宿和餐饮业等。此外,穗港两地在贸易合作也取得突破。香港是广州最大的贸易伙伴之一,两地贸易持续保持高速增长的态势。2007年,双边贸易额为112.26亿美元,同比增长14.49%,占全市进出口总值的15.27%。两地贸易结构上也实现了质的飞跃。广州对香港出口的主要产品已从劳动密集型低附加值产品提升为高新科技产品,光驱、集成电路、印刷电路等技术含量较高的产品,近年出口以年均两位数的速度高速增长,成为广州对港澳出口的主要产品。香港是广州软件出口的第二大市场,2007年广州对香港软件出口达到1.09亿美元,占广州市软件总出口的69.15%。

由于CEPA的实施,与广州城市能级水平的提升,穗港合作体现了一些新的趋势和特点。穗港合作的性质、合作内涵及合作模式发生了新的变化。首先,穗港合作方式将发生转变。由于穗港经济差距逐步缩小,穗港之间的经贸合作由改革开放之初的垂直型分工合作的方式向多层次、多样化方向发展。穗港将在原有合作基础上进一步构建新型战略分工关系,香港打造成为国际性现代服务业基地和国际金融中心之一,广州将要成为国家中心城市和国际化大都市。双方的经济合作将突破以往的制造业为主的单一合作方式,构建多元化经济水平分工性的互补合作方式,共建世界级的大都市圈。其次,合作的内容发生转变。穗港多年的合作主要体现在以工业制造领域为主的劳动密集型产业部门,这种趋势随着广东省全面加快产业结构升级和地区转移而改变,穗港之间的合作以工业为主体逐渐转换为以高科技及现代服务业为主体。目前,香港的高端服务业正呈现大举入粤的态势,现代服务业成为穗港合作越来越重要的内容。第三,合作层次提高。穗港经济合作已经由市场引导下的企业自发的以贸易和实业投资为主的民间合作上升为市场引导、政府协调指导下的全方位合作。

(三)穗港合作的思路

基于香港与广州的核心城市地位,两市在大都市圈构建中举足轻重,应该发挥彼此的优势,形成城市功能互补、产业协调发展,共同构建具有国际竞争力的世界级复合型国际大都市区，这是两个城市合作发展的主要方向。根据这个发展目标，未来两个城市的合作发展要取得突破，重点要考虑以下几个方面：

1. 加强穗港合作机制创新

粤港联系会议制度自建立以来已经成为粤港双方高层协商、协调机制的运作，为两地协商发展事宜，促进相互协调发展起到举足轻重的作用。同样道理，要加强穗港之间的合作发展，穗港双方政府间沟通与协作也是关键。政府间的合作机制是合作发展的保障。加强穗港间政府交往是深化穗港合作的重点，关系到两地各个领域的合作能否顺利开展。在考虑粤港联席会议的框架下，广州应该成立合作专责小组，参与加强穗港经贸合作的具体事务谈判，提出工作建议，从高层推进三地合作的进一步深化。也可以通过与省的协调，争取在广州建立常设政府协调机构和机制，并把它提升为一级或二级的对港澳协调机构。要加强建立穗港双方交往的定期会晤机制。在粤港合作的大框架下，加强对港官方交往的总体规划，积极推动建立与港澳官方交往的定期会晤机制，密切与特区政府驻粤办、香港生产力促进局广州办事处、香港旅游发展局广州办事处、香港工业总会珠三角工业协会广州分部等港各驻粤机构的联系，发挥其桥梁作用，以促进穗港澳合作向更深更广发展。建立两地间商会、社会组织及民间组织间的协调机制，通过相应平台的建立，进一步加强联系，互通信息，并组织三地企业的相互交流，从而更好地实现产业融合。

在机制完善的基础上，首先要进一步完善合作制度和政策。由于香港与内地的合作是“一国两制”的合作，合作制度的创新才能促进两地合作新发展。比如说，在金融和资本市场，争取中央金融监管部门给予大力支持，放宽港金融机构在穗设立法人机构和分支机构的条件，放宽持股比例等限制，鼓励港金融机构参与广州地方金融机构的改革重组，推动其提升资本实力，完善法人治理机制和内控机制。支持港澳证券公司以及香港联交所在穗设立分支机构，出台鼓励企业上市发展的相关政策法规，支持企业赴港上市。完善支付结算体系，积极争取中央支持放宽穗港澳三地资金自由流动的限制。其次，要理顺财税体制。积极与上级部门沟通，调整财税体制，对于进入港合作园区的港企业适当减免税收，降低所得税比例。对于重点发展行业，如现代服务业和高新技术产业，广州不但应从税收上予以支持，还应进一步扩大财政支持力度，每年应拿出专项资金予以相应资助。理顺税收征收体制，加强"两税"间的信息共享，减少重复征税，作好相关产业的出口退税工作，加快退税进度等等方面。

2. 高新技术产业领域的合作

在新的合作环境下，穗港必须发展高科技，以高附加值、高科技产品参与竞争，才能在国际分工和国际市场上处于有利的地位。适应当前世界经济发展的趋势，具备发展前景和深厚动力的高新技术产业是穗港经济深化合作的明智选择，也是推动穗港经济发展的共同要求。广州可以通过制定特殊政策，吸引港资参加高科技产业的研究与开发，穗港双方在高新科技产业方面的合作具有很大的潜力和互补优势。广州的基础产业和现代化加工业比较完备，依靠市域内完整的科研体系，可以提供大量的科技人才进行高新技术研发；但广州缺乏科研资金，信息滞后，缺乏将科研成果商品化的能力。香港拥有便利的国际融资条件，灵通的国际信息和健全的风险投资机构，可以将科研成果及时转化为商品实现盈利，但香港缺乏的是科技研发人才和高新技术研发能力。广州可以通过国家级开发区的优势，以此为载体，提升穗港经济合作的产业链价值。

3. 服务业合作

CEPA 出台，给香港发达的服务业打开了方便之门。香港的金融保险、贸易物流、会展、管理咨询、专业服务等服务业进入珠三角地区。广州是内地的三大经济中心城市之一，也是珠江三角洲的最大中心城市，穗港服务业合作具有独特优势。香港服务业进入广州，对广州服务业水平的提升，是一次前所未有的机遇。从服务业合作领域来看，穗港金融业合作是一个重点，香港充分发挥其金融服务优势，广州发挥其金融机构优势。两地金融合作需要政府、企业、金融机构等各方面的努力，重点是建立双方金融合作协商机制，充分发挥政府的指导和沟通协调作用，各类金融机构在推进穗港资本市场合作发展中发挥主导作用，政府和民间明确分工，共同完善资本市场的运作，金融合作一方面拓展了香港国际金融中心的功能，另一方面也促进了广州区域金融中心的地位提升。对于广州大都市圈的建设而言，金融资本的控制力和组织能力有利于促进大都市圈产业组织一体化发展。此外，穗港双方在商贸、航运、物流、旅游、基础设施建设、环境保护等方面都应当发挥各自的比较优势，实现资源共享和优化配置，拓展合作范围，深化合作层次。在商贸领域，CEPA协议中，允许香港部分货物贸易以零关税进入内地市场，这就为香港部分货物内地出口提供良好契机。在航运和物流方面，虽然穗港双方的竞争不断加剧，但两市仍可以再比较优势种获得双赢。香港是传统的地区物流枢纽，现代物流与供应链技术，广州可以学习香港先进的物流技术。

4. 社会事务合作

香港是一个国际化程度高的城市，在城市管理领域、社会领域的发展具有世界先进的水平。而与此相对应，广州城市发展在城市管理、社会事务发展方面与世界先进城市相比存在较大差距，因此，与香港的合作，不仅是在经济领域的合作，在社会事务方面也有许多合作的地方。如卫生领域，当前卫生领域的突发事件频发，危及公共安全的卫生防疫问题时常出现，穗港之间要在传染性疾病防治领域进行合作，建立畅通的医疗信息共享平台，承担公共安全的防护责任。在体育领域方面，可以利用香港的策划营运优势和广州场馆优势，组织世界级和地区级体育运动和比赛。在城市管理方面，加强两地城市管理领域合作与交流，广州与香港应更加主动地交流城市规划编制、管理与实施方面成功的做法。

5. 合作载体建设

城市之间的合作，最重要的是合作载体。如新加坡与中国的合作就是以苏州的中新工业园为载体。构建穗港特别合作区（赵超、田秋生，2007），是促进穗港合作取得跨越式发展的重中之中。我们可以从世界一些主要自由贸易建设的成功案例吸取经验和教训，建立穗港特别合作区，以更好地推进粤港澳经济一体化并与世界全面接轨，逐步实现经济贸易更高层次的发展，提高区域国际化程度（冯邦彦、李媛媛，2006）。首先，穗港合作要深入进行专项可行性研究，争取在南沙建立“穗港澳特别合作试验区”。可参照国家设立综合改革试验区的模式、功能和机制，借鉴自由贸易区、经济自由区的功能和政策，进行两地合作模式、机制和政策的试验。其次，尝试建立建立穗港金融合作特区。可规划在珠江新城地区建立穗港金融特区。珠江新城是广州中央商务区，是规划重点发展金融服务区域。在珠江新城地区建立穗港澳金融特区，既可以引进港澳金融企业进驻，又能实现聚集效应和“鱼群效应”，带动国际金融机构进驻，提升辐射水平。第三，加强物流合作园区建设。重点推进广州保税物流园区、南沙保税港区、南沙和白云空港保税物流项目等海关特殊监管区建设，将其建成穗港物流产业深化合作的重要载体和平台，促进穗港物流产业进一步融合。第四，建立服务外包合作园区。采取更优惠措施鼓励港澳服务外包企业进驻广州开发区、南沙开发区、天河软件园、黄花岗科技园等服务外包示范园区。抓住香港科技大学研究院以及九个研发中心在南沙启动的契机，加快共建南沙资讯园，在天河软件园建立港澳 IT 产业外包服务产业园，在南沙开发区建立港澳工业研发、新技术开发外包产业园，在黄花岗科技园建立港澳创意、动漫产业园；在大学城周边地区建立港澳智力产业园，重点发展以研发为主体的相关智力产业。

六、拓展经济腹地下的广州与泛珠三角合作

在区域经济日益一体化的今天，经济腹地对区域经济和未来竞争的影响十分巨大。腹地为中心城市的经济活动提供多种支持性资源，腹地的大小、质量对城市的发展有着重要的影响。腹地大小的动态性变化也反映了中心城市之间在腹地的竞争力。增强中心城市辐射力、争取较大的腹地空间更是城市竞争发展的一项战略目标。作为中心城市的广州，与上海、北京等中心城市相比，缺乏腹地支撑是发展的一个重要问题，腹地狭小不仅是广州经济发展的软肋，也是整个大珠三角地区经济发展的软肋。经过多年的发展，大珠三角地区已经具有一种强烈的外在扩展能力，需要寻找新资源、新市场，对于广州大都市圈而言，拓展经济腹地是其参与国际国内可持续竞争的关键。加强与泛珠三角地区的合作发展正是顺应其势。2003 年广东省政府部门提出的“泛珠三角”①计划以来，泛珠三角的合作成为政府、企业及新闻媒体涉

① 所谓“泛珠三角”，简称“9＋2”，即广东、福建、江西、广西、海南、湖南、四川、云南、贵州等九个省（区），再加上香港和澳门形成的经济圈。

及的重要话题。2004 年 6 月 1 日至 3 日，首届泛珠三角区域合作与发展论坛在粤港澳召开，泛珠三角区域各行政首长签署了《泛珠三角区域合作框架协议》，确定了自愿参与、市场主导、开放公平、优势互补和互利双赢五大原则，共同开展基础设施、产业与投资、商务与贸易、旅游、农业、劳务、科教文化、信息化建设、环境保护和卫生防疫十大领域合作，并建立了行政首长联席会议制度、政府秘书长协调制度和部门衔接落实制度三大合作协调机制。

(一)泛珠三角地区发展概况

泛珠三角地域幅员辽阔，区域总面积为 200.6 平方公里，占全国面积的 1/5，约相当于欧洲五国英、法、意、德、西的总和。人口 4.7 亿，占全国人口的 34.9%，超过西欧人口总和。2009 年，泛珠三角经济区实现生产总值达 105111 亿元(不含港澳)，占全国的 30%以上(表 8—7)。泛珠三角经济区横跨我国东中西三大经济地带，与东南亚国家在地理上直接相连的独特区位的优势，而且在体制上具有社会主义和资本主义相接合的特点，独特的区位和特殊的体制使得整个泛珠三角经济区具有更大的互补性、灵活性。

表 8—7 2009 年泛珠三角经济区各省区三次产业结构及人均 GDP

省区	GDP(亿元)	第一产业(%)	第二产业(%)	第三产业(%)	人均 GDP(元)
广东	39081.6	5.1	49.3	45.8	40748
福建	11949.5	9.9	48.6	41.5	33051
海南	1646.6	28.1	26.9	45.0	19166
湖南	12930.7	15.2	43.9	40.8	20226
江西	7589.2	14.5	51.3	34.3	17123
四川	14151.3	15.8	47.4	36.7	17389
广西	7700.4	18.9	43.9	37.2	15923
云南	6168.2	17.2	41.8	40.9	13494
贵州	3893.5	14.2	37.9	47.9	10258

数据来源:2009 年各省市统计公报。

“泛珠三角”经济区位于热带和亚热带地区，绝大部分受季风影响，因而气候温暖湿润，河流众多，水资源、动植物资源及矿产资源丰富。从自然资源禀赋的优势来看，各省区自然资源分布具有明显的区域互补性。从全国来比较看，该区自然资源优势也十分明显。“泛珠三角”几个内陆省份自然资源丰富，矿产资源几乎应有尽有，种类多，储藏量大，比如四川的铁矿、锰矿、石油天然气、井盐都很闻名，贵州的汞、煤，云南的稀有金属锡、铅、锌、铜以及磷、大理石等也驰名国内外。珠江流域的广西、云南、贵州等省区水能资源丰富，云南可开发的水能资源达 7116 万千瓦，居全国第二位，贵州、广西也有丰富的水能资源，红水河水力发电梯级开发是国家三大水电建设基地之一，也是华南最大的能源基地。自然资源的互补性有利于促进该地区经济的合作发展。能源方面的互补性更加突出。如广东电力能源缺口大，广东省每年有 1600 亿度的电力消费，且每年以平均 12%的速度增长，是个很大的电力消费市场。据统计，2005 年由云南向广东的送电量达到 11.7 亿千瓦。贵州向广东输送了超过 140 亿千瓦的电力。“西电东送”体现了“泛珠三角”区域内部之间在资源方面的优势互补。由此可见，“泛珠三角”内自然资源禀赋不同，自然资源的丰缺有明显的差异，从而为彼此之间形成济缺补需创造了条件。而且由于彼此之间地理上的临近，实现自然资源的互补将大大降低交易成本，提高该地区的区域经济合作效益。

泛珠江三角洲地区客观上形成各具特色、各具优势的不同层次。香港是国际性的金融、物流、信息和旅游中心，服务业占明显优势，也是统领这一区域走向世界、参与国际科技经济合作的龙头。澳门与欧盟、葡语系国家关系极为密切，是引进发达国家先进技术的重要桥梁，其独特的旅游资源，和香港的迪斯尼乐园，同样可与九省区共建纵横交错、相得益彰的旅游经济圈。珠江三角洲是世界上重要的制造业基地之一，其完美的产业配套、良好的融资体系、充足的劳动力供应和便捷的交通系统，是内地参与国际合作和科研成果产业化的理想之地，而广东周边和珠江上游各省区的资源丰富，人才众多，科研力量雄厚，市场容量广阔。从泛珠三角各地区经济发展水平比较来看，大致可以划分为两类地区，一类是香港、澳门，处于后工业化阶段，主要以知识经济和服务经济为主；另一类是内地九省区，其中又可为两类。广东和福建处于工业化中期阶段，其他省区处于工业化初期阶段。部分工业条件较好的省份，如四川、湖南等处于工业化初期完成阶段，而贵州、江西、云南等省农业比重比较大，人均 GDP 较低，基本处于初级产品阶段。正是由于区域内各省区存在梯度差异，处于不同的工业化发展阶段，各省区之间才有了进行垂直分工和水平分工的合作空间。

表 8—8 “泛珠三角”各地生产要素资源概况

地区＼资源特征		土地面积（万 km²）	人口（万人）	主要资源优势
华南及东南地区	海南	3.4	864.07	石油、天然气、太阳能等能源资源、海洋资源、热带旅游资源
	福建	12.12	3627	水资源、海洋资源较丰富的自然旅游资源
	广东	17.82	9638	热量、石油和天然气、海洋资源和土地资源、水产资源；
	广西	23.6	5092	水力资源、矿产资源、有色金属产区、海底油气、海洋生物资源及劳动力资源
	香港	0.1075	680.3	金融资本、技术、管理等方面优势明显
	澳门	0.00273	44.5	文化、旅游业
西南地区	四川	48.5	8185	生物资源、水资源、水电资源、旅游资源、劳动力资源
	贵州	17.61	3798	生物资源、水资源、矿产资源、水能，南方重要煤炭资源和旅游资源、劳动力资源
	云南	39.4	4571	“植物王国”、“动物王国”、“药材之乡”、水资源、有色金属王国、水能资源、边境旅游资源
华中地区	湖南	12	6406	水资源、矿产资源、“有色金属之乡”、“非金属矿之乡”、水力资源
	江西	16	4432	水资源、矿产资源（铜、稀土、钨、铀），亚洲最大的铜矿和全国最大的铜冶炼基地，水能和旅游资源

(二)广州与泛珠三角地区的合作

1. 合作的必要性

广州要成为世界级的城市，必须要有世界级的腹地；同样，腹地要成为世界级的区域，没有中心城市也不行。广州大都市圈，与上海大都市圈、首都都市圈以及国外发达国家如纽约大都市圈、伦敦大都市圈相比，经济发展腹地范围偏小，市场空间不足的制约因素日益显现，需要进一步拓展经济腹地以释放其经济影响力。而腹地经济发展，离不开发达经济中心（发达的都市圈的极核带动效应）的带动，两者是相辅相成的关系，是取长补短、互惠互利、共同发展的关系。广州与泛珠三角腹地经济的合作发展，对于加强广州城市的中心性，增强城市功能具有十分重要的意义。

泛珠三角是广州发展的重要依托。区域经济是市场经济发展的必然产物。在一个国家的经济发展过程中，某些地区由于具有优越的区位条件，成为经济增长最快的地区；巨大的经济增量所产生的极化和扩散效应，对区域及城市化起着直接的推动作用，当城市化的空间蔓延和能量集聚到一定程度时，就会形成由众多规模大小不同、彼此密切联系的城市组成的区域城市网络体系及城市群。在城市群及区域中，区位条件最优越、经济实力最强、人口规模最大的城市必然会成为城市群及区域的中心城市。中心城市与城市群及区域的发展是彼此共生、相辅相成的。纵观世界城市的发展历程，国际（或区域）中心城市的崛起无一不是依托城市带的发展：19 世纪伦敦的崛起，得益于英格兰城市群的发展；20 世纪初期纽约的崛起，有赖于美国东北部大西洋沿岸城市群的繁荣；20 世纪 70 年代东京的崛起，则仰仗于日本东海道太平洋沿岸城市群及其发达的工业基础。从广州的发展历程来看，近代广州的崛起与拥有经济发达的珠三角及资源丰富的珠江流域各省区腹地密切相关。广州地处珠江入海口，历史上通过珠江支流（西江、北江、东江）与泛珠三角大部分省区相联系，并使广州一度成为中国最重要的贸易口岸和世界十强城市。随着科学技术发展，现代的铁路、公路、航空、水运和信息网络等，更是把广州与泛珠三角各省（区）及港澳联为一体，广州成为了华南地区的交通、经济、信息和文化中心。改革开放以来，广州与泛珠三角的经济联系开始走向多元化，广州吸纳港澳的产业、资本、技术和管理经验，集聚泛珠三角各省区的资源、能源、农产品、粗加工产品、劳务、人才等，向泛珠三角各省区输出资本、技术和产品，提供交通运输、贸易、信息等服务，促进了广州经济发展和城市建设，强化了广州中心城市的功能。过去、现在和将来，泛珠三角都将是广州发展的重要依托。

合作有利于增强广州城市的中心性。区域是城市发展的腹地和依托。

世界城市经济发展史表明，无论是国际性中心城市还是国家级或区域性的中心城市，以及围绕这些中心城市的城市群，一般都拥有相对广阔的腹地。广州地处珠江入海口，通过珠江水系和地缘毗邻关系，历来与泛珠三角联系密切，现代公路、铁路、航空、水运等交通网络更是把广州与泛珠三角在空间上联为一体，广州与泛珠三角物流、人流、信息流和资金流频繁。泛珠三角资源、能源和劳动力丰富，发展空间广阔；广州经济发达，具有资金、技术、人才、信息、管理、交通等优势，广州与泛珠三角优势各异，互补性强。在泛珠三角合作发展大背景下，过去以邻为壑的非经济壁垒将被逐步削除，各种生产要素在市场机制的牵引下自由流动，广州完全可以凭借自己的实力在泛珠三角合作中大显身手，拓展发展的腹地和资源。泛珠三角是广州发展的腹地和重要依托，加强广州与泛珠三角合作发展有利于进一步密切广州与泛珠三角的联系，实现资源共享和互利多赢。

合作有利于扩大广州的辐射影响力。泛珠三角区域合作发展，将打破旧有的行政区划的限制，极大地拓展广州在泛珠三角的辐射影响力。广州与泛珠三角经济发展各具特色，经济互补性强，合作潜力巨大。香港是世界著名的金融、物流和信息中心，现代服务业发达；澳门是世界上著名的博彩、旅游中心；泛珠三角各省区产业发展已有一定的基础，资源能源丰富，市场庞大，发展潜力巨大。具有两千多年历史的广州是广东省的省会，是珠三角及华南地区的政治、经济、文化、科教、交通和信息中心，是泛珠三角各省区通向港澳及国际市场的桥头堡，也是世界各国及港澳进入中国内地及泛珠三角各省区的南大门，以及连接东南亚与东北亚的中转站。广州综合经济实力居全国第三位和泛珠三角省会城市第一位，是华南地区的交通枢纽和贸易口岸、对外交往的重要门户，制造业和服务业的发展、现代化的国际机场、会展中心、港口、公路和铁路枢纽等功能性设施和产业基础，可为泛珠三角合作发展提供机械装备等产品和商贸、物流、金融、科技创新、信息、文化、教育、会展、旅游、交通、中介等服务，以提供区域合作与发展的平台，进而扩大和强化广州中心城市的辐射影响力。

合作有利于加快泛珠三角工业化进程。目前，泛珠三角区域正处于工业化加速发展时期，省会城市及港澳地区分别处于工业化加速发展时期的不同阶段。在此期间，由于集聚效应和规模效应这两种机制的共同作用，制造业的布局明显向大城市圈集聚。加强省会城市及港澳合作，利用穗港澳、珠三角等发达城市产业升级、结构调整及转移的有利时机，促进泛珠三角中西部省区与港澳及珠三角地区的产业对接，优化产业区域布局，促进产业优势互补和形成区域产业分工链条，并从基础设施、要素市场、服务网络、创新创业环境等方面改善产业发展的条件，将会大大促进泛珠三角尤其是中西部省区工业化进程，进而加快城市化步伐。

2. 合作的基础

广州与泛珠三角地区的合作发展由来已久。2004年，泛珠三角经济区提出，更加促进广州与泛珠三角的城市合作。在《泛珠三角区域合作框架协议》指引下，广州召开了两次"泛珠三角省会城市市长论坛"，论坛共同签署了《泛珠三角区域省会城市合作协议》，对信息、交通、经贸与物流、产业与投资、金融、旅游等服务业、科教文卫、人力资源开发与管理等合作领域进行了规划，确立了合作的目标、内容和机制。在目前来看，广州与泛珠三角地区合作内容丰富，无论是从合作模式，还是从合作主体的发展都呈现多元化发展特点。从合作区域广度来看，广州加强了与泛珠三角省会城市及港澳地区的合作，合作层面逐渐增大。广州与南宁的合作，2000年至2004年南宁市与广州市合作总投资额达21.81亿元。从合作的主体来看，既有工商企业之间的合作，又有企业与大专院校和科研院所之间的合作。从合作领域来看，合作项目涉及的经济领域有房地产业，基础设施建设，建筑业，租赁和商务服务业，制造业，信息传输、计算机服务和软件业，农、林、牧、渔业，批发和零售业。从合作方式来看，有以资产为纽带的相互参股、控股以及兼并的合作，有不改变产权关系的租赁、承包经营、委托经营合作，有广州向湖南、江西提供信息和技术管理的合作，也有以广州为销售窗口，泛珠三角其他地区为生产基地的"前店后厂"式的合作，商业企业间的连锁营销合作、产权交易合作也呈现良好的发展态势。总的来看，广州与泛珠三角经济区合作主要表现在以下几个方面：

一是经贸合作成果非常突出。旅游和商贸是广州与泛珠三角合作的重要内容。2004年的"广博会"是广州与泛珠三角区域合作的重要平台。在会展期间，广州与泛珠三角省会城市之间签订的经贸合作项目 942 项，投资金额为 1406.9 亿元。同时广州市还通过实施友城发展战略，先后与泛珠三角省会城市缔结友好城市，2004 年广州市组织了近 400 人次的各类经贸代表团赴泛珠三角考察交流，建立了更紧密的经贸合作关系。

二是信息互通的合作平台建设。广州与各省会城市政府信息办(信息中心)共同主办而建立起来的基于国际互联网的、跨省区的区域性信息网络互通平台已开通，初步实现了各省会城市信息资源共享。各省会城市的公安部门已签署了《泛珠三角区域省会城市暨副省级市警务协作框架协议》，开通了泛珠三角省会城市电子警务信息平台，初步实现了城市间公安协作电子化、网络化和各市公安信息资源共享、互联互通。

三是旅游合作与文化交流日益频繁。在泛珠三角区域经济合作中，由于粤港澳及周边八省区之间的历史渊源关系深厚，旅游资源丰富且互补性强，现有的开发及合作基础较好，旅游业的开发合作处于先行或优先地位。广州与泛珠三角的旅游合作和文化交流成效显著。广州市分别与泛珠三角内的海南、云南、四川、湖南等四个省份签订了旅游合作协议，共同建设泛珠三角无障碍旅游区。广州广之旅已在港澳及周边省市建立分支机构，积极推进与周边省份的旅游合作，促进泛珠三角区域旅游业发展。首届泛珠三角省会城市文艺展演已在广州成功举办，南宁、昆明等城市的五个专业文艺团参加了演出，促进了泛珠三角省会城市文化的交流，展示了泛珠江流域的文化艺术特色。

四是合作机制逐步形成。“联合主办、轮流承办”的“市长论坛”及联度会议制度、市政府秘书长协调制度等已经形成；省会城市协作工作网络已经建立，有效地推动了相互之间的交流与合作。

目前，由于我国行政体制积淀原因，各个地方政府强调各自为政，强调地方利益，自我封闭的现象仍然存在。而中心城市在这种背景下，城市发展还处于区域极化阶段，辐射力和影响力还有限，城市与城市之间、城市与区域之间的合作协调发展有限。从城市自身发展情况来看，泛珠三角各省会城市主要存在以下几个方面的问题：

一是城市开放度不够。泛珠三角各省会城市分属九省，行政隶属关系非常复杂，地区之间的协调难度很大。由于我国行政体制的原因，长期的条块分割管理，各自为政、地方保护行为依然存在。现阶段，我国正处于城市化加速发展时期，资源等生产要素向中心城市集中，城市集聚经济发展明显，向外扩张和辐射的影响力比较有限，城市与城市之间的合作基本上处于人流、信息流等方面的合作，而高层次的产业合作、企业合作比较少。这些问题表明城市与区域的开放度不够，影响了区域之间的合作，也干扰地方政府之间的合作，使地区经济的合作仍然停留在初级阶段，甚至一些区域性交通基础设施和环境治理工程各地政府之间缺乏协调而进展缓慢。城市开放程度不够也影响了企业的正常运作。一些地方政府出于增加自己的财政收入和可支配的经济资源的目的，总是倾向于加强对所属企业的控制，对于本地企业到外地投资建厂不太支持；同时对于非隶属企业在当地的经营活动抱有排斥心理，甚至动用行政手段加以限制，严重干扰了经济资源的跨地区流动和企业跨地区发展。

二是城市发展趋同现象严重。泛珠三角省会城市在经济发展过程中的趋同现象比较明显，阻碍了省会城市之间经济合作的发展。一是发展目标趋同，各省会城市都在进行经济结构调整，而且调整的方向都是高科技化，高附加值化；二是发展手段趋同，各省会的经济发展都依靠吸引外资，在引进外资的过程中都在争先恐后的采取各种优惠政策，这将不利于地方财政的收入；三是产业结构趋同，各省会城市本来就存在较为特殊的产业结构的同构化问题，而进一步发展的目标的统一又使得这种同构化现象延伸到支柱产业领域，尽管存在制造业集中度的分层结构和不同的内部结构类型，但制造业结构的调整路线比较接近，特别是在交通运输设备制造业、电气机械及器材制造业、电子及通信设备制造业、服装及其他纤维品制造业和金属制品等行业均有不同程度同构现象。根据联合国工业发展组织国际工业研究中心提出的相似系数计算方法，广州与成都、福州的产业结构相似系数分别为0.82和0.81，这表明地区产业结构趋同现象比较严重，不利于产业之间的合作发展；四是资源耗费趋同，同样的经济发展目标必然要耗费同样的资源，这不利于区域经济可持续发展。

三是区域城际交通体系尚不健全。泛珠三角经济合作刚刚起步，加上地域辽阔，城市之间的基础设施网络化建设比较薄弱，尤其是对城际交通缺乏足够重视。目前，除长三角一体化的交通格局正初步形成外，其他区域的交通网络总体布局存在缺陷，相比于长三角和环渤海地区，泛珠三角各省会城市之间的交通基础设施网络化建设不完善，一体化程度较松散，难以充分满足城市客货运输迅速、便利、安全、经济的需求。许多重要城市交通枢纽之间的联系仍然不便，大城市之间交通联系方式单一，不利于泛珠三角城市之间的生产要素的合理流动。

四是城市间合作体制松散。制度化的协调机制是推进区域经济合作的重要保障。泛珠三角地区成立的市长联席会议以及经贸洽谈会外，从所呈现出来的内涵看，大多数仍然属于倡议性质，而不存在制度性质，约束机制还没有形成，在涉及合作方向、产业结构调整、重大项目建设监督、贯彻中央政府对本地区的调控意图，制定统一的市场规划和产业发展政策，消除各种区域政策特权和和壁垒等方面，都缺乏有效的协调及整体开发和发展的规划思路及政策，合作机制比较松散，难以形成比较紧密型的城市发展合作。

3. 合作发展的思路

广州要加强与泛珠三角地区的区域合作，形成中心城市与腹地经济协调发展，需要在“9＋2”合作协议框架指导下，充分发挥广州改革、创新的优势和特色，发挥“市场运作、政府推动”的双重作用，以功能辐射、市场拓展、资本输出和资源能源合作为重点，以海港、空港、铁路、公路等交通设施的建设和衔接为基础，全面开展广州与泛珠三角区域在信息融汇、金融支撑、商贸物流、产业带动等领域的互利合作，实现双赢的发展格局。

第一，基础设施合作是广州市融入泛珠三角区域合作的重要条件，也是扩大大都市圈经济腹地的主要支撑。充分发挥广州国际空港、国际海港、全国铁路枢纽和公路枢纽以及信息港等功能性基础设施的优势，加强广州与泛珠三角区域内公路、铁路、港口、机场、通信等基础设施的建设合作，提升广州基础设施的规划建设水平，促进基础设施的区域化、网络化。充分发挥珠江三角洲其他城市在泛珠三角区域合作中的桥梁和纽带作用，畅通广州与省内城市，进而联接广州与“9＋2”中心城市的交通体系。重点开展和推进武广高铁、京广深客运专线、东部沿海客运专线、珠三角城际轨道网络、广深铁路第四线、广深沿江高速公路广州段等基础设施项目。要通过加强广州与泛珠三角地区之间的海铁联运与物流合作，拓展广州国际港口的腹地延伸，拓展货源。加强广州与深圳、香港在港口发展策略、发展规划、营运管理等方面的沟通与协调，开展船期、货运、运价、代理、信息等方面的交流与合作。鼓励港资参与物流园区建设，使物流园区成为提供两地港口的仓储、转运、拆拼箱、分拨及简单加工的基地。积极加强穗港国际货运业务合作，支持香港机场货运集散中心项目尽早实施，共同推进机场 IT 网络、票务平台、候机楼零售和广告业务等合作项目。加快推进广州与泛珠三角地区海铁联运建设，在巩固珠三角集装箱货源的基础上，大力拓展泛珠三角区域，特别是珠江西岸、中南、西南的港口运输腹地。争取国家支持，加快建设广州集装箱节点站，扩大广州港两地的港口腹地，拓展集装箱货源。

第二，产业合作发展是城市与区域合作发展的重点。在当前广州与泛珠三角区域合作发展中，产业合作已由垂直分工合作向水平分工合作发展。要按照"政府推动，企业主导"的原则，全面落实"珠洽会"签约项目，支持鼓励广州与"9＋2"企业间的合作与交流，在高新技术、先进制造业、优势传统工业改造、会展旅游、商业贸易、环保产业、都市农业等各领域开展深层次合作。以生产力合理布局为目标，顺应产业分工和产业梯度发展趋势，推动广州产业高级化和内地产业工业化，加快促进和形成广州—泛珠三角一体化的区域研发制造中心。其中，重点推动广州—泛珠三角高新技术和先进制造业发展合作。促进广州与泛珠三角区域在高新技术领域的合作，加强信息互通，发挥广州高新技术产业在泛珠三角加快工业化和推进产业升级中的带动作用。组织落实泛珠三角区域科技会议，举办"广州市国际科技合作会议"，探讨企业在泛珠江三角区域合作中的战略定位，共同优化和改善泛珠三角区域企业发展环境。加强广州—泛珠三角农业合作。利用广州农业在资金、技术、人才和管理方面的优势，在泛珠三角区域建立高科技农业基地和专供广州市场销售的无公害农产品生产基地，开展农产品相互认证制度，重点推动建立无公害蔬菜基地等项目实施，不断带动和辐射周边地区农业产业发展。以首届"珠洽会"签约的项目为基础，积极鼓励和支持广州有实力的企业开展与泛珠三角的产业项目合作。

第三，物流贸易的合作可以充分发挥广州国际物流贸易优势。物流贸易合作是“9＋2”区域联通国内、国际两个市场、两种资源的客观需要。广州市融入泛珠三角区域合作，坚持发挥和借助香港国际物流贸易中心和强大的服务平台，以广州海空两港为依托，以较强的出口导向和国际营销网络为优势，借助旅游业强大的汇集力和辐射力，与香港合作形成区域性、国际化的物流贸易中心。

第四，资本领域合作是中心城市发挥金融服务功能、加强中心城市区域组织管理职能的重要途径。广州的金融资本实力比较强，资本市场合作是广州市融入泛珠三角区域合作的重要环节。广州要充分利用其金融资本实力，以区域性资本市场的培育和发展为核心，深化广州与“9＋2”在金融证券、招商引资、创业投资、基金产业、产权交易等方面的合作，带动整体金融市场的发展。

第五，能源保障是经济可持续发展的关键。泛珠三角地区的水利电力资源、煤炭油汽资源丰富，加强资源能源合作广州与泛珠三角区域合作的战略领域。要按照可持续发展的要求，积极推进广州与“9＋2”在土地、供水、电力、煤炭、LNG等资源能源方面的合作，建立长期、稳定的合作机制，提高泛珠三角区域资源能源的利用效率，增强广州的可持续发展能力。

第六，社会民生的合作是当前我国区域经济合作发展日益关注的领域。尤其是泛珠三角地区的劳动力向珠三角地区流动，切实关心社会民生的合作，不仅是强化区域合作，也是中心城市参与合作发展的根本目的，能让全体社会人员充分享受经济社会发展的成果。广州在继续加强与泛珠三角地区的深化对口帮扶的基础上，全面探索和推动教育人才、人力资源、环境治理、生态建设、医疗卫生、文化产业等方面的交流与合作，促进泛珠三角区域经济快速发展和社会全面进步，巩固和扩大广州与“9＋2”区域合作的成果。

七、中国—东盟合作框架下的广州与东盟的国际化合作

2002年11月中国与东盟签署了《全面经济合作框架协议》，正是启动了

中国与东盟自由区的建设进程。与东盟建立自由贸易区，是我国政治、经济外交的一项重要举措，是顺应经济全球化和区域经济一体化发展趋势而采取的重大步骤。在这个经济全球化时代，区域经济合作发展已经成为大趋势。广州大都市圈的建设，从经济发展上看，必须由过去比较单纯的强调向内为主而向全球化和国内外并重的方向发展。一方面向国内拓展腹地，如泛珠三角地区；另一方面，要加快向邻近的东南亚地区渗透，将本地的产业融入东盟区域经济发展领域，既可以借助区域经济发展力量来壮大自身的实力，又可以扩大中心城市广州在国际上影响力，推动广州城市实现国际化发展目标。

(一)东盟经济及一体化发展概况

东盟有十 个成员国，包括文莱、印度尼西亚、马来西亚、菲律宾、新加坡、泰国、柬埔寨、老挝、缅甸和越南，其中，前六个国家加入东盟的时间比较早，是东盟的老成员，经济相对发达，后四个国家是东盟新成员。东盟十国总面积约 450 万平方公里，总人口约 5.3 亿。

东南亚是历史上长期遭受殖民统治的地区，直到第二次世界大战结束后仍旧比较贫穷，即使在很多国家实现了民族独立后，也没有改变这种状况。得益于东盟领导人对地区主义的理解和勇于实践的精神，从 20 世纪 80 年代起，东盟一些国家先后加入到创造东亚经济奇迹的队伍中。首先是新加坡与韩国、中国香港、中国台湾一起成为东亚四小龙，接着马来西亚和泰国又跻身于四小虎的行列。近年越南经济连续多年实现高速增长，国内生产总值增长率始终保持在 7%以上，成为东南亚地区的新亮点。

从 2002 年起，东盟各国基本都走出了 1997 年金融危机造成的阴影，进入到一个良性发展阶段，其中以越南为代表的东盟四个新成员经济增长速度尤其令人关注(表 8—9)。与此同时，在降低和取消关税方面也取得了丰硕成果。但是从 2005 年起，由于出口增速下降，以及国际市场石油价格居高不下给东盟企业造成了较大的压力，东盟总体经济增长有所减缓。

表 8—9 东盟整体及成员国近年 GDP 增长情况(%)

国家/地区 \ 年份	2001	2002	2003	2004	2005	2006
东盟整体	1.9	4.7	5.3	6.3	5.5	6.0
文莱	3.0	2.8	3.2	4.0	3.6	3.8
柬埔寨	7.6	5.2	7.0	7.7	8.4	10.4
印度尼西亚	3.8	4.4	4.9	5.1	5.6	5.5
老挝	5.8	5.7	5.9	5.5	7.2	7.3
马来西亚	0.3	4.4	5.4	7.1	5.3	5.9
缅甸	11.3	12.0	13.8	5.0	12.2	7.0
菲律宾	3.3	4.4	4.5	6.0	5.1	5.4
新加坡	−2.0	3.2	1.4	8.4	6.4	7.9
泰国	2.2	5.3	6.9	6.1	4.5	5.0
越南	6.9	7.0	7.4	7.7	8.4	8.2

资料来源:刘仁武主编:《东南亚经济运行报告:(2006)》,社会科学文献出版社 2006 年版。

近期,东盟区域经济一体化取得新的进展。2007 年 11 月,在第 13 次东盟首脑会议上,东盟领导人正式签署了《东盟宪章》①,为东盟摆脱松散机制、形成具有约束力的区域性组织提供法律架构。在这次会议上,东盟还通过了《东盟经济共同体总蓝图宣言》。该蓝图确定了东盟经济共同体的发展目标、时间表、具体措施。东盟经济共同体的目标是:创造一个单一市场与生产基地,形成一个具有竞争力的经济区域,平衡区域经济发展,争取与国际经济体系整合。东盟经济共同体建设将分阶段实施,2009 年前,将实施短期内落实的优先项目,如东盟六国在 2008 年起推行的以简化货物通关手续的"东盟单一窗口";到 2011 年,各成员国将落实现有的各项行动计划;2012—2015 年,各成员国的相关领域都可提出有助于实现总蓝图目标的愿景。在区域经济整合中,东盟将尽可能灵活采用"东盟减 X"的方式,即让一些成员国率先实施某些领域的开放,加速整合,其他成员国可在日后跟上。

① 2007 年 11 月 20 日,东盟十国领导人在新加坡签署《东盟宪章》,这是东盟成立以来第一份对各成员国具有普遍法律约束力的文件,在东盟一体化进程中具有里程碑意义。

在新的国内外经济形势下，东盟国家经济发展和区域整合将面临着一系列问题。世界经济失衡依然严重，全球油价居高不下，各国物价普遍上涨，外资大量流入，一些国家货币升值过快，这将考验各国政府的宏观调控能力；虽然《东盟宪章》已正式签署，但需各成员国经过相应的法定程序方能生效，这将检验东盟这一区域组织的凝聚力。同时，东盟共同体的框架已经确立，如何依照既定的时间表运作，协调不同成员国的利益，也是东盟区域整合的紧迫任务；东盟国家正处于经济转型的关键时期，不少国家产业结构升级依然乏力，区域间发展不平衡现象突出，金融体系仍比较脆弱。此外，该地区恐怖主义势力及其威胁有增无减，许多国家仍存在着较严重的内部宗教、种族冲突和分离问题，这些均将对各国的经济发展产生一定的负面影响。

(二)广州与东盟合作发展

目前，区域经济合作已和经济全球化共同成为当今世界经济发展的两大主要趋势，通过建立各种优惠的经贸安排，寻求更大的经济发展空间，已经成为世界上多数国家的一项重要的政策选择。在这一背景下，建立中国与东盟经济圈域，无疑将对双方实现优势互补、联合自强，开拓新的发展机遇，共同抵御经济全球化带来的风险，增强亚洲国家在国际经贸事务中的地位，具有十分重要的意义。在中国与东盟合作发展战略中，珠江流域与东盟相邻，珠江的源头就在东南亚的越南境内，粤、港、澳、桂、黔、滇与东盟陆海相望，可以说具有“近水楼台先得月”的区位优势，而在泛珠三角地区，以广东最有经济实力实现中国与东盟的合作发展，广州作为省会城市、国际中心城市及国际大都市，城市的经济、科技等实力基础雄厚，理所应当在中国与东盟合作发展中走向前台。

1. 广州在东盟自由贸易区的地位和作用

广州开展与东盟自由贸易区的合作发展，是有其得天独厚的条件。背靠大西南，面向东南亚和东部沿海，铁路、公路、航空、海运发达，独特的区位优势使得广州已成为国内物资运往东盟各国的便捷通道。城市与地区之间的合作发展还需要有较高的经济势能和总量规模，在泛珠三角地区与东盟合作发展中，广州中心城市的经济实力是最为突出的，是毗邻东盟前线的城市如南宁、柳州等泛北部湾地区城市不能相比的，是最有实力开展东盟合作发展的城市。广州还具有良好的工业制造业优势，广州汽车制造业发达，机械装备产品等在国际国内市场占据相当重要地位。此外，广州与东盟国家在资源构成、产业结构等方面有着明显的互补性，开展全面的经济合作潜力巨大。目前，广州已形成向西部地区、泛珠三角经济区和东盟广大地区全方位多层次宽领域的开放格局，经贸往来日益扩大。随着东盟自由贸易区和泛珠三角经济区建设进程加快，广州在东盟开展经济合作中的作用将越来越大。广州在东盟自由贸易区中的战略地位和作用，决定了广州必须把经济社会发展战略放在经济全球化和区域经济一体化的大背景下，尤其是放在东盟自由贸易区、泛珠三角经济区的大背景下来把握，进一步完善发展思路，从国际国内因素的综合作用中掌握发展全局，把国家发展战略转化为广州扩大开放和加快发展的强大动力。

2. 广州与东盟合作发展的基础及趋势

广州与东盟地区之间合作发展基础良好，贸易交往频繁，商贸、旅游等产业之间合作逐渐增多。目前，广州市的外贸出口市场达到190个国家和地区，其中出口超亿美元市场40多个。但是广州市对不同的国家和地区的贸易额差别很大，在这些国家和地区中，港澳台、美国、欧盟、日本和东盟为五个主体市场。2007年，广州对这五大主体市场的出口额达157.7亿美元，占全市对外贸易总额的47.6%，占据了广州对外出口的主要份额。通过对这五大出口市场进行贸易额的统计（表8—10），可以发现，2005年以前，广州最大的出口市场为港澳台，美国为第二大市场。从当前的出口发展速度来看，广州市对这五大市场的出口贸易的增长速度也保持在一个较高的水平，对欧盟、

表8—10 2005—2007年广州对主要贸易国家（地区）统计（单位：亿美元）

年份	欧盟	美国	日本	港澳台	东盟	小计	其中东盟占(%)
2005	33.8	43.9	5.2	50.7	5.07	138.67	3.7
2006	36.8	45.9	5.4	60.6	7.4	156.1	4.7
2007	33.9	43.2	6.4	65.8	8.4	157.7	5.3

资料来源：广州对外贸易经济合作局。

美国和东盟的出口增长速度超过了10%以上，其中对东盟的出口增速最快，2005—2007年三年平均增速达到了27%。2007年在广州市主要的进出口国家和地区中，马来西亚、菲律宾和新加坡分别排在了第八至第十位。因此可以看出，广州对东盟的出口贸易将会继续攀升，双边贸易还会持续快速发展。这里，我们假定广州向香港和东盟的出口增速维持在2007年的水平，那么可以假设若干年后，广州向香港和东盟的出口额达到同样数量，即：出口额将在2020年超过对香港的出口额。依照同样的假定，可以推算出，广州对东盟的出口额将分别与于2025年、2084年、2073年超过对日本、美国、欧盟的出口额。当然，由于对各国家和地区的出口增速存在波动，推算出的数据也并不能真实地预测将来的贸易增长，但是，至少可以从推算中看出，广州对东盟的出口与广州对欧盟、美国等出口的差距还很大，同时也预示着广州对东盟的经贸发展还有很大的增长空间。如果能够处理好双边关系，广州与东盟的经贸合作会更加广阔。

3. 深化广州与东盟经贸合作的可能性

广州与东盟经济互补性强，这就为广州与东盟开展经贸往来奠定了经济条件。2005年7月1日，《中国—东盟全面经济合作框架协议货物贸易协议》开始实施，对原产于中国和东盟的产品相互给予优惠关税待遇，使广州市与东盟间的区域经济合作有了质的飞跃，为双边经贸的快速发展提供了条件。目前，机电产品为广州市对东盟贸易的第一大类进出口商品，光学，检验、医疗设备等的进出口数量也呈现出较快的发展势头。另外，良好的双边及国际环境为进一步合作创造了条件。自1999年开始，中国与东盟的双边经贸关系开始升温，贸易额也出现了较大幅度的增长，到2006年，中国和东盟双边贸易额达到1608亿美元，同比增长23.4%，并且仍保持快速增长的势头。另外，当今国际环境相对比较和平，可以说是各国发展经济的大好时机。在这样有利的双边及国际环境下，广州市与东盟进一步深化经贸合作就具备了现实的可行性。根据目前广州市经济发展以及国际经济形势，广州市将进一步加大对外开放的力度，比如在服务贸易领域，基本实现全面对外开放。这就意味着广州市的对内、对外贸易市场的竞争更加激烈。因此，我们要做好全面开放的各项准备工作，并且新形势下，寻求和东盟经贸合作的新机遇，丰富广州市和东盟经贸合作的内涵，扩大双边经贸往来。

4. 合作发展的思路

经济学家认为，一个地区要保持较强的国际竞争力，最重要的是要处于国际经济的主流地位，避免被边缘化。而要保持区域经济的主流地位，就必须融入某个区域经济一体化组织(或者自由贸易区、经济圈)，并尽量使自己在这个区域里占据重要位置乃至核心位置。建立中国—东盟自由贸易区，为广州提供了一个发展契机。广州应把参与建设中国—东盟自由贸易区和建设泛珠三角经济区更好的结合起来，主动寻找发展空间，实施以开放为主导的经济社会发展战略，走开放联合开发跨越式发展的新路子，才能抢占先机，才能赢得发展。

作为国家中心城市和国际化大都市，广州需要进一步实施走出去战略，扩大城市的国际影响力，增强国际化功能。为了实现广州在国际国内的战略经济地位，我们必须进一步研究深化广州与东盟国家的经贸合作的方式途径，加大开放的力度促进加快广州发展。

(1)加强总体规划和宏观协调，为积极有序地开展经贸合作营造良好环境。要抓住中国—东盟自由贸易区建设和发展契机，在进行产业结构调整的同时，对与东盟国家合作的中长期计划予以通盘考虑。重点是要加强对东盟国家在年度合作范围、项目及组织推动方式等进行规划，应采取政府主导、各方参与和市场运作相结合的办法，以政府协调为保障，以市场运作为基础，以国际化、专业化、市场化为理念，有计划、有步骤地推进与东盟国家合作。“举广州之诚，聚中国—东盟之力”，大力改善投资软环境，加快推进各项改革，不断完善社会主义市场经济体制，加快市场化进程。

(2)加强产业合作开发与相互投资，促进广州与东盟的全面经济合作。广州应充分利用广东作为中国与东盟重要桥梁和基地的作用，坚持“走出去”与“引进来”相结合，加强与东盟各国的全面经济合作，双向承接东盟的产业转移，大力发展现代服务业和先进制造业，争创产业竞争新优势，努力把广州建设成东盟自由贸易区的现代服务业中心和区域性制造业中心，一方面，大力引起国际跨国公司和国内大企业、大集团，培育发展新的优势产业群，改造提升和做大做强传统优势产业，积极发展高新技术产业，全方位开拓东盟市场；另一方面，积极引进东盟比较优势产业，辐射整个大广州。

(3)加快双边服务贸易发展。随着广州服务部门对外资的全面开放，服务贸易对于广州与东盟未来经贸发展将产生重要的影响。因此，双方应在服务贸易领域加大合作力度，拓展新的合作领域。比如，双方可以针对开放的商务、电信、旅游、运输等服务部门开展新的合作。双方政府要积极研究制定相关的鼓励政策和措施，在投融资、进出口、出口信贷和信用保险、设立境外研发和营销机构、保护知识产权等方面加大支持力度，营造服务贸易发展的良好环境，以此推动双边服务贸易的进一步发展。

(4)建立广州与东盟国家港口和旅游城市的友好城市合作发展关系。广州对外贸易历史悠久，是中国著名的"海上丝绸之路"始发港之一，长期以来与东盟国家有经贸往来，是当时中国与东南亚、西亚乃至欧洲开展贸易往来和文化交流的重要商港。1984 年广州被中央列为全国首批对外开放的 14 个沿海港口城市之一。由于广州开放的悠久历史，广州最有条件和实力加大开放程度，加快开放进程，与东盟国家港口城市如印尼巴厘岛、菲律宾普林塞萨、越南海防与胡志明市等结为友好城市，通过友好城市的形式实现经常互访，开展旅游、科技、教育、文化、卫生交流活动，建立互惠互利的经济和社会发展合作关系，提升广州在国际上的影响地位，同时达到进一步宣传广州的目的。

(5)加强海上跨国旅游合作。目前，随着白云国际机场航班在东盟相关地区的开通，已经形成了稳定的客源，应进一步延伸到东盟国家旅游区，与中国—东盟跨国区域旅游合作的有关国家建立跨国旅游产品面向世界的整合营销网络。同时，加快建设邮轮专用码头，简化广州—东盟跨国旅游手续，进一步扩大广州与东盟双方出入境客源，为游客进出境提供便利条件，打造出境或入境的旅游新品牌。

(6)加强港口对接，壮大广州物流，建设畅通大通道。随着南沙港区的建设，广州港的国际地位日益提升，是我国与东盟各国的交汇点以及区域合作的"桥头堡"，在实施东盟经贸合作发展战略中占有突出地位并将发挥重要作用。广州应有能力成为中国东南部从海上进入东南亚的"桥头堡"，有能力成为东盟各国从海上进入中国东南部的重要门户。因此，我们要切实提高通过和通关效率，降低通过和通关成本，提高港口通道通关竞争能力，才能使人流、物流都乐意从广州口岸出入。要继续开拓面向东盟地区的国际航线，尤其是积极吸引新加坡等国港口产业集团到广州发展，可在港口综合功能方面开展合作。此外，加强航空业的合作。便利的空中交通，将为广州的旅游业以及经济的发展带来巨大的推动力，也是广州经济发展的不可或缺的条件之一。

八、本章小结

本章主要讨论都市圈发展及都市圈竞争力比较的一些问题。我们重点从都市圈的建设与发展出发，阐述广州作为都市圈中心城市与周边城市及地区的合作发展。通过上述分析，我们可以从中得出如下若干要点。广州大都市圈的建设实质上是一个创新空间场所的建设，而差序化发展格局是构建大都市圈主要出发点。在广州大都市圈的核心圈、内圈、外围圈层的发展中，广州与佛山是出于同城化发展的关系，也是广州大都市圈的最紧密的核心圈层，同城化发展是两城市的客观选择和历史必然。在内圈层中，广州与深圳两个中心城市，是大都市圈的双核城市，是支撑广州大都市圈的两个主要支撑点。在分析广州、深圳经济社会发展现状、特点、优势及面临的问题上，提出广州与深圳的合作发展是共建双核心大都市圈，重点提出了从政府宏观调控机制、基础设施建设及高新技术产业等方面展开全方位的合作发展。同时在内圈层中，从广州与东莞在区域经济发展中地位及角色来看，是中心城市与外围地区之间的合作，其重点是基础设施与产业之间的合作发展。鉴于东莞长期是以外向型经济发展为主，其产业发展长期以来与珠江三角洲地区经济发展联系并不紧密，由于金融风暴的影响，产业发展正处于转型升级关键时期，要加强广州与东莞产业合作，突出发挥广州重型工业、现代服务业发展优势，带动东莞产业结构的升级转型，为都市圈打造更为紧密的中心外围地区的合作发展关系。而在大都市圈外圈层中，广州与香港的合作是两个特大城市之间的合作，两个城市的合作发展要从最初的“前店后厂”的制造业合作模式逐渐向高层次的服务业合作领域转变，合作方式、合作层次逐渐升级，共同推动大珠三角地区走向国际化，形成复合型、国际化程度高的城市群地区；此外，广州大都市圈不仅要拓展国内市场腹地，也要拓展国际腹地，在国内市场腹地经济拓展中，要加强与泛珠三角地区的经贸合作发展，进一步增强广州国家中心城市的地位。要向国际化方向发展，抓住中国—东盟自由贸易区经贸合作发展的机遇，实施走出去的发展战略，在航空、港口、旅游等方面展开深层次的合作，以此拓宽广州国际发展腹地，提升广州在国际上的影响力和辐射力，增强广州大都市圈参与世界经济发展的综合竞争能力。

参考文献

《2003年广东年鉴》，广东年鉴出版社2003年版。

阿尔弗雷德·奥克斯费尔迪特著，罗苓宁、王晓芹译(2003)：《决策经济学》，机械工业出版社。

埃里克·诺伊迈耶著，王寅通译(2006)：《强与弱：两种对立的可持续发展范式》，上海译文出版社。

奥利弗·吉勒姆著，叶齐茂、倪晓晖译(2007)：《无边的城市——论战城市蔓延》，中国建筑工业出版社。

包亚明主编(2001)：《后现代性与地理学的政治》，上海教育出版社。

北京工业大学化学与环境工程系环境工程教研室编译(1984)：《城市生态系与城市环境规划》，环境管理编辑部(内部发行版)。

彼得·尼茨坎普著，安虎森等译(2001)：《区域和城市经济学手册(第一卷)》，经济科学出版社。

蔡来兴(1995)：《国际经济中心城市的崛起》，上海人民出版社。

曹小曙(2006)：《穗深港巨型城市走廊空间演化研究》，商务印书馆。

常兴华、肖红叶、刘建兴(2007)：《提高京津冀都市圈区域国际竞争力研究(主报告)——竞争力现状与"十一五"区域规划中需重点考虑的问题及对策》，《经济研究参考》第8期。

陈广茂 、林洁：《广东：启动关爱外来工系列行动》，《中国青年报》2010年8月1日。

陈江生(2009)：《构建都市圈必须处理好三大关系——国际都市圈建设的经验和启示》，《深圳特区报》5月11日。

陈劲松(2006)：《新城模式——国际大都市发展实证案例》，机械工业出版社。

陈立杰(2004)：《长珠三角和京津唐三大经济圈发展比较》，《河北经济》第8期。

陈庆秋(2006)：《珠江三角洲城市节水减污研究》，中国水利水电出版社。

陈睿(2007)：《都市圈空间结构的经济绩效研究》，北京大学博士毕业论文。

陈薇、马东山、简青(2009)：《基于面板数据的都市圈竞争力评价模型》，《中国市场》第10期。

陈晓芳、梁卫平(2006)：《基于Rough集理论的都市圈竞争力评价研究》，《科技进步与对策》第7期。

陈小卉(2003)：《都市圈发展阶段及其规划重点探讨》，《城市规划》第6期。

陈雪、吴优翔(2004):《中国——东盟自由贸易区的建立与实施研究》,《市场周刊财经论坛》第5期。
陈秀山、张可云(2003):《区域经济理论》,商务印书馆。
陈耀(2003):《三大经济圈的特征及发展前景》,《决策咨询》第9期。
陈永亮(2005):《强化集聚辐射功能,加快上海现代服务业发展》,《上海企业》第12期。
陈永国(2006)《京津冀经济圈生产要素流动的实证分析》,《价值工程》第5期。
陈章武(2002):《范围经济——获得竞争优势的一种思路》,《经济管理》第4期。
陈中原(2008):《邻居的馈赠》,江苏人民出版社。
崔功豪(2006):中国区域规划的新特点和发展趋势,《现代城市研究》第9期。
邓利方(2005):《高新产业亟待提高自主创新能力》,《广州日报》6月1日。
丹尼尔·贝尔著,高铦、王宏周、魏章玲译(2009):《后工业社会的来临》,新华出版社。
东京都(1994):《东京都政史·通史》,东京都。
董姝娜(2003):《长春市城市竞争力比较分析与竞争力提高的对策研究》,东北师范大学硕士论文。
佛山市志编制办(1994):《佛山市志》,广东人民出版社。
冯邦彦、李媛媛(2006):《"'十一五'时期粤港经济合作研讨会"综述》,《学术研究》第9期。
冯垚(2006):《城市群理论与都市圈理论比较》,《理论探索》第3期。
富田和晓(1995):《大都市圈的结构演变》,古今书院。
富田和晓(1988):《わガ国大都市圈の構造奕容研究の现段切と诸問題》,《人文地理》第40卷第1期。
傅晓霞(2008):《提升京津冀都市圈产业竞争力的思考》,《天津经济》第5期。
高丽明:《在文化中前行》,《社会主义论坛》2004年第4期。
高汝熹、阮红(1990):《论中国的圈域经济》,《城市规划汇刊》第3期。
高汝熹、罗明义(1998):《城市圈域经济论》,云南大学出版社。
高汝熹、罗守贵(2007):《2006中国都市圈评价报告》,上海三联书店。
高汝熹、吴晓隽、车春鹂(2008):《2007中国都市圈评价报告》,格致出版社、上海人民出版社。
高汝熹、杨勇(2006):《都市圈形成要素分析》,《当代经济管理》第4期。
高汝熹主编(2006):《城市圈的若干理论问题兼评中国城市圈发展态势》,研究报告。
高汝熹(2006):《城市圈的若干理论问题兼评中国城市圈发展态势》,研究报告。
高汝熹、张建华(2004):《论大上海都市圈》,上海社会科学院出版社。
高晓倩、纪成君(2005):《我国三大都市圈优势对比分析》,《区域经济》第4期。
谷永芬等(2008):《大都市圈生产性服务业——以长三角为例》,经济管理出版社。
谷永芬、宋胜洲、洪娟(2008):《大都市圈生产性服务业——以长三角为例》,经济管理出版社。
顾朝林(1996):《中国城镇体系——历史、现状、展望》,商务印书馆。
顾朝林等(1999):《经济全球化与中国城市发展——跨世纪中国城市发展战略》,商务印书馆。
广东省人民政府(2009):《珠江三角洲地区改革发展规划纲要(2008—2020)》。

广东省人民政府(2008):《关于抓好产业转移园建设 加快产业转移步伐的意见》。

广东省发展与改革委员会、珠江三角洲经济区规划办公室(1997):《1995、1996:珠江三角洲经济区规划研究》(上、中、下),广东经济出版社。

广东省建设委员会、珠江三角洲经济区域城市群规划组(1999):《1996:珠江三角洲经济区城市群规划——协调与持续发展》,广东经济出版社。

广州市发展和改革委员会(2009):《经济社会白皮书——广州经济社会形势与展望(2009—2010)》,广东经济出版社。

国际城市(县)管理协会、美国规划协会著,张永刚、施源、陈贞译(2006):《地方政府规划实践》(原著第三版),中国建筑工业出版社。

郭巧云(2005):《人力资源能力建设与提升中国城市竞争力问题探讨》,《城市发展研究》第3期。

H·孟德拉斯著,李培林译(2005):《农民的终结》,社会科学文献出版社。

哈维·戴维著,阎嘉译(2003):《后现代的状况——对文化变迁之缘起的探究》,商务印书馆。

韩渊丰(1993):《区域地理理论与方法》,陕西师范大学出版社。

何虹、何一鸣(2006):《加速推进中国—东盟自由贸易区建设新探》,《经济师》第6期。

何伟文(2004):《正确对比中美两国"都市圈"的发展》,《国际商报》11月9日。

胡继姝(2004):《对地方政府绩效考核取消GDP指标的思考》,《行政论坛》第6期。

胡序威、周一星、顾朝林(2000):《中国沿海城镇密集地区空间集聚与扩散研究》,科学出版社。

黄伟(2006):《我国都市圈的空间尺度与地域特征研究》,东北师范大学硕士论文。

季思(2010):《打造长三角都市圈》,《上海金融报》3月16日。

姜怀宇(2006):《大都市区地域空间结构演化的微观动力研究》,东北师范大学博士论文。

蒋冬梅(2004):《浅析成都平原上城市群的形成和发展》,《康定民族师范高等专科学校学报》第4期。

蒋丰等(2010):《超级大都市让世界又爱又恨》,《环球时报》4月2日。

蒋年云(2007):《创新型城市广州的实践与思考》,中国社会科学出版社。

靳美娟、张志斌(2005):《大都市圈功能特征及对中国城市化的启示》,《西北师范大学学报(自然科学版)》第1期。

靖学青(2002):《西方国家大都市区组织管理模式》,《社会科学》第12期。

卡尔·马克思著,朱登译(2008):《资本论》,南海出版公司。

K.J.阿罗、M.D.英特里盖特主编,郝寿义等译(2003):《区域和城市经济学手册(第一卷)》,经济科学出版社。

康绍大、陈金香(2007):《关于都市圈竞争力的理论研究》,《集团经济研究》第34期。

康晓光、马庆斌(2007):《城市竞争力与城市生态环境》,化学工业出版社。

柯武刚、史漫飞著,韩朝华译(2002):《制度经济学——社会秩序与公共政策》,商务印书馆。

克利福德·吉尔兹著,王海龙、张家瑄译:《地方性知识》,中央编译出版社2000年版。

兰克维奇著、辛亨复译:《纽约简史》,上海人民出版社2005年版。

李国章(2007):《中国东盟经济合作新亮点》,《经济日报》7月23日。
李家彬(2008):《对环太湖城市圈的再认识》,《苏州市职业大学学报》第3期。
李晶、王跃(2003):《都市区形成与发展机制分析》,《中国城市化》第6期。
李建华(2005):《中国都市圈竞争力研究》,河北大学硕士论文。
李廉水等(2009):《中国特大都市圈与世界制造业中心研究》,经济科学出版社。
李廉水、Roger R. Stough 等(2006):《都市圈发展——理论演化·国际经验·中国特色》,科学出版社。
李璐、季建华(2007):《都市圈空间界定方法研究》,《统计与决策》(理论版)第2期。
李清娟(2007):《长三角都市圈产业一体化研究》,经济科学出版社。
李思(2010):《打造长三角都市圈》,《上海金融报》3月16日。
李小健(1999):《经济地理学》,高等教育出版社。
李芸(2002):《都市计划与都市发展——中外都市计划比较》,东南大学出版社。
林先扬、陈忠暖(2004):《大珠江三角洲城市群经济整合机制与模式研究》,《热带地理》第1期。
林源源(2009):《基于成长能力的都市圈评价指标体系》,《企业经济》第1期。
刘承良(2006):《广州都市圈经济联系时空演变特征分析》,《人文地理》第6期。
刘承良、熊剑平,张红(2007):《广州都市圈城镇体系空间分形与组织》,《城市发展研究》第4期。
刘承良、余瑞林、熊剑平(2007):《广州都市圈经济联系的空间结构》,《地理研究》第1期。
刘丹鹤(2003):《环境政策工具对技术进步的影响机制及其启示》,《自然辩证法研究》第1期。
刘明清、蒋纯才、蔡亲颜(2007):《珠江三角洲城市生态建设与可持续发展战略》,中国环境科学出版社。
刘江华(2004):《CEPA 对穗港关系的影响及其应对策略》,《广东经济》第1—2期。
刘江华、张强、张赛飞、杨代友(2009):《中国副省级城市竞争力比较研究》,中国经济出版社。
刘静玉、王发曾(2004):《城市群形成发展的动力机制研究》,《开发研究》第6期。
刘天奇等(1984):《城市生态系与城市环境规划》,环境管理编辑部出版(内部发行)。
刘易斯·芒福德著、宋俊岭等译(2005):《城市发展史——起源、演变和前景》,中国建筑工业出版社。
刘振新、安慰(2004):《珠三角城市群的形成与发展》,《同济大学学报(社会科学版)》第5期。
龙固新(2005):《大型都市综合体开发研究与实践》,东南大学出版社。
芦岩、陈柳钦(2006):《国内区域竞争力研究综述》,《上海财经大学学报》第8期。
陆大道(2003):《中国区域发展的理论与实践》,科学出版社。
陆军(2002):《论京津冀城市经济区域的空间扩散运动》,《经济地理》第5期。
吕惠娟、许小平(2005):《出口贸易对中国经济增长的再思考》,《数量经济技术经济研究》第2期。
吕林(2005):《高速城市化背景下的我国都市圈发展战略研究》,《山东工商学院学报》第11期。
罗明义(1998):《论城市圈域经济发展的特点与规律》,《思想战线》第4期。

罗海平(2008):《“粤港澳特别合作区”战略理论基础与框架构想》,《城市经济、区域经济》第 11 期。
罗杰·珀曼、马越、詹姆斯·麦吉利夫雷、迈克尔·科蒙等著,侯元兆等译(2002):《自然资源与环境经济学》,中国经济出版社。
罗肇鸿等(1995):《资本主义大辞典》,人民出版社。
罗震东(2006):《中国都市区发展——从分权化到多中心治理》,中国建筑工业出版社。
林源源(2009):《基于成长能力的都市圈评价指标体系》,《企业经济》第一期。
马志强(2003):《论我国城市群的发展趋势及存在的问题》,《商业经济与管理》第 7 期。
曼柯·奥尔逊著,陈郁、郭宇峰、李崇新译(1965):《集体行动的逻辑:公共利益和团体理论》,上海人民出版社。
曼纽尔·卡斯特著,夏铸九、王志弘等译(2000):《网络社会的崛起》,社会科学文献出版社。
毛泽东:《毛泽东选集》第 4 卷,人民出版社 1991 年 6 月第 2 版。
倪鹏飞(2003):《中国城市竞争力报告——推销:让中国城市沸腾》,社会科学文献出版社。
倪鹏飞(2009):《中国城市竞争力报告——城市:中国跨向全球中》,社会科学文献出版社。
牛凤瑞、盛广耀(2006):《三大都市密集区:中国现代化的引擎》,社会科学文献出版社。
欧小平(2003):《2003 年广州市对外贸易再创新高》,广州统计信息网。
潘海啸编著(2002),《大都市地区快速交通和城镇发展》,同济大学出版社。
潘镇、鲁明泓(2003):《基于价值链之上的企业竞争力》,《管理世界》第 3 期。
彭劲松(2009):《大都市圈的形成机制及我国都市圈的构建方略》,《城市》第 12 期。
齐格蒙特·鲍曼著,郭国良、徐建华译:《全球化——人类的后果》,商务印书馆 2001 年版。
乔尔·科特金著、王旭等译(2006):《全球城市史》,社会科学文献出版社。
乔旭宁、杨德刚、毛汉英等(2007):《基于经济联系强度的乌鲁木齐都市圈空间结构研究》,《地理科学进展》第 6 期。
仇保兴(2003):《集群结构与我国城镇化的协调发展》,《城市规化》第 6 期。
仇保兴(2007):《第三次城市化浪潮中的中国范例——中国快速城市化的特点、问题与对策》,《城市规划》第 6 期。
丘传英(1998):《广州近代经济史》,广东人民出版社。
邱汉周等(2008):《合淮同城化的战略思考》,《安徽农业科学》第 11 期。
饶会林等著(2008):《现代城市经济学概论》,上海交通大学出版社。
三菱综合研究所株式会社(1981):《日本の都市圈》,综合研究开发机构。
森川洋(2007):《柴彦威日本城市体系的结构特征及其改良》,《国际城市规划》第 1 期。
单国铭、梅广清(2004):《国际大都市及其中心区发展的特点与借鉴》,《上海综合经济》第 9 期。
商务部(2009):《金融危机下中国服务外包产业逆势增长》,新华网 9 月 2 日。
商务部、国家统计局、国家外汇管理局(2009):《2008 年度中国对外直接投资统计公报》,《中国经济时报》9 月 9 日。
上海科学技术情报研究所(2007):《世界服务业重点行业发展动态(2007—2008)》,上海科学技术文献出版社。

上海文广新闻传媒集团(2008):《世界五大都市圈探访录》,http://news. sina. com. cn/z/sjwdqtfl

沈立人(1993):《为上海构造都市圈》,《财经研究》第9期。

施岳群、庄金锋(2007):《城镇化中的都市圈发展战略研究》,上海财经大学出版社。

矢田俊文(1996):《地域轴的理论与政策》,大明堂。

宋迎昌(2003):《都市圈:从实践到理论的思考》,中国环境科学出版社。

苏贾著、王斌译(2004):《后现代地理学》,商务印书馆。

孙娟(2003):都市圈空间界定方法研究——以南京都市圈为例 ,《城市规划汇刊》第4期。

孙一飞(1994):《江苏城镇密集区研究》,《地理研究》第2期。

孙胤社(1992):《大都市区的形成机制及其定界》,《地理学报》第6期。

谭则、傅治辉、陈秀珍(1995):《香港回归后,穗港深经济如何合作?——"穗港深经济论坛"第一次会议综述》,5月。

唐晓平(2008):《聚焦都市圈——来自珠江三角洲的启示》,科学出版社。

屠启宇(2008):《谋划中国的世界城市——面向21世纪中叶的上海发展战略研究》,上海三联书店。

涂人猛(1993):《大城市圈及其范围研究》,《城市问题》第5期。

万洪富(2005):《珠三角地区土壤环境质量状况探查研究》,研究报告。

汪明峰(2002):《城市竞争、职能与竞争力:一个理论分析框架》,《现代城市研究》第2期。

王成新、姚士谋、王学山(2003):《我国城市化进程中质与量关系的辩证分析》,《地理与地理信息科学》第5期。

王德(2001):《沪宁杭地区城市一日交通圈的划分与研究》,《城市规划汇刊》第5期。

王方华、陈宏民(2007):《2006中外都市圈发展报告》,上海三联书店。

王光振(1994):《1993,珠江三角洲经济社会发展研究》,上海人民出版社。

王国华、王英(2007),《从都市圈评价体系看武汉都市圈发展》,《统计与决策》第2期。

王何、白庆华(2003):《我国三大都市圈发展比较研究》,《特区经济》第6期。

王倞(2008):《经济地理理论在都市圈竞争力提升中的演进与实现》,《唐山师范学院学报》第4期。

王景荣(2007):《东盟以及东盟—中国关系发展》,《人民日报》8月9日。

王建主编(1998):《中国发展报告:区域与发展》,浙江人民出版社。

王立平(2004):《关于打造合肥市核心竞争力的思考》,《华东经济管理》第5期。

王孟本(2003):《生态环境概念的起源与内涵》,《生态学报》第9期。

王平(2006):《都市圈竞争力理论与实证研究——以哈尔滨都市圈竞争力研究为例》,东北师范大学硕士论文。

王平、杜娜、毕华(2007):《哈尔滨都市圈竞争力比较评价》,《新西部(下半月)》第4期。

王圣学(2005):《西安大都市圈发展研究》,经济科学出版社。

王士君、高群(2001):《城市相互作用关系的一种新模式》,《地理科学》第 6 期。
王兴平(2002):《都市区化:中国城市化的新阶段》,《城市规划汇刊》第 4 期。
王一鸣等(2008):《珠海发展战略研究》,中国建筑工业出版社。
王志珍(2010):《中国科技成果真正实现产业化的不到 5%》,《科技日报》3 月 8 日。
魏后凯(2008):《环渤海地区的开发开放战略研究》,《北京社会科学》第 6 期。
沃尔特斯著,李习文、李斌译(2005):《库存控制与管理》,机械工业出版社。
吴舜泽、王金南、邹首民等(2006):《珠江三角洲环境保护战略研究》,中国环境科学出版社。
吴文恒、牛叔文、董晓峰(2007):《都市圈经济发展的主要原理及对兰州都市圈建设的启示》,《干旱区地理》第 2 期。
吴雪明(2003):《世界城市的空间形态和人口分布》,《世界经济研究》第 7 期。
夏维力、李博(2007):《群效应——从产业集群到城市群》,西北工业大学出版社。
夏云娇(2005):《行政契约的界定——公共利益本位论视野下的再思考》,《理论月刊》第 9 期。
肖林、王方华(2008):《中国都市圈服务经济与全球化竞争战略》,格致出版社、上海人民出版社。
肖锐(2007):《环太湖地区经济合作的动因及路径》,《唯实》第 4 期。
萧邺:《岭南节度使韦公神道碑》,《全唐文》卷七六四。
小林博(1960):《阪神地方の都市化》,《地理》第 15 卷第 1 期。
谢惠琳(2006):《中国—东盟自由贸易区产业内贸易发展分析》,《集团经济研究》第 9 期。
谢鹏飞、李子彪、曾牧野主编(2004):《泛珠三角区域合作研究》,广东人民出版社。
谢守红(2008):《西方世界城市理论的发展与启示》,《开发研究》第 1 期。
谢思佳(2009):《"深莞惠"产业同构系数最高》,《南方日报》7 月 31 日。
新望、刘奇洪(2002):《中国三大都市圈竞争力比较》,《中国国情国力》第 7 期。
熊剑平、刘承良等(2006):《国外城市群经济联系空间研究进展》,《世界地理研究》第一期。
熊亚芬、吕晓红(2003):《我国三大经济圈主要财政经济指标及发展动态》,《湖北财税》第 6 期。
徐寒梅、李继东、李晓菡(2005):《广州都市圈空间结构与整合发展浅说》,《经济前沿》第 9 期。
徐美卿、杨德刚、周艳时(2004):《新疆经济增长特征与驱动力分析》,《干旱区地理》第 4 期。
徐琴(2002):《从世界都市圈的发展经验谈中国的都市圈建设》,《南京工业大学学报》第 3 期。
许浩(2004):《日本三大都市圈规划及其对我国区域规划的借鉴意义》,《城市规划汇刊》第 5 期。
许学强等(1990):《1988:珠江三角洲城市环境与城市发展》,中山大学出版社。
薛峰(2004):《信息时代的区域空间结构》,商务印书馆。
薛俊菲、顾朝林、孙如凤(2005):《都市圈空间成长的过程及其动力因素》,《城市规划》第 3 期。
闫卫阳(2004):《城市体系空间布局的模型化与智能化方法研究》,武汉大学硕士论文。
阎小培、曹小曙等(2006):《城市·区域·可持续发展:港澳珠江三角洲可持续发展研究》,中山大学出版社。
羊城晚报(2004):《珠三角传统产业升级提速,传统支柱产业活力焕发》,《羊城晚报》2004 年 5

月 25 日。
杨重光(2004):《城市区概念有利于促进中国城市化》,《现代经济探讨》第 7 期。
杨代友(2007):《发展模式转变与企业绿色竞争力》,中国环境科学出版社。
杨东平:《城市季风》,东方出版社 1994 年版。
杨国川、黄寿生(2004):《建立中国与东盟自由贸易区的前景展望》,《国际经贸探索》第 3 期。
杨建荣(1995):《论中国崛起世界级大城市的条件与构想》,《财经研究》第 6 期。
杨开忠、李国平(2000):《持续首都:北京新世纪发展战略》,广东教育出版社。
杨林、韩全芳(2005):《欠发达地区人力资源开发与区域可持续发展》,《云南财贸学院学报(社会科学版)》第 2 期。
杨荣斌、陈超:《世界城市文化发展趋向》,载《2004 年中国文化产业发展报告》,社会科学文献出版社 2004 年版。
杨万秀,钟卓安主编(1996):《广州简史》,广东人民出版社。
杨吾杨、梁进社(1997):《高等经济地理学》,北京大学出版社。
杨勇(2009):《都市圈与其他区域经济模式的辨析》,《光明日报》8 月 11 日。
杨勇、罗守贵、高汝熹(2007):《都市圈的发展演化阶段分析》,《科技进步与对策》第 5 期。
杨忠伟、范凌云(2006):《中国大都市郊区化》,化学工业出版社。
阳国新(1995):《区域贸易与区域竞争》,《经济学家》第 2 期。
姚士谋(2001):《中国城市群》,中国科学技术出版社。
姚志德(2009):《去年广州市服务贸易收支总额首次超过 100 亿美元》,《羊城晚报》3 月 27 日。
伊恩莫法特著、宋国君译(2002):《可持续发展——原则、分析和政策》,经济科学出版社。
殷毅、曾文(2004):《武汉都市圈发展研究》,"21 世纪城市发展"国际会议论文。
于洪俊、宁越敏(1983):《城市地理学概论》,安徽科技出版社。
于亚滨(2006):《哈尔滨都市圈空间发展机制与调控研究》,东北师范大学博士论文。
袁振东(2005):《混乱和无序:拉美城市化的教训》,《科学决策》第 6 期。
郁鸿胜(2007):《长江三角洲城市综合竞争力报告》,学林出版社。
曾文慧(2005):《越界水污染规制》,复旦大学博士毕业论文。
曾文慧(2008)《流域越界污染规制对中国跨省水污染的实证研究》,《经济学(季刊)》第 2 期。
章昌裕(2007):《东京都市圈发展的启示》,《中国经济时报》1 月 11 日。
张贡生(2004):《都市圈:文献综述》,《太原市职业技术学院学报》第 5 期。
张颢瀚等(2007):《长江三角洲一体化进程研究》,社会科学文献出版社。
张京祥、邹军、吴启焰、陈小卉(2001):《论都市圈地域空间的组织》,《城市规划》第 5 期。
张兰、李文墨:《天津城市特色的历史分析》,载《理想空间》2006 年第 15 辑。
张敏(2005):《国外成熟都市圈和大上海都市圈的对比》,《统计与决策》第 16 期。
张树林(2006):《现代服务业集聚效应分析》,《北方经贸》第 6 期。
张旭宏、庞锦(2005):《外贸依存度快速上升现象透视》,《经济参考报》8 月 20 日。
张伟(2003):《都市圈的概念、特征及其规划探讨》,《城市规划》第 6 期。

张永良(2005):《小城镇企业聚集机制与发达地区产业发展的启示》,《中国农业科技导报》第 7 期。

张召堂(2005):《中国首都圈发展研究》,北京大学出版社。

张振江(2009):《广东—东盟贸易:成就、挑战与对策》,《东南亚研究》第 2 期。

赵超、田秋生(2007):《粤港经济合作存在的问题及对策研究》,《珠江经济》第 10 期。

赵鼎新(2007):《集体行动、搭便车理论与形式社会学方法》,《社会学研究》第 1 期。

赵淑玲(2005):《都市圈的构建与区域经济空间模式创新——以中原地区为例》,《规划师》第 5 期。

赵西君、刘科伟、高岩辉(2005):《关中城市群发展研究规划设想》,《西北农林科技大学学报(社会科学版)》第 1 期。

赵旭、陆莹莹(2007):《都市圈产业生态聚集模式》,上海三联书店。

中国经济体制改革研究会日韩都市圈考察团(2005):《日本都市圈启示录》,《中国改革》第 3 期。

周群艳、田澎(2005):《区域竞争力形成机理的系统经济学分析》,《外国经济与管理》第 6 期。

周起业、杨再兴(1989):《区域经济学》,中国人民大学出版社。

周伟林、严冀等编著(2004):《城市经济学》,复旦大学出版社。

周新、高彤(2001):《关于中国企业环境管理体制的调研》,《环境保护》第 1 期。

周一星(1995):《城市地理学》,商务印书馆。

周一星、史育龙(1995):《建立中国城市的实体地域概念》,《地理学报》第 4 期。

周振华、陈向明、黄建富(2004):《世界城市——国际经验与上海发展》,上海社会科学院出版社。

周振华(2008):《崛起中的全球城市——理论框架及中国模式研究》,上海人民出版社、格致出版社。

朱英明、姚士谋(2001):《国外区域联系研究综述》,《世界地理研究》第 10 期。

朱英明(2001):《我国城市群地域结构特征及发展趋势研究》,《城市规划汇刊》第 4 期。

朱英明(2005)《城市群经济空间分析》,科学出版社。

祝尔娟(2008):《京津冀都市圈发展新论》,中国经济出版社。

邹军、张京祥、胡丽娅(2002):《城镇体系规划——新理念・新范式・新实践》,东南大学出版社。

邹军、王兴海、张伟(2003):《日本首都圈规划构想及其启示》,《国外城市规划》第 2 期。

Adrian Guillermo Aguilar(1999), "Mexico City Growth and Regional Dispersal: the Expansion of Largest Cities and New Spatial Forms", *Habitat International*, 23(3).

Allan D. Wallis(1994), "Evolving Structures and Challenges of Metropolitan Regions", *National Civic Review*, 1994, Winter/Spring, 83(1).

Allen. John(2000), "On Georg Simmel: Proximity, Distance and Movement", In M. Crang & N. Thrift (eds.), *Thinking Space*. London: Routledge.

Geyer H. S. , Kontuly, T. (1993), "A Theoretical Foundation for the Concept of Differential Urbanization", *International Regional Science Review*, 15 (2): 157—177.

Glickman, N. J. (1976), "On the Japanese Urban System", *Journal of Regional Science*, 16: 317—336.

Panzar, J. C. and Willig, R. D. (1981), "Economies of Scope", *American Economic Review*, 71, May: 268—272.

Peter Geoffrey Hall(1984), *The World Cities*. Palgrave Macmillan.

Tatsuhiko Kawashina(1978), "Recent Urban Evolution Processes in Japan", *Analysis of Functional Urban Regions*, November.

Teece, D. (1980), "Economies of Scope and the Scope of the Enterprise", *Journal of Economic Behavior and Organization*, 1: 223—247, Sept.

William F. Lever and IvanTurok(1999), "Competitive Cities: Introduction to the Review ", *Urban Studies*, 36: 791—793.